ÄHRENLESE

ÄHRENLESE

Eine Auswahl aus den Schriften Bahá'u'lláhs,
zusammengestellt und ins Englische übertragen von
Shoghi Effendi

BAHÁ'Í VERLAG

Bibliografische Information der Deutschen Nationalbibliothek

Die Deutsche Nationalbibliothek verzeichnet diese Publikation in
der Deutschen Nationalbibliografie; detaillierte bibliografische
Daten sind im Internet über http://dnb.dnb.de abrufbar.

Nach der englischen Vorlage
»Gleanings from the Writings of Bahá'u'lláh«,
Copyright 1939, 1952 by The National Spiritual Assembly
of the Bahá'ís of the United States of America,
ins Deutsche übertragen.

© Bahá'í Verlag GmbH, D-65719 Hofheim
7. Auflage 2012 – 169
(Nachdruck der 4. revidierten Auflage 1999
als Taschenbuch)
Umschlaggestaltung: Josephine Rank

ISBN 978-3-87037-498-3
(001-001-07-S-DE)

Vorwort

Die in der *Ährenlese* vorgelegten Texte sind ein Querschnitt durch das umfangreiche Offenbarungswerk Baháʾuʾlláhs (1817–1892), des Stifters der Baháʾí-Religion.[1] Shoghi Effendi (1896–1957), Urenkel Baháʾuʾlláhs und bevollmächtigter Interpret Seiner Lehren, hat diese Auswahl im Jahre 1935 vorgenommen und die Übersetzung aus dem Persischen und Arabischen besorgt. In deutscher Übersetzung wurde sie 1947 bis 1953 in der Zeitschrift *Sonne der Wahrheit*, 1961 in Buchform veröffentlicht. Für die vorliegende vierte Auflage wurden einige Texte gegenüber der revidierten dritten Auflage 1980 überarbeitet, insbesondere wurden die aktuellen Übersetzungen des *Kitáb-i-Aqdas* und des *Kitáb-i-Íqán* eingefügt, deren Publikation bevorsteht. Neu ist auch die Numerierung der Abschnitte am Seitenrand. Der umfangreiche Index wurde aus der dritten Auflage übernommen.

Die *Ährenlese* bietet auf begrenztem Raum einen Überblick über die zentralen Lehrgehalte der Baháʾí-Offenbarung. Der Inhalt des Buches läßt sich – bei aller gebotenen Vorsicht gegenüber der Vielschichtigkeit und Unauslotbarkeit des offenbarten Wortes – in fünf Teile gliedern: Nach einem einleitenden Kapitel über die Transzendenz und Erhabenheit Gottes deutet der erste Teil (Kapitel 2–18) unsere Gegenwart als den verheißenen „Tag Gottes", zugleich der „Tag des Gerichts", wie auch Zeit der Erfül-

---

1. Als kurze Einführung in Leben, Lehren und Wirkungsgeschichte Baháʾuʾlláhs siehe *Baháʾuʾlláh, Eine Einführung* (Hofheim ⁴1997), herausgegeben von der Internationalen Baháʾí-Gemeinde zum hundertsten Todestag Baháʾuʾlláhs. Zu Leben und Werk Baháʾuʾlláhs siehe weiter Taherzadeh: *Die Offenbarung Baháʾuʾlláhs* (4 Bde., Hofheim 1981, 1987, 1992, 1995); Balyuzi: *Baháʾuʾlláh, Der Herr der Herrlichkeit* (Hofheim 1991).

lung, Neuschöpfung, der erneuerten, allumfassenden Gnade.

Im Zentrum des zweiten Teils steht die Gottesoffenbarung. Die Kapitel 19–30 stellen den Bezug zum Göttlichen her: Begriff und Wesen der Offenbarung, Stufe und Funktion des Propheten, der „Manifestation Gottes", Gottesbild und Gotteserkenntnis. Die historische Dimension der Offenbarung wird in den Kapiteln 31–41 behandelt: die innere Beziehung der geschichtlichen Offenbarungsreligionen zueinander, eingebunden in den heilsgeschichtlich zentralen Gedanken der „fortschreitenden Offenbarung". Die Kapitel 42–76 schildern die Gegenseite des Offenbarungsgeschehens: Die Reaktion der Menschen auf die Offenbarung Gottes in der Welt.

Grundlegend für das Menschenbild ist der dritte Teil. Die Kapitel 77–86 behandeln Gegenstände wie Verstand, Seele, die Segnungen des Glaubens, das Leben nach dem Tode, die Unsterblichkeit. Die Schöpferkraft des göttlichen Wortes, die Wandlung des Menschen durch den Einfluß der Offenbarung, weitere Aspekte des Menschenbildes sowie metaphysische Fragen kommen in den Kapiteln 87–99 zur Sprache.

Der vierte Teil ist gesellschaftlich orientiert. Die Kapitel 100–112 beleuchten die „Einheit der Menschheit" als Gestaltungsauftrag und heilsgeschichtliches Ziel der Offenbarung Bahá'u'lláhs. Die Verkündigung an die Herrscher Seiner Zeit und der programmatische Gedanke des „Geringeren" und des „Größten Friedens" sind Inhalt der Kapitel 113–121.

Der fünfte Teil (Kapitel 122–166) ist der Ethik und dem letzten Sinn des Lebens gewidmet: Das „Buch Gottes" ist die „unfehlbare Waage", der Maßstab für Gut und Böse, das „höchste Richtmaß der Gerechtigkeit". Am Anfang des Strebens nach „Glückseligkeit" steht die doppelte Grundpflicht, Gott anzuerkennen und Seine Gebote zu erfüllen.

1 Gepriesen und verherrlicht bist Du, o Herr, mein Gott! Wie kann ich Deiner gedenken, da ich doch weiß, daß keine Zunge, und wäre ihre Weisheit noch so tief, Deinen Namen gebührend rühmen kann und daß der Vogel des Menschenherzens, so sehr er sich auch sehne, niemals hoffen darf, zum Himmel Deiner Erhabenheit und Deines Wissens aufzusteigen.

Wenn ich Dich, o mein Gott, als den All-Wahrnehmenden beschreibe, muß ich zugeben, daß Sie, die höchsten Verkörperungen der Wahrnehmung, auf Dein Geheiß erschaffen wurden. Und wenn ich Dich als den Allweisen preise, muß ich zugleich anerkennen, daß die Urquellen der Weisheit selbst durch das Wirken Deines Willens entstanden. Und wenn ich Dich als den Unvergleichlichen verkünde, erkenne ich bald, daß Sie, die der Inbegriff der Einheit sind, durch Dich herabgesandt wurden und nur Beweise Deines Werkes sind. Und wenn ich Dich als den Allwissenden begrüße, muß ich bekennen, daß Sie, die der Inbegriff des Wissens sind, nur Schöpfung und Werkzeug Deiner Absicht sind.

Erhaben, unermeßlich erhaben bist Du über das Bemühen der Sterblichen, Dein Geheimnis zu enträtseln, Deine Herrlichkeit zu schildern oder die Art Deines Wesens auch nur anzudeuten. Denn was immer solches Bemühen erreichen mag, – nie darf es hoffen, jene Grenzen zu überschreiten, die Deinen Geschöpfen gesetzt sind, ist dieses Streben doch durch Dein Gebot bewirkt und durch Dein Ersinnen gezeugt. Die erhabensten Gefühle, die die Heiligsten der Heiligen zu Deinem Lobe bezeigen können, und die tiefste Weisheit, die die gelehrtesten Menschen bei dem Versuch, Dein Wesen zu begreifen, zu äußern vermögen, kreisen alle um jenen Mittelpunkt, der Deiner Herrschaft völlig untertan ist, Deine Schönheit verehrt und durch die Bewegung Deiner Feder Antrieb findet.

4 Nein, verhüte, o mein Gott, daß ich jemals Worte äußere, die zwangsläufig eine unmittelbare Beziehung zwischen der Feder Deiner Offenbarung und dem Wesen alles Erschaffenen andeuten. Weit stehen jene, die Dir verbunden sind, über der Vorstellung einer solchen Beziehung. Alle Vergleiche und Ähnlichkeiten vermögen dem Baum Deiner Offenbarung nicht gerecht zu werden, und jeder Weg zum Verständnis der Manifestation Deiner selbst und des Tagesanbruchs Deiner Schönheit ist verschlossen.

5 Fern, fern von Deiner Herrlichkeit sei, was der sterbliche Mensch von Dir aussagen oder Dir zuschreiben kann, oder der Lobpreis, mit dem er Dich zu verherrlichen vermag! Was immer Du Deinen Dienern geboten hast, damit sie Deine Majestät und Herrlichkeit aufs höchste preisen, ist nur ein Zeichen Deiner Gnade für sie, auf daß sie fähig werden, zu der Stufe aufzusteigen, die ihrem innersten Wesen verliehen wurde, der Stufe der Erkenntnis ihres eigenen Selbstes.

6 Niemand außer Dir war jemals fähig, Dein Geheimnis zu ergründen oder Deine Größe angemessen zu preisen. Unerforschlich, hoch erhaben über das Lob der Menschen wirst Du immerdar bleiben. Es ist kein Gott außer Dir, dem Unerreichbaren, dem Allmächtigen, dem Allwissenden, dem Heiligen der Heiligen.

2

Aller Dinge Anfang ist die Erkenntnis Gottes, und aller Dinge Ziel ist die strikte Beachtung dessen, was herabgesandt ist vom Lichthimmel des göttlichen Willens, der alles durchdringt, was in den Himmeln, und alles, was auf Erden ist.

3

Die Offenbarung, die seit unvordenklichen Zeiten als das Ziel und die Verheißung aller Propheten Gottes gepriesen worden ist und das höchste Verlangen Seiner Boten war, ist nun nach dem alldurchdringenden Willen des Allmächtigen und auf Sein unwiderstehliches Geheiß den Menschen enthüllt worden. In allen heiligen Schriften ist das Kommen einer solchen Offenbarung angekündigt worden. Seht nun, wie die Menschheit trotz solcher Ankündigung von ihrem Weg abgeirrt ist und sich selbst ihrer Herrlichkeit verschlossen hat.

Sprich: O ihr Liebenden des einen, wahren Gottes! Strebt danach, Ihn wahrhaft anzunehmen und zu erkennen, und folgt Seinen Geboten, wie es euch ziemt. Dies ist eine Offenbarung, in der Myriaden von Meeren der Lohn für den sein werden, der um ihretwillen auch nur einen Tropfen seines Bluts opfert. Hütet euch, o Freunde, daß ihr eine so unschätzbare Wohltat nicht verwirkt oder ihre überragende Stufe gering achtet. Denkt an die vielen Leben, die geopfert wurden und noch geopfert werden in einer Welt, die durch ein bloßes Hirngespinst irregeführt ist, erdacht aus dem eitlen Wahn ihrer Völker. Danket Gott, daß euer Herzenswunsch Erfüllung fand und ihr mit Ihm vereint wurdet, der der Verheißene aller Völker ist. Bewahrt euch mit der Hilfe des einen, wahren Gottes – gepriesen sei Seine Herrlichkeit – die Unversehrtheit der Stufe, die ihr erreicht habt, und haltet fest an dem, was Seine Sache fördert. Er, fürwahr, gebietet euch, was recht ist und des Menschen Stufe erhöht. Verherrlicht sei der Allbarmherzige, der Offenbarer dieser wundersamen Tafeln.

4

Dies ist der Tag, da Gottes erhabenste Segnungen den Menschen zugeströmt sind, der Tag, da alles Erschaffene mit Seiner mächtigsten Gnade erfüllt wurde. Alle Völker haben die Pflicht, ihre Gegensätze auszugleichen und in größter Eintracht und in Frieden im Schatten des Baumes Seiner Obhut und Gnade zu wohnen. Sie müssen sich an das halten, was an diesem Tage der Erhöhung ihrer Stufe und der Förderung ihrer wahren Interessen am besten dient. Glücklich die, zu deren Gedenken die allherrliche Feder bewegt ward, und gesegnet die Menschen, deren Namen Wir nach Unserem unerforschlichen Ratschluß zu verschweigen vorzogen.

Bittet den einen, wahren Gott, daß Er allen Menschen gnädig beistehe, das zu erfüllen, was in Unseren Augen annehmbar ist. Bald wird die heutige Ordnung aufgerollt und eine neue an ihrer Statt entfaltet werden. Wahrlich, dein Herr spricht die Wahrheit, und Er weiß um das Ungeschaute.

5 Dies ist der Tag, da das Meer göttlicher Gnade den Menschen offenbart ist, der Tag, da die Sonne Seiner Güte ihren Strahlenglanz über sie ergießt, der Tag, da die Wolken Seiner reichen Gaben die ganze Menschheit überschatten. Jetzt ist die Zeit, die Niedergeschlagenen mit dem belebenden Hauch der Liebe und Verbundenheit und den Lebenswassern des Wohlwollens und der Barmherzigkeit zu trösten und zu erquicken.

Wo immer die Geliebten Gottes sich versammeln und wem immer sie begegnen, sie müssen in ihrer Haltung vor Gott und beim Lobpreis Seines Ruhmes und Seiner Ehre solche Demut und Ergebenheit zeigen, daß jedes Staubatom unter ihren Füßen die Tiefe ihrer Hingabe bezeugt. Das Gespräch, das diese heiligen Seelen führen, sollte von solcher Kraft erfüllt sein, daß diese Staubatome unter seinem Einfluß erbeben. Sie sollten sich so verhalten, daß die Erde, auf die sie treten, niemals Worte zu ihnen sprechen kann wie diese: »Ich bin euch vorzuziehen, denn seht, wie geduldig ich die Bürde trage, die mir der Landmann auferlegt. Ich bin das Mittel, das unablässig allen Wesen die Segnungen spendet, mit denen Er, der Ursprung aller Gnade, mich betraut hat. Trotz der mir erwiesenen Ehre und der zahllosen Beweise meines Reichtums, – eines Reichtums, der den Bedarf der ganzen Schöpfung deckt – seht das Maß meiner Demut und bezeugt, wie ich mich in voller Ergebenheit von den Menschen mit Füßen treten lasse.«

3   Erweist einander Langmut, Wohlwollen und Liebe. So jemand unter euch eine bestimmte Wahrheit nicht zu erfassen vermag oder sich um ihr Verständnis bemüht, so sprecht mit ihm voller Güte und in bester Absicht. Helft ihm, die Wahrheit zu sehen und zu erkennen, ohne euch im geringsten über ihn erhaben zu fühlen oder im Besitz größerer Gaben zu wähnen.

4   Die ganze Pflicht des Menschen liegt an diesem Tage darin, seinen Teil an der Gnadenfülle zu erlangen, die Gott für ihn strömen läßt. Deshalb soll niemand der Größe des Gefäßes achten. Der Anteil der einen mag in einer Handvoll liegen, der Anteil anderer mag einen Becher füllen, der wieder anderer gar das Maß eines Scheffels.

5   Jedes Auge sollte an diesem Tage suchen, was die Sache Gottes am besten fördert. Er, die Ewige Wahrheit, ist Mein Zeuge! Nichts, was es auch sei, kann an diesem Tage der Sache Gottes größeren Schaden zufügen als Zwietracht und Hader, Wortstreit, Entfremdung und Gleichgültigkeit unter den Geliebten Gottes. Flieht sie durch die Macht Gottes und Seine unumschränkte Hilfe und trachtet danach, die Herzen der Menschen zu verbinden in Seinem Namen, der Vereiner, der Allwissende, der Allweise.

6   Bittet den einen, wahren Gott, Er möge euch den Geschmack solcher Werke kosten lassen, wie sie auf Seinem

Pfade vollbracht werden, und an der Süße solcher Demut und Ergebenheit teilhaben lassen, wie sie um Seinetwillen erzeigt werden. Vergeßt euer eigenes Selbst und wendet eure Augen eurem Nächsten zu. Widmet eure Kräfte allem, was die Erziehung der Menschen fördert. Nichts ist vor Gott verborgen oder könnte es jemals sein. So ihr Seinem Wege folgt, werden Seine unermeßlichen, unvergänglichen Segnungen auf euch herniederströmen. Dies ist die leuchtende Tafel, deren Verse aus der eilenden Feder dessen strömten, der der Herr aller Welten ist. Bedenkt es im Herzen und gehört zu denen, die Seine Gebote halten.

6 Seht, wie die verschiedenen Völker und Geschlechter der Erde das Kommen des Verheißenen erwartet haben. Doch kaum war Er, die Sonne der Wahrheit, erschienen, siehe, da wandten sich alle von Ihm ab, außer denen, die Gott zu führen beliebte. Wir wagen nicht, an diesem Tage den Schleier vor jener erhabenen Stufe zu lüften, die jeder wahre Gläubige erreichen kann, denn die Freude, die eine solche Offenbarung erregen muß, könnte bei manchen bewirken, daß sie ohnmächtig werden und sterben.

2 Er, das Herz und der Mittelpunkt des Bayán, hat geschrieben: »Der Keim, der die Möglichkeiten der kommenden Offenbarung in sich birgt, ist mit einer Macht begabt, die stärker ist als die vereinten Kräfte aller, die Mir folgen.« Und weiter sagt Er: »Von allen Huldigungen, die Ich Ihm, der nach Mir kommen wird, dargebracht habe, ist die höchste Mein schriftliches Bekenntnis, daß keines Meiner Worte Ihn angemessen beschreiben kann und kein Hinweis auf Ihn in Meinem Buche, dem Bayán, Seiner Sache gerecht zu werden vermag.«

Wer die Tiefen der Meere, die diese erhabenen Worte bergen, durchforscht und ihren Sinn ergründet, von dem kann gesagt werden, daß er einen Schimmer der unaussprechlichen Herrlichkeit entdeckt, die dieser mächtigen, dieser erhabenen, heiligsten Offenbarung verliehen ist. Aus der überragenden Bedeutung einer so großen Offenbarung kann die Ehre, die ihre getreuen Anhänger schmückt, wohl ermessen werden. Bei der Gerechtigkeit des einen, wahren Gottes! Der bloße Atem dieser Seelen ist kostbarer als alle Schätze der Erde. Glücklich der Mensch, der dies erreicht, und wehe den Achtlosen!

7

Wahrlich, Ich sage, dies ist der Tag, an dem die Menschheit das Angesicht des Verheißenen schauen und Seine Stimme hören kann. Gottes Ruf ist erhoben, und das Licht Seines Antlitzes ist über den Menschen aufgegangen. Ein jeder sollte die Spuren jedes eitlen Wortes von der Tafel seines Herzens löschen und mit offenem, unvoreingenommenem Sinn fest auf die Zeichen Seiner Offenbarung, die Beweise Seiner Sendung und die Zeichen Seiner Herrlichkeit schauen.

Groß fürwahr ist dieser Tag! Die Hinweise in allen heiligen Schriften auf ihn als den »Tag Gottes« bezeugen seine Größe. Die Seele jedes Propheten Gottes und jedes göttlichen Boten hat nach diesem wundersamen Tag gedürstet, und alle Geschlechter der Erde haben sich danach gesehnt, ihn zu erleben. Doch kaum hatte sich die Sonne Seiner Offenbarung am Himmel des Willens Gottes kundgetan, da wurden alle für sprachlos und achtlos befunden – außer jenen, die der Allmächtige zu führen beliebte.

O du, der du Meiner gedenkst! Der schlimmste Schleier hat die Völker der Erde von Seiner Herrlichkeit ausgeschlossen und gehindert, auf Seinen Ruf zu hören. Gebe

Gott, daß das Licht der Einheit die ganze Erde umfange und das Siegel »Das Reich ist Gottes« allen ihren Völkern auf die Stirn gedrückt werde.

8 Bei der Gerechtigkeit Gottes! Dies sind die Tage, da Gott die Herzen der gesamten Schar Seiner Boten und Propheten und darüber hinaus diejenigen geprüft hat, die Sein geweihtes, unverletzliches Heiligtum bewachen, die das Himmelszelt bewohnen und im Hort der Herrlichkeit verweilen. Wie streng ist darum die Prüfung, die unvermeidlich derer harrt, die Gott Gefährten beigesellen.

9 O Ḥusayn! Bedenke das heftige Verlangen, mit dem bestimmte Völker und Nationen die Wiederkehr des Imám-Ḥusayn erwartet haben, dessen Kommen nach dem Erscheinen des Qá'im die Erwählten Gottes – gepriesen sei Seine Herrlichkeit – in vergangenen Tagen vorausgesagt hatten. Diese Heiligen haben weiter verkündet, wenn Er, der der Tagesanbruch der vielfältigen Gnade Gottes ist, sich offenbare, werden alle Propheten und Boten und mit ihnen der Qá'im sich im Schatten des heiligen Banners sammeln, das der Verheißene hissen wird. Diese Stunde ist nun gekommen. Die Welt ist erleuchtet von der strahlenden Herrlichkeit Seines Angesichts. Und doch, siehe, wie weit ihre Völker von Seinem Pfade abgeirrt sind! Niemand hat an Ihn geglaubt, ausgenommen jene, die durch die Macht des Herrn der Namen die Götzen ihrer eitlen Einbildungen und verderbten Wünsche zerschlagen und die Stadt der Gewißheit betreten haben. Der erlesene Wein Seiner Offenbarung ist an diesem Tage und in Seinem Namen, der Selbstgenügende, entsiegelt. Seine Gnadenfülle

ergießt sich über die Menschen. Fülle deinen Becher und trinke daraus in Seinem Namen, der Heiligste, der Allgepriesene.

10

Die den Völkern und Geschlechtern der Erde vorherbestimmte Zeit ist nun gekommen. Die Verheißungen Gottes, wie sie die heiligen Schriften überliefert haben, sind alle erfüllt. Von Zion ist Gottes Gesetz ausgegangen, und Jerusalem mit seinen Hügeln und seinem Land ist voll der Herrlichkeit Seiner Offenbarung. Glücklich, wer in seinem Herzen bewegt, was in den Büchern Gottes, des Helfers in Gefahr, des Selbstbestehenden, offenbart ward. Sinnt darüber nach, o ihr Geliebten Gottes, und lauscht Seinem Wort, damit ihr euch durch Seine Gunst und Gnade aus den kristallenen Wassern der Beständigkeit satt trinkt und in Seiner Sache so standhaft und unerschütterlich werdet wie ein Berg.

Im Buch Jesaja steht geschrieben: »Geh in die Felsen und verbirg dich in der Erde vor der Furcht des Herrn und vor Seiner herrlichen Majestät.« Niemand, der über diesen Vers nachdenkt, kann umhin, die Größe dieser Sache anzuerkennen, noch kann er die Erhabenheit dieses Tages, des Tages Gottes selbst, bezweifeln. Diesem Vers folgen die Worte: »Der Herr allein aber wird hoch sein an jenem Tage.«[1] Dies ist der Tag, den die Feder des Höchsten in allen heiligen Schriften verherrlicht hat. Kein Vers ist darin zu finden, der nicht den Ruhm Seines heiligen Namens bekundet, und kein Buch, das nicht für die Erhabenheit dieses höchsten Themas zeugt. Wollten Wir alles erwähnen, was in jenen himmlischen Büchern und heiligen Schriften über diese Offenbarung enthüllt ward, so würde diese Tafel un-

---

1. Jesaja 2:10-11

vertretbaren Umfang annehmen. Es obliegt an diesem Tage einem jeden, sein ganzes Vertrauen auf die mannigfaltigen Segnungen Gottes zu setzen und sich zu erheben, um mit größter Klugheit die Wahrheiten Seiner Sache zu verbreiten. Dann, und nur dann wird die ganze Erde in das Morgenlicht Seiner Offenbarung gehüllt sein.

11 Alle Herrlichkeit sei auf diesem Tage, dem Tag, da die Düfte der Barmherzigkeit über alles Erschaffene wehen, einem Tag, so reich gesegnet, daß vergangene Zeitalter und Jahrhunderte niemals hoffen können, ihm gleichzukommen, einem Tag, da der Altehrwürdige der Tage das Antlitz Seinem heiligen Throne zugewandt hat. Daraufhin waren die Stimmen alles Erschaffenen und darüber hinaus die Stimmen der himmlischen Heerscharen zu hören mit lautem Ruf: »Eile, o Karmel, denn siehe, das Licht des Angesichts Gottes, des Herrschers im Reiche der Namen und Schöpfers der Himmel, ist auf dich gerichtet.«

2 Außer sich vor Freude, rief er mit lauter Stimme: »Möge mein Leben ein Opfer für Dich sein, da Du Deinen Blick auf mich geworfen, Deine Großmut über mich ergossen und Deine Schritte zu mir gelenkt hast. Die Trennung von Dir, o Du Quell des ewigen Lebens, hat mich fast verzehrt, und das Fernsein von Dir hat meine Seele verbrannt. Aller Lobpreis sei Dir, daß Du mich fähig gemacht, Deinem Ruf zu lauschen, daß Du mich durch Deinen Schritt beehrt und meine Seele erquickt hast durch den belebenden Duft Deines Tages und die erregende Stimme Deiner Feder, eine Stimme, die Du als Deinen Posaunenruf unter Deinem Volke verfügt hast. Und als die Stunde schlug, zu der Dein unwiderstehlicher Glaube offenbart werden sollte, bliesest Du einen Hauch Deines Geistes in Deine Feder, und siehe, die

gesamte Schöpfung erbebte in ihren Grundfesten und enthüllte dem Menschengeschlecht Mysterien, wie sie in den Schatzkammern dessen verborgen liegen, der der Besitzer alles Erschaffenen ist.«

Kaum hatte seine Stimme jenen erhabensten Ort erreicht, da antworteten Wir: »Danke deinem Herrn, o Karmel! Das Feuer deiner Trennung von Mir hatte dich fast verzehrt, als das Meer Meiner Gegenwart vor deinem Angesicht wogte, deine und der ganzen Schöpfung Augen erfreute und alles Sichtbare und Unsichtbare mit Entzücken erfüllte. Frohlocke, denn Gott hat an diesem Tage Seinen Thron auf dir errichtet, hat dich zum Aufgangsort Seiner Zeichen und zum Morgen der Beweise Seiner Offenbarung gemacht. Wohl dem, der dich umschreitet, der die Offenbarung deiner Herrlichkeit verkündet und berichtet, was die Großmut des Herrn, deines Gottes, über dich ergossen hat. Ergreife den Kelch der Unsterblichkeit im Namen deines Herrn, der Allherrliche, und bringe Ihm Dank dar, weil Er als Zeichen Seines Erbarmens für dich dein Leid in Freude, deinen Kummer in selige Wonne verwandelt hat. Wahrlich, Er liebt die Stätte, die zum Sitze Seines Thrones wurde, die Seine Füße betreten haben, die Seine Gegenwart beehrt hat, von der aus Er Seinen Ruf erhoben und über die Er Seine Tränen vergossen hat.

Rufe aus gen Zion, o Karmel, und künde die frohe Botschaft: Er, der den sterblichen Augen verborgen war, ist gekommen! Seine allbezwingende Herrschaft ist offenbar, Seine allumfassende Herrlichkeit ist enthüllt worden. Hüte dich, daß du nicht zögerst oder schwankst. Eile und umschreite die Stadt Gottes, die vom Himmel herabgekommen ist, die himmlische Kaaba, in Anbetung umkreist von den Begünstigten Gottes, den im Herzen Reinen und der Schar der erhabensten Engel. O wie sehne Ich Mich, jedem Ort des Erdkreises die frohe Botschaft dieser Offenbarung zu verkünden und sie in jede seiner Städte zu tragen, einer Offenbarung, zu der das Herz des Sinai hingezogen wurde, und in deren Namen der Brennende Busch ruft: ›Gottes, des Herrn der Herren, sind die Reiche der Erde und des Himmels!‹ Wahrlich, dies ist der Tag, da Land und Meer frohlocken über diese Verkündigung, der Tag, für den aufbewahrt wurde, was Gott aus einer Großmut, die jenseits der Fassungskraft des sterblichen Verstandes oder Herzens liegt, zu offenbaren bestimmt hat. Bald wird Gott Seine Arche auf dich zusteuern und das Volk Bahás offenbaren, das im Buche der Namen genannt ist.«

5   Geheiligt sei der Herr der ganzen Menschheit! Alle Atome der Erde wurden beim Nennen Seines Namens in Schwingung versetzt, und die Zunge der Größe wurde bewegt, das zu eröffnen, was in Seinem Wissen verhüllt und in der Schatzkammer Seiner Macht verborgen lag. Er, wahrlich, ist kraft Seines Namens, der Mächtige, der Allgewaltige, der Höchste, Herrscher über alles, was in den Himmeln, und alles, was auf Erden ist.

12

Rühre dich, o Volk, und erwarte die Tage göttlicher Gerechtigkeit, denn die verheißene Stunde ist gekommen. Hüte dich, daß du nicht versäumst, ihre Tragweite zu erkennen und daß du nicht zu den Irrenden gezählt wirst.

13

Schaut in die Vergangenheit: Wie viele, hoch und niedrig, haben zu allen Zeiten sehnlich auf das Erscheinen der Manifestationen Gottes in den geheiligten Gestalten Seiner Erwählten gewartet. Wie oft haben sie Seiner Ankunft geharrt, wie haben sie immer wieder darum gefleht, der Hauch göttlichen Erbarmens möge wehen, die verheißene Schönheit hinter dem Schleier der Verborgenheit hervortreten und aller Welt offenbar werden. Doch wann immer die Tore der Gnade sich öffneten, die Wolken göttlicher Freigebigkeit sich auf die Menschheit ergossen und das Licht des Ungeschauten am Horizont himmlischer Macht aufleuchtete, haben Ihn alle verleugnet und sich von Seinem Antlitz, Gottes eigenem Antlitz, abgewandt...

Überlegt: Was mögen ihre Motive gewesen sein, was konnte sie zu einem solchen Verhalten gegenüber den Offenbarern der Schönheit des Allherrlichen bewogen haben? Führt doch alles, was in vergangenen Tagen die Ablehnung und den Widerstand der Menschen verursachte, auch zur Verstocktheit der Menschen von heute. Zu behaupten, das Zeugnis der Vorsehung sei unvollständig und dies habe zur Ablehnung geführt, wäre offene Gotteslästerung. Wie fern liegt es der Gnade des Allgütigen, wie fern Seiner liebevollen Vorsehung und Seiner milden Barmherzigkeit, unter allen Menschen eine Seele zur Führung Seiner Geschöpfe zu erwählen, ihr einerseits das volle Maß Seines göttlichen Zeugnisses zu versagen, andererseits über Sein Menschenvolk schwere Vergeltung zu verhängen, weil es sich von Seinem Erwählten abwendet! Nein, die vielfachen Gnadengaben des Herrn aller Geschöpfe haben allezeit durch die Manifestationen Seines göttlichen Wesens die Erde und alle, die auf ihr wohnen, umfangen. Nicht einen Augenblick hat sich Seine Gnade versagt, noch haben die Schauer Seiner Güte aufgehört, auf die Menschheit niederzuregnen. Folglich ist ein solches Verhalten nichts anderem zuzuschreiben als der Kleingeistigkeit der Seelen, die durch das Tal der Anmaßung und der Hoffart schreiten, in der Wildnis der Gottferne umherirren, auf den Wegen ihres eitlen Wahns wandeln und den Befehlen ihrer Geistlichen folgen. Es geht ihnen vor allem um Widerspruch, und ihr einziges

Begehren ist, der Wahrheit nicht ins Auge sehen zu müssen. Jedem Einsichtigen ist es offenbar: Hätten diese Menschen in den Tagen früherer Manifestationen der Sonne der Wahrheit ihre Augen, Ohren und Herzen von allem, was sie zuvor sahen, hörten und fühlten, geheiligt, so wären sie sicherlich weder des Anblicks der Schönheit Gottes beraubt worden noch so weit von den Stätten der Herrlichkeit abgeirrt. Doch weil sie dem Zeugnis Gottes das Maß ihres eigenen Wissens anlegten, das sie aus den Lehren ihrer Geistlichkeit aufgelesen hatten, und fanden, daß es ihrem beschränkten Verständnis widersprach, ließen sie sich zu solchen Untaten hinreißen...

3   Als Sein Tag zu Ende ging, kam die Zeit des Mose. Ausgerüstet mit dem Stab himmlischer Herrschaft, geschmückt mit der weißen Hand göttlicher Erkenntnis, kam Er vom Párán der Liebe Gottes hernieder. Wie ein Zepter die Schlange der Macht und ewigen Hoheit tragend, strahlte Er vom Sinai des Lichtes herab auf die Welt. Er rief alle Völker und Geschlechter der Erde zum Reiche der Ewigkeit und lud sie ein, die Frucht vom Baume der Treue zu kosten. Du weißt wohl, wie bitterfeind der Pharao und sein Volk Ihm begegneten und wie die Hände der Heiden Steine eitlen Trugs gegen diesen gesegneten Baum schleuderten. Schließlich erhob sich der Pharao mit seinem Volk und mühte sich aufs äußerste, das Feuer des heiligen Baumes mit den Wassern der Falschheit und Verleugnung zu löschen, denn sie achteten nicht der Wahrheit, daß irdisches Wasser die Flamme göttlicher Weisheit nicht ersticken und sterbliche Winde die Lampe ewiger Herrschaft nicht ausblasen können. Nein, solches Wasser kann die Flamme nur noch mehr entfachen und solche Windstöße können den Schutz der Lampe nur noch festigen, würdet ihr doch mit dem Auge der Einsicht schauen und auf dem Pfade von Gottes heiligem Willen und Wohlgefallen wandeln...

Als die Tage Mose zu Ende gingen und das Licht Jesu, aus der Morgendämmerung des Geistes aufleuchtend, die Welt umfing, stand das ganze Volk Israel wider Ihn auf. Sie schrieen, daß der, den die Bibel verheißt, das Gesetz Mose verbreiten und erfüllen müsse, während dieser junge Nazarener, der sich die Stufe des göttlichen Messias anmaße, die Gesetze der Ehescheidung und des Sabbats, die wichtigsten Gesetze Mose, abgeschafft habe. Wie stehe es außerdem um die Zeichen der Manifestation, die noch erscheinen soll? Das Volk Israel harrt bis auf den heutigen Tag der in der Bibel verheißenen Manifestation. Wie viele Manifestationen der Heiligkeit, wie viele Offenbarer des ewigen Lichtes sind seit Mose Zeiten schon erschienen, und doch erwartet Israel, in dichteste Schleier satanischen Trugs und eitlen Wahns gehüllt, daß das Idol, das es selbst geschaffen, mit Zeichen erscheine, die es selbst ersonnen. So hat Gott um ihrer Sünden willen Hand an die Juden gelegt, so hat Er den Geist des Glaubens in ihnen ausgelöscht und sie mit den Flammen der Höllentiefe gepeinigt, weil sie den Sinn der Verse nicht verstehen wollten, die über die Zeichen der künftigen Offenbarung in der Bibel enthüllt sind. Da sie deren wahre Bedeutung nicht erfaßten und jene Ereignisse, äußerlich gesehen, nie eingetroffen sind, blieb es ihnen versagt, die Schönheit Jesu zu erkennen und das Antlitz Gottes zu schauen. Noch immer harren sie Seines Erscheinens! Seit unvordenklicher Zeit bis zum heutigen Tag haben die Völker auf Erden solchen wunderlichen, unziemlichen Gedanken nachgehangen und sich damit selbst der klaren Wasser beraubt, die den Quellen der Reinheit und Heiligkeit entströmen...

Wem Einsicht gegeben, der weiß, daß zu der Zeit, da das Feuer der Liebe Jesu die Schleier jüdischer Enge verzehrt hatte und Seine Machtvollkommenheit sichtbar und allmählich anerkannt wurde, Er, der Offenbarer der unsichtbaren Schönheit, an Seine Jünger gewandt, auf Sein Scheiden hinwies, in ihren Herzen das Feuer der Verwaisung entfachte und sprach: »Ich gehe von hinnen und komme wieder zu euch.«[1] Und an anderer Stelle sprach Er: »Ich gehe hin, und ein anderer wird kommen, der wird euch alles lehren, was ich euch nicht gesagt habe, und alles erfüllen, was Ich euch gesagt habe.«[2] Diese beiden Verse haben nur eine Bedeutung, wollet ihr doch mit göttlicher Einsicht über die Manifestationen der Einheit Gottes nachdenken!

6   Wer dies mit Verständnis betrachtet, wird erkennen, daß in der Sendung des Qur'án sowohl das Buch als auch die heilige Sache Jesu bestätigt wurden. Was die Namen anbelangt, so erklärt Muḥammad selbst: »Ich bin Jesus.« Er anerkannte die Wahrheit der Zeichen, Prophezeiungen und Worte Jesu und bezeugte, daß sie alle von Gott sind. In diesem Sinne haben sich weder die Gestalt Jesu noch Seine Schrift von der Muḥammads und Seinem heiligen Buche unterschieden, denn beide sind für die Sache Gottes eingetreten, haben Sein Lob verkündet und Seine Gebote offenbart. Darum hat Jesus gesprochen: »Ich gehe hin und komme wieder zu euch.«[3] Betrachtet die Sonne! Wenn sie sagte: »Ich bin die Sonne von gestern«, so spräche sie die Wahrheit. Und sollte sie im Hinblick auf den Zeitablauf behaupten, sie sei eine andere als jene Sonne, so spräche sie gleichwohl die Wahrheit. Ebenso wahr ist es, wenn gesagt wird, alle Tage seien ein und derselbe. Und wenn im Hinblick auf ihre besonderen Namen und Bezeichnungen gesagt wird, sie seien verschieden, so ist dies wiederum wahr, denn wenn sie auch die gleichen sind, so läßt sich doch an

---

1. Joh. 14:28
2. vgl. Joh. 14:26, 16:13
3. Joh. 14:28

jedem eine andere Bezeichnung, eine besondere Eigenschaft, ein eigener Wesenszug erkennen. Begreife nun dementsprechend die Individualität, die Verschiedenheit und die Einheit der Manifestationen der Heiligkeit, damit du die Andeutungen verstehst, die der Schöpfer aller Namen und Attribute über diese Mysterien der Verschiedenheit und Einheit machte, und entdecke die Antwort auf deine Frage, warum jene ewige Schönheit sich zu verschiedenen Zeiten mit verschiedenen Namen und Titeln bezeichnet hat...

Als der Unsichtbare, der Ewige, das göttliche Wesen die Sonne Muḥammads über dem Horizont der Erkenntnis aufsteigen ließ, erhoben die jüdischen Geistlichen gegen Ihn ausgeklügelte Einwände, darunter den, daß Gott nach Mose keinen Prophet mehr senden werde. Ja, in ihrer Schrift ist von einer Seele die Rede, die sich offenbaren müsse, um den Glauben des Mose zu verbreiten und die Interessen Seines Volkes zu fördern, so daß das Gesetz des Mose schließlich den ganzen Erdkreis umfasse. Darum sprach der König ewiger Herrlichkeit in Seinem Buch, auf die Worte dieser Wanderer im Tale der Gottferne und des Irrtums verweisend: »›Gottes Hand‹, so sagen die Juden, ›ist gefesselt.‹ Gefesselt seien ihre eigenen Hände, verflucht seien sie für das, was sie da sprechen. Nein, ausgestreckt sind Seine Hände!«[1] »Gottes Hand ist über ihren Händen«[2]. Auch wenn die Kommentatoren des Qur'án die Umstände, die zur Offenbarung dieses Verses führten, verschieden schildern, solltest du dich doch bemühen, seinen Sinn zu begreifen. Er sagt: Wie falsch ist das, was sich die Juden vorstellen! Wie kann die Hand Dessen, der in Wahrheit der König ist, der das Antlitz des Mose offenbar wer-

---

1. Qur'án 5:65
2. Qur'án 48:11

den ließ und Ihm das Gewand der Prophetenschaft verlieh – wie kann eines solchen Hand gefesselt sein? Wie kann man wähnen, daß Er die Macht nicht habe, nach Mose einen Boten erstehen zu lassen? Erkenne, wie abwegig ihr Gerede, wie weit sie vom Pfade der Erkenntnis und Einsicht abgeirrt sind! Beachte, wie auch heute all dieses Volk zu solchen Torheiten und Abwegigkeiten neigt. Über ein Jahrtausend lang haben sie diesen Vers rezitiert und ohne Einsicht ihr Urteil über die Juden gesprochen, ohne im geringsten zu merken, wie sie damit selbst, offen und insgeheim, die Gefühle und den Glauben des jüdischen Volkes zum Ausdruck brachten! Du bist dir sicher ihrer eitlen Behauptung bewußt, daß alle Offenbarung beendet und die Tore göttlicher Barmherzigkeit geschlossen seien, daß sich keine Sonne mehr vom Morgen ewiger Heiligkeit erheben werde, daß das Meer ewiger Gnadenfülle für immer ruhe und aus dem Heiligtum urewiger Herrlichkeit keine Gottesboten mehr offenbart würden. Dies ist das Verständnis dieser kleingeistigen, verächtlichen Menschen! Sie wähnen, der Strom von Gottes allumfassender Gnade und überfließender, reicher Barmherzigkeit, dessen Versiegen unvorstellbar ist, sei zum Stillstand gekommen. Von allen Seiten haben sie sich zur Tyrannei erhoben und die größten Anstrengungen unternommen, mit den bitteren Wassern ihres leeren Wahns die Flamme aus Gottes Brennendem Busch zu löschen; blind dafür, daß das Glas der Macht, einem Bollwerk gleich, die Lampe Gottes beschirmt...

8 Seht wie die Souveränität Muḥammads, des Gesandten Gottes, heute unter dem Volke offenbar ist. Du bist dir aber dessen bewußt, was Seinem Glauben in den frühen Tagen Seiner Sendung widerfahren ist. Mit welch schmerzlichem Leid hat die Hand der Ungläubigen und Irrenden, der Geistlichen jener Zeit und ihrer Genossen, dieses geistige Wesen, dieses reinste, heiligste Sein heimgesucht! Wie

viele Dornen und Disteln haben sie auf Seinen Pfad gestreut! In seinem gottlosen, satanischen Wahn sah dieses nichtswürdige Geschlecht offenbar in jedem Unrecht, das diesem unsterblichen Wesen angetan wurde, ein Mittel, ewige Glückseligkeit zu erlangen, denn die anerkannten Geistlichen jener Zeit wie 'Abdu'lláh-i-Ubayy, Abú 'Ámir der Klausner, Ka'b-Ibn-i-Ashraf und Naḍr-Ibn-i-Ḥárith, behandelten Ihn alle als Betrüger und nannten Ihn einen Irren und Verleumder. So schlimme Anklagen erhoben sie gegen Ihn, daß, wollte Ich sie aufzählen, Gott der Tinte verbieten würde zu fließen, Unserer Feder, sich zu bewegen, oder dem Blatt, sie zu ertragen. Diese böswilligen Vorwürfe wiegelten das Volk auf, sich gegen Ihn zu erheben und Ihn zu peinigen. Wie bitter ist eine solche Qual, wenn die Geistlichen der Zeit ihre Hauptanstifter sind, wenn sie Ihn vor ihrem Gefolge öffentlich brandmarken, Ihn aus ihrer Mitte verstoßen und Ihn einen Schurken nennen! Ist solches nicht auch diesem Diener widerfahren, wie alle bezeugen?

Aus diesem Grunde rief Muḥammad: »Kein Prophet Gottes hat solches Unrecht erlitten, wie Ich es erlitt.« Im Qur'án sind alle Verleumdungen und Vorwürfe verzeichnet, die gegen Ihn vorgebracht wurden, wie auch die Trübsale, die Er erlitt. Seht dort nach, damit ihr unterrichtet seid, wie es Seiner Offenbarung erging. So schmerzlich war Seine Lage, daß eine Zeitlang niemand mehr mit Ihm und Seinen Gefährten verkehrte. Wer immer sich zu Ihm gesellte, fiel der unerbittlichen Grausamkeit Seiner Feinde zum Opfer... 9

Bedenke, wie sehr sich alles gewandelt hat! Sieh, wie viele Herrscher das Knie vor Seinem Namen beugen! Wie zahlreich sind die Völker und Reiche, die in Seinem Schatten Schutz suchen, Seinem Glauben huldigen und sich dessen rühmen! Von den Kanzeln steigen heute Worte des 10

Lobpreises auf, die in äußerster Demut Seinen gesegneten Namen verherrlichen, von den Spitzen der Minarette tönt der Ruf, der die Schar Seines Volkes versammelt, Ihn anzubeten. Selbst die Könige der Erde, die es abgelehnt haben, Seinen Glauben anzunehmen und das Gewand des Unglaubens abzulegen, bestätigen doch die Größe und überwältigende Erhabenheit dieser Sonne göttlicher Gnade. So steht es um Seine irdische Souveränität, deren Beweise du überall schauen kannst. Diese Souveränität muß sich noch zu Lebzeiten einer jeden Manifestation Gottes oder aber nach ihrem Aufstieg zu ihrer wahren Wohnstätte in den Reichen der Höhe offenbaren und festigen...

11 Es ist offenbar, daß der Umbruch, zu dem es in jeder Sendung kommt, die finsteren Wolken bildet, welche sich zwischen das Auge menschlichen Begreifens und die göttliche Leuchte schieben, die aus dem Aufgangsort des göttlichen Wesens hervorstrahlt. Sieh, wie die Menschen über Generationen blindlings dem Beispiel ihrer Väter folgten und nach den Vorschriften ihres Glaubens erzogen wurden. Müßten diese Menschen plötzlich sehen, daß einer aus ihrer Mitte, der alle menschlichen Begrenzungen mit ihnen teilt, sich erhebt, um alle festgefügten Grundsätze, die ihnen ihr Glaube auferlegte, abzuschaffen – Grundsätze, durch die sie über Jahrhunderte in Zucht gehalten wurden und deren Gegner und Leugner sie als ungläubig, ruchlos und gottlos anzusehen pflegten – so wären sie sicherlich in Schleier gehüllt und unfähig, Seine Wahrheit anzuerkennen. Solche Geschehnisse sind wie »Wolken«[1], welche die Augen derer verschleiern, deren Wesen weder vom Salsabíl der Loslösung gekostet noch vom Kawthar der Erkenntnis Gottes getrunken hat. Solche Menschen werden, wenn sie in diese Lage kommen, so verschleiert, daß sie, ohne im ge-

---

1. Qur'án 25:26 und Matth. 24:30

ringsten zu fragen, die Manifestation Gottes einen Ungläubigen nennen und über sie das Todesurteil fällen. Du mußt von den Vorgängen gehört haben, wie sie zu allen Zeiten geschahen und auch heute zu beobachten sind.

Wir sollten uns darum mit Gottes unsichtbarem Beistand aufs äußerste bemühen, daß diese dunklen Schleier, diese Wolken vom Himmel gesandter Prüfungen uns nicht daran hindern, die Schönheit Seines leuchtenden Antlitzes zu schauen, und daß wir Ihn nur durch Sein eigenes Selbst erkennen.

14

Die göttliche Frühlingszeit ist angebrochen, o Erhabenste Feder, denn das Fest des Allbarmherzigen naht mit Eile. Rühre dich und verherrliche vor der ganzen Schöpfung den Namen Gottes und preise Seinen Ruhm so, daß alles Erschaffene wiederbelebt und erneuert wird. Sprich und schweige nicht! Die Sonne der Seligkeit leuchtet über dem Horizont Unseres Namens, der Selige, da das Reich des Namens Gottes geschmückt wurde mit der Zier des Namens Deines Herrn, der Schöpfer der Himmel. Erhebe dich vor den Völkern der Erde, wappne dich mit der Macht dieses Größten Namens und gehöre nicht zu den Zaudernden.

Mich dünkt, du zögerst und bewegst dich nicht auf Meiner Tafel. Hat dich das göttliche Antlitz mit seinem Glanz verwirrt, oder hat dich das leere Geschwätz der Eigensinnigen mit Kummer erfüllt und deine Bewegung gelähmt? Sei achtsam, daß nichts dich davon ablenke, die Größe dieses Tages zu preisen, des Tages, da der Finger der Erhabenheit und Macht den Wein der Wiedervereinigung entsiegelt und alle gerufen hat, die in den Himmeln, und alle, die auf Erden sind. Willst du zögern, wenn der Windhauch, der den Tag Gottes ankündigt, schon über dich geweht ist, oder gehörst du zu denen, die wie durch einen Schleier von Ihm getrennt sind?

3 Keinem Schleier, o Herr aller Namen und Schöpfer der Himmel, habe ich gestattet, mich von der Anerkennung der Herrlichkeit Deines Tages auszuschließen – des Tages, der die Lampe der Führung ist für die ganze Welt und das Zeichen des Altehrwürdigen der Tage für alle, die darin wohnen. Ich schweige wegen der Schleier, welche die Augen Deiner Geschöpfe blind gemacht haben gegen Dich, und mein Stummsein rührt von den Hemmnissen, die Dein Volk gehindert haben, Deine Wahrheit anzuerkennen. Du weißt, was in mir ist, ich jedoch weiß nicht, was in Dir ist. Du bist der Allwissende, der Allunterrichtete. Bei Deinem Namen, der alle anderen Namen überragt! Sollte Dein übermächtiger und allbezwingender Befehl mich erreichen, er würde mir Macht verleihen, die Seelen aller Menschen neu zu beleben durch Dein erhabenes Wort, das ich Deine Zunge der Macht in Deinem Reiche der Herrlichkeit äußern hörte. Er würde mich befähigen, die Enthüllung Deines strahlenden Antlitzes zu verkünden, durch die alles, was vor den Augen der Menschen verborgen war, kundgetan ist in Deinem Namen, der Offenbare, der höchste Beschirmer, der Selbstbestehende.

4 Kannst du, o Feder, an diesem Tage einen anderen außer Mir entdecken? Was ist aus der Schöpfung und ihren Offenbarungen geworden? Was aus den Namen und ihrem Reich? Wohin ist alles Erschaffene – Sichtbares oder Unsichtbares – entschwunden? Was ist mit den verborgenen Geheimnissen des Alls und seinen Offenbarungen geschehen? Siehe, die ganze Schöpfung ist vergangen! Nichts ist geblieben außer Meinem Antlitz, dem Ewigbleibenden, dem Strahlenden, dem Allherrlichen.

5 Dies ist der Tag, an dem nichts außer dem Glanz des Lichtes wahrgenommen werden kann, das vom Angesicht

Deines Herrn ausstrahlt, des Gnädigen, des Gütigen. Wahrlich, Wir haben kraft Unserer unwiderstehlichen, allunterwerfenden Herrschaft jede Seele verhauchen lassen. Dann haben Wir eine neue Schöpfung ins Leben gerufen als Zeichen Unserer Gnade für die Menschen. Ich bin wahrlich der Allgütige, der Altehrwürdige der Tage.

Dies ist der Tag, da die Welt des Unsichtbaren ausruft: »Groß ist deine Seligkeit, o Erde, denn du wurdest zum Schemel deines Gottes gemacht und zum Sitz Seines mächtigen Thrones auserkoren.« Das Reich der Herrlichkeit verkündet: »Könnte doch mein Leben ein Opfer für dich sein, denn Er, der Geliebte des Allerbarmers, hat auf dir Seine Herrschaft errichtet durch die Macht Seines Namens, der allem Vergangenen und Künftigen verheißen ist.« Dies ist der Tag, da jeder liebliche Duft seinen Wohlgeruch aus dem Duft Meines Gewandes zieht, eines Gewandes, das seinen Duft über die ganze Schöpfung verbreitet. Dies ist der Tag, da sich die rauschenden Wasser ewigen Lebens aus dem Willen des Allbarmherzigen ergießen. Eilt euch mit Herz und Seele und trinkt euch satt, o Scharen der Höhe!

Sprich: Er ist es, der die Manifestation des Unerkennbaren, des Unsichtbarsten alles Unsichtbaren ist, könntet ihr es doch begreifen. Er ist es, der den verborgenen und verwahrten Edelstein offen vor euch hingelegt hat, wolltet ihr ihn doch suchen. Er ist es, der Einziggeliebte von allem, was vergangen und zukünftig ist, würdet ihr doch Herz und Hoffnung auf Ihn richten!

Wir haben die Stimme deiner Verteidigung gehört, o Feder, und verzeihen dein Schweigen. Was ist es, das dich so sehr verwirrt hat?

Vom Rausch Deiner Gegenwart, o Vielgeliebter aller Welten, bin ich ergriffen und besessen.

Erhebe dich und verkünde der ganzen Schöpfung die Botschaft, daß Er, der Allbarmherzige, Seine Schritte zum

Riḍván gelenkt und ihn betreten hat. Führe dann das Volk zum Garten des Entzückens, den Gott zum Thron Seines Paradieses gemacht hat. Wir haben dich zu Unserer mächtigsten Posaune erkoren, auf daß ihr schallender Ruf die Auferstehung der ganzen Menschheit verkünde.

11 Sprich: Dies ist das Paradies, auf dessen Blattwerk der Wein der Äußerung das Zeugnis ätzte: »Er, der den Augen der Menschen verborgen war, ist enthüllt, gegürtet mit Herrschaft und Macht!« dies ist das Paradies, dessen rauschende Blätter künden: »O ihr, die ihr die Himmel und die Erde bewohnt! Erschienen ist, was nie zuvor erschien. Er, der Sein Antlitz seit Ewigkeit vor den Blicken der Schöpfung verborgen hielt, ist nun da!« Aus dem raunenden Wind, der durch des Paradieses Zweige weht, dringt der Ruf: »Er, der höchste Herr aller, ist offenbart. Das Reich ist Gottes«, während aus seinen strömenden Wassern das Murmeln klingt: »Alle Augen sind erfreut, denn Er, den keiner schaute, dessen Geheimnis niemand entdeckte, hat den Schleier der Herrlichkeit gelüftet und das Antlitz der Schönheit enthüllt.«

12 In diesem Paradies und aus den Höhen seiner erhabensten Gemächer rufen die Himmelsdienerinnen jubelnd: »Freut euch, ihr Bewohner der Reiche der Höhe, denn die Finger dessen, der der Altehrwürdige der Tage ist, läuten im Namen des Allherrlichen die Größte Glocke mitten im Herzen der Himmel. Die Hände der Güte reichen den Becher des ewigen Lebens dar. Kommt näher und trinkt euch satt! Trinkt mit gesundem Behagen, o ihr, die ihr die fleischgewordene Sehnsucht seid, die ihr das leidenschaftliche Verlangen verkörpert!«

13 Dies ist der Tag, da Er, der Offenbarer der Namen Gottes, aus dem Heiligtum der Herrlichkeit hervortrat und allen, die in den Himmeln und auf Erden sind, verkündete: »Stellt die Becher des Paradieses und alles lebenspendende

Wasser darin beiseite, denn sehet, das Volk Bahás ist in die selige Wohnstatt der göttlichen Gegenwart eingetreten und trinkt den Wein der Wiedervereinigung aus dem Kelch der Schönheit seines Herrn, des Allbesitzenden, des Höchsten.«

14 Vergiß die Welt der Schöpfung, o Feder, und wende dich dem Antlitz deines Herrn zu, des Herrn aller Namen. Schmücke dann die Welt mit dem Schmuck der Gunstbezeugungen deines Herrn, des Königs ewiger Tage. Denn Wir spüren den Duft des Tages, da Er, die Sehnsucht aller Völker, die Lichtfülle Seiner höchst erhabenen Namen auf die Reiche des Sichtbaren und Unsichtbaren ergoß und sie mit dem Strahlenglanz der Leuchten Seiner gnädigsten Gunst umgab – einer Gunst, die keiner außer Ihm, dem allmächtigen Beschirmer der ganzen Schöpfung, zu ermessen vermag.

15 Schaue auf Gottes Geschöpfe nur mit dem Auge der Güte und Barmherzigkeit, denn Unsere liebende Vorsehung hat alles Erschaffene durchdrungen und Unsere Gunst hat die Erde und die Himmel umfangen. Dies ist der Tag, da die wahren Diener Gottes an den lebensspendenden Wassern der Wiedervereinigung teilhaben, der Tag, da alle, die Ihm nahe sind, vom sanft fließenden Strom der Unsterblichkeit, und alle, die an Seine Einheit glauben, vom Wein Seiner Gegenwart zu trinken vermögen, indem sie Ihn anerkennen als den, der das höchste und letzte Ziel aller ist, und aus dem die Zunge der Majestät und Herrlichkeit den Ruf erhebt: »Das Reich ist Mein, Ich selbst bin aus Meinem eigenen Recht sein Herrscher.«

16 Ziehe die Herzen der Menschen an durch Seinen, des einzig Geliebten Ruf. Sprich: Dies ist die Stimme Gottes, so ihr doch auf sie hörtet! Dies ist der Tagesanbruch der Offenbarung Gottes, so ihr es doch wüßtet! Dies ist der Aufgangsort der Sache Gottes, so ihr es doch erkenntet! Dies

ist die Quelle des Gebotes Gottes, so ihr sie doch gerecht beurteiltet! Dies ist das offenbare und verborgene Geheimnis, so ihr es doch erfaßtet! O ihr Völker der Welt! In Meinem Namen, der alle anderen Namen überragt, werft weg, was ihr besitzt, und versenkt euch in dieses Meer, dessen Tiefen die Perlen der Weisheit und der Äußerung bergen, ein Meer, das wogt in Meinem Namen, der Allbarmherzige. So belehrt euch Er, bei dem das Mutterbuch ist.

17 Der Meistgeliebte ist erschienen. In Seiner Rechten hält Er den versiegelten Wein Seines Namens. Glücklich der Mensch, der sich Ihm zukehrt, sich satt trinkt und ausruft: »Preis sei Dir, o Offenbarer der Zeichen Gottes!« Bei der Gerechtigkeit des Allmächtigen! Alles Verborgene ist durch die Macht der Wahrheit offenbart. Alle Gunstbeweise Gottes sind als Zeichen Seiner Gnade herabgesandt. Die Wasser ewigen Lebens sind in ihrer ganzen Fülle den Menschen dargeboten. Jeden einzelnen Becher hat die Hand des Vielgeliebten dargereicht. Kommt herbei und zögert nicht, und wäre es auch nur für einen kurzen Augenblick.

18 Selig, wer sich mit den Flügeln der Loslösung aufschwingt und die Stufe erreicht, die nach Gottes Befehl die ganze Schöpfung überschattet, wen weder die eitlen Einbildungen der Gelehrten noch die Menge der Erdenscharen von Seiner Sache ablenken können. Wer unter euch, o Volk, ist bereit, der Welt zu entsagen und sich Gott, dem Herrn aller Namen, zu nähern? Wo findet sich der, der durch die Macht Meines Namens, der alles Erschaffene überragt, wegwirft, was Menschen besitzen, und sich mit all seiner Kraft an das hält, was Gott, der Kenner des Unsichtbaren und des Sichtbaren, ihm zu beachten gebot? So ist Seine Güte den Menschen herniedergesandt, Sein Zeugnis erfüllt, und so erstrahlt Sein Beweis über dem Horizont der Gnade. Kostbar ist der Preis, der dem zufallen wird, der glaubt und ausruft: »Gepriesen seist Du, o Geliebter al-

ler Welten! Verherrlicht sei Dein Name, o Du Sehnsucht jedes verstehenden Herzens!«

Frohlocke in höchster Freude, o Volk Bahás, wenn du dich des Tages höchsten Glücks erinnerst, des Tages, da die Stimme des Altehrwürdigen der Tage sprach, da Er aus Seinem Hause fort zu jenem Orte ging, wo Er den Glanz Seines Namens, der Allbarmherzige, über die ganze Schöpfung ergoß. Gott ist Unser Zeuge. Wollten wir die verborgenen Geheimnisse dieses Tages enthüllen, so würden alle, die auf Erden und in den Himmeln wohnen, bewußtlos werden und sterben, außer jenen, die von Gott, dem Allmächtigen, dem Allwissenden, dem Allweisen, behütet werden.

So stark ist die berauschende Wirkung der Worte Gottes auf Ihn, den Offenbarer Seiner unzweifelhaften Beweise, daß Seine Feder nicht länger schreiben kann. Er schließt Seine Tafel mit den Worten: »Kein Gott ist außer Mir, dem Höchsterhabenen, dem Machtvollsten, dem Unübertrefflichen, dem Allwissenden.«

15

Die Feder der Offenbarung ruft aus: »Das Reich ist Gottes an diesem Tage!« Die Zunge der Macht ruft: »An diesem Tage ist alle Herrschaft wahrhaftig bei Gott!« Der Phönix in den Reichen der Höhe ruft laut vom unvergänglichen Zweige: »Die Herrlichkeit aller Größe gehört Gott, dem Unvergleichlichen, dem Allbezwingenden!« Die mystische Taube verkündet aus ihrer seligen Laube im ewigen Paradiese: »Die Quelle aller Gnadengaben strömt an diesem Tage aus Gott, dem Einen, dem Vergebenden!« Der Vogel des Thrones schmettert sein Lied in seiner Zufluchtsstätte der Heiligkeit: »Höchste Oberhoheit kommt an diesem Tage keinem anderen zu als Gott, Ihm, der weder Gefährten noch Seinesgleichen hat, dem Allgewaltigen, dem Allüberwinder!« Das innerste Wesen alles Erschaffenen legt in allen Dingen das Zeugnis ab: »Alle Vergebung strömt an diesem Tage von Gott, Ihm, dem sich keiner vergleichen kann, dem keine Gefährten zugesellt werden können, dem unumschränkten Schutzherrn aller Menschen, dem Verberger ihrer Sünden!« Die Quintessenz der Herrlichkeit hat ihre Stimme über Meinem Haupte erhoben und ruft hernieder aus Höhen, die weder Feder noch Zunge zu beschreiben vermag: »Gott ist mein Zeuge Er, der Altehrwürdige immerwährender Tage, ist gekommen, umgürtet mit Majestät und Macht. Es ist kein anderer Gott außer Ihm, dem Allherrlichen, dem Allmächtigen, dem Allhöchsten, dem Allweisen, dem Alldurchdringenden, dem Allsehenden, dem Allwissenden, dem unumschränkten Schutzherrn, der Quelle ewigen Lichtes!«

2 O Mein Diener, der du Gottes Wohlgefallen gesucht und dich an Seine Liebe gehalten hast an dem Tage, da alle außer wenigen mit Einsicht Begabten von Ihm abgefallen sind! Möge es dir Gott durch Seine Gunst mit reichem, unvergänglichem, ewigem Lohn vergelten, weil du Ihn suchtest an dem Tage, da die Augen geblendet waren. Wisse, wenn Wir dir auch nur ein Körnchen der Hagelschläge offenbarten, die nach Gottes Ratschluß aus den Händen der Neider und Übeltäter auf Uns herniederprasseln, du würdest vor Trauer weinen und Tag und Nacht Unsere schlimme Lage beklagen. O daß doch eine einsichtige, aufrichtige Seele sich fände, die Wunder dieser Offenbarung zu erkennen – Wunder, die die Herrschaft Gottes und die Größe ihrer Gewalt verkünden! Daß doch ein solcher Mensch sich erhöbe und ganz um Gottes willen in der Stille und öffentlich das Volk ermahnte, damit es sich erhebe und diesem Unterdrückten, den die Übeltäter so schwer heimgesucht haben, beistehe.

Mich dünkt, Ich höre die Stimme des Heiligen Geistes 3
hinter Mir rufen und sprechen: Wechsle Dein Thema und
wandle Deinen Ton, damit das Herz dessen, der seinen
Blick auf Dein Antlitz gerichtet hat, nicht traurig werde.
Sprich: Durch Gottes Gnade und Macht habe Ich in der
Vergangenheit von niemandem Hilfe erbeten, noch werde
Ich in Zukunft bei jemandem Hilfe suchen. Er ist es, der
Mir durch die Macht der Wahrheit während Meiner Verbannung im 'Iráq beistand. Er ist es, der Mich mit Seinem
Schutz beschirmte zu einer Zeit, da die Geschlechter der
Erde wider Mich stritten. Er ist es, der Mich befähigte, aus
der Stadt mit solcher Majestät zu scheiden, daß niemand
außer den Leugnern und Übeltätern umhin kann, sie anzuerkennen.

Sprich: Meine Streitmacht ist Mein Gottvertrauen, 4
Mein Volk die Kraft Meiner Zuversicht in Ihn, Meine Liebe ist Mein Banner und Mein Gefährte ist das Gedenken an
Gott, den unumschränkten Herrn über alles, den Allgewaltigen, den Allherrlichen, den Unbedingten.

Erhebe dich, o Wanderer auf dem Pfade der Gottesliebe, 5
und hilf Seiner Sache. Sprich: Verschachere nicht diesen
Jüngling, o Volk, gegen die Nichtigkeiten dieser Welt oder
die Wonnen des Himmels. Bei der Gerechtigkeit des einen,
wahren Gottes! Ein Haar von Ihm übertrifft alles, was in
den Himmeln und auf Erden ist. Hütet euch, o Menschen,
daß ihr nicht in Versuchung kommt, Ihn um eures Goldes
und Silbers willen aufzugeben. Laßt Seine Liebe eine
Schatzkammer für eure Seele sein an dem Tage, da nichts
außer Ihm euch nützen wird, dem Tage, da jeder Stützpfeiler erzittert, da die Menschen ein Schauder überläuft, da
alle Augen voll Entsetzen erstarren. Sprich: O Volk! Fürchtet Gott und wendet euch nicht verachtungsvoll ab von Seiner Offenbarung. Fallt nieder vor Gott auf euer Angesicht
und verherrlicht Seinen Ruhm bei Tag und bei Nacht.

6 Laß deine Seele in der Flamme dieses unauslöschlichen Feuers, das im Herzen der Welt brennt, so erglühen, daß die Wasser des Weltalls außerstande sind, seine Glut zu kühlen. Dann erwähne deinen Herrn, damit deine Worte die Achtlosen unter Unseren Dienern ermahnen und die Herzen der Gerechten erfreuen.

16

Sprich: O ihr Menschen! Dies ist ein unvergleichlicher Tag. Unvergleichlich muß auch die Zunge sein, die den Lobpreis der Sehnsucht aller Völker kündet, und unvergleichlich die Tat, die danach strebt, vor Seinen Augen annehmbar zu sein. Das ganze Menschengeschlecht hat diesen Tag herbeigesehnt, damit es vielleicht erfülle, was seiner Stufe geziemt und seiner Bestimmung würdig ist. Selig der Mensch, den die Geschäfte dieser Welt nicht davon abhalten können, Ihn, den Herrn aller Dinge, anzuerkennen.

2 So blind ist das menschliche Herz geworden, daß weder die berstende Stadt noch der Berg, der zu Staub wird, ja, nicht einmal die gespaltene Erde es aus seiner Starre aufrütteln können. Die Anspielungen in den Schriften sind enthüllt, die dort aufgezählten Zeichen sind offenbart, unaufhörlich erschallt der prophetische Ruf. Und doch sind alle bis auf jene, die Gott zu führen beliebte, verwirrt im Rausch ihrer Achtlosigkeit.

3 Sei Zeuge, wie die Welt täglich von einem neuen Unheil heimgesucht wird. Ihre Trübsal wird immer tiefer. Seit dem Augenblick, da die Súriy-i-Raʾís offenbart wurde, bis auf den heutigen Tag ist weder die Welt befriedet worden noch haben die Herzen ihrer Völker Ruhe gefunden. Einmal wurde sie durch Zank und Streit aufgerührt, ein andermal von Kriegen erschüttert; so ist sie hartnäckigen Krankheiten zum Opfer gefallen. Ihr Siechtum nähert sich einem

Zustand völliger Hoffnungslosigkeit, weil der wahre Arzt gehindert wird, das Heilmittel zu reichen, während ungeschickte Quacksalber begünstigt werden und volle Handlungsfreiheit genießen... Der Staub des Aufruhrs hat die Herzen der Menschen umwölkt und ihre Augen mit Blindheit geschlagen. Bald werden sie die Folgen dessen spüren, was ihre Hände am Tage Gottes bewirkt haben. So warnt euch der Allunterrichtete, wie es Ihm Er gebot, der der Gewaltigste ist, der Allmächtige.

17

Bei Ihm, der die Große Verkündigung ist! Der Allbarmherzige ist gekommen, bekleidet mit unzweifelhafter Souveränität. Die Waage[1] ist ins Lot gebracht, und alle, die auf Erden wohnen, sind versammelt. Der Posaunenruf[2] ist erschallt, und siehe, alle Augen sind starr vor Entsetzen, und die Herzen aller in den Himmeln und auf Erden erbeben, ausgenommen jene, die der Hauch der Verse Gottes mit Leben erfüllte und die sich von allem gelöst haben.

Dies ist der Tag, da die Erde ihre Botschaft kundtut. Die Übeltäter sind ihr zur Last, könntet ihr es doch begreifen. Der Mond eitlen Wahns ist gespalten, und der Himmel hat sich dicht mit Rauch umzogen. Wir sehen das Volk am Boden liegen, eingeschüchtert in Furcht vor deinem Herrn, dem Allmächtigen, dem Machtvollsten. Der Rufer hat gerufen, und die Menschen wurden hinweggerafft, so groß war die Kraft Seines Zornes. Das Volk zur Linken seufzt und jammert. Das Volk zur Rechten weilt in herrlichen Wohnungen; sie trinken den Wein, der in Wahrheit Leben

---

1. vergl. Offb. 6:5; Qur'án 55:8, 57:26, 21:48, 7:9-10, 23:103-104, 101:7,9, 18:106
2. Qur'án 50:21, 50:43

ist, aus den Händen des Allbarmherzigen, und sie sind wahrlich die Glückseligen.

3   Die Erde wurde erschüttert und die Gebirge schwanden dahin und die Engel sind Reihe um Reihe vor Uns erschienen. Die meisten Menschen sind in ihrer Trunkenheit verwirrt und tragen auf ihren Gesichtern die Zeichen des Zornes. So haben Wir die Missetäter versammelt. Wir sehen, wie sie zu ihrem Götzen stürmen. Sprich: Niemand wird an diesem Tage vor Gottes Ratschluß sicher sein. Dies ist in der Tat ein Tag der Schmerzen. Wir zeigen ihnen ihre Verführer. Sie sehen sie und erkennen sie doch nicht, denn ihre Augen sind trunken. Sie sind in der Tat ein blindes Volk. Ihre Beweise sind die Verleumdungen, die sie geäußert haben; verdammt sind ihre Verleumdungen durch Gott, den Helfer in Gefahr, den Selbstbestehenden. Der Böse hat in ihren Herzen Unheil aufgerührt. Sie sind von einer Qual befallen, die keiner abwenden kann. Sie eilen zu den Gottlosen mit dem Verzeichnis der Frevler. So sind ihre Taten.

4   Sprich: Die Himmel wurden zusammengefaltet, und die Erde ist in Seinem Griff, die Übeltäter wurden bei ihrem Stirnhaar[1] erfaßt, und noch immer verstehen sie nicht. Sie trinken vom verfaulten Wasser und wissen es nicht. Sprich: Der Ruf ist erschallt, und die Menschen sind aus ihren Gräbern hervorgekommen; sie stehen auf und sehen sich um. Einige beeilen sich, an den Hof des Gottes der Gnade zu kommen, andere sind im Feuer der Hölle auf ihr Angesicht niedergefallen, während wieder andere in Verwirrung verloren sind. Die Verse Gottes wurden offenbart, und doch haben sie sich von ihnen abgewendet. Sein Beweis ist erbracht, und doch beachten sie ihn nicht. Und wenn sie das Antlitz des Allbarmherzigen sehen, wird ihr eigenes Ge-

---

1. Qur'án 55:42

sicht trüb, derweil sie sich sorglos vergnügen. Sie eilen dem Feuer der Hölle zu und halten es für Licht. Fern von Gott sei, was sie sich unwissend einbilden! Sprich: Ob ihr frohlockt oder vor Zorn zerspringt, die Himmel sind gespalten und Gott ist herniedergekommen, bekleidet mit strahlender Herrschaft. Alles Erschaffene hört man rufen: »Das Reich ist Gottes, des Allmächtigen, des Allwissenden, des Allweisen.«

Wisse ferner, daß Wir in ein qualvolles Gefängnis geworfen wurden und von den Scharen der Tyrannei umringt sind, als Ergebnis dessen, was die Hände der Ungläubigen bewirkt haben. Doch die Freude, die dieser Jüngling gekostet hat, ist so groß, daß keine irdische Freude mit ihr vergleichbar ist. Bei Gott! Das Unrecht, das Ihm von der Hand des Unterdrückers widerfährt, vermag Sein Herz nie zu bekümmern, noch kann Ihn die Überlegenheit derer betrüben, die Seine Wahrheit verworfen haben.

Sprich: Leid ist ein Horizont für Meine Offenbarung. Die Sonne der Gnade strahlt hoch darüber und verströmt ein Licht, das weder die Wolken eitlen Menschenwahns noch der leere Trug des Angreifers verdunkeln können.

Folge du den Fußspuren deines Herrn und gedenke Seiner Diener so, wie Er deiner gedenkt, unbeirrt vom Lärm der Achtlosen oder vom Schwert des Feindes... Verbreite weithin die Düfte deines Herrn und zaudere nicht, und wäre es weniger als ein Augenblick, im Dienste Seiner Sache. Es naht der Tag, da der Sieg deines Herrn, des Immervergebenden, des Großmütigsten, kund sein wird.

18

Sprich: Wir haben die Ströme der göttlichen Rede von Unserem Throne ausgehen lassen, damit die zarten Kräuter der Weisheit und des Verstehens aus dem Grund eurer Herzen sprießen. Wollt ihr nicht dankbar sein? Wer es verschmäht, seinen Herrn anzubeten, soll zu den Verworfenen gehören. So oft auch Unsere Verse wiederholt werden, sie verharren in ihrer hochmütigen Mißachtung und in ihrem groben Verstoß gegen Sein Gesetz, und sie wissen es nicht. Was die betrifft, die Ihn anzweifeln: Schwarzer Rauch soll sie überschatten. »Die Stunde«[1] ist über sie gekommen, während sie sich sorglos vergnügen. Sie wurden bei ihrem Stirnhaar[2] erfaßt, und doch wissen sie es nicht.

2 Was kommen mußte, ist plötzlich da; sieh, wie sie davor fliehen! Die Unvermeidliche ist eingetreten, bezeuge, wie sie sie verwerfen! Dies ist der Tag, da jeder vor sich selbst flieht, wieviel mehr noch vor seinesgleichen, könntet ihr es doch erkennen! Sprich: Bei Gott! Der Posaunenruf ist erschallt, und siehe, ohnmächtig ist die Menschheit vor Uns niedergesunken! Der Herold hat laut gerufen, und der Bote des Gerichts hat Seine Stimme erhoben mit den Worten: »Das Reich ist Gottes, des Mächtigsten, des Helfers in Gefahr, des Selbstbestehenden!«

3 Dies ist der Tag, da alle Augen vor Entsetzen erstarren sollen, der Tag, da die Herzen derer, die auf Erden wohnen, erzittern sollen, außer jenen, die dein Herr, der Allwissende, der Allweise, zu erretten beliebt. Alle Gesichter sind schwarz[3] geworden bis auf die, denen der Gott der Barmherzigkeit ein strahlendes Herz gewährt hat. Trunken sind die Augen jener Menschen, die sich offen weigern, das Antlitz Gottes, des Allherrlichen, des Allgepriesenen, zu schauen.

4 Sprich: Habt ihr nicht den Qur'án gelesen? Lest ihn, damit ihr vielleicht die Wahrheit findet, denn dieses Buch ist

---

1. vgl. Matth. 24:36,42-44, 25:13; Joh. 5:25,28; Apg. 1:7; Offb.3:3; Qur'án 6:32, 7:188, 12:108, 15:86, 18:22, 20:16, 22:56, 25:12, 30:13-15,56 und zahlreiche andere Stellen.
2. Qur'án 55:42
3. vgl. Qur'án 39:61, 3:107

wahrhaftig der gerade Pfad. Dies ist Gottes Pfad für alle in den Himmeln und auf Erden. Ließet ihr den Qur'án auch unbeachtet, der Bayán kann euch nicht fremd sein. Seht ihn offen vor euren Augen. Lest seine Verse, damit ihr euch vielleicht dessen enthaltet, was die Boten Gottes trauern und klagen läßt.

Eilt hervor aus euren Gräbern! Wie lange noch wollt ihr schlafen? Der zweite Posaunenruf ist erschallt. Auf wen schaut ihr? Dies ist euer Herr, der Gott des Erbarmens. Seht, wie ihr Seine Zeichen leugnet! Die Erde erbebte mit gewaltigem Beben und hat ihre Last abgeworfen. Wollt ihr es nicht gestehen? Sprich: Wollt ihr nicht erkennen, daß die Berge wie Wollflocken wurden, daß die Menschen vor der ehrfurchtgebietenden Erhabenheit der Sache Gottes schwer in Bedrängnis gerieten? Seht doch, wie ihre Häuser leere Trümmer sind und sie selbst eine Schar Ertrunkener.

Dies ist der Tag, da der Allbarmherzige in den Wolken des Wissens herabkam, bekleidet mit offenkundiger Souveränität. Er weiß sehr wohl um der Menschen Taten. Er ist es, dessen Herrlichkeit niemand mißdeuten kann, könntet ihr es doch verstehen! Der Himmel jeder Religion wurde gespalten, die Erde menschlichen Begreifens klafft auseinander, und man sieht die Engel Gottes herniedersteigen. Sprich: Dies ist der Tag gegenseitiger Täuschung; wohin wollt ihr fliehen? Die Berge sind dahingeschwunden und die Himmel wurden zusammengefaltet[1], die ganze Erde ist in Seinem Griff, könntet ihr es doch verstehen! Wer kann euch schützen? Niemand, bei Ihm, dem Allbarmherzigen! Niemand außer Gott, dem Allmächtigen, dem Allherrlichen, dem Wohltätigen. Jedes Weib, das eine Last im Leibe trug, hat sie ausgestoßen. Wir sehen die Menschen trunken

---

1. vgl. Qur'án 39:68

an diesem Tage, dem Tag, da Menschen und Engel miteinander versammelt wurden.

7 Sprich: Gibt es noch einen Zweifel über Gott? Seht, wie Er vom Himmel Seiner Gnade herniedergekommen ist, gegürtet mit Macht und gekleidet mit Souveränität! Gibt es noch einen Zweifel über Seine Zeichen? Öffnet eure Augen und seht Seinen klaren Beweis. Das Paradies liegt euch zur Rechten, greifbar nahe, während das Höllenfeuer entfacht ward. Seht seine verzehrende Flamme! Eilt, einzutreten in das Paradies als Zeichen Unserer Barmherzigkeit für euch, und trinkt aus den Händen des Allbarmherzigen den Wein, der wahrhaft Leben ist.

8 Trinke mit gesundem Behagen, o Volk Bahás! Ihr seid wahrlich die, um die es wohl bestellt sein soll. Dies ist, was die erreicht haben, die Gott nahe gekommen sind. Dies ist das strömende Wasser, das euch euer Herr, der Gott der Barmherzigkeit, im Qur'án und danach im Bayán als Lohn verheißen hat. Selig sind, die es trinken.

9 O Mein Diener, der du dein Angesicht Mir zugewandt hast! Danke Gott, daß Er dir diese Tafel in dieses Gefängnis herabgesandt hat, damit du das Volk an die Tage deines Herrn, des Allherrlichen, des Allwissenden, gemahnest. So haben Wir für dich mit den Wassern Unserer Weisheit und Rede die Grundlagen deines Glaubens geschaffen. Dies, wahrlich, ist das Wasser, darauf der Thron deines Herrn errichtet ward: »Sein Thron stand auf den Wassern.«[1] Bedenke dies im Herzen, damit du den Sinn verstehst. Sprich: Preis sei Gott, dem Herrn aller Welten.

---

1. vgl. Qur'án 11:8

19 Jedem verständigen, erleuchteten Herzen ist offenbar, daß Gott, die unerforschliche Wesenheit, das göttliche Sein, unermeßlich erhaben ist über alle menschlichen Merkmale wie leibliche Existenz, Aufstieg und Abstieg, Ausgang und Rückkehr. Fern sei es Seiner Herrlichkeit, daß des Menschen Zunge angemessen Sein Lob künden oder des Menschen Herz Sein unergründliches Mysterium erfassen könnte. Er ist und war von jeher in der altehrwürdigen Ewigkeit Seines Wesens verhüllt und wird in Seiner Wirklichkeit dem Schauen der Menschen ewiglich verborgen bleiben. »Keine Schau erfaßt Ihn, Er aber erfaßt alle Schau; Er ist der Scharfsinnige, der Allsehende.«[1]...

Das Tor der Erkenntnis des Altehrwürdigen der Tage ist so vor dem Antlitz aller Wesen verschlossen. Darum hat der Quell unendlicher Gnade nach Seinem Vers: »Seine Gnade ist größer denn alle Dinge; Meine Gnade hat sie alle umfangen«[2], jene leuchtenden Edelsteine der Heiligkeit aus dem Reiche des Geistes in der edlen Gestalt des menschlichen Tempels erscheinen und allen Menschen offenbar werden lassen, auf daß sie der Welt die Mysterien des unveränderlichen Seins schenken und ihr von Seinem reinen, unsterblichen Wesen künden.

Diese geheiligten Spiegel, diese Aufgangsorte altehrwürdiger Herrlichkeit sind allesamt auf Erden die Vertreter dessen, der innerster Kern, reinstes Wesen und letztes Ziel des Weltalls ist. Von Ihm geht ihre Erkenntnis und Macht aus, von Ihm leitet sich ihre Souveränität ab. Die Schönheit ihres Antlitzes ist nur eine Widerspiegelung Seines Bildes, ihre Offenbarung ein Zeichen Seiner unsterblichen Herrlichkeit. Sie sind die Schatzkammern göttlicher Erkenntnis, die Verwahrungsorte himmlischer Weisheit. Durch sie

1. Qur'án 6:103
2. Qur'án 7:157

wird eine Gnade vermittelt, die unendlich ist, und durch sie wird das Licht enthüllt, das nimmer verlöschen kann... Diese Brennpunkte der Heiligkeit, diese Ersten Spiegel, die das Licht unvergänglicher Herrlichkeit widerstrahlen, sind nur ein Ausdruck von Ihm, dem Unsichtbaren der Unsichtbaren. Durch die Offenbarung dieser Edelsteine göttlicher Tugend sind alle Namen und Attribute Gottes wie Erkenntnis und Kraft, Souveränität und Herrschaft, Barmherzigkeit und Weisheit, Herrlichkeit, Freigebigkeit und Gnade enthüllt.

4 Diese Attribute Gottes waren niemals bestimmten Propheten verliehen und anderen vorenthalten. Nein, alle Propheten Gottes, Seine wohlbegnadeten, Seine heiligen und erwählten Boten sind ohne Ausnahme die Träger Seiner Namen und die Verkörperungen Seiner Attribute. Sie unterscheiden sich nur in der Stärke ihrer Offenbarung und in der Wirkkraft ihres Lichtes. So hat Er offenbart: »Einige Sendboten haben Wir die anderen überragen lassen«.[1]

5 Es leuchtet daher ein, daß sich in den Gestalten dieser Propheten und Erwählten Gottes das Licht Seiner unendlichen Namen und erhabenen Attribute spiegelt, auch wenn das Licht einiger dieser Attribute durch diese leuchtenden Tempel den Augen der Menschen äußerlich nicht enthüllt wurde. Daß eine bestimmte Eigenschaft Gottes durch diese Wesen der Loslösung nach außen hin nicht offenbart wurde, besagt keineswegs, daß sie, die Morgenröten der Attribute Gottes und Schatzkammern Seiner heiligen Namen, diese nicht wirklich besessen hätten. Darum sind diese erleuchteten Seelen, diese schönen Antlitze, allesamt mit allen Attributen Gottes wie Souveränität, Herrschaft und dergleichen ausgestattet, mögen sie auch dem äußeren Anschein nach aller irdischen Majestät beraubt sein...

1. Qur'án 2:253

20 Wisse mit Gewißheit, daß der Unsichtbare niemals Sein Wesen Fleisch werden läßt und den Menschen enthüllt. Er ist und war immer unermeßlich erhaben über alles, was sich aufzählen oder wahrnehmen läßt. Von Seinem verborgenen Orte der Herrlichkeit aus verkündet unablässig Seine Stimme: »Wahrlich, Ich bin Gott. Es ist kein Gott außer Mir, dem Allwissenden, dem Allweisen. Ich habe Mich den Menschen offenbart und Ihn herabgesandt, der der Morgen der Zeichen Meiner Offenbarung ist. Durch Ihn ließ Ich die ganze Schöpfung bezeugen, daß kein Gott ist außer Mir, dem Unvergleichlichen, dem Allunterrichteten, dem Allweisen.« Er, der ewig vor den Augen der Menschen verborgen bleibt, kann nie anders als durch Seine Manifestation erkannt werden, und Seine Manifestation kann keinen größeren Beweis für die Wahrheit Ihrer Sendung erbringen als den Beweis Ihrer eigenen Person.

21 O Salmán! Das Tor zur Erkenntnis des Altehrwürdigen Seins ist immer vor den Menschen verschlossen gewesen und wird es für immer bleiben. Kein menschliches Begreifen wird jemals zu Seinem heiligen Hofe Zutritt erlangen. Als Zeichen Seiner Barmherzigkeit und als Beweis Seiner Gnade hat Er jedoch den Menschen die Sonnen Seiner göttlichen Führung, die Sinnbilder Seiner göttlichen Einheit offenbart und verfügt, daß die Erkenntnis dieser geheiligten Wesen mit der Erkenntnis Seines eigenen Selbstes gleichzusetzen sei. Wer sie erkennt, hat Gott erkannt. Wer auf ihren Ruf hört, hat auf die Stimme Gottes gehört, und wer die Wahrheit ihrer Offenbarung bezeugt, hat die Wahrheit Gottes selbst bezeugt. Wer sich von ihnen abwendet, hat sich von Gott abgewandt, und wer nicht an sie glaubt, hat nicht an Gott geglaubt. Jeder von ihnen ist der Pfad Gottes, der diese Welt mit den Reichen der Höhe verbindet, und das Banner Seiner Wahrheit für alle in den Reichen der Erde und des Himmels. Sie sind die Manifestationen Gottes unter den Menschen, die Beweise Seiner Wahrheit und die Zeichen Seiner Herrlichkeit.

22 Gottes Treuhänder erscheinen bei den Völkern der Erde als Vertreter einer neuen Sache und Träger einer neuen Botschaft. Da diese Vögel des himmlischen Thrones alle aus dem Himmel des Willens Gottes herabgesandt sind, da sie alle sich erheben, Seinen unwiderstehlichen Glauben zu verkünden, sind sie wie *eine* Seele und *ein* Wesen anzusehen. Denn sie alle trinken aus demselben Kelch der Liebe Gottes, und alle haben sie teil an der Frucht desselben Baumes der Einheit.

Alle Manifestationen Gottes haben eine zweifache Stufe. Die eine ist die Stufe reiner Geistigkeit und Wesenseinheit. In dieser Hinsicht bist du, wenn du sie alle mit einem Namen benennst und ihnen dieselben Eigenschaften zuschreibst, nicht von der Wahrheit abgeirrt. So hat Er offenbart: »Keinen Unterschied machen Wir zwischen Seinen Boten«.[1] Denn sie alle rufen die Menschen dieser Erde auf, die Einheit Gottes anzuerkennen, und verkünden ihnen den Kawthar unendlicher Gnade und Güte. Sie alle sind mit dem Gewande der Prophetenschaft bekleidet und mit dem Mantel der Herrlichkeit beehrt. Darum hat Muḥammad, der Punkt des Qur'án, offenbart: »Ich bin alle Propheten.« Ebenso spricht Er: »Ich bin der erste Adam, Noah, Mose und Jesus.« Ähnliches sagte auch 'Alí. Worte, welche die Wesenseinheit dieser Vertreter der Einheit ver-

---

1. Qur'án 2:137

künden, gehen aus von den Brunnquellen der unsterblichen Gottesworte und den Schatzkammern der Perlen göttlicher Erkenntnis; sie sind in den heiligen Schriften verzeichnet. Diese Gestalten sind die Empfänger des göttlichen Befehls und die Morgenröten Seiner Offenbarung, die erhaben ist über die Schleier der Vielheit und über die Begrenzungen der Zahl. So spricht Er: »Unsere Sache ist nur eine«.[1] Da die Sache eine und dieselbe ist, kann auch ihr jeweiliger Träger nur einer und derselbe sein. Ebenso haben die Imáme des muslimischen Glaubens, diese Leuchten der Gewißheit, gesagt: »Muḥammad ist unser Erster, Muḥammad ist unser Letzter, Muḥammad ist unser alles.«

So leuchtet dir ein, daß alle Propheten Tempel der Sache Gottes sind, die in verschiedenem Gewand erscheinen. Wenn du mit scharfem Auge hinsiehst, wirst du erkennen, daß sie alle im selben Heiligtum wohnen, sich zum selben Himmel aufschwingen, auf demselben Throne sitzen, dieselbe Sprache sprechen und denselben Glauben verkünden. Dies ist die Einheit dieser Inbegriffe des Seins, dieser Leuchten unendlichen, unermeßlichen Glanzes! Sollte darum eine dieser Manifestationen der Heiligkeit verkünden: »Ich bin die Wiederkunft aller Propheten«, so spräche sie gewißlich die Wahrheit. So ist in jeder neuen Offenbarung die Wiederkunft der früheren Offenbarung eine festbegründete Wahrheit... 3

Die andere Stufe ist die der Unterscheidung, sie gehört zur Welt der Schöpfung und ihren Begrenzungen. In dieser Hinsicht hat jede Manifestation Gottes eine ausgeprägte Individualität, eine genau vorgezeichnete Mission, eine vorherbestimmte Offenbarung und besonders bestimmte Begrenzungen. Eine jede von ihnen ist unter einem anderen Namen bekannt, durch ein anderes Attribut gekennzeich- 4

---

1. Qur'án 54:51

net, mit einem bestimmten Auftrag und einer besonderen Offenbarung betraut. So wie Er spricht: »Einige Sendboten haben Wir die anderen überragen lassen. Zu einigen hat Gott gesprochen, einige hat Er erhoben und erhöht. Und Jesus, dem Sohn Marias, verliehen Wir offenbare Zeichen und stärkten Ihn mit dem Heiligen Geist«.[1]

5 Durch diese Verschiedenheit ihrer Stufe und ihrer Mission kommt es, daß die aus diesen Quellen göttlicher Erkenntnis strömenden Worte scheinbar voneinander abweichen. Dagegen ist in den Augen derer, die in die Mysterien göttlicher Weisheit eingeweiht sind, alles, was sie sagen, in Wirklichkeit nur Ausdruck *einer* Wahrheit. Da die meisten Menschen diese Stufen, auf die Wir hingewiesen haben, nicht richtig einzuschätzen vermögen, sind sie bestürzt und verwirrt angesichts der unterschiedlichen Aussagen der Manifestationen, die doch in ihrem Wesen eine und dieselbe sind.

6 Es war seit jeher offenkundig, daß diese Unterschiede in der Redeweise den Unterschieden in der Stufe zuzuschreiben sind. Vom Standpunkt ihrer Einheit und erhabenen Loslösung aus betrachtet, waren seit je die Attribute Gottheit, Göttlichkeit, höchste Einzigkeit und innerstes Sein auf diese Inbegriffe des Seins anwendbar, da sie alle auf dem Throne göttlicher Offenbarung ruhen und den Sitz göttlicher Verborgenheit einnehmen. Mit ihnen tritt Gottes Offenbarung in die Erscheinung, durch ihr Antlitz wird die Schönheit Gottes enthüllt. So wird die Sprache Gottes selbst aus dem Munde dieser Manifestationen des göttlichen Seins vernommen.

7 Im Lichte ihrer zweiten Stufe betrachtet, der Stufe der Auszeichnung, der Unterscheidung, der zeitlichen Begrenzungen, der Kennzeichen und Maßstäbe, legen sie unbe-

1. Qur'án 2:254

dingte Dienstbarkeit, äußerste Armut und völlige Selbstauslöschung an den Tag. So hat Er gesprochen: »Ich bin der Diener Gottes, Ich bin nur ein Mensch wie ihr.«[1] ...

Sollte eine der allumfassenden Manifestationen Gottes erklären: »Ich bin Gott!«, so spräche sie gewißlich die Wahrheit, und es gäbe daran keinen Zweifel. Denn wiederholt wurde dargetan, daß durch ihre Offenbarung, ihre Attribute und Namen die Offenbarung Gottes, Seine Namen und Seine Attribute in der Welt offenkundig gemacht sind. So hat Er enthüllt: »Jene Pfeile waren von Gott, nicht von Dir!«[2] Und ebenso spricht Er: »Wahrlich, die Dir Treue gelobten, gelobten sie in Wirklichkeit Gott«[3]. Würde einer von ihnen sagen: »Ich bin der Gesandte Gottes«, so spräche Er gleichfalls die Wahrheit, die unzweifelhafte Wahrheit. So spricht Er: »Muḥammad ist nicht der Vater irgendeines Menschen, sondern Er ist der Gesandte Gottes«[4]. In diesem Lichte gesehen, sind sie alle nur Gesandte dieses vollkommenen Königs, dieser unwandelbaren Wesenheit. Würden sie alle verkünden: »Ich bin das Siegel der Propheten«[5], so sprächen sie gewiß nichts als die Wahrheit, erhaben über den leisesten Schatten eines Zweifels. Denn sie alle sind nur *eine* Person, *eine* Seele, *ein* Geist, *ein* Wesen, *eine* Offenbarung. Sie alle sind die Manifestationen des »Anfangs« und des »Endes«, des »Ersten« und des »Letzten«, des »Sichtbaren« und des »Verborgenen«[6] – all dies kommt Ihm zu, Ihm, dem innersten Geist der Geister und der ewigen Inbegriffe des Seins. Und würden sie sagen: »Wir sind Gottes Diener«[7], so wäre auch dies eine offen-

1. vgl. Qur'án 19:31, 18:111, 41:7
2. Qur'án 8:17
3. Qur'án 48:11
4. Qur'án 33:40
5. Qur'án 33:40
6. Qur'án 57:4

kundige, unbestreitbare Wahrheit. Denn sie haben sich im äußersten Zustand des Dienens offenbart, eines Dienens, wie es kein Mensch je erreichen kann. Darum haben diese Inbegriffe des Seins in Augenblicken, da sie tief in die Meere altehrwürdiger, ewigwährender Heiligkeit eintauchten, oder wenn sie zu den erhabensten Höhen göttlicher Mysterien emporstiegen, den Anspruch erhoben, daß ihre Sprache die Stimme der Gottheit, der Ruf Gottes selbst sei.

9   Wäre das Auge der Einsicht geöffnet, so würde es erkennen, daß sie sich in diesem Zustand als völlig ausgelöscht und nicht existent betrachten vor dem Antlitz dessen, der der Alldurchdringende, der Unbestechliche ist. Mich dünkt, sie haben sich ganz als ein Nichts angesehen und ihre Erwähnung an jenem heiligen Hof als einen Akt der Gotteslästerung erachtet. Denn die leisesten Einflüsterungen des Selbstes sind an einem solchen Hof ein Beweis für Geltungsbedürfnis und unabhängiges Sein. In den Augen derer, die an diesen Hof gelangen, ist eine solche Regung schon ein schweres Vergehen. Wieviel schwerer wäre es, würde in dieser Gegenwart etwas anderes erwähnt, wären des Menschen Herz, Zunge, Gemüt oder Seele von etwas anderem eingenommen als von dem Vielgeliebten, betrachteten seine Augen ein anderes Antlitz als Seine Schönheit, neigte sich sein Ohr einer anderen Melodie als Seiner Stimme und gingen des Menschen Füße einen anderen Pfad als Seinen Pfad...

10   Kraft dieser Stufe erheben sie etwa den Anspruch, die Stimme der Gottheit zu sein, während sie kraft ihrer Stufe der Gesandtschaft sich als die Boten Gottes erklären. In jedem Fall sprechen sie, wie es den Gegebenheiten des Augenblicks entspricht, und beziehen alle diese Aussagen auf

---

7. vgl. Qur'án 3:182; 5:118; 19:30

sich selbst, Aussagen, die sich vom Reich göttlicher Offenbarung bis zum Reich der Schöpfung erstrecken und vom Bereich der Göttlichkeit bis zum Reich irdischen Seins. Damit ist, was immer sie sagen, ob es sich denn auf den Bereich der Gottheit, der Herrschaft des Herrn, des Prophetentums, des Hütertums, des Apostolats oder des Dienens bezieht, ohne den Schatten eines Zweifels wahr. So müssen diese Verse, die Wir für Unseren Beweis angeführt haben, aufmerksam bedacht werden, damit die voneinander abweichenden Aussagen der Manifestationen des Unsichtbaren und Morgenröten der Heiligkeit nicht länger die Seele erregen und den Geist verwirren.

23

Betrachte die früheren Geschlechter und bezeuge: Wann immer die Sonne göttlicher Großmut das Licht Seiner Offenbarung über die Welt ergoß, standen die Zeitgenossen gegen Ihn auf und wiesen Seine Wahrheit zurück. Die als Führer der Menschen galten, versuchten unentwegt, ihr Gefolge davon abzuhalten, sich Ihm, dem Meer der grenzenlosen Güte Gottes, zuzuwenden.

Sieh, wie das Volk Abraham, den Freund Gottes, auf das Urteil hin, das die Geistlichen Seiner Zeit fällten, ins Feuer warf, wie es Mose, der mit dem Allmächtigen Zwiesprache hielt, als Lügner und Verleumder anklagte. Bedenke, wie Jesus, der Geist Gottes, trotz Seiner äußersten Sanftmut und vollkommenen Herzensgüte von Seinen Feinden behandelt wurde. So heftig war der Widerstand, dem sich Er, das Wesen des Seins, der Herr des Sichtbaren und des Unsichtbaren, gegenübersah, daß Er nirgends Sein Haupt niederlegen konnte. Unentwegt wanderte Er ohne feste Bleibe von Ort zu Ort. Überlege, was Muḥammad, dem Siegel der Propheten, widerfuhr – möge das Leben aller anderen ein Opfer für Ihn sein! Wie schwer waren die Heimsuchungen, welche die Führer des jüdischen Volkes und der Götzendiener um Seiner Verkündigung der Einheit Gottes und um der Wahrheit Seiner Botschaft willen Ihm, dem höchsten Herrn aller, bereiteten! Bei der Gerechtigkeit Meiner Sache! Meine Feder stöhnt und alles Erschaffene weint bittere Tränen über das Leid, das Er aus den Händen derer erlitt, die den Bund Gottes gebrochen, Sein Testament verletzt, Seine Beweise verworfen und Seine Zeichen bezweifelt haben. So berichten Wir dir vom Geschehen vergangener Tage; vielleicht kannst du es verstehen.

3   Du weißt, wie schmerzlich die Propheten Gottes, Seine Boten und Auserwählten, heimgesucht wurden. Denke ein wenig über die Motive und Gründe nach, die zu einer solchen Verfolgung führten. Zu keiner Zeit und in keiner Sendung blieben die Propheten Gottes von der Lästerung ihrer Feinde verschont, von der Grausamkeit ihrer Unterdrücker, von der Anklage durch die Gelehrten ihrer Zeit, die in der Maske der Aufrichtigkeit und Frömmigkeit auftraten. Tag und Nacht erlitten sie solche Qualen, wie niemand sie ermessen kann, außer dem Wissen des einen, wahren Gottes – gepriesen sei Seine Herrlichkeit!

4   Sieh diesen Unterdrückten! Die klarsten Beweise bezeugen die Wahrheit Seiner Sache; die Prophezeiungen, die Er in unmißverständlicher Sprache verkündet hat, sind erfüllt. Obwohl Er nicht zu den Gelehrten gezählt wird, obwohl ungeschult und unerfahren in den unter Geistlichen üblichen Disputationen, hat Er die Schauer Seines mannigfaltigen, von Gott eingegebenen Wissens auf die Menschen verströmt. Doch siehe, wie dieses Geschlecht Seine Autorität verworfen und sich gegen Ihn empört hat! Während der längsten Zeit Seines Lebens wurde Er in den Krallen Seiner Feinde schmerzlich geprüft mit Leiden, die ihren Höhepunkt nun in diesem qualvollen Ge-

fängnis erreicht haben, in das Ihn Seine Unterdrücker ohne jedes Recht geworfen haben. Gebe Gott, daß du mit durchdringendem Blick und strahlendem Herzen die Dinge wahrnimmst, die geschehen sind und sich noch ereignen, daß du sie im Herzen überdenkst und erkennst, was die meisten Menschen an diesem Tage wahrzunehmen versäumt haben. So Gott will, wird Er dich befähigen, den süßen Duft Seines Tages einzuatmen, teilzuhaben an den grenzenlosen Ausgießungen Seiner Gnade, dich durch Seine gütige Gunst satt zu trinken aus dem größten Meere, das an diesem Tage im Namen des Altehrwürdigen Königs wogt, und so fest und unerschütterlich wie ein Fels in Seiner Sache zu bleiben.

Sprich: Ruhm sei Dir, der Du alle Heiligen ihre Hilflosigkeit vor den mannigfaltigen Offenbarungen Deiner Macht bekennen und jeden Propheten seine Nichtigkeit vor dem Strahlenglanz Deiner bleibenden Herrlichkeit gestehen ließest! Ich flehe Dich an bei Deinem Namen, der die Tore des Himmels aufgeschlossen und die Scharen der Höhe mit Entzücken erfüllt hat, befähige mich, Dir an diesem Tage zu dienen, und gib mir Kraft, das zu halten, was Du in Deinem Buche bestimmt hast. Du weißt, o mein Herr, was in mir ist, ich aber weiß nicht, was in Dir ist. Du bist der Allwissende, der alles Kennende.

24

Hütet euch, o ihr, die ihr an die Einheit Gottes glaubt, daß ihr nicht versucht werdet, Unterschiede zwischen den Manifestationen Seiner Sache zu machen oder die Zeichen herabzusetzen, die mit ihrer Offenbarung einhergingen und diese verkündet haben. Dies ist fürwahr die wahre Bedeutung göttlicher Einheit, gehörtet ihr doch zu denen, die diese Wahrheit verstehen und an sie glauben! Seid überdies versichert, daß die Werke und das Handeln aller Manifestationen Gottes, ja alles, was immer sie betrifft und was sie in der Zukunft verkünden mögen, von Gott bestimmt und eine Widerspiegelung Seines Willens und Seiner Absicht sind. Wer immer den geringsten Unterschied macht zwischen ihren Personen, ihren Worten, ihren Botschaften, ihren Werken und ihrer Lebensweise, hat wahrlich nicht an Gott geglaubt, hat Seine Zeichen zurückgewiesen und die Sache Seiner Boten verraten.

25 Es ist klar, daß jedes Zeitalter, in dem eine Manifestation Gottes gelebt hat, von Gott bestimmt ist und in gewissem Sinne als Gottes festgesetzter Tag bezeichnet werden kann. Dieser Tag ist jedoch einzigartig und muß von den vorangegangenen unterschieden werden. Die Bezeichnung »Siegel der Propheten«[1] enthüllt klar seine hohe Stufe. Der prophetische Zyklus ist wahrlich beendet. Nun ist Er, die Ewige Wahrheit, gekommen. Er hat das Banner der Macht aufgerichtet und verströmt den ungetrübten Glanz Seiner Offenbarung über die Welt.

26 Lobpreis sei Gott, dem Allbesitzenden, dem König unvergleichlicher Herrlichkeit, ein Lobpreis, der unermeßlich hoch über dem Begreifen alles Erschaffenen steht, und der erhaben ist über die Fassungskraft des menschlichen Verstandes. Niemand außer Ihm war jemals fähig, Seinen Lobpreis angemessen zu singen, noch wird es jemals einem Menschen gelingen, das volle Maß Seiner Herrlichkeit zu beschreiben. Wer kann be-

---

1. Qur'án 33:41

haupten, die Höhen Seines erhabenen Wesens erreicht zu haben, und welcher Verstand kann die Tiefen Seines unergründlichen Geheimnisses ermessen? Aus jeder Verkündigung, die dem Quell Seiner Herrlichkeit entsprang, erschienen heilige, nie endende Beweise unvorstellbaren Strahlenglanzes, und jeder Offenbarung Seiner unbesiegbaren Macht entströmten Meere ewigen Lichtes. Wie unermeßlich erhaben sind die wundersamen Zeugnisse Seiner allmächtigen Herrschaft; ein Schimmer davon, wenn er sie auch nur berührte, würde alle in den Himmeln und auf Erden völlig verzehren! Wie unbeschreiblich erhaben sind die Beweise Seiner vollendeten Macht! Ein einziges Zeichen davon, wie unbedeutend es auch sein mag, muß die Fassungskraft all dessen übersteigen, was von Anfang an, der keinen Anfang hat, ins Dasein gerufen wurde oder in der Zukunft bis zum Ende, das kein Ende hat, erschaffen werden wird. Alle Verkörperungen Seiner Namen irren durch die Wildnis des Suchens, durstig und begierig, Sein Wesen zu entdecken, und alle Offenbarer Seiner Eigenschaften flehen Ihn vom Sinai der Heiligkeit aus an, Sein Geheimnis zu enthüllen.

Ein Tropfen aus dem wogenden Meere Seiner endlosen Gnade hat die ganze Schöpfung mit der Zierde des Daseins geschmückt, und ein Lufthauch aus Seinem unvergleichlichen Paradiese hat alles Sein mit dem Gewande Seiner Heiligkeit und Herrlichkeit bekleidet. Ein Funke aus der unergründlichen Tiefe Seines unumschränkten, alldurchdringenden Willens hat aus völligem Nichts eine Schöpfung ins Dasein gerufen, unendlich in ihrer Ausdehnung und unvergänglich in ihrer Dauer. Die Wunder Seiner Großmut können niemals enden, und der Strom Seiner barmherzigen Gnade kann niemals aufgehalten werden. Sein Schöpfungsakt hatte keinen Anfang und kann kein Ende haben.

3   In jedem Zeitalter und Zyklus hat Er durch das strahlende Licht, das die Manifestationen Seines wundersamen Wesens verbreiten, alle Dinge neu geschaffen, damit nichts, was in den Himmeln und auf Erden die Zeichen Seiner Herrlichkeit widerspiegelt, der Ströme Seiner Barmherzigkeit beraubt sei, noch ohne Hoffnung auf die Schauer Seiner Gunst bleibe. Wie allumfassend sind die Wunder Seiner grenzenlosen Huld! Sieh, wie sie die ganze Schöpfung durchdringen. So stark ist ihre Wirkkraft, daß kein einziges Atom im ganzen Weltall zu finden ist, das nicht die Beweise Seiner Macht bekundet, Seinen heiligen Namen verherrlicht und Ausdruck des strahlenden Lichtes Seiner Einheit ist. So vollkommen und umfassend ist Seine Schöpfung, daß kein Verstand, so scharf er auch sei, und kein Herz, wie rein auch immer, das unbedeutendste Seiner Geschöpfe in seinem Wesen jemals erfassen, wieviel weniger das Geheimnis dessen ergründen können, der die Sonne der Wahrheit, das unsichtbare, unerkennbare Wesen ist. Die Vorstellungen der frömmsten Mystiker, die Bildung der Geistesfürsten unter den Menschen, das höchste Lob, das des Menschen Zunge oder Feder ausdrücken können, sind alle die Frucht des begrenzten menschlichen Verstandes und durch dessen Beschränkungen bedingt. Zehntausend Propheten, jeder ein Moses, sind auf dem Sinai ihres Suchens wie vom Donner gerührt durch Seine verbietende Stimme: »Du sollst Mich niemals schauen!«, während eine Myriade Sendboten, jeder so groß wie Jesus, bestürzt vor ihren himmlischen Thronen stehen bei dem Verbot: »Mein Wesen sollst du niemals begreifen!« Seit unvordenklichen Zeiten ist Er in der unaussprechlichen Heiligkeit Seines erhabenen Selbstes verschleiert gewesen, und ewig wird Er in dem undurchdringlichen Geheimnis Seines unerkennbaren Wesens verhüllt sein. Jeder Versuch, zu einem Verständnis Seiner unerreichbaren Wirklichkeit zu gelangen, endet in

vollkommener Verwirrung, und jedes Bemühen, Seinem erhabenen Selbst zu nahen und Sein Wesen zu schauen, führt zu Hoffnungslosigkeit und Fehlschlag.

Wie verwirrend ist für mich, bedeutungslos wie ich bin, der Versuch, die geheiligten Tiefen Deines Wissens auszuloten! Wie vergeblich ist mein Bemühen, mir das Ausmaß der Macht vorzustellen, die Deinem Werke, der Offenbarung Deiner schöpferischen Kraft, innewohnt! Wie kann mein Auge, das nicht die Fähigkeit besitzt, sich selbst zu sehen, beanspruchen, Dein Wesen erkannt zu haben, und wie kann mein Herz, machtlos, die Bedeutung seiner eigenen Möglichkeiten zu erfassen, sich anmaßen, Deine Natur begriffen zu haben? Wie kann ich behaupten, Dich erkannt zu haben, wenn die ganze Schöpfung durch Dein Geheimnis verwirrt ist, und wie kann ich zugeben, Dich nicht erkannt zu haben, wenn das ganze Weltall Deine Gegenwart verkündet und Deine Wahrheit bezeugt? Die Tore Deiner Gnade waren seit aller Ewigkeit geöffnet, der Weg zu Deiner Gegenwart war allem Erschaffenen immer offen, und die Offenbarungen Deiner unvergleichlichen Schönheit sind zu allen Zeiten den Wirklichkeiten aller Wesen, der sichtbaren wie der unsichtbaren, aufgeprägt. Doch ungeachtet dieser gnädigsten Gunst, dieser vollkommenen, vollendeten Gabe, drängt es mich zu bezeugen, daß Dein Hof der Heiligkeit und Herrlichkeit unermeßlich erhaben ist über das Wissen aller außer Dir selbst, und daß das Geheimnis Deiner Gegenwart jedem Verstand außer dem Deinen unergründlich ist. Niemand außer Dir kann das Geheimnis Deines Wesens enthüllen, und nichts außer Deiner alles überragenden Wesenheit kann die Wirklichkeit Deines unerforschlichen Seins begreifen. Wie groß ist die Zahl jener himmlischen, allherrlichen Wesen, die in der Wildnis ihrer Trennung von Dir alle Tage ihres Lebens umherwanderten und am Ende verfehlten, Dich zu finden!

Wie groß ist die Menge der geheiligten, unsterblichen Seelen, die verloren und verwirrt waren, als sie in der Wüste des Forschens Dein Antlitz zu erblicken suchten! Zu Myriaden zählen, die Dich glühend lieben, die in der verzehrenden Flamme des Fernseins von Dir dahinsinken und vergehen, und zahllos sind die gläubigen Seelen, die willig ihr Leben hingaben in der Hoffnung, das Licht Deines Antlitzes zu schauen. Die Seufzer und Klagen dieser sehnenden Herzen, die nach Dir lechzen, können Deinen heiligen Hof niemals erreichen, noch kann der Jammer der Wanderer, die danach dürsten, vor Dein Antlitz zu treten, zu Deinem Sitze der Herrlichkeit gelangen.

27 Aller Preis sei der Einheit Gottes, und alle Ehre sei Ihm, dem höchsten Herrn, dem unvergleichlichen, allherrlichen Herrscher des Weltalls, der aus völligem Nichtsein die Wirklichkeit aller Dinge erschuf, der aus dem Nichts die lautersten, feinsten Elemente Seiner Schöpfung ins Dasein rief, der Seine Geschöpfe vor der Erniedrigung des Fernseins und den Gefahren endgültigen Ausgelöschtseins errettet und sie in Sein Reich unzerstörbarer Herrlichkeit aufgenommen hat. Nichts außer Seiner allumfassenden Gnade und Seiner alldurchdringenden Barmherzigkeit hätte dies jemals vollbringen können. Wie sonst hätte es schierem Nichts gelingen können, aus sich selbst heraus Wert und Fähigkeit zu erlangen, um aus dem Zustand des Nichtseins in das Reich des Seins zu treten?

2 Nachdem Er die Welt und alles, was darin lebt und webt, erschaffen hatte, wünschte Er durch das unmittelbare Wirken Seines unumschränkten, höchsten Willens, dem Menschen die einzigartige Auszeichnung und Fähigkeit zu verleihen, Ihn zu erkennen und zu lieben – eine Fähigkeit, die man als den der gesamten Schöpfung zugrunde liegen-

den schöpferischen Antrieb und Hauptzweck ansehen muß... Auf die innerste Wirklichkeit jedes erschaffen Dings hat Er das Licht eines Seiner Namen ergossen; jedes hat Er zum Empfänger der Herrlichkeit einer Seiner Eigenschaften gemacht. Die Wirklichkeit des Menschen jedoch hat Er zum Brennpunkt für das Strahlen aller Seiner Namen und Attribute und zum Spiegel Seines eigenen Selbstes erkoren. Von allem Erschaffenen ist allein der Mensch zu einer so großen Gunst, einer so dauerhaften Gabe auserwählt.

Diese Kräfte, welche die Sonne göttlicher Großmut, die Quelle himmlischer Führung der Wirklichkeit des Menschen verliehen hat, sind jedoch latent in ihm, gleich wie die Flamme in der Kerze verborgen und das Licht potentiell in der Lampe ist. Der Glanz dieser Kräfte kann durch weltliche Wünsche verdunkelt werden, wie das Licht der Sonne unter dem Staub und Schmutz, die den Spiegel bedecken, verborgen bleiben kann. Weder die Kerze noch die Lampe können durch eigenes Streben und ohne Hilfe entzündet werden, noch ist es dem Spiegel jemals möglich, sich selbst von seinem Schmutze zu befreien. Es bedarf keines Beweises, daß die Lampe niemals brennen wird, ehe ein Feuer in ihr entzündet ist, und der Spiegel niemals das Bild der Sonne wiedergeben noch ihr Licht und ihren Glanz widerspiegeln kann, ehe nicht der Schmutz von seiner Oberfläche entfernt ist.

Und da es kein Band unmittelbaren Verkehrs geben kann, das den einen wahren Gott an Seine Schöpfung bindet, da keinerlei Ähnlichkeit zwischen dem Vergänglichen und dem Ewigen, dem Bedingten und dem Absoluten bestehen kann, hat Er bestimmt, daß in jedem Zeitalter und in jeder Sendung eine reine, unbefleckte Seele in den Reichen von Erde und Himmel offenbar werde. Diesem feinen, geheimnisvollen, himmlischen Wesen gab Er eine zweifache Natur: die körperliche, die der Welt des Stoffes angehört, und die geistige, die aus Gottes eigener Substanz geboren ist. Er hat Ihm ferner eine doppelte Stufe verliehen. Die erste Stufe, die sich auf Seine innerste Wirklichkeit bezieht, verkörpert Ihn als den, dessen Stimme die Stimme Gottes selbst ist. Dafür zeugt die Überlieferung: »Mannigfach und geheimnisvoll ist Meine Verbindung mit Gott. Ich bin Er, und Er ist Ich, außer daß Ich bin, der Ich bin, und Er ist, der Er ist.« Und ebenso die Worte: »Erhebe dich, o Muḥammad, denn siehe, der Liebende und der Geliebte sind miteinander vereint und eins geworden in Dir.« Und ähnlich spricht Er: »Es ist kein Unterschied zwischen Dir und Ihnen, außer daß Sie Deine Diener sind.«[1] Die zweite Stufe ist die menschliche Stufe, erläutert durch die Verse: »Ich bin nur ein Mensch wie ihr.«[2] »Sprich: Preis sei meinem Herrn! Bin ich mehr als ein Mensch, ein Apostel?«[3] Diese Wesen der Loslösung, diese strahlenden Wirklichkeiten sind die Kanäle der alldurchdringenden Gnade Gottes. Vom Lichte unfehlbarer Führung geleitet, ausgestattet mit höchster Souveränität, haben Sie den Auftrag, sich des belebenden Einflusses Ihres Wortes, der Ausgießungen Ihrer unfehlbaren Gnade, des heiligenden Hauches Ihrer Offenbarung zu bedienen, um ein jedes sich sehnende Herz, jeden empfänglichen Geist vom Schmutz und Staub irdischer Sorgen und Beschränkungen zu reinigen. Dann und nur dann wird das von Gott anvertraute Pfand, das in der Wirklichkeit des Menschen ruht, strahlend wie das aufsteigende Gestirn göttlicher Offenbarung aus dem Schleier der

---

1. Aus dem »Gebet für den Monat Rajab«, offenbart durch den »Huj-ja« (der 12. verborgene Imám) und den Gläubigen übermittelt durch »das Zweite Tor« ʿAbú-Jaʿfar Muḥammad Ibn ʿUthmán; siehe Erläuterungen zu »Überlieferung«
2. vgl. Qurʾán 18:111
3. Qurʾán 17:94

Verborgenheit hervortreten und das Banner seiner offenbaren Herrlichkeit hoch auf den Gipfeln der Menschenherzen aufrichten.

Aus den vorhergehenden Abschnitten und Hinweisen ist zweifellos klar geworden, daß in den Reichen von Erde und Himmel notwendigerweise ein Lebewesen offenbart werden muß, das als Manifestation und Träger für die Übermittlung der Gnade der Gottheit selbst, des höchsten Herrn alles Erschaffenen, wirken soll. Durch die Lehren dieser Sonne der Wahrheit wird jeder Mensch fortschreiten und sich entwickeln, bis er die Stufe erreicht, auf der er alle in ihm verborgenen Kräfte offenbaren kann, mit denen sein innerstes, wahres Selbst begabt worden ist. Zu eben diesem Zweck sind in jedem Zeitalter und in jeder Sendung die Propheten Gottes und Seine Auserwählten unter den Menschen erschienen und haben eine Kraft gezeigt, wie sie von Gott geboren ist, und eine Macht, wie sie nur der Ewige offenbaren kann.

Kann ein Mensch mit gesundem Verstande, allein aufgrund gewisser Worte, deren Sinn er nicht begriffen hat, ernstlich wähnen, daß das Tor der unendlichen Führung Gottes jemals vor den Menschen verschlossen sein könnte? Kann er sich für diese göttlichen Leuchten, diese strahlenden Lichter, einen Anfang oder ein Ende ausdenken? Welche Wasserflut läßt sich mit dem Strom Seiner allumfassenden Gnade vergleichen, welche Wohltat kann die Beweise einer so großen, durchdringenden Barmherzigkeit übertreffen? Es kann kein Zweifel daran bestehen, daß die Welt, würde ihr einen Augenblick lang die Flut Seiner Barmherzigkeit und Gnade entzogen, völlig zugrunde ginge. Aus diesem Grunde waren die Tore göttlicher Barmherzigkeit vom Anfang an, der keinen Anfang hat, für alles Erschaffene weit geöffnet, und die Wolken der Wahrheit werden ihre Gunstbeweise und Gaben weiterhin bis zum Ende, das kein Ende hat, auf den Boden menschlicher Fähigkeit, Wirklichkeit und Persönlichkeit herabregnen. Solches ist Gottes Weise von Ewigkeit zu Ewigkeit.

28 Glücklich der Mensch, der sich erheben wird, Meiner Sache zu dienen und Meinen allherrlichen Namen zu preisen. Ergreife Mein Buch mit der Kraft Meiner Macht und halte dich beharrlich an jedes Gebot, das dein Herr, der Verordner, der Allweise, darin verzeichnet hat. Siehe, o Muḥammad, wie die Reden und Taten der Anhänger des schiitischen Islám die Freude und Glut seiner frühen Tage gekühlt und die ursprüngliche Klarheit seines Lichtes getrübt haben. In seinen frühesten Tagen, als sie sich noch an die Vorschriften hielten, die mit dem Namen ihres Propheten, des Herrn der Menschheit, verknüpft waren, kennzeichnete eine ununterbrochene Kette von Siegen und Triumphen ihren Weg. Als sie allmählich vom Pfade ihres wahren Führers und Meisters abwichen, als sie sich vom Lichte Gottes abwandten und den Grundsatz Seiner göttlichen Einheit verfälschten, als sie ihre Aufmerksamkeit mehr und mehr auf diejenigen richteten, die nur Künder der Macht Seines Wortes waren, da kehrte sich ihre Kraft in Schwäche, ihr Ruhm in Schande, ihr Mut in Furcht. Du siehst, wohin sie geraten sind! Sieh, wie sie Ihm, dem Brennpunkt göttlicher Einheit, Gefährten zugesellten! Sieh, wie ihre üblen Taten sie daran hinderten, das Wort der Wahrheit – gepriesen sei Seine Herrlichkeit – am Tage der Auferstehung anzuerkennen. Wir hegen die Hoffnung, daß dieses Volk sich künftig gegen leere Hoffnungen und eitlen Wahn schirmen und zum wahren Verständnis der Bedeutung göttlicher Einheit gelangen wird.

Die Person der Manifestation war immer der Vertreter und das Sprachrohr Gottes. Er ist in Wahrheit der Tagesanbruch für Gottes trefflichste Namen, der Aufgangsort für Seine erhabenen Eigenschaften. Wollte man Ihm Gefährten zugesellen, wollte man diese als identisch mit Seiner Person betrachten, wie könnte man dann behaupten, das göttliche Sein sei eins und unvergleichlich, Sein Wesen sei unteilbar und einzig? Denke nach über das, was Wir dir durch die Macht der Wahrheit offenbart haben, und gehöre zu denen, die dessen Bedeutung verstehen.

29 Die Absicht Gottes bei der Erschaffung des Menschen war und wird immer sein, ihn zu befähigen, seinen Schöpfer zu erkennen und in Seine Gegenwart zu gelangen. Diesen höchsten Zweck, dieses erhabenste Ziel bezeugen alle himmlischen Bücher und die göttlich offenbarten, inhaltsschweren Schriften unzweideutig. Wer immer den Tagesanbruch göttlicher Führung anerkennt und Seinen heiligen Hof betritt, ist Gott nahegekommen und hat Seine Gegenwart erreicht, eine Gegenwart, die das wahre Paradies ist und für das die erhabensten Wohnstätten des Himmels nur ein Sinnbild sind. Ein solcher Mensch hat das Wissen um die Stufe dessen erreicht, der sich »in der Entfernung zweier Bogenlängen«[1] befindet und jenseits des Sadratu'l-Muntahá steht. Wer versäumt, Ihn zu erkennen, verdammt sich selbst zum Elend des Fernseins, das nichts ist als völliges Nichtsein, der Inbegriff des niedersten Feuers. Dies wird sein Schicksal sein, möge er auch dem äußeren Anschein nach die höchsten Stellen der Erde innehaben und ihren erhabensten Thron einnehmen.

Er, der Morgen der Wahrheit, ist ohne Zweifel durchaus imstande, eigensinnige Seelen aus dem Fernsein zu er-

---

1. vergl. Qur'án 53:10

retten und sie dahin zu bringen, sich Seinem Hofe zu nähern und in Seine Gegenwart zu gelangen. »Hätte es Gott gefallen, Er hätte sicherlich alle Menschen zu einem Volk gemacht.«[1] Seine Absicht ist jedoch, die im Geiste Reinen und im Herzen Losgelösten zu befähigen, vermöge ihrer eigenen, angeborenen Kräfte zu den Küsten des Größten Meeres aufzusteigen, damit dadurch jene, die die Schönheit des Allherrlichen suchen, von den Eigensinnigen und Verderbten unterschieden und getrennt werden. So ist es von der allherrlichen, strahlenden Feder verordnet worden...

3 Daß die Manifestationen göttlicher Gerechtigkeit, die Tagesanbrüche himmlischer Gnade, wenn sie unter den Menschen erschienen, stets aller irdischen Gewalt bar und der Mittel weltlicher Herrschaft beraubt waren, ist diesem selben Prinzip der Trennung und Unterscheidung, das die göttliche Absicht belebt, zuzuschreiben. Würde das ewige Wesen alles offenbaren, was in Ihm verborgen ist, würde Er in der Fülle Seiner Herrlichkeit leuchten, dann gäbe es niemanden, der Seine Macht bezweifelte oder Seine Wahrheit verwürfe. Nein, alles Erschaffene wäre durch die Beweise Seines Lichtes so geblendet und wie vom Donner gerührt, daß es zu völligem Nichtsein absänke. Wie könnten unter solchen Umständen die Gottesfürchtigen von den Eigensinnigen unterschieden werden?

4 Dieses Prinzip war in jeder der vergangenen Sendungen wirksam und ist zur Genüge bewiesen worden... Es ist der Grund dafür, daß in jedem Zeitalter, da eine neue Manifestation erschien und den Menschen eine neue Verkündigung der höchsten Macht Gottes gewährt wurde, jene, die nicht an Ihn glaubten, versäumt haben, Ihn zu erkennen, weil sie durch das Erscheinen der unvergleichlichen und

---

1. Qur'án 11:119

ewigen Schönheit in der Gestalt eines sterblichen Menschen irregeführt wurden. Sie sind von Seinem Pfade abgeirrt und haben den Umgang mit Ihm, dem Sinnbild der Nähe Gottes, gemieden, sie haben sich sogar erhoben, um die Reihen der Getreuen zu lichten und jene auszurotten, die an Ihn glaubten.

Sieh, wie in dieser Sendung die Unwürdigen und Toren sich in ihrer Narrheit eingebildet haben, sie könnten durch Mittel wie Massenmord, Plünderung und Verbannung die Lampe löschen, die die Hand göttlicher Macht entzündet hat, oder die Sonne ewiger Herrlichkeit verdunkeln. Die Wahrheit, daß solche Trübsal das Öl ist, das die Flamme dieser Lampe nährt, scheinen sie nicht zu kennen. Dies ist Gottes umgestaltende Kraft. Er wandelt, was Er will. Wahrlich, Er hat Macht über alle Dinge...

Bedenket stets die Herrschaft, die der wahre König ausübt, und erkennet die Beweise Seiner Macht und Seines überragenden Einflusses. Heiligt eure Ohren von dem eitlen Geschwätz derer, die die Sinnbilder des Leugnens, die Vertreter der Gewalt und des Zornes sind. Die Stunde naht, da ihr erleben werdet, wie die Macht des einen, wahren Gottes, die über alles Erschaffene siegt, und die Zeichen Seiner Herrschaft die ganze Schöpfung umfassen. An jenem Tage werdet ihr gewahr werden, wie alles außer Ihm vergessen und als völliges Nichts angesehen wird.

Es sollte jedoch bedacht werden, daß Gott und Seine Manifestation unter keinen Umständen von der Hoheit und Erhabenheit, die Ihnen eigen ist, getrennt werden können. Nein, Hoheit und Erhabenheit sind vielmehr selber die Schöpfungen Seines Wortes, wenn ihr doch mit Meinen Augen sehen wolltet und nicht mit euren!

30 Gott bezeugt, daß kein Gott ist außer Ihm, dem Gnadenvollen, dem Meistgeliebten. Alle Gnade und Großmut sind Sein! Wem immer Er will, gibt Er, was immer Er wünscht. Er, wahrlich, ist der Allgewaltige, der Allmächtige, der Helfer in Gefahr, der Selbstbestehende. Wir, wahrlich, glauben an Ihn, der durch den Willen des einen, wahren Gottes, des Königs der Könige, des Allgepriesenen, in der Person des Báb herabgesandt worden ist. Wir schwören ferner dem Treue, der bestimmt ist, in der Zeit von Mustagháth offenbart zu werden, und ebenso jenen, die nach Ihm kommen werden bis zum Ende, das kein Ende hat. Wir erkennen in der Offenbarung eines jeden von ihnen, ob äußerlich oder innerlich, die Manifestation keines anderen als Gottes selbst – gehöret ihr doch zu denen, die es begreifen! Ein jeder von ihnen ist ein Spiegel Gottes, der nichts ausstrahlt als Sein Selbst, Seine Schönheit, Seine Macht und Herrlichkeit – so ihr doch verstündet! Alle anderen außer ihnen sind als Spiegel anzusehen, fähig, die Herrlichkeit dieser Manifestationen widerzuspiegeln, die ihrerseits die Urspiegel des göttlichen Seins sind – wenn ihr doch nicht ohne Verständnis wäret! Niemand ist ihnen je entgangen, noch können sie gehindert werden, ihre Absicht auszuführen. Diese Spiegel werden ewig aufeinander folgen und werden fortfahren, das Licht des Altehrwürdigen der Tage widerzuspiegeln. Die deren Herrlichkeit widerspiegeln, werden ebenso für immer fortbestehen, denn der Strom göttlicher Gnade kann nie versiegen. Dies ist eine Wahrheit, die niemand widerlegen kann.

31 Betrachte mit deinem inneren Auge die Kette der aufeinanderfolgenden Offenbarungen, die die Manifestation Adams mit der des Báb verbindet. Ich bezeuge vor Gott, daß jede dieser Manifestationen durch das Wirken des göttlichen Willens und Heilsplanes herabgesandt wurde, daß jede Träger einer besonderen Botschaft war, daß jede mit einem göttlich offenbarten Buche betraut und beauftragt war, die Geheimnisse einer machtvollen Tafel zu enthüllen. Das jeder Offenbarung eigene Maß war genau vorherbestimmt. Dies, wahrlich, ist ein Beweis Unserer Gnade für sie, wenn ihr doch zu denen gehörtet, die diese Wahrheit begreifen! ... Und als dieser Vorgang fortschreitender Offenbarung den Gipfel erreichte, da Sein unvergleichliches, Sein heiligstes und erhabenstes Antlitz den Augen der Menschen enthüllt werden sollte, beliebte Er, Sein Selbst hinter tausend Schleiern zu verbergen, damit ungeweihte, sterbliche Augen Seine Herrlichkeit nicht entdeckten. Dies tat Er zu einer Zeit, als die Zeichen und Beweise einer göttlich bestimmten Offenbarung auf Ihn niederströmten – Zeichen und Beweise, die niemand zählen kann außer dem Herrn, deinem Gott, dem Herrn aller Welten. Und als die festgesetzte Zeit der Verborgenheit erfüllt war, sandten Wir, noch immer in eine Myriade von Schleiern gehüllt, einen unendlich schwachen Schimmer der strahlenden Herrlichkeit aus, die das Antlitz des Jünglings umhüllt, und siehe, da wurde die ganze Schar der Bewohner in den Reichen der Höhe von gewaltiger Erregung ergriffen, und die von Gott Begünstigten fielen in Anbetung vor Ihm nieder. Er hat, wahrlich, eine Herrlichkeit offenbart, wie sie niemand in der ganzen Schöpfung je gesehen hat, da Er sich erhob, um in eigener Person Seine Sache allen zu verkünden, die in den Himmeln und auf Erden sind.

32

Was du über Abraham, den Freund des Allbarmherzigen, gehört hast, ist die Wahrheit, daran besteht kein Zweifel. Die Stimme Gottes befahl Ihm, Ismael als Opfer darzubringen, damit Seine Standhaftigkeit im Glauben Gottes und Seine Loslösung von allem außer Ihm den Menschen dargetan werde. Überdies war es Gottes Absicht, ihn als Lösegeld für die Sünden und Frevel aller Völker auf Erden zu opfern. Jesus, der Sohn Marias, flehte zu dem einen, wahren Gott – gepriesen seien Sein Name und Seine Herrlichkeit – Ihm die gleiche Ehre zuteil werden zu lassen. Aus demselben Grunde wurde Husayn von Muḥammad, dem Gesandten Gottes, als ein Opfer dargebracht.

2   Kein Mensch kann je behaupten, das Wesen der verborgenen, mannigfaltigen Gnade Gottes begriffen zu haben. Niemand kann Seine allumfassende Barmherzigkeit ergründen. So groß sind die Verderbtheit der Menschen und ihre Übertretungen, so schmerzlich die Prüfungen gewesen, welche die Propheten Gottes und ihre Erwählten heimsuchten, daß die ganze Menschheit Folter und Untergang verdiente. Gottes verborgene, liebreiche Vorsehung hat sie jedoch durch ihre sichtbaren und unsichtbaren Kräfte beschützt und wird sie weiter vor der Strafe für ihre Bosheit bewahren. Bedenke dies in deinem Herzen, damit dir die Wahrheit offenbar werde, und sei standhaft auf Seinem Pfade.

33

Wir haben verfügt, daß das Wort Gottes mit allen in ihm ruhenden Kräften den Menschen in genauer Übereinstimmung mit jenen Bedingungen offenbart werde, die Er, der Allwissende, der Allweise, vorherbestimmt hat. Wir haben ferner bestimmt, daß der Schleier, der das Wort Gottes verbirgt, nichts anderes sei als dieses Wort selbst. So groß ist wahrlich Unsere Macht, Unsere Absicht zu vollenden. Würde dem Wort erlaubt, plötzlich alle in ihm verborgenen Kräfte freizugeben, würde kein Mensch die Schwere einer so mächtigen Offenbarung ertragen können. Nein, alles im Himmel und auf Erden würde bestürzt davor fliehen.

Bedenke, was auf Muḥammad, den Boten Gottes, herabgesandt wurde. Das Maß der Offenbarung, deren Träger Er war, war von Ihm, dem Allmächtigen, dem Allgewaltigen, klar vorausbestimmt. Jene, die Ihn hörten, konnten jedoch Seine Absicht nur entsprechend ihrer Stufe und ihrer geistigen Fassungskraft begreifen. Ebenso enthüllte Er das Antlitz der Weisheit im Verhältnis zu ihrer Fähigkeit, die Bürde Seiner Botschaft zu tragen. Kaum hatte die Menschheit die Stufe der Reife erreicht, als das Wort den Augen der Menschen die verborgenen Kräfte offenbarte, die ihm verliehen sind, – Kräfte, die sich in der Fülle ihrer Herrlichkeit offenbarten, als die Altehrwürdige Schönheit im Jahre sechzig in der Gestalt 'Alí-Muḥammads, des Báb, erschien.

34

Aller Lobpreis und alle Herrlichkeit seien Gott, der durch die Kraft Seiner Macht Seine Schöpfung aus der Nacktheit des Nichtseins befreite und sie mit dem Mantel des Lebens bekleidete. Aus allem Erschaffenen hat Er durch Sein besonderes Wohlwollen die reine, edelsteingleiche Wirklichkeit des Menschen auserwählt und mit der einzigartigen Fähigkeit ausgestattet, Ihn zu erkennen und die Größe Seiner Herrlichkeit widerzuspiegeln. Diese zweifache Auszeichnung, die dem Menschen zuteil wurde, hat den Rost jedes eitlen Begehrens aus seinem Herzen getilgt und ihn des Gewandes, mit dem sein Schöpfer ihn zu bekleiden geruhte, würdig gemacht. Sie hat dazu geführt, seine Seele aus dem Elend der Unwissenheit zu erretten.

Dieses Gewand, mit dem Leib und Seele des Menschen geschmückt sind, ist die wahre Grundlage seines Wohlergehens und seiner Entwicklung. O, wie gesegnet ist der Tag, da sich der Mensch mit Hilfe der Gnade und Kraft des einen, wahren Gottes befreit haben wird von der Knechtschaft und Verderbtheit der Welt und allem, was darin ist, da er zu wahrer, dauernder Ruhe im Schatten des Baumes der Erkenntnis gelangt sein wird!

3   Die Lieder, die der Vogel deines Herzens in großer Liebe für seine Freunde gesungen hat, haben deren Ohren erreicht und Mich bewogen, auf deine Fragen zu antworten und dir solche Geheimnisse zu offenbaren, die zu enthüllen Mir erlaubt sind. In deinem geschätzten Brief fragst du, welcher der Propheten Gottes als den anderen überlegen anzusehen sei. Wisse und sei darin sicher, daß das Wesen aller Propheten Gottes eines und dasselbe ist. Ihre Einheit ist absolut. Gott, der Schöpfer, spricht: Es gibt keinerlei Unterschied zwischen den Trägern Meiner Botschaft. Sie alle haben nur ein Ziel, ihr Geheimnis ist das gleiche. Einem von ihnen größere Ehre zu erweisen als anderen, einige von ihnen über die übrigen zu erhöhen, ist keineswegs zulässig, jeder wahre Prophet hat Seine Botschaft als wesensgleich mit der Offenbarung jedes anderen Ihm vorangegangenen Propheten angesehen. Wenn daher ein Mensch versäumt, diese Wahrheit zu verstehen, und sich darum in eitlen, unziemlichen Worten ergeht, wird niemand mit klarem Blick und erleuchtetem Verstand sich durch so leeres Gerede in seinem Glauben schwankend machen lassen.

4   Die Offenbarung der Propheten Gottes in dieser Welt muß sich jedoch im Ausmaß unterscheiden, jeder von ihnen war Träger einer bestimmten Botschaft und beauftragt, sich durch besondere Taten zu offenbaren. Dies ist der Grund dafür, daß sie in ihrer Größe verschieden scheinen. Ihre Offenbarung mag mit dem Mondschein verglichen werden, der sein Licht über die Erde ergießt. Obwohl der Mond immer, wenn er aufgeht, ein anderes Maß seiner

Helligkeit zeigt, kann weder sein ihm eigener Glanz jemals abnehmen noch sein Licht erlöschen.

Somit ist einleuchtend und offenkundig, daß jede scheinbare Schwankung in der Stärke ihres Lichtes nicht am Lichte selbst liegt, vielmehr der wechselnden Empfänglichkeit einer immer sich wandelnden Welt zugeschrieben werden sollte. Jeder Prophet, den der allmächtige, unvergleichliche Schöpfer zu den Völkern der Erde zu senden beschloß, war mit einer Botschaft betraut und in einer Weise zu handeln beauftragt, wie sie den Erfordernissen des Zeitalters, in dem Er erschien, am besten entsprach. Wenn Gott Seine Propheten zu den Menschen sendet, ist Seine Absicht eine zweifache. Die erste ist, die Menschenkinder aus dem Dunkel der Unwissenheit zu befreien und sie zum Lichte wahren Verstehens zu führen, die zweite, den Frieden und die Ruhe der Menschheit zu sichern und alle Mittel bereitzustellen, durch die beides erreicht werden kann.

Die Propheten Gottes gleichen Ärzten, deren Aufgabe es ist, das Wohlergehen der Welt und ihrer Völker zu fördern, damit sie durch den Geist der Einheit das Siechtum einer entzweiten Menschheit zu heilen vermögen. Niemand hat das Recht, ihre Worte in Frage zu stellen oder abfällig über ihr Verhalten zu urteilen, denn sie sind die einzigen, die in Anspruch nehmen können, den Kranken verstanden und seine Leiden richtig erkannt zu haben. Kein Mensch, wie genau seine Wahrnehmung auch sei, kann jemals hoffen, zu den Höhen der Weisheit und des Verstehens zu gelangen, über die der göttliche Arzt verfügt. Was Wunder, wenn die von dem Arzt verordnete Behandlung an diesem Tage nicht dieselbe ist wie die, die er früher verordnet hat. Wie könnte es anders sein, wenn die Übel, die den Leidenden befallen, in jedem Stadium seiner Krankheit eine besondere Arznei erfordern? So fordern auch die Propheten Gottes immer, wenn sie die Welt mit dem Strahlenglanz der Sonne göttlichen Wissens erleuchten, die Menschen auf, das Licht Gottes anzunehmen – mit Mitteln, die am besten dem Gebot der Zeit entsprechen, in der sie erscheinen. So waren sie imstande, das Dunkel der Unwissenheit zu zerstreuen und die Herrlichkeit ihrer Erkenntnis über die Welt zu verbreiten. Auf das innerste Wesen dieser Propheten sollte daher das Auge jedes Urteilsfähigen gerichtet sein, weil es zu allen Zeiten ihre einzige Absicht war, die Irrenden zu führen und den Leidenden Frieden zu bringen... Dies sind keine Tage des Wohlergehens und des Triumphes. Die ganze Menschheit ist von mannigfachen Krankheiten befallen. Bemüht euch darum, ihr durch die heilende Arznei, bereitet von der allmächtigen Hand des nie irrenden Arztes, das Leben zu retten.

7 Nun zu deiner Frage über das Wesen der Religion. Wisse, daß die wahrhaft Weisen die Welt mit dem menschlichen Tempel vergleichen. Wie der Leib des Menschen eines Gewandes bedarf, sich zu kleiden, so muß der Menschheit Leib mit dem Mantel der Gerechtigkeit und Weisheit geschmückt sein. Ihr Prachtgewand ist die Offenbarung, die Gott ihr gewährt hat. Wann immer dieses Gewand seinen Zweck erfüllt hat, wird der Allmächtige es gewiß erneuern. Denn eine jede Zeit erfordert ein neues Maß des göttlichen Lichtes. Jede göttliche Offenbarung wurde so herabgesandt, wie sie den Verhältnissen des Zeitalters entsprach, in dem sie erschienen ist.

8 Zu deiner Frage über die Aussagen der Wortführer vergangener Religionen: Jeder kluge, löbliche Mensch wird zweifellos so eitles, nutzloses Geschwätz meiden. Der unvergleichliche Schöpfer hat alle Menschen aus dem gleichen Stoff erschaffen und ihre Wirklichkeit über die Seiner übrigen Geschöpfe erhoben. Erfolg oder Fehlschlag, Gewinn oder Verlust müssen daher vom eigenen Streben des Menschen abhängen. Je mehr er strebt, desto größer wird

sein Fortschritt sein. Wir hoffen sehr, daß die Frühlingsschauer der Güte Gottes die Blumen wahren Verstehens vom Grunde der Menschenherzen aufsprießen lassen und allen irdischen Schmutz von ihnen abwaschen werden.

35 Denke eine Weile nach. Was hat die Völker der Erde veranlaßt, die Manifestation des Allbarmherzigen in jeder Sendung zu meiden? Was könnte sie dazu getrieben haben, sich von Ihm abzuwenden und Seine Vollmacht zu bestreiten? Wollten die Menschen über die Worte nachdenken, die aus der Feder des göttlichen Verordners geströmt sind, sie würden allesamt eilen, die Wahrheit dieser gottgegebenen, ewigwährenden Offenbarung anzunehmen, und für alles, was Er feierlich erklärt hat, Zeugnis ablegen. Es ist der Schleier eitlen Trugs, der sich in den Tagen aller Manifestationen der Einheit Gottes, der Morgensonnen Seiner ewigen Herrlichkeit, zwischen sie und die übrige Menschheit gelegt hat und weiterhin legen wird. Denn Er, die ewige Wahrheit, offenbart sich in solchen Tagen in Übereinstimmung mit dem, was Er selbst beabsichtigt, und nicht nach den Wünschen und Erwartungen der Menschen. So hat Er offenbart: »Jedesmal, wenn ein Bote zu euch kommt mit dem, was eure Seele nicht wünscht, bläht ihr euch auf in Hochmut und behandelt einige von ihnen als Betrüger, und andere erschlaget ihr.«[1]

Wären die Boten in vergangenen Zeitaltern und Zyklen dem leeren Trug entsprechend erschienen, wie ihn die Menschenherzen ersonnen hatten, so hätte zweifellos niemand die Wahrheit dieser geheiligten Wesen zurückgewiesen. Obwohl jene Menschen Tag und Nacht des einen,

[1]. Qur'án 2:88

wahren Gottes gedachten, obwohl sie sich ergeben ihren Andachtsübungen widmeten, versäumten sie doch am Ende, die Morgensonnen der Zeichen Gottes, die Manifestationen Seiner unwiderleglichen Beweise zu erkennen und an deren Gnade teilzuhaben. Dies bezeugen die Schriften. Du hast zweifellos davon gehört.

3   Betrachte die Sendung Jesu Christi. Sieh, wie alle Gelehrten des damaligen Geschlechts das Kommen des Verheißenen ungeduldig erwartet haben und Ihn dennoch verleugneten. Sowohl Hannas, der Gelehrteste unter den Geistlichen Seiner Zeit, als auch Kaiphas, der Hohepriester, klagten Ihn öffentlich an und sprachen das Todesurteil über Ihn.

4   Auch als Muḥammad, der Prophet Gottes, erschien – mögen alle Menschen ein Opfer für Ihn sein –, erhoben sich in den frühen Tagen Seiner Offenbarung die Gelehrten Mekkas und Medinas gegen Ihn und verwarfen Seine Botschaft, während jene, die aller Gelehrsamkeit entbehrten, Seinen Glauben anerkannten und annahmen. Denke eine Weile nach! Beachte, wie Balál, der Äthiopier, ungelehrt wie er war, in den Himmel des Glaubens und der Gewißheit aufstieg, während 'Abdu'lláh Ubayy, ein Führer unter den Gelehrten, sich heimtückisch mühte, Ihm zu widerstehen. Sieh, wie ein einfacher Schafhirte so von der Begeisterung für Gottes Worte hingerissen war, daß er Zutritt zum Wohnsitz seines Meistgeliebten gewinnen konnte und mit Ihm, dem Herrn der Menschheit, vereint war, während jene, die sich mit ihrem Wissen und ihrer Weisheit brüsteten, weit von Seinem Pfade abirrten und Seiner Gnade beraubt blieben. Aus diesem Grunde hat Er geschrieben: »Wer unter euch erhöht ist, soll erniedrigt werden, und wer erniedrigt ist, soll erhöht werden.«[1] In den meisten himmlischen

---

1. Hesekiel 21:31; vergl. Matth. 23:12

Büchern wie auch in den Aussprüchen der Propheten und Boten Gottes finden sich Hinweise zu diesem Thema.

Wahrlich, Ich sage: Die Größe dieser Sache ist so, daß der Vater seinen Sohn und der Sohn seinen Vater flieht. Rufe dir die Geschichte von Noah und Kanaan ins Gedächtnis. Gott gebe, daß ihr euch in diesen Tagen himmlischer Freude nicht selbst der süßen Düfte des allherrlichen Gottes beraubt und daß ihr in dieser geistigen Frühlingszeit an den Strömen Seiner Gnade teilhabt. Steht auf im Namen dessen, der das Ziel aller Erkenntnis ist, erhebt eure Stimme und verkündet Seine Sache in vollkommener Loslösung von aller Gelehrsamkeit der Menschen. Ich schwöre bei der Sonne göttlicher Offenbarung! Im selben Augenblick, da ihr euch erhebt, werdet ihr wahrnehmen, wie eine Flut göttlicher Erkenntnis euch aus dem Herzen strömt, und ihr werdet die Wunder Seiner himmlischen Weisheit in all ihrer offenbaren Herrlichkeit vor euch sehen. Wolltet ihr von den süßen Worten des Allbarmherzigen kosten, ihr würdet ohne Zögern eurem Selbst entsagen und euer Leben für den Vielgeliebten hingeben.

Wer kann je glauben, dieser Diener Gottes habe irgendwann in Seinem Herzen Verlangen nach irdischem Ansehen oder nach Gewinn gehegt? Hoch steht die mit Seinem Namen verbundene Sache über den vergänglichen Dingen dieser Welt. Sieh Ihn, einen Verbannten, ein Opfer der Tyrannei, in diesem Größten Gefängnis! Von allen Seiten haben Ihn Seine Feinde angegriffen, und sie werden dies auch weiter tun bis zum Ende Seines Lebens. Was immer Er euch sagt, geschieht deshalb um Gottes willen, damit die Völker der Welt ihr Herz vom Makel bösen Verlangens reinigen, die Schleier zerreißen und zur Erkenntnis des einen, wahren Gottes gelangen – zur erhabensten Stufe, die ein Mensch erstreben kann. Ihr Glaube oder Unglaube für Meine Sache kann Mir weder nützen noch schaden. Wir rufen sie allein um Gottes willen. Er, wahrlich, kann alle Geschöpfe entbehren.

36

Wisse, daß die ganze Schöpfung in großer Trauer weinte, als der Menschensohn Seinen Geist zu Gott aufgab. Doch indem Er sich selbst opferte, wurde allem Erschaffenen eine neue Fähigkeit eingehaucht. Die Beweise dafür sind in allen Völkern kund und heute vor dir offenbar. Die tiefste Weisheit, welche die Weisen zum Ausdruck bringen, die gründlichste Gelehrsamkeit, die Menschengeist entfaltet, die Künste, welche die fähigsten Hände gestalten, der Einfluß, den die mächtigsten Herrscher üben, sind nur Offenbarungen der belebenden Macht, die Sein überragender, Sein alldurchdringender und strahlender Geist entfesselt hat.

2 Wir bezeugen, daß Er, als Er in die Welt trat, den Glanz Seiner Herrlichkeit über alles Erschaffene ergoß. Durch Ihn wurde der Aussätzige vom Aussatz der Verderbtheit und Unwissenheit befreit. Durch Ihn wurden der Unkeusche und der Widersetzliche geheilt. Durch Seine Macht, aus dem allmächtigen Gott geboren, wurden die Augen des Blinden geöffnet und die Seele des Sünders geheiligt.

3 Aussatz mag als ein Schleier gedeutet werden, der zwischen den Menschen und die Erkenntnis des Herrn, seines Gottes fällt. Wer sich von Ihm trennen läßt, ist in der Tat ein Aussätziger, dessen im Reiche Gottes, des Allmächtigen, des Allgepriesenen, nicht gedacht werden soll. Wir bezeugen, daß durch die Macht des Wortes Gottes jeder Aussätzige gereinigt, jede Krankheit geheilt und jedes menschliche Gebrechen überwunden wurde. Er ist es, der die Welt läuterte. Selig der Mensch, der sich lichtstrahlenden Angesichts Ihm zugewandt hat!

37 Selig der Mensch, der seinen Glauben an Gott und Seine Zeichen bekennt und den Vers anerkennt: »Er soll nicht befragt werden über Sein Tun.« Anerkennung hat Gott zur Zier jedes Glaubens und zu dessen wahrer Grundlage gemacht. Von ihr hängt die Annahme jeder guten Tat ab. Darauf richtet euren Blick, damit euch das Getuschel der Widerspenstigen nicht zum Strauchtln bringt.

Sollte Er erlauben, was seit unvordenklichen Zeiten verboten war, und verbieten, was zu allen Zeiten als erlaubt galt, so hätte niemand das Recht, Seine Allgewalt in Frage zu stellen. Wer zögert, und sei es weniger als ein Augenblick, soll als Übertreter gelten.

Wer diese hehre, grundlegende Wahrheit nicht anerkennt, wer diese erhabenste Stufe nicht erreicht, den werden die Stürme des Zweifels schütteln, und die Reden der Ungläubigen werden seine Seele verwirren. Doch wer diesen Grundsatz anerkennt, wird mit vollkommener Standhaftigkeit begabt werden. Alle Ehre sei dieser allherrlichen Stufe, deren Gedenken jede erhabene Tafel schmückt. So belehrt euch Gott mit einer Lehre, die euch von jeglichem Zweifel und jeder Verwirrung befreien und euch befähigen wird, in dieser und der künftigen Welt Erlösung zu finden. Er ist wahrlich der ewig Vergebende, der Großmütigste.

38 Wisse mit Sicherheit, daß in jeder Sendung das Licht göttlicher Offenbarung den Menschen im unmittelbaren Verhältnis zu ihrer geistigen Fassungskraft dargereicht wurde. Betrachte die Sonne! Wie schwach sind ihre Strahlen in dem Augenblick, da sie am Horizont aufgeht. Wie nehmen ihre Wärme und ihre Kraft allmählich zu, während sie sich dem Zenit nähert. So ist alles Erschaffene befähigt, sich der zunehmenden Stärke ihres Lichtes anzupassen. Wie gleichmäßig nimmt sie wieder ab, bis sie den Punkt ihres Untergangs erreicht. Würde sie plötzlich alle in ihr verborgenen Kräfte offenbaren, so würde sie zweifellos allem Erschaffenen Schaden bringen... Wenn nun die Sonne der Wahrheit auf der ersten Stufe ihrer Manifestation plötzlich das volle Maß der Kräfte, die ihr die Vorsehung des Allmächtigen verliehen hat, enthüllte, würde die Erde menschlichen Begreifens verdorren und vergehen, denn die Menschenherzen könnten weder die Stärke ihrer Offenbarung ertragen noch wären sie fähig, den Glanz ihres Lichtes widerzuspiegeln. Bestürzt und überwältigt würden sie aufhören zu bestehen.

39 Preis sei Dir, o Herr, Mein Gott, für die wundersamen Offenbarungen Deines unerforschlichen Ratschlusses und die mannigfachen Leiden und Heimsuchungen, die Du für Mich bestimmt hast. Einmal hast Du Mich den Händen Nimrods überantwortet, ein andermal hast Du Pharaos Zuchtrute erlaubt, Mich zu verfolgen. Du allein kannst durch Dein allumfassendes Wissen und das Wirken Deines Willens die unsagbaren Schmerzen ermessen, die Ich unter ihren Händen erduldete. Und wieder warfst Du Mich in die Kerkerzelle der Gottlosen, aus keinem anderen Grunde, als daß Ich Mich bewogen fühlte, den begünstigten Bewohnern Deines Reiches eine Andeutung von jenem Gesicht ins Ohr zu flüstern, das Du Mich durch Dein Wissen schauen ließest und dessen Bedeutung Du Mir durch die Kraft Deiner Macht offenbartest. Dann bestimmtest Du, daß Ich durch das Schwert der Ungläubigen enthauptet werde. Und wieder ward Ich gekreuzigt, weil Ich den Augen der Menschen die verborgenen Edelsteine Deiner herrlichen Einheit enthüllte, die wundersamen Zeichen Deiner unumschränkten, ewigen Macht offenbare. Wie bitter häuften sich in einem späteren Zeitalter, in der Ebene von Karbilá, die Demütigungen auf Mich! Wie einsam fühlte Ich Mich inmitten Deines Volkes! Zu welch einem Zustand der Hilflosigkeit wurde Ich in jenem Lande herabgewürdigt! Mit diesem Schimpf noch nicht zufrieden, schlugen Mir Meine Verfolger das Haupt ab, trugen es hoch erhoben von Land zu Land, stellten es den gaffenden Blicken der ungläubigen Menge zur Schau und legten es vor den Thronen der Verderbten und Treulosen nieder. In einem späteren Zeitalter wurde Ich aufgehängt, und Meine Brust wurde den gehässigen, grausamen Pfeilen Meiner Feinde zum Ziel. Meine Glieder wurden von Kugeln durchlöchert, Mein Körper auseinandergerissen. Sieh endlich, wie sich an diesem Tage Meine tückischen Feinde gegen Mich verbünden und unablässig darauf sinnen, Deinen Dienern das Gift des Hasses und der Bosheit in die Seelen zu träufeln. Mit aller Macht schmieden sie Ränke, um ihre Absicht auszuführen... So bitter auch Meine Lage ist, o Gott, Mein über alles Geliebter, Ich sage Dir Dank, und Mein Geist ist für alles dankbar, was Mir auf dem Pfade Deines Wohlgefallens widerfährt. Ich bin zufrieden mit allem, was Du Mir bestimmt hast, und begrüße die Schmerzen und Leiden, die Ich erfahren muß, wie groß sie auch seien.

40

O Mein Vielgeliebter! Du hast Mir Deinen Odem eingehaucht und Mich von Meinem eigenen Selbst geschieden. Danach hast Du verfügt, daß nur noch ein schwacher Abglanz, ein bloßes Sinnbild Deiner Wirklichkeit in Mir unter den Verderbten und Mißgünstigen verbleibe. Sieh, wie sie sich, durch dieses Sinnbild getäuscht, gegen Mich erhoben und Mich mit ihren Zurückweisungen überhäuft haben! Enthülle darum Dein

Selbst, o Mein innigst Geliebter, und erlöse Mich aus Meiner Not!

2 Darauf antwortete eine Stimme: »Ich liebe dieses Sinnbild, Ich hege es zärtlich, wie kann Ich zulassen, daß allein Meine Augen auf dieses Sinnbild schauen, daß kein Herz außer Meinem Herzen es erkenne? Bei Meiner Schönheit, die dieselbe ist wie Deine Schönheit! Mein Wunsch ist, Dich vor Meinen Augen zu verbergen – wie viel mehr vor den Augen der Menschen!«

3 Ich war im Begriff zu antworten, siehe, da war die Tafel plötzlich zu Ende. Unvollendet blieb Mein Thema, unaufgereiht die Perle Meiner Äußerung.

41 Gott ist Mein Zeuge, o Volk! Ich schlief auf Meinem Lager, siehe, da wehte der Odem Gottes über Mich hin und weckte Mich aus Meinem Schlummer. Sein erquickender Geist gab Mir neues Leben, und Meine Zunge wurde gelöst, Seinen Ruf zu verkünden. Zeiht Mich nicht des Vergehens gegen Gott. Betrachtet Mich nicht mit euren, sondern mit Meinen Augen. So ermahnt euch Er, der Gnadenvolle, der Allwissende. Meinst du, o Volk, es liege in Meiner Macht, Gottes Urwillen und Gottes Absicht zu lenken? Fern liegt Mir, einen solchen Anspruch zu erheben. Dies bezeuge Ich vor Gott, dem Allmächtigen, dem Erhabenen, dem Allwissenden, dem Allweisen. Läge des Gottesglaubens letzte Bestimmung in Meinen Händen, Ich hätte niemals auch nur für einen Augenblick eingewilligt, Mich euch zu offenbaren, noch hätte Ich einem einzigen Wort erlaubt, Meinen Lippen zu entfliehen. Gott selbst ist wahrlich dafür Zeuge.

42 O Sohn der Gerechtigkeit! Zur Nachtzeit begab sich die Schönheit des Unsterblichen von der smaragdenen Höhe der Treue zum Sadratu'l-Muntahá und weinte so bitterlich, daß die himmlischen Heerscharen und die Bewohner der Reiche droben in das Klagen einstimmten. Nach dem Grund des Klagens und Weinens befragt, gab Er zur Antwort: Wie geheißen, weilte Ich erwartungsvoll auf dem Hügel der Treue, ohne von denen, die auf Erden wohnen, den Wohlgeruch der Treue zu atmen. Danach zur Rückkehr aufgefordert, schaute Ich um Mich und siehe – gewisse Tauben der Heiligkeit mußten schmerzlich in den Fängen irdischer Raubtiere leiden. Daraufhin eilte die Himmelsdienerin entschleiert und strahlend aus ihrer mystischen Wohnstatt hervor und fragte nach ihren Namen, und alle wurden genannt bis auf einen. Als auf dringendes Bitten der erste Buchstabe erklang, strömten die Bewohner der himmlischen Gemächer aus ihrer Wohnstatt der Herrlichkeit herbei. Und da der zweite Buchstabe ausgesprochen wurde, fielen sie allesamt nieder in den Staub. In diesem Augenblick erscholl ein Ruf aus dem innersten Heiligtum: »Bis hierher und nicht weiter!« Wahrlich, Wir bezeugen, was sie getan haben und noch tun.

43 O Afnán, o du, der du Meinem altehrwürdigen Stamm entsprossen bist! Meine Herrlichkeit und Meine Gnade ruhen auf dir. Wie mächtig ist das Heiligtum der Sache Gottes! Es überschattet alle Völker und Geschlechter der Erde und wird bald die ganze Menschheit in seinem Schutze versammeln. Dein Tag des Dienstes ist nun gekommen. Zahllose Briefe legen Zeugnis ab von den Gaben, die dir gewährt wurden. Erhebe dich für den Triumph Meiner Sache und besiege die Herzen der

Menschen durch die Macht deiner Äußerung. Du mußt verkünden, was den Unglücklichen und Getretenen Frieden und Wohlfahrt sichern wird. Gürte deine Lenden mit deinem Bemühen, damit du den Gefangenen von seinen Ketten befreiest und ihn befähigest, wahre Freiheit zu erlangen.

2 Gerechtigkeit beklagt an diesem Tage ihren schweren Stand, und Billigkeit stöhnt unter dem Joch der Unterdrückung. Dichte Wolken der Gewalt haben das Antlitz der Erde verfinstert und ihre Völker umhüllt. Durch die Bewegung Unserer Feder der Herrlichkeit haben Wir auf Befehl des allmächtigen Gesetzgebers neues Leben in jede menschliche Hülle gehaucht und frische Kraft in jedes Wort geflößt. Alles Erschaffene verkündet die Beweise dieser weltweiten Erneuerung. Dies ist die größte, die froheste Botschaft, die der Menschheit durch die Feder dieses Unterdrückten übermittelt wurde. Warum fürchtet ihr euch denn, o Meine innig Geliebten? Wer könnte euch erschrekken? Ein Hauch von Feuchtigkeit genügt, um den verhärteten Lehm zu lösen, aus dem dieses verderbte Geschlecht gebildet ist. Die bloße Tat eures Beisammenseins genügt, um die Kräfte dieses eingebildeten, wertlosen Volkes zu zerstreuen...

3 Jeder Einsichtige wird an diesem Tage bereitwillig zugeben, daß die Ratschläge, die die Feder dieses Unterdrückten offenbarte, die höchste Triebkraft für den Fortschritt der Welt und die Erhöhung ihrer Völker enthalten. Erhebt euch, o Menschen, und entschließt euch durch die Kraft der göttlichen Macht, den Sieg über euer Selbst zu erringen, damit die ganze Welt aus ihrer Hörigkeit vor den Götzen ihrer leeren Einbildungen erlöst werde – Götzen, die ihren erbärmlichen Anbetern so viel Schaden zugefügt haben und für ihr Elend verantwortlich sind. Diese Trugbilder sind das Hindernis, das den Menschen in seinem

Bemühen hemmt, auf dem Pfade der Vervollkommnung voranzuschreiten. Wir hegen die Hoffnung, daß die Hand göttlicher Macht der Menschheit ihre Hilfe gewähre und sie aus ihrem Zustand schmerzlicher Erniedrigung befreie.

4 In einem der Tafeln sind diese Worte offenbart: O Volk Gottes! Befaßt euch nicht rastlos mit eueren eigenen Belangen! Laßt euere Gedanken fest auf das gerichtet sein, was das Glück der Menschheit wiederherstellen und der Menschen Herzen und Seelen heiligen wird. Am besten kann dies durch reine und heilige Taten, durch ein Leben der Tugend und durch edles Betragen vollbracht werden. Mutiges Handeln wird den Sieg dieser Sache sichern, und eine geheiligte Wesensart wird ihre Macht stärken. Halte dich an die Rechtschaffenheit, o Volk Bahás! Dies, wahrlich, ist das Gebot, das euch dieser Unterdrückte gegeben hat, und die erlesene Wahl Seines unumschränkten Willens für jeden von euch.

5 O Freunde! Es geziemt euch, eure Seele zu erquicken und wiederzubeleben durch die gnädigen Gunstbeweise, die in dieser göttlichen, dieser herzerquickenden Frühlingszeit auf euch herabströmen. Die Sonne Seiner großen Herrlichkeit verbreitet ihren Glanz über euch und die Wolken Seiner grenzenlosen Gnade beschatten euch. Wie erhaben ist der Lohn dessen, der sich einer so großen Wohltat nicht beraubt noch versäumt, die Schönheit seines Meistgeliebten in diesem Seinem neuen Gewande zu erkennen. Wacht über euch, denn der Böse liegt auf der Lauer, bereit, euch zu überlisten. Rüstet euch gegen seine verruchten Anschläge, und, geführt vom Lichte des Namens des Allsehenden Gottes, entflieht der Dunkelheit, die euch umgibt. Laßt eueren Blick weltumfassend sein, anstatt ihn auf euer Selbst zu beschränken. Der Böse ist es, der den Aufstieg hemmt und den geistigen Fortschritt der Menschenkinder aufhält.

6 Es ist in dieser Zeit eines jeden Menschen Pflicht, sich fest an das zu halten, was das Wohl aller Völker und gerechten Regierungen fördert und ihre Stufe erhöht. Durch jeden einzelnen Vers, den die Feder des Höchsten offenbart hat, sind die Tore der Liebe und Einigkeit erschlossen und weit vor den Augen der Menschen aufgetan. Wir haben zuvor erklärt – und Unser Wort ist die Wahrheit: »Verkehret mit den Anhängern aller Religionen im Geiste des Wohlwollens und der Brüderlichkeit.« Was immer die Menschenkinder einander meiden ließ, was Zwietracht und Spaltung unter ihnen hervorrief, ist nun durch die Offenbarung dieser Worte ungültig und abgeschafft. Aus dem Himmel des göttlichen Willens wurde mit dem Ziel, die Welt des Seins zu veredeln und die Menschen an Geist und Seele emporzuheben, das herabgesandt, was das wirksamste Mittel zur Erziehung des ganzen Menschengeschlechts ist. Der tiefste Sinn und der vollkommenste Ausdruck dessen, was die Völker früherer Zeiten gesagt und geschrieben haben, ist durch diese mächtigste Offenbarung aus dem Himmel des Willens des Allbesitzenden, des Immerwährenden Gottes herabgesandt. Einst wurde offenbart: »Die Liebe zum Vaterland ist ein Bestandteil des Gottesglaubens.« Die Zunge der Größe jedoch verkündet am Tage Seiner Offenbarung: »Es rühme sich nicht der, welcher sein Vaterland liebt, sondern der, welcher die ganze Welt liebt.« Durch die von diesem erhabenen Wort entfesselte Kraft verleiht Er den Vögeln der Menschenherzen frischen Schwung, weist ihnen eine neue Richtung und tilgt jede Spur von Beschränkung und Begrenzung aus Gottes heiligem Buch.

7 O Volk der Gerechtigkeit! Sei so strahlend wie das Licht und so leuchtend wie das Feuer, das im Brennenden Busche lodert. Der Glanz des Feuers eurer Liebe wird zweifellos die widerstreitenden Völker und Geschlechter der Erde einen und verschmelzen, wogegen die wilde Flamme der

Feindschaft und des Hasses nur zu Streit und Untergang führen kann. Wir flehen zu Gott, daß Er Seine Geschöpfe vor den üblen Ränken Seiner Feinde behüten möge. Wahrlich, Er hat Macht über alle Dinge.

Aller Ruhm sei dem einen, wahren Gott – gepriesen sei Seine Herrlichkeit –, da Er durch die Feder des Höchsten die Tore der Menschenherzen geöffnet hat, jeder Vers, den diese Feder offenbart hat, ist ein strahlendes, leuchtendes Tor, das die Herrlichkeit eines heiligen, gottesfürchtigen Lebens und reiner, makelloser Taten erschließt. Der Aufruf und die Botschaft, die Wir gaben, sollten niemals nur ein Land oder ein Volk erreichen oder nur diesem zugute kommen. Die Menschheit als Ganzes muß entschlossen dem folgen, was ihr offenbart und gewährt ist. Dann, nur dann wird sie zu wahrer Freiheit gelangen. Die ganze Erde leuchtet in der strahlenden Herrlichkeit der Offenbarung Gottes. Im Jahre sechzig erhob sich Er, der Vorbote des Lichtes göttlicher Führung – möge die ganze Schöpfung ein Opfer für Ihn sein –, um eine neue Offenbarung des göttlichen Geistes anzukündigen. Zwanzig Jahre später folgte Ihm Er, durch dessen Kommen die Welt zur Empfängerin dieser verheißenen Herrlichkeit, dieser wundersamen Gunst wurde. Sieh, wie die Menschheit allgemein mit der Fähigkeit ausgestattet ist, auf Gottes erhabenstes Wort zu hören – das Wort, von dem die Vorladung und die geistige Auferstehung aller Menschen abhängen muß...

O Volk Gottes, neige dein Herz den Ratschlägen deines wahren, deines unvergleichlichen Freundes! Das Wort Gottes mag mit einem jungen Sämling verglichen werden, dessen Wurzeln in die Herzen der Menschen gepflanzt wurden. Es ist eure Pflicht, sein Wachstum durch die lebendigen Wasser der Weisheit, durch lautere, heilige Worte zu fördern, damit seine Wurzeln festwachsen und seine Zweige sich bis in die Himmel und noch höher ausbreiten.

10   O ihr, die ihr auf Erden wohnt! Das Unterscheidungsmerkmal für die Einzigartigkeit dieser höchsten Offenbarung besteht darin, daß Wir einerseits aus Gottes Heiligem Buche gelöscht haben, was die Ursache von Streit, Bosheit und Unrecht unter den Menschenkindern gewesen ist, andererseits die wesentlichen Vorbedingungen für Eintracht, Verständigung und völlige und dauernde Einheit niedergelegt haben. Wohl dem, der Meine Gesetze hält.

11   Immer wieder haben Wir Unsere Geliebten ermahnt, alles zu meiden, ja zu fliehen, was auch nur den Geruch eines Unrechts an sich hat. Die Welt ist in großem Aufruhr und der Geist ihrer Bewohner im Zustand völliger Verwirrung. Wir flehen zum Allmächtigen, daß Er sie gnädig erleuchte durch die Pracht Seiner Gerechtigkeit und sie befähige, dessen gewahr zu werden, was ihnen zu allen Zeiten und unter allen Umständen zum Vorteil gereicht. Er, wahrlich, ist der Allbesitzende, der Höchste.

44

Vergeßt nicht die Gottesfurcht, ihr Gelehrten der Welt, und urteilt gerecht über die Sache dieses Ungelehrten, für den alle Bücher Gottes, des Beschützers, des Selbstbestehenden, Zeugnis abgelegt haben... Läßt euch nicht die Furcht vor dem göttlichen Mißfallen, die Scham vor Ihm, der weder Gefährten noch Seinesgleichen hat, aufwachen? Er, dem die Welt Unrecht tut, hat sich zu keiner Zeit zu euch gesellt, hat niemals eure Schriften studiert noch an euren Disputationen teilgenommen. Das Gewand, das Er trägt, Seine wallenden Locken, Seine Kopfbedeckung bezeugen die Wahrheit Seiner Worte. Wie lange wollt ihr in eurer Ungerechtigkeit verharren? Betrachtet die Behausung, in der zu leben Er, die Verkörperung der Gerechtigkeit, gezwungen ist. Öffnet eure Augen, seht Seine traurige Lage und denkt sorgsam nach über das, was eure Hände gewirkt haben, damit ihr vom Licht Seiner göttlichen Äußerung nicht ausgeschlossen noch eures Anteils am Meere Seines Wissens beraubt bleibt.

Gewisse Leute, sowohl aus dem Volk als auch vom Adel, haben eingewandt, dieser Unterdrückte sei weder Mitglied des geistlichen Standes noch ein Nachkomme des Propheten. Sprich: O ihr, die ihr gerecht zu sein beansprucht! Denkt eine Weile nach, und ihr werdet erkennen, wie unendlich erhaben Sein jetziger Rang über die Stufe ist, die ihr Ihm zugesteht. Der Wille des Allmächtigen hat verfügt, daß aus einem Hause, dem alles das fehlt, was die Geistlichen, die Doktoren, die Weisen und Gelehrten gemeinhin besitzen, Seine Sache hervorgehen und offenbar werden soll.

Der Odem des Heiligen Geistes weckte Ihn und befahl Ihm, sich zu erheben und Seine Offenbarung zu verkünden. Kaum war Er von Seinem Schlummer erwacht, da erhob Er Seine Stimme und lud die ganze Menschheit vor Gott, den Herrn aller Welten. Unvollkommenheit und Schwäche der Menschen veranlassen Uns, diese Worte zu äußern. Die Sache, die Wir verkünden, ist indessen so beschaffen, daß keine Feder sie je beschreiben und kein Geist je ihre Größe erfassen kann. Dies bezeugt Er, mit Dem das Mutterbuch ist.

45

Die Altehrwürdige Schönheit hat eingewilligt, in Ketten gelegt zu werden, damit die Menschheit aus ihrer Knechtschaft erlöst werde, und hat es hingenommen, zum Gefangenen in dieser mächtigsten Festung zu werden, damit die ganze Welt wahre Freiheit gewinne. Er hat den Kelch des Leidens bis zur Neige geleert, damit alle Völker der Welt immerwährende Freude gewinnen und von Fröhlichkeit erfüllt werden. Dies gehört zur Barmherzigkeit eures Herrn, des Mitleidvollen, des

Barmherzigsten. Wir nehmen es hin, erniedrigt zu werden, o ihr, die ihr an die Einheit Gottes glaubt, damit ihr erhoben werdet, und dulden mannigfache Leiden, damit ihr blühet und gedeihet. Seht, wie jene, die Gott Gefährten zugesellt haben, Ihn, der gekommen ist, die ganze Welt neu zu bauen, gezwungen haben, in der trostlosesten aller Städte zu wohnen!

46 Ich leide nicht an der Bürde Meiner Gefangenschaft, noch bin Ich betrübt über die Erniedrigung oder die Drangsal, die Ich von den Händen Meiner Feinde erdulde. Bei Meinem Leben! Sie sind Mein Ruhm – ein Ruhm, mit dem Gott Sein eigenes Selbst geschmückt hat. Würdet ihr es doch erkennen!

2   Die Schmach, die Ich ertragen muß, hat die Herrlichkeit aufgedeckt, die der ganzen Schöpfung verliehen wurde, und durch die Grausamkeiten, die Ich erdulde, hat sich die Sonne der Gerechtigkeit offenbart und ihren Glanz über die Menschen verbreitet.

3   Mein Leid kommt von denen, die in ihre verderbten Leidenschaften verstrickt sind und behaupten, dem Glauben Gottes, des Gnadenvollen, des Allgepriesenen, anzugehören.

4   Es geziemt den Anhängern Bahás, der Welt und allem, was in ihr ist, zu sterben und so von allem Irdischen losgelöst zu sein, daß die Bewohner des Paradieses von ihren Gewändern den süßen Duft der Heiligkeit atmen, daß alle Völker auf Erden auf ihren Gesichtern das Licht des Allbarmherzigen erkennen und daß durch sie die Zeichen und Beweise Gottes, des Allmächtigen, des Allweisen, verbreitet werden. Jene, die den reinen Namen der Sache Gottes befleckt haben, indem sie den Dingen des Fleisches folgten, befinden sich in offenbarem Irrtum.

47

O ihr Juden! Wenn ihr darauf bedacht seid, Jesus, den Geist Gottes, noch einmal zu kreuzigen, so tötet Mich, denn Er ist euch in Meiner Person wieder offenbart worden. Verfahrt mit Mir, wie ihr wollt, denn Ich habe gelobt, Mein Leben auf dem Pfade Gottes hinzugeben. Ich werde niemanden fürchten, seien auch die Mächte der Erde und des Himmels gegen Mich verbündet. Ihr Anhänger des Evangeliums! Wenn ihr den Wunsch hegt, Muḥammad, den Boten Gottes, zu erschlagen, so ergreift Mich und macht Meinem Leben ein Ende, denn Ich bin Er und Mein Selbst ist Sein Selbst. Tut mit Mir, was ihr wollt, denn die tiefste Sehnsucht Meines Herzens ist, in die Gegenwart Meines über alles Geliebten in Seinem Reiche der Herrlichkeit zu gelangen. So ist der göttliche Ratschluß, wenn ihr es doch wüßtet! Ihr Anhänger Muḥammads! Sollte es euer Wunsch sein, mit euren Pfeilen die Brust dessen zu durchbohren, der bewirkte, daß Sein Buch, der Bayán, zu euch herabgesandt wurde, so legt Hand an Mich und verfolgt Mich, denn ich bin Sein Vielgeliebter, die Offenbarung Seines Selbstes, wenn auch Mein Name nicht Sein Name ist. Ich bin im Schatten der Wolken der Herrlichkeit gekommen und von Gott mit unüberwindlicher Herrschaft bekleidet. Er, wahrlich, ist die Wahrheit, der um das Ungeschaute weiß. Wahrlich, Ich erwarte von euch die Behandlung, die ihr Ihm, der vor Mir kam, zuteil werden ließet. Das bezeugen wahrlich alle Dinge, wenn ihr zu denen gehörtet, die hören. O Volk des Bayán, wenn du beschlossen hast, das Blut dessen zu vergießen, dessen Kommen der Báb verkündet, dessen Erscheinen Muḥammad vorausgesagt und dessen Offenbarung Jesus Christus angekündigt hat, so sieh Mich vor dir stehen, bereit und wehrlos. Verfahre mit Mir nach deinem Begehren.

48 Gott ist Mein Zeuge! Stünde es nicht im Widerspruch zu dem, was die Tafeln Gottes bestimmt haben, würde Ich freudig die Hände eines jeden küssen, der sich anschickte, Mein Blut auf dem Pfade des Vielgeliebten zu vergießen. Mehr noch, Ich würde ihm einen Teil der weltlichen Güter, die Gott Mir zu besitzen erlaubt, schenken, wenn auch er, der diese Tat beginge, den Zorn des Allmächtigen herausforderte, Seinen Fluch auf sich lüde und in alle Ewigkeit die Strafe Gottes, des Allbesitzenden, des Gerechten, des Allweisen, verdiente.

49 Wisse wahrlich, wann immer dieser Jüngling Seine Augen auf Sein Selbst richtet, hält Er es für das Unbedeutendste der ganzen Schöpfung. Wenn Er jedoch den strahlenden Glanz betrachtet, den zu offenbaren Er ermächtigt wurde, siehe, dann verwandelt sich dieses Selbst vor Ihm in eine unumschränkte Macht, die das Wesen alles Sichtbaren und Unsichtbaren durchdringt. Preis sei Ihm, der durch die Macht der Wahrheit die Manifestation Seines eigenen Selbstes herabgesandt und mit Seiner Botschaft an die ganze Menschheit betraut hat.

50 Schüttelt den Schlummer der Nachlässigkeit ab, o ihr Achtlosen, damit ihr den Glanz sehet, den Seine Herrlichkeit über die Welt verbreitet. Wie töricht sind jene, die über die zu frühe Geburt Seines Lichtes murren. O ihr innerlich Blinden! Ob zu früh oder zu spät – die Beweise Seiner strahlenden Herrlichkeit sind jetzt wirklich offenbar. Euch ziemt es festzustellen, ob ein solches Licht erschienen ist oder nicht. Es liegt weder in eurer noch in meiner Macht, die Zeit festzusetzen, zu der es offenbar werden soll. Gottes unergründliche Weisheit hat seine Stunde im voraus festgesetzt. O Menschen, seid zufrieden mit dem, was Gott für euch gewünscht und vorausbestimmt hat... O ihr, die ihr mir grollt! Die Sonne ewiger Führung legt Zeugnis für mich ab. Hätte es in meiner Macht gelegen, ich hätte unter keinen Umständen eingewilligt, mich unter den Menschen hervorzutun, denn der Name, den ich trage, verschmäht es ganz und gar, sich zu diesem Geschlecht zu gesellen, dessen Zunge befleckt und dessen Herz falsch ist. Aber wann immer ich schweigen und still sein wollte, siehe, da rüttelte die Stimme des Heiligen Geistes, zu meiner Rechten stehend, mich auf, der Erhabenste Geist erschien vor meinem Angesicht, Gabriel überschattete mich, der Geist der Herrlichkeit regte sich in meiner Brust und gebot mir, mich zu erheben und mein Schweigen zu brechen. Wäre euer Gehör geläutert, wären euere Ohren aufmerksam, ihr würdet sicherlich erkennen, daß jedes Glied meines Körpers, nein, alle Atome meines Seins diesen Ruf verkünden und bezeugen: »Gott, neben dem es keinen anderen Gott gibt, Er, dessen Schönheit nun offenbar ist, ist die Widerspiegelung Seiner Herrlichkeit für alle, die im Himmel und auf Erden sind.«

51 O Volk! Ich schwöre bei dem einen, wahren Gott! Dies ist das Meer, aus dem alle Meere hervorgegangen sind und mit dem jedes von ihnen am Ende vereint sein wird. Aus Ihm sind alle Sonnen erzeugt, und zu Ihm werden sie alle zurückkehren. Durch Seine Kraft haben die Bäume göttlicher Offenbarung ihre Früchte hervorgebracht, deren jede in der Gestalt eines Propheten herabgesandt wurde, jeder als Träger einer Botschaft an die Geschöpfe Gottes in jeder der Welten, deren Zahl Gott allein in Seinem allumfassenden Wissen zählen kann. Dies vollbringt Er durch das Wirken eines einzigen Buchstabens Seines Wortes, offenbart durch Seine Feder, die von Seinem weisenden Finger, gestützt von der Macht der Wahrheit Gottes, bewegt wird.

52 Sprich: O Volk! Versagt euch nicht selbst die Gnade Gottes und Seine Barmherzigkeit. Wer immer sie sich versagt, leidet fürwahr schweren Verlust. Was, o Volk! Betet ihr den Staub an und wendet euch ab von eurem Herrn, dem Gnadenvollen, dem Allgütigen? Fürchtet Gott und gehört nicht zu denen, die zugrunde gehen! Sprich: Das Buch Gottes ist in der Gestalt dieses Jünglings herabgesandt. Geheiligt sei darum Gott, der vortrefflichste Schöpfer! Hütet euch wohl, o Völker der Welt, daß ihr nicht vor Seinem Antlitz flieht. Nein, beeilt euch, in Seine Gegenwart zu gelangen, und gehört zu denen, die zu Ihm zurückgekehrt sind. Betet um Vergebung, o Volk, da ihr eure Pflicht vor Gott versäumt und euch wider Seine Sache vergangen habt, und gehört nicht zu den Törichten. Er ist es, der euch erschaffen, Er hat eure Seelen durch Seine Sache gestärkt und euch befähigt, Ihn, den Allmächtigen, den Erhabensten, den Allwissenden, zu erkennen. Er hat euren Augen die Schätze Seines Wissens enthüllt und euch in den Himmel der Gewißheit aufsteigen lassen – der Gewißheit Seines unwiderstehlichen, unwiderleglichen, erhabensten Glaubens. Hütet euch, daß ihr euch nicht selbst der Gnade Gottes beraubt und eure Werke zunichte macht, und weiset die Wahrheit dieser klarsten, dieser hohen, dieser herrlich leuchtenden Offenbarung nicht zurück. Urteilt gerecht über die Sache Gottes, eures Schöpfers, schauet, was vom Throne der Höhe herabgesandt ist, und denkt darüber nach mit reinem, geheiligtem Herzen. Dann wird euch die Wahrheit dieser Sache so offenbar erscheinen wie die Sonne in ihrer Mittagsherrlichkeit. Dann werdet ihr zu denen gehören, die an Ihn glauben.

Sprich: Das erste, vornehmste Zeugnis, das Seine Wahrheit beweist, ist Sein eigenes Selbst. Nächst diesem Zeugnis steht Seine Offenbarung. Wer es versäumt, das eine oder das andere zu erkennen, für den hat Er die Worte niedergelegt, die Er als Beweis Seiner Wirklichkeit und Wahrheit offenbarte. Dies ist wahrlich ein Zeichen Seiner sanften Barmherzigkeit für die Menschen. Jeder Seele hat Er die Fähigkeit verliehen, Gottes Zeichen zu erkennen. Wie sonst hätte Er den Menschen Sein Zeugnis erbringen können – gehörtet ihr doch zu denen, die im Herzen über Seine Sache nachdenken. Niemals wird Er ungerecht mit irgend jemandem verfahren, noch wird Er eine Seele über ihr Vermögen belasten. Er, wahrlich, ist der Mitleidige, der Allbarmherzige.

Sprich: So groß ist die Herrlichkeit der Sache Gottes, daß selbst die Blinden sie wahrnehmen können, wieviel mehr aber die, deren Auge scharf und deren Blick klar ist. Obgleich die Blinden nicht imstande sind, das Licht der Sonne zu sehen, sind sie dennoch fähig, ihre immerwährende Wärme zu spüren. Die im Herzen Blinden unter dem Volk des Bayán vermögen indessen, und dafür ist Gott Mein Zeuge, weder den Glanz ihrer Herrlichkeit zu sehen noch die Wärme ihrer Strahlen wahrzunehmen, wie lange die Sonne auch auf sie scheinen mag.

Sprich: O Volk des Bayán! Wir haben euch in der Welt auserwählt, damit ihr Unser Selbst erkennt und anerkennt. Wir haben bewirkt, daß ihr der rechten Seite des Paradieses nahekommt, dem Ort, da das unauslöschliche Feuer in mannigfachen Zungen ruft: »Es ist kein Gott außer Mir, dem Allmächtigen, dem Höchsten.« Hütet euch, daß ihr euch nicht wie durch einen Schleier von dieser Sonne trennen laßt, die über dem Morgen des Willens eueres Herrn, des Allbarmherzigen, strahlt und alle, groß und klein, mit ihrem Licht umschließt. Reinigt eueren Blick, auf daß ihr mit eigenen Augen ihre Herrlichkeit wahrnehmt und nicht von der Sehkraft eines anderen als euch selbst abhängt; denn Gott hat niemals eine Seele über ihr Vermögen belastet. So ist es seit alters auf die Propheten und Boten herabgesandt und in allen Schriften verzeichnet.

Bemüht euch, o Volk, Zutritt zu gewinnen zu dieser weiten Unendlichkeit, für die Gott weder Anfang noch Ende bestimmte, in der Er Seine Stimme erhob und über welche die süßen Düfte der Heiligkeit und Herrlichkeit wehten. Legt nicht selbst das Gewand der Größe ab und laßt nicht zu, daß euer Herz des Gedenkens an eueren Herrn beraubt sei noch eure Ohren des Klanges Seiner wundersamen, Seiner erhabenen, allbezwingenden, klaren und ausdrucksvollen Stimme mit ihren süßen Melodien.

53

O Naṣír, o Mein Diener! Gott, die Ewige Wahrheit, ist Mein Zeuge. Der himmlische Jüngling hat an diesem Tage den herrlichen Kelch der Unsterblichkeit hoch über die Häupter der Menschen erhoben und steht erwartungsvoll vor Seinem Thron, um zu sehen, welches Auge Seine Herrlichkeit erkennt und welcher Arm sich ohne Zögern ausstreckt, diesen Kelch aus Seiner schneeweißen Hand zu ergreifen und zu leeren. Nur wenige haben bisher von dieser unvergleichlichen, sanft fließenden Gnade des Altehrwürdigen Königs getrunken. Sie nehmen die erhabensten Stätten des Paradieses ein und sitzen sicher auf den Thronen der Lehensgewalt. Bei der Gerechtigkeit Gottes! Weder die Spiegel Seiner Herrlichkeit noch die Offenbarer Seiner Namen noch irgend etwas Erschaffenes, gewesen oder künftig seiend, kann sie jemals überragen – gehörtet ihr doch zu denen, die diese Wahrheit begreifen.

O Naṣír! Die Vortrefflichkeit dieses Tages ist unendlich erhaben über das Verständnis der Menschen, wie weit ihr Wissen und wie tief ihr Verstand auch seien. Wieviel mehr aber muß sie die Vorstellungen derer überragen, die von ihrem Lichte abgeirrt und von ihrer Herrlichkeit ausgeschlossen sind! Würdest du den dichten Schleier zerreißen, der deinen Blick verdunkelt, du würdest eine Großmut schauen, der vom Anfang, der keinen Anfang hat, bis zum Ende, das kein Ende hat, nichts ähnelt oder gleichkommt. Welche Sprache sollte Er, das Sprachrohr Gottes, wohl wählen, damit jene, die wie durch einen Schleier von Ihm getrennt sind, Seine Herrlichkeit erkennen können? Die Rechtschaffenen, die Bewohner des Reiches der Höhe, sollen in Meinem Namen, der Allherrliche, vom Weine der Heiligkeit die Fülle trinken. Außer ihnen wird niemand solche Wohltaten genießen.

54

Bei der Gerechtigkeit Gottes, Meines Vielgeliebten! Ich habe niemals nach weltlicher Führerschaft gestrebt. Meine einzige Absicht war, den Menschen das weiterzureichen, was Mir Gott, der Gnadenvolle, der Unvergleichliche, zu übergeben befohlen hat, damit es sie von allem, was dieser Welt angehört, loslöse und solche Höhen erreichen lasse, wie sie weder der Gottlose sich ausdenken noch der Eigensinnige sich vorstellen kann.

55

Rufe dir jene Tage ins Gedächtnis zurück, o Land von Ṭá,[1] in denen dein Herr dich zum Sitz Seines Thrones gemacht und dich mit dem

---

1. Ṭihrán (Teheran)

Glanz Seiner Herrlichkeit umhüllt hat. Wie unermeßlich ist die Zahl jener geheiligten Wesen, jener Sinnbilder der Gewißheit, die in ihrer großen Liebe zu dir ihr Leben hingaben und alles um deinetwillen opferten! Freude sei dir und Glückseligkeit denen, die dich bewohnen! Ich bezeuge, daß von dir, wie jedes erkennende Herz weiß, der Lebenshauch dessen ausgeht, der das Verlangen der Welt ist. In dir ist der Unsichtbare offenbart worden; aus dir ist hervorgegangen, was den Augen der Menschen verborgen war. Wen aus der Menge der dich aufrichtig Liebenden, deren Blut innerhalb deiner Tore vergossen wurde, und deren Staub nun in deinem Boden verborgen ruht, sollen Wir ins Gedächtnis rufen? Die süßen Düfte Gottes wehten unaufhörlich über dich hin und werden ewig über dich wehen. Unsere Feder wird bewegt, deiner zu gedenken und die Opfer der Tyrannei zu rühmen, jene Männer und Frauen, die in deiner Erde ruhen.

2   Unter ihnen ist Unsere eigene Schwester, deren Wir nun gedenken, zum Zeichen Unserer Treue und zum Beweis Unserer Güte für sie. Wie traurig war ihre Lage! In welchem Zustand der Entsagung kehrte sie zu ihrem Gott zurück! Wir allein in Unserem allumfassenden Wissen haben es erkannt.

3   O Land von Ṭá! Durch die Gnade Gottes bist du noch immer ein Mittelpunkt, um den sich Seine Geliebten sammeln. Glücklich sind sie; glücklich ist jeder Flüchtling, der in seinem Leid auf dem Pfade zu Gott, dem Herrn dieses wundersamen Tages, Zuflucht bei dir sucht! Selig sind, die des einen, wahren Gottes gedenken, die Seinen Namen verherrlichen und mit Eifer Seiner Sache zu dienen suchen. Auf diese Menschen haben die heiligen Bücher von alters her hingewiesen. Sie hat der Herrscher der Gläubigen[1] mit

---

1. Imám ‘Alí-Ibn-i-Abí-Ṭálib, der Schwiegersohn Muḥammads

Lob überhäuft, als er sprach: »Die Seligkeit, die ihrer harrt, überragt die Seligkeit, deren wir uns jetzt erfreuen.« Er hat wahrlich die Wahrheit gesprochen, und Wir bezeugen dies heute. Die Herrlichkeit ihrer Stufe ist jedoch noch nicht enthüllt. Die Hand göttlicher Macht wird sicherlich den Schleier lüften und vor dem Blick der Menschen darlegen, was das Auge der Welt erfreuen und erleuchten wird.

Danket Gott, der Ewigen Wahrheit – gepriesen sei Seine Herrlichkeit –, daß ihr einer so wunderbaren Gunst teilhaftig und mit der Zier Seines Lobes geschmückt worden seid. Würdigt den Wert dieser Tage und haltet euch an das, was dieser Offenbarung ziemt. Er, wahrlich, ist der Ratgeber, der Erbarmende, der Allwissende.

56

Laß dich durch nichts betrüben, o Land von Ṭá[1], denn Gott hat dich auserkoren zum Quell der Freude für die ganze Menschheit. Er wird, so es Sein Wille ist, deinen Thron segnen mit einem, der mit Gerechtigkeit regieren und die Herde Gottes sammeln wird, die von Wölfen zerstreut ward. Ein solcher Herrscher wird mit Freude und Frohsinn sein Antlitz dem Volke Bahás zuwenden und ihm seine Gunst erweisen. Er gilt wahrlich in den Augen Gottes als Kleinod unter den Menschen. Auf ihm ruhe für immer die Herrlichkeit Gottes und die Herrlichkeit aller, die im Reiche Seiner Offenbarung wohnen.

Jauchze mit großer Freude, denn Gott hat dich zum »Tagesanbruch Seines Lichtes« gemacht, da in dir die Manifestation Seiner Herrlichkeit geboren ward. Freue dich dieses Namens, der dir verliehen ward, eines Namens, durch den die Sonne der Gnade ihren Glanz ergoß, durch den Erde und Himmel erleuchtet wurden.

---

1. Ṭihrán (Teheran)

3 Bald werden sich die Verhältnisse in dir ändern und die Zügel der Macht in die Hände des Volkes übergehen. Wahrlich, dein Herr ist der Allwissende. Seine Gewalt umfaßt alle Dinge. Sei der gnädigen Gunst deines Herrn gewiß. Das Auge Seiner Güte ist ewiglich auf dich gerichtet. Der Tag naht, da deine Erregung in Frieden und Ruhe verwandelt sein wird. So ist es verfügt in dem wundersamen Buche.

57

Wenn du vom Hofe Meiner Gegenwart geschieden bist, o Muḥammad, lenke deine Schritte nach Meinem Hause[1] und besuche es im Namen deines Herrn. Wenn du sein Tor erreichst, so bleibe davor stehen und sprich: Wohin ist die Altehrwürdige Schönheit gegangen, o größtes Haus Gottes, Er, durch den dich Gott zum Leitstern einer anbetenden Welt gemacht und zum Zeichen des Gedenkens für alle, die in den Himmeln und auf Erden sind, erklärt hat? Ach der früheren Tage, da du, o Haus Gottes, zu Seinem Schemel wurdest, der Tage, da die Melodie des Allbarmherzigen in endlosen Klangfolgen aus dir hervorströmte! Was wurde aus deinem Kleinod, dessen Glanz die ganze Schöpfung erleuchtet hat? Wohin sind die Tage entschwunden, da Er, der Altehrwürdige König, dich zum Throne Seiner Herrlichkeit gemacht, die Tage, da Er dich allein zur Lampe des Heils zwischen Erde und Himmel erwählt hat und dich früh am Morgen und zur Abendzeit die süßen Düfte des Allherrlichen verströmen ließ?

2 O Haus Gottes, wo ist die Sonne der Majestät und Macht, die dich mit dem Glanz Seiner Gegenwart umhüllte? Wo ist Er, der Tagesanbruch des gütigen Erbarmens deines Herrn, des Ungezwungenen, der Seinen Sitz in dei-

---

1. in Baghdád

nen Mauern errichtet hatte? Was ist es, o Thron Gottes, das dein Angesicht verwandelt hat und deine Grundpfeiler erzittern ließ? Was mag dein Tor vor denen verschlossen haben, die dich voll Eifer suchen? Was hat dich so öde werden lassen? Könnte dir erzählt worden sein, daß der Geliebte der Welt von den Schwertern Seiner Feinde verfolgt wird? Der Herr segne dich und segne deine Treue zu Ihm, weil du durch alle Seine Sorgen und Leiden hindurch Sein Gefährte geblieben bist.

Ich bezeuge, daß du der Schauplatz Seiner weltüberragenden Herrlichkeit, Seine heiligste Behausung bist. Aus dir ist der Odem des Allherrlichen hervorgegangen, ein Odem, der über alles Erschaffene weht und den Frommen, die in den Wohnstätten des Paradieses wohnen, die Brust mit Freude erfüllt. Die himmlischen Heerscharen und jene, die in den Städten der Namen Gottes wohnen, weinen über dich und beklagen, was dich befallen hat. 3

Noch immer bist du das Sinnbild der Namen und Eigenschaften des Allmächtigen, der Punkt, auf den die Augen des Herrn von Erde und Himmel gerichtet sind. Dir ist widerfahren, was der Arche widerfuhr, in der Gottes Unterpfand der Sicherheit wohnt. Wohl steht es um den, der den Sinn dieser Worte erfaßt und die Absicht dessen erkennt, der der Herr der ganzen Schöpfung ist. 4

Glücklich sind, die von dir die süßen Düfte des Barmherzigen atmen, die deine Erhöhung erkennen, deine Heiligkeit schützen und deinen hohen Rang allezeit ehren. Wir flehen zum Allmächtigen, er möge gnädig jenen die Augen öffnen, die sich von dir abwenden und deinen Wert nicht würdigen, damit sie dich und Ihn, der dich durch die Macht der Wahrheit hoch erhoben hat, wirklich erkennen. Blind sind sie in der Tat dir gegenüber, und völlig unwissend über dich an diesem Tage. Dein Herr ist wahrlich der Gnädige, der Vergebende. 5

6 Ich bezeuge, daß Gott durch dich die Herzen Seiner Diener prüft. Selig der Mensch, der seine Schritte zu dir lenkt und dich besucht. Wehe dem, der dein Recht leugnet, der sich von dir abkehrt, deinen Namen entehrt und deine Heiligkeit entweiht.

7 Gräme dich nicht, o Haus Gottes, wenn der Schleier deiner Heiligkeit von den Ungläubigen zerrissen wird. Gott hat dich in der Welt der Schöpfung mit dem Kleinod Seines Gedenkens geschmückt. Solchen Schmuck kann kein Mensch jemals entweihen. Auf dich werden die Augen deines Herrn unter allen Umständen gerichtet bleiben. Er wird wahrlich Sein Ohr dem Gebet eines jeden neigen, der dich besucht, dich umschreitet und Ihn in deinem Namen anruft. Er ist in Wahrheit der Vergebende, der Allbarmherzige.

8 Ich flehe zu Dir, o mein Gott, bei diesem Hause, das solchen Wandel bei seiner Trennung von Dir erlitten hat, das seine Ferne von Deiner Gegenwart beklagt und Deine Leiden beweint, vergib mir, meinen Eltern, meinen Verwandten und denen unter meinen Brüdern, die an Dich glauben. Gewähre, daß alle meine Bedürfnisse durch Deine Großmut befriedigt werden, o Du, der Du der König der Namen bist! Du bist der Großmütigste der Großmütigen, der Herr aller Welten.

58

Erinnere dich an das, was Mihdí, Unserem Diener, im ersten Jahr Unserer Verbannung nach dem Land des Geheimnisses[1] offenbart wurde. Ihm haben Wir vorausgesagt, was Unserem Hause[2] dereinst zustoßen wird, damit er sich über die Plünderung und die Gewalt, die diesem Hause schon angetan wurden, nicht

1. Adrianopel
2. in Baghdád

gräme. Wahrlich, der Herr, dein Gott, weiß alles, was in den Himmeln und auf Erden ist.

Wir haben ihm geschrieben: Dies ist nicht die erste Demütigung, die Meinem Hause widerfährt. In früheren Tagen hat es die Hand des Bedrückers mit Schmach überhäuft. Wahrlich, es wird in kommenden Tagen noch so erniedrigt werden, daß jedem scharfsichtigen Auge die Tränen entströmen. So enthüllen Wir dir, was hinter einem Schleier verborgen ist, unerforschlich für alle außer Gott, dem Allmächtigen, dem Allgepriesenen. Wenn die Zeit erfüllt ist, wird der Herr dieses Haus durch die Macht der Wahrheit vor den Augen aller Menschen erhöhen. Er wird es zum Richtmaß Seines Reiches machen, zum Schrein, den die Scharen der Gläubigen umkreisen. So hat der Herr, dein Gott, gesprochen, ehe der Tag der Wehklage kommt. Diese Verkündigung haben Wir dir auf Unserer heiligen Tafel gegeben, damit du dich nicht härmst über das, was die Übergriffe der Feinde Unserem Hause angetan haben. Aller Ruhm sei Gott, dem Allwissenden, dem Allweisen.

59

Jeder unbefangene Beobachter wird bereitwillig zugeben, daß dieser Unterdrückte seit der Morgendämmerung Seiner Offenbarung die ganze Menschheit aufgefordert hat, ihr Antlitz dem Tagesanbruch der Herrlichkeit zuzuwenden, und daß Er Verdebtheit, Haß, Unterdrückung und Bosheit untersagt hat. Und doch, siehe, was die Hand des Unterdrückers angerichtet hat! Keine Feder wagt es, seine Tyrannei zu schildern. Obwohl Er, die Ewige Wahrheit, zum Ziel hat, allen Menschen ewiges Leben zu verleihen und ihnen für Sicherheit und Frieden Gewähr zu bieten, sieh, wie sie sich erhoben, das Blut Seiner Geliebten zu vergießen, und wie sie das Todesurteil über Ihn fällten.

2 Obgleich die Anstifter dieser Unterdrückung solche Toren sind, gelten sie doch als die Weisesten der Weisen. So groß ist ihre Verblendung, daß sie mit unverhohlener Härte Ihn, für dessen Türhüter die ganze Welt erschaffen ist, in dieses hoch ummauerte, qualvolle Gefängnis geworfen haben. Der Allmächtige hat jedoch, ihnen und all denen zum Trotz, die die Wahrheit der »Großen Verkündigung«[1] verworfen haben, dieses Gefängnis[2] in das erhabenste Paradies, in den Himmel der Himmel verwandelt.

3 Irdische Wohltaten zur Linderung Unserer Leiden haben Wir nicht zurückgewiesen, jeder Unserer Gefährten wird Uns bezeugen, daß Unser heiliger Hof über solche irdischen Wohltaten geheiligt und hoch erhaben ist. Eingesperrt in dieses Gefängnis, haben Wir jedoch die Dinge angenommen, deren Uns die Ungläubigen berauben wollten. Wenn sich jemand in Unserem Namen ein Bauwerk aus reinem Gold oder Silber oder ein mit Edelsteinen von unschätzbarem Wert geschmücktes Haus errichten wollte, so würde diesem Wunsche zweifellos stattgegeben. Er, wahrlich, tut, was Er will, und Er bestimmt, was Ihm gefällt. Überdies ist jedem, der es wünscht, die Erlaubnis gegeben, überall in diesem Lande prächtige, eindrucksvolle Bauten zu errichten und die reichen, heiligen Gefilde am Jordan und in seiner Umgebung der Anbetung und dem Dienste des einen, wahren Gottes – gepriesen sei Seine Herrlichkeit – zu weihen, damit sich die von der Feder des Allerhöchsten in den heiligen Schriften verzeichneten Prophezeiungen erfüllen und offenkundig werde, was Gott, der Herr aller Welten, in dieser erhabensten, dieser heiligsten, dieser mächtigen und wundersamen Offenbarung beabsichtigt.

1. vgl. Qur'án 78:3
2. das »Größte Gefängnis« in 'Akká, in dem Bahá'u'lláh eingekerkert war

Einst haben Wir die Worte geäußert: Breite den Rock aus, o Jerusalem! Bewegt dies im Herzen, o Volk Bahás, und dankt eurem Herrn, dem Erklärer, dem Offenbarsten.

Würden die Geheimnisse enthüllt, die niemand kennt außer Gott, so würde die Menschheit die Beweise reinster, vollkommener Gerechtigkeit erkennen. Mit einer Gewißheit, die niemand bezweifeln könnte, würden sich alle Menschen an Seine Gebote halten und sie sorgsam befolgen. Wir haben in Unserem Buche wahrlich jedem, der sich vom Bösen abwendet und ein keusches, gottesfürchtiges Leben führt, reichen, stattlichen Lohn verheißen. Er ist in Wahrheit der Große Geber, der Allgütige.

60

Meine Gefangenschaft kann Mir keine Schande bringen. Nein, bei Meinem Leben, sie verleiht Mir Ruhm! Was Mich beschämen kann, ist das Verhalten jener Meiner Anhänger, die vorgeben, Mich zu lieben, doch in Wirklichkeit dem Bösen folgen. Sie gehören fürwahr zu den Verlorenen.

Als die festgesetzte Zeit für diese Offenbarung erfüllt war und Er, das Tagesgestirn der Welt, im ʻIráq erschien, gebot Er Seinen Anhängern, dem zu folgen, was sie von aller irdischen Befleckung heiligt. Einige folgten lieber den Trieben einer verderbten Neigung, während andere auf dem Pfade der Rechtschaffenheit und Wahrheit wandelten und rechtgeleitet wurden.

Sprich: Wer seinen weltlichen Wünschen folgt oder sein Herz an irdische Dinge hängt, soll nicht zum Volke Bahás zählen. Der ist Mein wahrer Jünger, der, käme er in ein Tal aus reinem Gold, geradewegs hindurchzöge, darüberschwebend wie eine Wolke, weder sich wendend noch rastend. Ein solcher Mensch gehört wahrlich zu Mir. Von seinem Gewande kann die Schar der Höhe den Duft der Heiligkeit atmen... Und wenn er der schönsten, anmutigsten Frau begegnete, fühlte er sein Herz auch nicht vom leisesten Schatten eines Verlangens nach ihrer Schönheit verführt. Ein solcher Mensch ist wirklich ein Geschöpf makelloser Keuschheit. Dies lehrt dich die Feder des Altehrwürdigen der Tage, wie es ihr geboten wurde von deinem Herrn, dem Allmächtigen, dem Allgütigen.

61 Die Welt liegt in Wehen, und ihre Erregung wächst von Tag zu Tag. Ihr Antlitz ist auf Eigensinn und Unglauben gerichtet. Ihr Zustand wird so werden, daß es nicht angemessen und schicklich wäre, ihn jetzt zu enthüllen. Lange wird ihre Verderbtheit währen. Und wenn die festgesetzte Stunde kommt, wird plötzlich erscheinen, was der Menschheit Glieder zittern macht. Dann und erst dann wird das göttliche Banner entfaltet, und die Nachtigall des Paradieses wird ihr Lied singen.

62 Halte dir Meine Schmerzenspein vor Augen, Meine Sorgen und Ängste, Meine Leiden und Prüfungen, die Schmach Meiner Gefangenschaft, die Tränen, die Ich vergoß, die Bitternis Meiner Qual und nun Meine Kerkerhaft in diesem fernen Land! Gott, o Muṣṭafá, ist Mein Zeuge! Könnte man dir berichten, was die Altehrwürdige Schönheit betroffen hat, du würdest in die Wüste fliehen und heiße Tränen vergießen. In deinem Kummer würdest du dir das Haupt schlagen und aufschreien, wie von der Natter gebissen. Sei Gott dankbar, daß Wir Uns weigern, dir die Geheimnisse jener unerforschlichen Ratschlüsse zu enthüllen, die vom Himmel des Willens deines Herrn, des Machtvollsten, des Allmächtigen, auf Uns herabgesandt worden sind!

Bei der Gerechtigkeit Gottes! Jeden Morgen, wenn Ich aufstand, fand Ich unzählige Trübsale in Scharen hinter Meiner Tür, und jede Nacht, wenn Ich Mich niederlegte, war Mein Herz in Qual zerrissen von dem, was es durch die teuflische Grausamkeit seiner Feinde erduldet hatte. An jedem Stück Brot, das die Altehrwürdige Schönheit bricht, haftet der Sturm einer neuen Heimsuchung, und in jeden Tropfen, den Er trinkt, ist die Bitternis der schmerzlichsten aller Prüfungen gemischt. Bei jedem Schritt, den Er geht, zieht Ihm ein Heer nie vorhergesehener Trübsale voraus, und Legionen lähmender Leiden folgen Seinem Fuße.

So ist Meine Lage, würdest du doch in deinem Herzen darüber nachsinnen! Dennoch, laß deine Seele nicht betrübt sein über das, was Gott auf Uns niedergesandt hat! Laß deinen Willen aufgehen in Seinem Wohlgefallen, denn Wir haben niemals etwas anderes gewünscht als Seinen Willen, und haben jeden Seiner unumstößlichen Ratschlüsse begrüßt. Fasse dein Herz in Geduld und sei nicht verzagt. Folge nicht dem Pfade derer, die tief beunruhigt sind.

63

O du, dessen Antlitz Mir zugewandt ist! Sobald deine Augen Meine Vaterstadt[1] von ferne erblicken, bleibe stehen und sprich: O Land von Ṭá! Ich komme aus dem Kerker zu dir mit einer Botschaft von Gott, dem Helfer in der Not, dem Selbstbestehenden. Ich künde dir, du Mutter der Welt, du Lichtquell für alle ihre Völker, die sanfte Gnade deines Herrn und grüße dich im Namen dessen, der die Ewige Wahrheit ist, der Wissende um das Ungeschaute. Ich bezeuge, daß in dir Er, der Verborgene Name, offenbart, der Verwahrte Schatz aufge-

---

1. Ṭihrán (Teheran)

deckt wurde. Durch dich ist das Geheimnis aller Dinge, der vergangenen wie der künftigen, enthüllt.

2   O Land von Ṭá! Er, der Herr der Namen, gedenkt deiner auf Seiner herrlichen Stufe. Du warst der Morgen der Sache Gottes, der Quell Seiner Offenbarung, die Verkündigung Seines Größten Namens – eines Namens, der Herzen und Seelen der Menschen erbeben läßt. Wie groß ist die Zahl jener Männer und Frauen, jener Opfer der Tyrannei, die in deinen Mauern ihr Leben auf dem Pfade Gottes hingegeben haben und so grausam in deinem Staube begraben wurden, daß jeder ehrenwerte Diener Gottes ihr bitteres Los beklagt.

64

Wir haben den Wunsch, des Hortes höchster Seligkeit, der heiligen, strahlenden Stadt[1] zu gedenken, der Stadt, darin der Duft des Vielgeliebten verströmt, Seine Zeichen verbreitet, die Beweise Seiner Herrlichkeit offenbart, Seine Banner gehißt, Seine Stiftshütte errichtet und jede Seiner weisen Verfügungen enthüllt worden sind.

2   Dies ist die Stadt, darin die süßen Düfte der Wiedervereinigung wehten und jene, die Gott aufrichtig lieben, Ihm nahen und in die Wohnstatt der Heiligkeit und Schönheit eintreten ließen. Selig der Wanderer, der seine Schritte zu dieser Stadt lenkt, Zutritt zu ihr findet und durch die strömende Gnade seines Herrn, des Gnadenvollen, des Allgepriesenen, den Wein der Wiedervereinigung trinkt!

3   Zu dir, o Land der Herzenssehnsucht, bin ich mit einer Botschaft von Gott gekommen. Dir künde ich Seine gnadenvolle Huld und Gunst, dich grüße und preise ich in Seinem Namen. Er ist wahrlich voll unendlicher Freigebigkeit

---

1. Ṭihrán (Teheran)

und Güte. Selig der Mensch, der dir sein Antlitz zuwendet und an dir den Duft der Gegenwart Gottes, des Herrn aller Welten, verspürt! Seine Herrlichkeit sei mit dir und der Glanz Seines Lichtes umstrahle dich, denn Gott hat dich zu einem Paradies für Seine Diener gemacht und dich zu dem gesegneten, heiligen Land erklärt, das Er in den Büchern erwähnte, die Seine Propheten und Boten offenbart haben.

In dir, o Land der widerstrahlenden Herrlichkeit, ist das Banner »Es ist kein Gott außer Ihm«[1] entfaltet und die Standarte »wahrlich, Ich bin die Wahrheit, der Wissende um das Ungeschaute« gehißt. Es geziemt jedem, der dich besucht, über dich zu frohlocken und über jene, die in dir wohnen, die Meinem Stamm entsprossen und seine Blätter sind, Zeichen Meiner Herrlichkeit, die Mir folgen, Mich lieben und mit machtvollster Entschlossenheit ihr Angesicht Meiner herrlichen Stufe zuwenden.

65

Erinnere Dich Deiner Ankunft in derStadt,[2] wie die Minister des Sulṭáns glaubten, ihre Gesetze und Vorschriften seien Dir unbekannt, wie sie Dich für einen der Unwissenden hielten. Sprich: Ja, bei Meinem Herrn! Unwissend bin Ich in allem außer in dem, worin es Gott in Seiner gütigen Huld gefiel, Mich zu lehren. Dies bezeugen Wir mit Gewißheit und bekennen es ohne Zögern.

Sprich: Wenn die Gesetze und Vorschriften, an denen ihr hängt, von euch selber stammen, werden Wir sie keineswegs befolgen. So wurde Ich von Ihm, dem Allweisen, dem Allwissenden, unterwiesen. Solches war Mein Weg in

---

1. vgl. Qur'án 2:164, 255, 6:103, 107, 4:88, 3:19, 9:31, 129, 7:159 etc.
2. Konstantinopel

der Vergangenheit und wird es durch die Kraft und Macht Gottes auch in Zukunft bleiben. Dies ist in der Tat der wahre, der rechte Weg. Stammen sie aber von Gott, so bringt euere Beweise vor, wenn ihr zu jenen gehört, die die Wahrheit sprechen. Sprich: Wir haben in einem Buche, das keines Menschen Werk unerwähnt läßt, wie unbedeutend es auch sei, alles aufgezeichnet, was sie Dir zugeschrieben, und alles, was sie Dir angetan.

3   Sprich: Es geziemt euch, o Minister des Staates, die Gebote Gottes zu halten, auf eure eigenen Gesetze und Vorschriften zu verzichten und zu den Rechtgeleiteten zu gehören. Dies ist für euch besser als alles, was ihr besitzt, wenn ihr es nur wüßtet! So ihr das Gebot Gottes übertretet, wird kein Jota, kein Deut euerer Werke in Seinen Augen annehmbar sein. Ihr werdet in kurzem die Folgen dessen entdecken, was ihr in diesem nichtigen Leben tut, und es wird euch dafür vergolten werden, Dies ist wahrlich die Wahrheit, die unbezweifelbare Wahrheit.

4   Wie groß ist die Zahl derer, die in vergangenen Zeiten dasselbe wie ihr getan haben, und die, auch wenn sie im Rang über euch standen, schließlich zum Staube zurückgekehrt und ihrem unausweichlichen Verderben anheimgefallen sind! Wenn ihr doch die Sache Gottes in euerem Herzen bedächtet! Ihr werdet ihren Spuren folgen und eine Wohnstatt zu betreten haben, wo niemand sich findet, der euch begünstigt oder euch hilft. Ihr werdet wahrlich um euer Tun befragt werden, werdet zur Rechenschaft gezogen, da ihr euere Pflichten gegenüber der Sache Gottes versäumt und Seine Geliebten verächtlich zurückgewiesen habt, als sie mit offenkundiger Aufrichtigkeit zu euch kamen.

5   Ihr seid es, die gemeinsam über sie beraten haben, ihr, die ihr lieber den Lockungen euerer eigenen Neigungen gefolgt seid und den Befehl Gottes, des Helfers in der Not, des Allmächtigen, unbeachtet ließet.

Sprich: Wie? Haltet ihr euch an euere eigenen Einfälle und schlagt die Gebote Gottes in den Wind? In der Tat, ihr mißhandelt euch selbst und andere. Könntet ihr es doch erkennen! Sprich: Wenn euere Regeln und Grundsätze auf Gerechtigkeit beruhen, warum folgt ihr dann denen, die mit eueren verderbten Neigungen übereinstimmen, und lehnt jene ab, die eueren Begierden widerstreiten? Mit welchem Recht behauptet ihr denn, gerecht zwischen den Menschen zu richten? Sind euere Regeln und Grundsätze solcher Art, daß sie es rechtfertigen, wenn ihr Ihn verfolgt, der sich auf euer Geheiß bei euch einfand, wenn ihr Ihn zurückweist und Ihm täglich schmähliches Unrecht zufügt? Hat Er euch jemals auch nur einen kurzen Augenblick lang den Gehorsam verweigert? Alle Bewohner des 'Iráq und darüber hinaus alle verständigen Beobachter werden die Wahrheit Meiner Worte bezeugen. Seid gerecht in euerem Urteil, o ihr Staatsminister! Was haben Wir getan, das Unsere Verbannung rechtfertigen könnte? Welches ist der Gesetzesverstoß, der zu Unserer Ausweisung ermächtigt hätte? Wir haben euch aufgesucht, und dennoch, seht, wie ihr euch geweigert habt, Uns zu empfangen! Bei Gott, es ist ein schweres Unrecht, das ihr begangen habt, ein Unrecht, mit dem sich kein irdisches Unrecht messen kann. Dies bezeugt der Allmächtige selbst...

Wißt, daß die Welt mit ihrem Tand und Gepränge vergehen wird. Nichts ist von Dauer außer dem Reich Gottes, das keinem gehört außer Ihm, dem souveränen Herrn über alle, dem Helfer in der Not, dem Allherrlichen, dem Allmächtigen. Die Tage eueres Lebens werden ablaufen, und alles, womit ihr euch befaßt und dessen ihr euch rühmt, wird vergehen, und eine Schar Seiner Engel wird euch ganz gewiß zu Gericht laden an den Ort, wo der ganzen Schöpfung die Glieder erbeben, wo es jeden Bedrücker eiskalt überläuft. Man wird euch befragen, was euere Hände in diesem euerem nichtigen Leben gewirkt haben, und euere Taten werden euch vergolten werden. Dies ist der Tag, der unvermeidlich über euch kommen wird, die Stunde, die keiner aufschieben kann. So bezeugt es die Zunge dessen, der die Wahrheit spricht, des Wissenden um alle Dinge.

66 Fürchtet Gott, ihr Bewohner der Stadt,[1] und sät nicht die Saaten der Zwietracht unter den Menschen. Wandelt nicht auf den Pfaden des Bösen. Wandelt während der wenigen verbleibenden Tage eueres Lebens auf den Wegen des einen, wahren Gottes. Euere Tage werden dahinschwinden wie die Tage derer, die vor euch lebten. Zum Staube werdet ihr zurückkehren, wie euere Vorväter zum Staube zurückgekehrt sind.

2 Wißt, daß Ich keinen fürchte außer Gott. Nur auf Ihn setze Ich Mein Vertrauen, nur zu Ihm will ich halten und nur wünschen, was Er für Mich wünscht. Dies ist fürwahr Meines Herzens Sehnsucht, wenn ihr es doch wüßtet. Gott, dem Herrn aller Welten, habe Ich Leib und Seele zum Opfer dargebracht. Wer Gott erkennt, soll keinen erkennen außer Ihm, und wer Gott fürchtet, soll keinen außer Ihm fürchten, selbst wenn alle Mächte der Erde aufstehen und gegen ihn auftreten. Ich spreche nur auf Sein Geheiß und folge durch die Kraft Gottes und Seine Macht nur Seiner Wahrheit, Er wird wahrlich die Wahrhaftigen belohnen.

3 Berichte, o Diener, was Du bei Deiner Ankunft in der Stadt gesehen, damit Dein Zeugnis den Menschen bleibe und denen, die glauben, zur Warnung diene. Bei Unserer Ankunft in der Stadt kamen Uns ihre Regenten und Würdenträger vor wie Kinder, die beieinander sitzen und mit

1. Konstantinopel

Lehm spielen. Keinen fanden Wir erwachsen genug, von Uns die Wahrheiten anzunehmen, die Gott Uns gelehrt hat, noch reif genug für Unsere wunderbaren Worte der Weisheit. Unser inneres Auge weinte bitterlich über sie, über ihre Vergehen und ihre völlige Mißachtung all dessen, wozu sie erschaffen sind. Das haben Wir in jener Stadt beobachtet, und Wir beschlossen, es in Unserem Buche aufzuzeichnen, damit es ihnen und der übrigen Menschheit zur Warnung diene.

Sprich: Wenn ihr nach diesem Leben und seinen Nichtigkeiten trachtet, hättet ihr sie suchen sollen, als ihr noch im Leib euerer Mutter eingeschlossen wart, denn damals kamt ihr diesen Dingen immer näher, könntet ihr es doch erkennen. Andererseits habt ihr euch, seit ihr geboren wurdet und zur Reife kamt, immer weiter von der Welt entfernt und dem Staube genähert. Warum legt ihr dann solche Raffgier nach den Schätzen der Erde an den Tag, wo doch euere Tage gezählt und euere Gelegenheiten bald vertan sind? Wollt ihr denn nicht den Schlaf abschütteln, ihr Achtlosen?

Neigt euer Ohr den Ratschlägen, die dieser Diener euch um Gottes willen gibt. Wahrlich, Er heischt keinen Lohn von euch; Er begnügt sich mit dem, was Gott Ihm bestimmt hat, und ist dem Willen Gottes ganz ergeben.

Die Tage eueres Lebens sind fast dahin, o Volk, und rasch naht euer Ende. Legt darum ab, was ihr ersonnen und woran ihr hängt, und haltet euch fest an die Gebote Gottes, damit ihr das erlangt, was Er euch bestimmt hat, und zu denen gehört, die den rechten Weg gehen. Ergötzt euch nicht an den Dingen der Welt und ihrem eitlen Tand, noch setzt darauf euere Hoffnungen. Laßt euer Vertrauen im Gedenken Gottes ruhen, des Höchsterhabenen, des Größten. Bald wird Er all eueren Besitz vergehen lassen. Fürchtet Ihn, vergeßt nicht Seinen Bund mit euch und gehört nicht zu denen, die wie durch einen Schleier von Ihm getrennt sind.

7 Hütet euch, daß ihr euch nicht in Stolz aufbläht vor Gott und Seine Geliebten verächtlich zurückweiset. Beugt euch in Demut vor den Getreuen, vor denen, die an Gott und Seine Zeichen geglaubt haben, deren Herz Seine Einheit bezeugt, deren Zunge Seine Einzigkeit verkündet, und die nicht reden, es sei denn mit Seiner Erlaubnis. So ermahnen Wir euch mit Gerechtigkeit und warnen euch mit Wahrheit, damit ihr vielleicht erweckt werdet.

8 Bürdet keiner Seele eine Last auf, die ihr selber nicht tragen wollt, und wünscht niemandem, was ihr euch selbst nicht wünscht. Dies ist Mein bester Rat für euch, wolltet ihr ihn doch beherzigen.

9 Achtet die Geistlichen und Gelehrten unter euch, deren Lebenswandel mit ihren Bekenntnissen übereinstimmt, die die Grenzen, die Gott gesetzt hat, nicht überschreiten und deren Urteil mit Seinem Geheiß, wie es in Seinem Buch offenbart ist, übereinstimmt. Wißt, daß sie die Lampe der Führung sind für alle, die in den Himmeln und auf Erden wohnen. Wer die Geistlichen und Gelehrten, die mit ihm leben, mißachtet und geringschätzt, hat wahrlich die Gunst, mit der Gott ihn gesegnet hat, verwirkt.

10 Sprich: Wartet, bis Gott Seine Gunst für euch verändert haben wird. Nichts entgeht Ihm. Er kennt die Geheimnisse der Himmel und der Erde. Sein Wissen umfaßt alle Dinge. Frohlockt nicht über das, was ihr getan habt oder noch tun werdet, und weidet euch nicht an der Trübsal, mit der ihr Uns heimgesucht habt, denn damit könnt ihr euere Stufe nicht erhöhen, wolltet ihr doch euere Werke mit scharfem Unterscheidungsvermögen prüfen. Ihr werdet auch nicht fähig sein, Unseren Rang in seiner Erhabenheit zu schmälern. Nein, Gott wird Uns den Lohn erhöhen, mit dem Er Uns vergelten wird, daß Wir Unsere Heimsuchungen mit

unerschütterlicher Geduld ertragen haben. Wahrlich, Er wird den Lohn derer erhöhen, die in Geduld ausharren.

Wisset, daß Prüfungen und Heimsuchungen seit undenklichen Zeiten das Los der Erwählten Gottes und Seiner Geliebten und jener Seiner Diener waren, die von allem außer Ihm losgelöst sind, die weder Handel noch Wandel vom Gedenken an den Allmächtigen ablenkt, die nicht sprechen, ehe Er gesprochen hat, und nach Seinem Gebote handeln. So ist es Gottes Weg und Wirken von jeher gewesen, und so wird es auch in Zukunft bleiben. Selig ist, wer standhaft ausharrt, wer in Krankheit und Not geduldig bleibt, wer nicht darüber klagt, was ihn befällt, wer auf dem Pfade der Ergebung wandelt...

Es naht der Tag, da Gott ein Volk erweckt, das sich Unserer Tage erinnert. Es wird die Geschichte Unserer Heimsuchungen erzählen und die Wiederherstellung Unserer Rechte von denen fordern, die Uns ohne den geringsten Beweis offenkundiges Unrecht angetan haben. Gott herrscht unzweifelhaft über das Leben derer, die Uns Schaden zufügten, und Er weiß wohl um ihre Taten. Er wird gewiß um ihrer Sünden willen Hand an sie legen. Er ist wahrlich der grimmigste der Rächer.

So haben Wir euch die Kunde des einen, wahren Gottes berichtet und auf euch herniedergesandt, was Er vorherbestimmt hat, damit ihr Ihn um Vergebung bittet, zu Ihm zurückkehrt, aufrichtig bereut, euere Missetaten erkennt, euren Schlaf abschüttelt, aus euerer Achtlosigkeit auffahrt, für das büßt, was euch entgangen ist, und zu denen gehört, die Gutes tun. Wer will, der mag die Wahrheit Meiner Worte anerkennen, und wer nicht will, der möge sich abkehren. Meine einzige Pflicht ist, euch zu erinnern, wie pflichtvergessen ihr gegen die Sache Gottes wart, so ihr vielleicht zu denen gehört, die Meine Warnung beachten. Darum hört auf Meine Rede, kehrt zu Gott zurück und bereut, damit Er in Seiner Gnade Erbarmen mit euch habe, euere Sünden hinwegwasche und euere Übertretungen vergebe. Die Größe Seines Erbarmens übertrifft den Grimm Seines Zornes, und Seine Gnade umfaßt alle, die ins Dasein gerufen und mit dem Gewande des Lebens bekleidet sind, Vergangene wie Künftige.

67

In dieser Offenbarung ist erschienen, was nie zuvor erschienen ist. Die Ungläubigen, die miterlebten, was offenbart worden ist, murren und sagen: »Wahrlich, das ist ein Zauberer, der sich eine Lüge gegen Gott ausgedacht hat.« Sie sind in der Tat ein verworfenes Volk.

2   Berichte den Völkern, o Feder des Altehrwürdigen der Tage, was im 'Iráq geschehen ist. Berichte ihnen von dem Boten, den die Versammlung der Geistlichen jenes Landes ausgewählt und zu Uns geschickt hatte, und dem Wir, als er in Unsere Gegenwart kam und Uns über bestimmte Wissenschaften befragte, Antwort gaben kraft des Wissens, das Wir angeboren besitzen. Dein Herr ist wahrlich der Wissende um das Ungeschaute. »Wir bezeugen«, sagte der Bote, »daß dem Wissen, das Du besitzest, nichts gleichkommen kann. Dennoch reicht solches Wissen nicht aus, die erhabene Stufe zu rechtfertigen, die das Volk Dir zuschreibt. Wenn Du die Wahrheit sprichst, so vollbringe etwas, was die Völker der Erde mit vereinten Kräften nicht vollbringen können.« So wurde es unwiderruflich verfügt am Hofe der Gegenwart deines Herrn, des Allherrlichen, des Liebenden.

3   »Bezeuge! Was siehst du?« Der Bote war verblüfft, und als er zu sich kam, sagte er: »Ich glaube wahrlich an Gott, den Allherrlichen, den Allgepriesenen.« »Geh nun zu dem Volk und sage: ›Fragt, was immer ihr wollt. Mächtig ist

Er, zu tun, was Er will, Nichts, vergangen oder künftig, kann Seinen Willen durchkreuzen.‹ Sprich: ›O Versammlung der Geistlichen! Wählt irgend etwas aus, was euch beliebt, und bittet eueren Herrn, den Gott des Erbarmens, daß Er es euch offenbare. Wenn Er kraft Seiner Oberherrschaft eueren Wunsch erfüllt, dann glaubt an Ihn und gehört nicht zu denen, die Seine Wahrheit verwerfen.‹«
»Der Morgen des Verstehens ist angebrochen«, sagte der Bote, »und das Zeugnis des Allbarmherzigen ist erbracht.« Er stand auf und kehrte zu denen zurück, die ihn gesandt hatten, nach dem Befehl Gottes, des Allherrlichen, des Vielgeliebten.

Die Tage vergingen, und er kam nicht zu Uns zurück. Schließlich kam ein anderer Bote, der Uns meldete, jene Leute hätten ihre ursprüngliche Absicht aufgegeben. Sie sind in der Tat ein verächtliches Volk. Solches geschah im 'Iráq, und Ich selbst bin Zeuge dessen, was Ich offenbare. Dieses Geschehnis wurde weithin bekannt, und dennoch fand sich keiner, der seine Bedeutung verstanden hätte. So haben Wir es gefügt. Könntet ihr es doch erkennen!

Bei Meinem Selbst! Wer immer Uns in vergangenen Zeitaltern bat, die Zeichen Gottes darzutun, der hat, sobald Wir sie ihm offenbarten, Gottes Wahrheit zurückgewiesen. Das Volk jedoch blieb zum größten Teil achtlos. Jene, deren Augen vom Licht des Verstehens erleuchtet sind, werden die süßen Düfte des Allbarmherzigen verspüren und Seine Wahrheit annehmen. Diese sind die wahrhaft Aufrichtigen.

68 O du, der du die Frucht und das Blatt Meines Baumes bist! Auf dir ruhe Meine Herrlichkeit und Mein Erbarmen. Dein Herz gräme sich nicht um das, was dich befallen hat. Prüftest du das Buch des Lebens Seite für Seite, du würdest gewiß entdecken, was dein Leid zerstreute und deine Qual hinwegnähme.

2   Wisse, o Frucht Meines Baumes, daß des Höchsten Verordners Ratschlüsse über Schicksal und Vorherbestimmung von zweierlei Art sind. Beide müssen befolgt und angenommen werden. Die eine Art ist unabänderlich, die andere, wie die Menschen sagen, in der Schwebe. Den Ratschlüssen der ersten Art müssen sich alle vorbehaltlos unterwerfen, da sie festgesetzt und abgemacht sind. Gott kann sie zwar abändern und widerrufen. Weil der Schaden einer solchen Veränderung jedoch größer wäre, als wenn der Ratschluß unverändert bliebe, sollten sich alle willig in das fügen, was Gott gewollt hat, und sich vertrauensvoll damit abfinden.

3   Ein Ratschluß in der Schwebe jedoch ist von solcher Art, daß Gebet und Fürbitten ihn abwenden können.

4   Gott gebe, daß du, der du die Frucht Meines Baumes bist, und jene, die dir verbunden sind, vor seinen bösen Folgen bewahrt bleiben.

5   Sprich: O Gott, mein Gott! Du hast mir ein Pfand von Dir anvertraut, und nach dem Wohlgefallen Deines Willens hast Du es nun zu Dir zurückgerufen. Es steht mir, Deiner Magd, nicht zu, zu fragen, weshalb mich das traf oder wozu es geschah, denn Du wirst verherrlicht in allen Deinen Taten, und Dir muß gehorcht werden in Deinem Ratschluß. Deine Magd, o mein Herr, hat ihre Hoffnungen auf Deine Gnade und Großmut gesetzt. Gewähre ihr, das zu erreichen, was sie Dir nahe bringt, und was ihr in jeder Deiner Welten zuträglich ist. Du bist der Vergebende, der Allgütige. Es ist kein Gott außer Dir, dem Verordner, dem Altehrwürdigen der Tage.

6   Verleihe, o Herr, mein Gott, Deine Segnungen denen, die den Wein Deiner Liebe vor den Augen der Menschen getrunken haben, die ungeachtet Deiner Feinde Deine Ein-

heit anerkannt, Deine Einzigkeit bezeugt und ihren Glauben an das bekannt haben, was den Bedrückern unter Deinen Geschöpfen die Glieder beben machte und die Stolzen auf Erden am ganzen Leibe zittern ließ. Ich bezeuge, daß Deine Oberherrschaft nie vergehen und Dein Wille nie geändert werden kann. Verordne für die, welche ihr Antlitz Dir zugewandt haben, und für Deine Mägde, die sich fest an Dein Seil halten, was dem Meere Deiner Güte und dem Himmel Deiner Gnade entspricht.

Du bist Der, o Gott, der sich zum Herrn des Reichtums erklärt und alle, die Ihm dienen, als arm und bedürftig bezeichnet hat, wie Du geschrieben hast: »O ihr, die ihr glaubt! Ihr seid nur Arme, die Gottes bedürfen, Gott aber ist der Allbesitzende, der Allgepriesene.« Da ich meine Armut bekannt und Deinen Reichtum anerkannt habe, lasse mich nicht der Herrlichkeit Deiner Schätze beraubt sein. Du bist wahrlich der höchste Beschützer, der Allwissende, der Allweise.

69

Erinnere dich, wie sich Ashrafs Mutter verhielt, deren Sohn im Lande Zá[1] sein Leben hingab. Er weilt gewiß an der Stätte der Wahrheit, in der Gegenwart dessen, der der Machtvollste ist, der Allmächtige.

Als die Ungläubigen ihn zu Unrecht zu töten beschlossen, ließen sie seine Mutter kommen, damit sie ihn warne und dazu bringe, seinen Glauben zu widerrufen und den Fußstapfen derer zu folgen, die die Wahrheit Gottes, des Herrn aller Welten, verworfen haben.

Kaum hatte sie das Antlitz ihres Sohnes erblickt, da sprach sie solche Worte zu ihm, daß die Gottesfreunde und darüber hinaus die himmlischen Heerscharen im Herzen

---

1. Zanján

laut aufschrien, von heftigem Gram gequält. Wahrlich, dein Herr weiß, was Meine Zunge spricht, Er selbst bezeugt Meine Worte.

4 Und zu ihm gewandt, sprach sie: »Mein Sohn, mein geliebter Sohn! Säume nicht, dich auf dem Pfade deines Herrn zu opfern. Hüte dich, deinen Glauben an Ihn zu verraten, vor dessen Angesicht sich alle in den Himmeln und auf Erden in Anbetung beugen. Geh geradeaus, o mein Sohn, und bleibe standhaft auf dem Pfade des Herrn, deines Gottes! Eile, in die Gegenwart des Vielgeliebten aller Welten zu gelangen.«

5 Auf ihr seien Meine Segnungen, Meine Gnade, Mein Lobpreis und Meine Herrlichkeit! Ich selbst werde den Verlust ihres Sohnes sühnen – eines Sohnes, der nun im Heiligtum Meiner Majestät und Herrlichkeit wohnt, und dessen Antlitz in solchem Lichte strahlt, daß sein Glanz die Himmelsdienerinnen in ihren himmlischen Gemächern und darüber hinaus die Gefährten Meines Paradieses und die Bewohner der Städte der Heiligkeit umhüllt. Wer in sein Angesicht zu blicken vermöchte, würde ausrufen: »Seht, dies kann nur ein erhabener Engel sein!«

70

Die Welt ist aus dem Gleichgewicht geraten durch die Schwungkraft dieser größten, dieser neuen Weltordnung. Die Lebensordnung der Menschheit ist aufgewühlt durch das Wirken dieses einzigartigen, dieses wundersamen Systems, desgleichen kein sterbliches Auge je gesehen hat.

Versenkt euch in das Meer Meiner Worte, damit ihr seine Geheimnisse ergründet und alle Perlen der Weisheit entdeckt, die in seinen Tiefen verborgen liegen. Habt acht, daß ihr nicht zaudert bei eurem Entschluß, die Wahrheit dieser Sache anzunehmen – einer Sache, durch welche Gott die Wirkkraft Seiner Macht offenbart und Seine Souveränität errichtet hat. Eilt freudestrahlenden Angesichts hin zu Ihm! Dies ist Gottes unveränderlicher Glaube, ewig in der Vergangenheit, ewig in der Zukunft. Laßt den, der sucht, zu ihm gelangen! Was aber den betrifft, der ihn zu suchen verschmäht – wahrlich, Gott ist der Selbstgenügende und bedarf Seiner Geschöpfe nicht.

Sprich: Dies ist die unfehlbare Waage, die Gott in Händen hält. Auf ihr werden alle in den Himmeln und auf Erden gewogen, und ihr Schicksal wird danach bestimmt – gehörtet ihr doch zu denen, die an diese Wahrheit glauben und sie anerkennen! Sprich: Sie ist das Größte Zeugnis, durch welches die Gültigkeit eines jeden Beweises für alle Zeiten begründet ward, seid dessen versichert. Sprich: Sie bereichert die Armen, erleuchtet die Gebildeten und befähigt die Sucher, zur Gegenwart Gottes aufzusteigen. Habt acht, daß ihr sie nicht zum Anlaß nehmt für Zwietracht unter euch. Steht so unverrückbar fest wie ein Berg in der Sache eures Herrn, des Mächtigen, des Liebenden!

71 Seid nicht verzagt, o Völker der Welt, wenn die Sonne Meiner Schönheit untergegangen und der Himmel Meines Heiligtums vor euren Augen verhüllt sein wird. Erhebt euch, um Meine Sache weiterzutragen und Mein Wort unter den Menschen zu erhöhen. Wir sind immer mit euch und werden euch durch die Macht der Wahrheit stärken. Wir sind wahrhaft allmächtig. Wer Mich erkannt hat, wird aufstehen und Mir mit solcher Entschlossenheit dienen, daß die Mächte von Erde und Himmel sein Vorhaben nicht vereiteln können.

2 Die Völker der Welt schlafen tief. Erwachten sie aus ihrem Schlaf, so eilten sie voll Eifer zu Gott, dem Allwissenden, dem Allweisen. Sie gäben auf, was sie besitzen, und wären es alle Schätze der Erde, damit ihr Herr ihrer gedenke und sie eines einzigen Wortes würdige. So unterrichtet euch Er, der das Wissen um das Verborgene auf einer Tafel hält, die das Auge der Schöpfung nie sah, und die niemandem außer Seinem eigenen Selbst, dem allmächtigen Schirmherrn aller Welten, enthüllt wurde. So verwirrt sind sie im Rausch ihrer Begierden, daß sie außerstande sind, den Herrn allen Seins zu erkennen, dessen Stimme laut von allen Seiten ruft: »Es ist kein Gott außer Mir, dem Mächtigen, dem Allweisen.«

3 Sprich: Freut euch nicht dessen, was ihr besitzt. Heute nacht ist es noch euer, morgen werden andere es besitzen. So warnt euch der Allwissende, der Allunterrichtete. Sprich: Könnt ihr behaupten, euer Besitz sei dauerhaft oder sicher? Nein, bei Mir, dem Allbarmherzigen, ihr könnt es nicht, so ihr zu denen gehört, die gerecht urteilen! Die Tage eures Lebens verfliegen wie ein Windhauch, und all eure Pracht und Herrlichkeit wird vergehen wie die Pracht und Herrlichkeit derer, die vor euch waren. Bedenket, o Menschen! Was ist aus euren vergangenen Tagen geworden, was aus euren verlorenen Jahrhunderten? Glücklich die

Tage, die dem Gedenken Gottes gewidmet waren, und selig die Stunden, die in Seinem, des Allweisen, Lobpreis verbracht wurden. Bei Meinem Leben! Weder die Pracht der Mächtigen noch der Überfluß der Reichen oder gar die Vorherrschaft der Frevler werden von Dauer sein. Alles wird vergehen auf ein Wort von Ihm. Wahrlich, Er ist der Allmachtvolle, der Allbezwingende, der Allmächtige. Welcher Nutzen liegt in der Menschen irdischem Besitz? Was ihnen Gewinn bringt, haben sie völlig vernachlässigt. Bald werden sie aus ihrem Schlaf erwachen und erkennen, daß für sie unwiederbringlich ist, was ihnen in den Tagen ihres Herrn, des Allmächtigen, des Allgepriesenen, entgangen ist. Wenn sie es wüßten, entsagten sie allem, damit ihre Namen vor Seinem Thron genannt werden. Sie zählen wahrlich zu den Toten.

72

Eure Herzen seien nicht verstört, o Menschen, wenn die Herrlichkeit Meiner Gegenwart euren Augen entschwunden und das Meer Meiner Rede verebbt sein wird. In Meiner Gegenwart unter euch liegt eine Weisheit, und in Meiner Abwesenheit liegt eine andere, unergründlich für alle außer Gott, dem Unvergleichlichen, dem Allwissenden. Wahrlich, von Unserem Reiche der Herrlichkeit aus schauen Wir auf euch und werden jedem, der sich für den Triumph Unserer Sache erhebt, mit den himmlischen Heerscharen und einer Schar Unserer begünstigten Engel beistehen.

O Völker der Erde! Gott, die Ewige Wahrheit, ist Mein Zeuge, daß die Süße der Worte eures Herrn, des Unbeschränkten, Ströme frischen, sanftfließenden Wassers aus den Felsen quellen ließ, und doch schlaft ihr noch immer. Gebt auf, was ihr besitzet, und erhebt euch auf den Schwingen der Loslösung über alles Erschaffene. So gebietet euch der Herr der Schöpfung, der durch die Bewegung Seiner Feder der Menschheit Seele verwandelt.

3   Wißt ihr, aus welchen Höhen euer Herr, der Allherrliche, ruft? Glaubt ihr, die Feder erkannt zu haben, mit der euer Herr, der Herr aller Namen, euch gebietet? Nein, bei Meinem Leben! Wüßtet ihr es, so würdet ihr der Welt entsagen und mit ganzem Herzen in die Gegenwart des Vielgeliebten eilen. Ihr wäret von Seinem Wort verzückt, fähig, die Größere Welt in Erregung zu versetzen, wieviel mehr diese kleine, geringe! So sind die Regenschauer Meiner Großmut vom Himmel Meiner Güte herabgeströmt als ein Zeichen Meiner Gnade, damit ihr zu den Dankbaren gehört...

4   Habt acht, daß nicht Fleischeslust und böse Neigung Zwietracht unter euch stiften. Seid wie die Finger einer Hand, die Glieder eines Leibes. So rät euch die Feder der Offenbarung, so ihr zu jenen gehöret, die glauben.

5   Denkt nach über Gottes Barmherzigkeit und Seine Gaben. Er gebietet euch, was euch nützt, obgleich Er selbst alle Geschöpfe wohl entbehren kann. Eure bösen Taten können Uns niemals schaden noch eure guten Werke Uns nützen. Allein um Gottes willen ergeht Unsere Weisung. Jeder Verständige und Einsichtige wird dies bezeugen.

73

Es ist klar und einleuchtend: Wenn die hüllenden Schleier um die Wirklichkeiten der Offenbarungen der Namen und Eigenschaften Gottes, ja alles Erschaffenen, sichtbar und unsichtbar, zerrissen worden sind, wird nichts bleiben als das Zeichen Gottes, – ein Zeichen, das Er selbst in diese Wirklichkeiten gelegt hat. Dieses Zeichen wird so lange bestehen, wie es der Herr, dein Gott, Herr der Himmel und der Erde, wünscht. Wenn die Segnungen, die allem Erschaffenen zuteil wurden, so groß sind, wie hoch überlegen muß da das Schicksal des wahren Gläubigen sein, dessen Sein und Leben als ursächlicher Zweck aller Schöpfung anzusehen ist. Wie der Begriff des Glaubens seit dem Anfang, der keinen Anfang hat, bestand und bis zum Ende, das kein Ende hat, dauern wird, so wird der wahre Gläubige gleichfalls ewig leben und bestehen. Sein Geist wird ewiglich den Willen Gottes umkreisen. Er wird so lange bestehen, wie Gott selbst bestehen wird. Er ist offenbart durch die Offenbarung Gottes und ist verborgen auf Sein Geheiß. Es ist klar, daß die hehrsten Wohnungen im Reiche der Unsterblichkeit denen zur Stätte bestimmt sind, die wahrhaft an Gott und Seine Zeichen geglaubt haben. Der Tod kann niemals zu dieser heiligen Stätte dringen. So haben Wir dir die Zeichen deines Herrn anvertraut, damit du in der Liebe zu Ihm ausharrest und zu denen gehörest, die diese Wahrheit begreifen.

74

Ein jegliches Wort, das aus dem Munde Gottes hervorgeht, ist mit solcher Kraft versehen, daß es jeder menschlichen Gestalt neues Leben einflößen kann – gehöret ihr doch zu denen, die diese Wahrheit begreifen! Alle wunderbaren Werke, die ihr in dieser Welt seht, sind durch das Wirken Seines höchsten, erhabensten Willens, Seines wunderbaren, unerschütterlichen Planes offenbart. Durch die bloße Offenbarung des Wortes »Gestalter«, das aus Seinem Munde hervorgeht und der Menschheit Seine Eigenschaft verkündet, hat Er eine Kraft entfesselt, die über die Zeitalter hindurch all die mannigfaltigen Künste erzeugt, derer des Menschen Hände fähig sind. Dies ist wahrlich eine unumstößliche Wahrheit. Kaum wird dieses strahlende Wort geäußert, da bringen seine belebenden, in allem Erschaffen wirkenden Kräfte die Mittel hervor, die solche Künste schaffen und zur Vollendung bringen. Alle wundersamen Errungenschaften, die ihr jetzt seht, sind die direkte Folge der Offenbarung dieses Namens. In künftigen Tagen werdet ihr wahrlich Dinge sehen, von denen ihr nie zuvor gehört habt. So ist es auf den Tafeln Gottes verfügt, aber niemand kann es verstehen bis auf jene, die durchdringende Sehkraft haben. Ebenso erhält in dem Augenblick, da das Wort für Mein Attribut »Der Allwissende« aus Meinem Munde hervorgeht, alles Erschaffene je nach seiner Fähigkeit die Kraft, die Kenntnis der erstaunlichsten Wissenschaften zu entfalten, und die Macht, sie im Laufe der Zeit auf Geheiß des Allmächtigen, des Allwissenden, zu offenbaren. Wisse fürwahr, daß die Offenbarung eines jeden anderen Namens von einer ähnlichen Manifestation göttlicher Macht begleitet ist. Jeder Buchstabe, der aus dem Munde Gottes hervorgeht, ist in Wahrheit ein Urbuchstabe, jedes von Ihm, dem Urquell göttlicher Offenbarung, gesprochene Wort ist ein Urwort und Seine Tafel eine Urtafel. Wohl steht es um jene, die diese Wahrheit begreifen.

75

Zerreißt in Meinem Namen die Schleier, die euere Sicht so schwer behindern, und zerschlagt durch die Macht, die aus eurem Glauben an Gottes Einheit geboren ist, die Götzen leerer Nachahmung. Dann tretet ein in das heilige Paradies des Wohlgefallens des Allerbarmers. Heiligt euere Seelen von allem, was nicht von Gott ist, und genießet die süße Ruhe im Schoße Seiner weiten, machtvollen Offenbarung, im Schatten Seiner höchsten, unfehlbaren Befehlsgewalt. Bleibet nicht in den dichten Schleiern euerer selbstsüchtigen Wünsche verhüllt, denn in jedem von euch habe Ich Meine Schöpfung vollendet, damit die Vortrefflichkeit Meines Werkes den Menschen völlig offenbar werde. Daraus folgt, daß jeder

Mensch aus sich selbst heraus fähig ist und weiter fähig sein wird, die Schönheit Gottes, des Verherrlichten, wahrzunehmen. Wäre ihm keine solche Fähigkeit verliehen, wie könnte er dann für sein Versagen zur Rechenschaft gezogen werden? Wenn an dem Tage, da alle Völker der Erde versammelt werden, ein Mensch vor Gott stünde und gefragt würde: »Warum hast du nicht an Meine Schönheit geglaubt und dich von Mir abgewandt?« und wenn ein solcher Mensch dann antwortete und spräche: »Weil alle Menschen geirrt haben, weil keiner willens war, sein Angesicht der Wahrheit zuzuwenden, habe auch ich nach dem Beispiel der anderen leider versäumt, die Schönheit des Ewigen zu erkennen«, so würde eine solche Ausflucht gewißlich zurückgewiesen. Denn der Glaube eines Menschen kann nur von ihm selbst abhängen.

Dies ist eine der Wahrheiten, die in Meiner Offenbarung verwahrt sind, eine Wahrheit, die Ich in all den himmlischen Büchern, welche Ich die Zunge der Größe aussprechen und die Feder der Macht niederschreiben ließ, offenbart habe. Denkt eine Zeit darüber nach, damit ihr mit euerem inneren wie äußeren Auge die Feinheiten göttlicher Weisheit wahrnehmt und die Edelsteine himmlischen Wissens entdeckt, die Ich in klarer, bedeutungsschwerer Sprache auf dieser erhabenen, unverfälschlichen Tafel offenbart habe, und damit ihr nicht abirrt von dem Throne des Allhöchsten, von dem Baume, über den es kein Hinausgehen gibt, von der Wohnstatt ewiger Macht und Herrlichkeit.

Die Zeichen Gottes leuchten inmitten der Werke Seiner Geschöpfe so offenbar und strahlend wie die Sonne. Was von Ihm ausgeht, ist von dem, was Menschengeist ersinnt, verschieden und wird immer davon unterschieden bleiben. Dem Quell Seines Wissens sind zahllose Leuchten der Gelehrsamkeit und Weisheit entstiegen, und aus dem Paradiese Seiner Feder weht der Odem des Allbarmherzigen unaufhörlich zu den Herzen und Seelen der Menschen hin. Glücklich, wer diese Wahrheit erkennt.

76

Höre, o Mein Diener, auf das, was vom Throne deines Herrn, des Unerreichbaren, des Größten, zu dir herabgesandt wird. Es ist kein Gott außer Ihm. Er hat Seine Geschöpfe ins Dasein gerufen, damit sie Ihn erkennen, den Mitleidigen, den Allerbarmer. In die Städte aller Völker hat Er Seine Boten gesandt und ihnen aufgetragen, den Menschen Botschaft vom Paradiese Seines Wohlgefallens zu bringen und sie zum Hafen bleibender Sicherheit, zum Sitze ewiger Heiligkeit und überragender Herrlichkeit zu führen.

2 Die einen wurden vom Lichte Gottes geleitet, gewannen Zutritt zum Hofe Seiner Gegenwart, tranken aus der Hand der Ergebung die Wasser ewigen Lebens und wurden zu denen gezählt, die Ihn wahrhaft anerkennen und an Ihn glauben. Andere lehnten sich gegen Ihn auf und verwarfen die Zeichen Gottes, des Machtvollsten, des Allmächtigen, des Allweisen.

3 Zeitalter liefen ab, bis sie Vollendung fanden an diesem, dem Herrn der Tage, dem Tag, da die Sonne des Bayán sich hoch über dem Horizont der Gnade offenbarte, dem Tag, da die Schönheit des Allherrlichen in der erhabenen Gestalt von 'Alí-Muḥammad, dem Báb, aufleuchtete. Kaum hatte Er sich offenbart, da erhob sich alles Volk gegen Ihn. Einige verleumdeten Ihn als Lästerer Gottes, des Allmächtigen, des Altehrwürdigen der Tage. Andere hielten Ihn für einen Wahnsinnigen, eine Behauptung, die Ich selbst aus dem Munde eines Geistlichen gehört habe. Wieder andere bestritten Seinen Anspruch, das Sprachrohr Gottes zu sein, und brandmarkten Ihn als einen, der die Worte des

Allmächtigen gestohlen, sie als die eigenen ausgegeben, ihren Sinn verdreht und sie mit eigenem vermengt habe. Das Auge der Größe weint bitterlich über das, was ihr Mund geredet hat, während sie sich weiter auf ihren Sitzen erfreuen.

»Gott ist Mein Zeuge«, sprach Er, »O Volk! Ich bin zu euch gekommen mit einer Offenbarung von dem Herrn, euerem Gott, dem Herrn euerer Väter von alters her. Seht nicht auf das, was ihr besitzet, o Menschen! Seht vielmehr auf das, was Gott euch herabgesandt hat. Dies wird sicherlich besser für euch sein als die ganze Schöpfung, könntet ihr es doch begreifen! Blickt von neuem auf, o Menschen, betrachtet das Zeugnis Gottes und Seinen Beweis, wie ihr sie schon besitzet, und vergleicht sie mit der an diesem Tage zu euch herabgesandten Offenbarung, damit die Wahrheit, die untrügliche Wahrheit, euch unbezweifelbar offenkundig werde. O Menschen, folget nicht den Fußstapfen des Bösen, folget dem Glauben des Allbarmherzigen und gehöret zu denen, die wahrhaft glauben. Was nützte es dem Menschen, wenn er verfehlte, die Wahrheit Gottes anzuerkennen? Nichts, was es auch sei. Dies will Ich selbst, der Allmächtige, der Allwissende, der Allweise, bezeugen«. 4

Je mehr Er sie ermahnte, desto grimmiger wurde ihre Feindschaft, bis sie Ihn zuletzt mit schmählicher Grausamkeit hinrichteten. Der Fluch Gottes treffe die Unterdrücker! 5

Einige glaubten an Ihn, nur wenige Unserer Diener sind die Dankbaren. Sie ermahnte Er auf allen Seinen Tafeln, ja in jedem Abschnitt Seiner wunderbaren Schriften, sich am Tage der verheißenen Offenbarung nicht an irgend etwas im Himmel oder auf Erden zu verlieren. »O Menschen!« sprach Er, »Ich habe Mich für Seine Manifestation offenbart und Mein Buch, den Bayán, nur mit der Absicht, die Wahrheit Seiner Sache zu beweisen, auf euch hernieder- 6 kommen lassen. Fürchtet Gott und hadert nicht mit Ihm, wie das Volk des Qur'án mit Mir gehadert hat. Wenn ihr von Ihm hört, eilt Ihm entgegen und haltet Euch fest an alles, was Er euch offenbart. Nichts außer Ihm kann euch nützen, selbst wenn ihr vom ersten bis zum letzten die Zeugnisse all derer vorbrächtet, die vor euch waren.«

7 Und als nach Ablauf weniger Jahre der Himmel des göttlichen Ratschlusses gespalten wurde, als die Schönheit des Báb in neuem Gewande in den Wolken der Namen Gottes erschien, erhob sich dieses gleiche Volk boshaft gegen Ihn, dessen Licht alles Erschaffene umschließt. Sie brachen Seinen Bund, verwarfen Seine Wahrheit, haderten mit Ihm, nörgelten an Seinen Zeichen, stellten Sein Zeugnis als Lüge hin und gesellten sich zu den Ungläubigen. Zuletzt beschlossen sie, Ihm das Leben zu nehmen. So ist der Zustand derer, die sich tief im Irrtum befinden!

8 Und als sie ihre Ohnmacht erkannten, ihren Plan auszuführen, erhoben sie sich zur Verschwörung gegen Ihn. Siehe, wie sie jeden Augenblick neue Schliche ersinnen, um Ihm zu schaden, um die Sache Gottes zu verletzen und zu entehren. Sprich: Wehe über euch! Bei Gott! Euere Ränke bedecken euch mit Schande. Euer Herr, der Gott des Erbarmens, kann auf alle Geschöpfe wohl verzichten. Nichts kann mehren oder mindern, was Er besitzt. Wenn ihr glaubt, so glaubt ihr zu euerem eigenen Vorteil, und wenn ihr nicht glaubt, so werdet ihr selbst darunter leiden. Nie kann die Hand des Ungläubigen den Saum Seines Gewandes entheiligen.

9 O Mein Diener, der du an Gott glaubst! Bei der Gerechtigkeit des Allmächtigen! Wollte Ich dir aufzählen, was über Mich gekommen ist, so wären Seele und Verstand der Menschen unfähig, dessen Gewicht zu ertragen. Gott selbst ist Mein Zeuge. Wache über dich selbst und folge nicht den Fußstapfen dieser Leute! Denke sorgfältig nach über die

Sache deines Herrn. Strebe, danach, Ihn durch Sein eigenes Selbst und nicht durch andere zu erkennen. Denn keiner außer Ihm kann dir jemals nützen. Alles Erschaffene wird dies bezeugen, könntest du es doch fassen!

Komm hervor hinter dem Schleier mit deines Herrn, des Allherrlichen, des Allmächtigen, Erlaubnis, ergreife vor den Augen derer, die in den Himmeln und auf Erden sind, den Kelch der Unsterblichkeit im Namen deines Herrn, des Unerreichbaren, des Höchsten, trinke dich satt und gehöre nicht zu den Zaudernden. Ich schwöre bei Gott! Im Augenblick, da du den Becher mit den Lippen berührst, werden dir die himmlischen Heerscharen Beifall spenden und sprechen: »Trink mit gesundem Behagen, o Mensch, der du wahrhaft an Gott glaubst!« Und die Bewohner der Städte der Unsterblichkeit werden ausrufen: »Freude sei dir, der du den Becher Seiner Liebe leerst!« Und die Zunge der Größe wird dich grüßen: »Groß ist die Seligkeit, die dich erwartet, o Mein Diener, denn du hast erreicht, was keiner erreicht hat bis auf jene, die sich von allem in den Himmeln und auf Erden losgelöst haben und die Sinnbilder wahrer Loslösung sind.«

77 Und nun zu deiner Frage nach der Erschaffung des Menschen. Wisse, daß alle Menschen in der von Gott, dem Bewahrer, dem Selbstbestehenden, bestimmten Art erschaffen sind. Jedem ist, wie auf Gottes mächtigen, wohlverwahrten Tafeln verfügt, ein vorbestimmtes Maß zugewiesen. Alles, was ihr an Anlagen besitzt, kann jedoch nur als Ergebnis eueres eigenen Wollens offenbar werden. Euere Taten bezeugen diese Wahrheit. Seht zum Beispiel, was im Bayán den Menschen verboten wurde. Gott hat in jenem Buche nach Seinem Geheiß für rechtmäßig erklärt, was immer Ihm zu erklären gefiel, und Er hat kraft Seiner höchsten Macht verboten, was immer Er zu verbieten beschloß. Dies bekundet der Text jenes Buches. Wollt ihr es nicht bezeugen? Die Menschen aber haben wissentlich Sein Gesetz gebrochen. Ist solches Verhalten ihnen selbst oder Gott zuzuschreiben? Seid gerecht in euerem Urteil! Alles Gute ist von Gott und alles Böse von euch selbst. Wollt ihr es nicht begreifen? In allen Schriften ist diese Wahrheit offenbart, so ihr zu denen gehörtet, die verstehen. Jede Tat, die ihr im Sinne habt, ist Ihm so offenbar wie jene, die ihr schon ausgeführt habt. Es ist kein Gott außer Ihm. Sein ist die ganze Schöpfung und die Herrschaft darüber. Alles ist vor Ihm enthüllt, alles auf Seinen heiligen, verborgenen Tafeln aufgezeichnet. Dieses Vorauswissen Gottes bedeutet jedoch nicht, daß es die Taten der Menschen verursacht hätte, ebensowenig, wie euer Vorherwissen vom Kommen eines bestimmten Ereignisses oder euer Wunsch, daß es eintrete, die Ursache für sein Eintreffen ist oder jemals sein kann.

78

Nun zu deiner Frage über den Ursprung der Schöpfung. Wisse sicher, daß Gottes Schöpfung von Ewigkeit her besteht und immer bestehen wird. Ihr Anfang war ohne Anfang und ihr Ende kennt kein Ende. Sein Name »Schöpfer« setzt eine Schöpfung voraus, wie Sein Titel »Herr der Menschen« das Dasein eines Dieners bedingt.

2 Was jene Sprüche betrifft, die den alten Propheten zugeschrieben werden, wie: »Am Anfang war Gott, kein Geschöpf war da, Ihn zu erkennen«, und: »Der Herr war allein, ohne jemanden, Ihn anzubeten«, so ist der Sinn dieser und ähnlicher Sprüche klar und einleuchtend, er sollte nie mißverstanden werden. Die gleiche Wahrheit bezeugen die Worte, die Er offenbart hat: »Gott war allein, es war

keiner außer Ihm. Er wird immer bleiben, was Er immer war.« Jedes scharfe Auge wird bereitwillig wahrnehmen, daß der Herr nunmehr offenbar ist; doch keiner ist da, Seine Herrlichkeit zu erkennen. Damit ist gemeint, daß die Stätte, wo das Wesen Gottes wohnt, hoch über Reichweite und Fassungskraft eines jeden außer Ihm erhaben ist. Was immer in der bedingten Welt aussagbar oder begreiflich ist, kann niemals die ihm durch seine Natur gegebenen Grenzen überschreiten. Gott allein übersteigt derartige Grenzen. Er, wahrlich, ist von Ewigkeit her. Keiner Seinesgleichen, kein Gefährte war Ihm je zugesellt oder kann Ihm jemals zugesellt werden. Kein Name ist mit Seinem Namen vergleichbar. Keine Feder kann Sein Wesen beschreiben, keine Zunge Seine Herrlichkeit schildern. Er bleibt immer über alle außer Ihm selbst unermeßlich erhaben.

Sieh die Stunde, da die höchste Manifestation Gottes sich den Menschen enthüllt. Ehe diese Stunde kommt, ist das Altehrwürdige Sein, das den Menschen noch unbekannt ist und das Wort Gottes noch nicht ausgesprochen hat, selbst der Allwissende in einer Welt ohne Menschen, die Ihn erkannt hätten. Er ist wahrlich Schöpfer ohne Schöpfung. Denn in dem Augenblick, der Seiner Offenbarung vorausgeht, wird alles Erschaffene veranlaßt, seine Seele zu Gott aufzugeben. Dies ist wahrlich der Tag, von dem geschrieben steht: »Wessen soll das Reich an diesem Tage sein?«[1] Und niemand ist bereit, darauf zu antworten!

79

Nun zu deiner Frage über die Welten Gottes. Wisse wahrlich, daß die Welten Gottes zahllos und unendlich weit sind. Keiner kann sie zählen oder erfassen außer Gott, dem Allwissenden, dem Allwei-

---

1. Qur'án 40:17

sen. Denke an deinen Zustand im Schlafe. Wahrlich, Ich sage, diese Erscheinung ist das geheimnisvollste der Zeichen Gottes unter den Menschen, wollten sie doch im Herzen darüber nachsinnen. Siehe, wie das, was du im Traume geschaut hast, nach langer Zeit voll verwirklicht wird. Wäre die Welt, wo du dich im Traum befunden hast, dieselbe wie die Welt, in der du lebst, dann hätte die Begebenheit jenes Traumes im Augenblick ihres Geschehens zwangsläufig in dieser Welt bekannt werden müssen. Wäre es so, dann wärest du selbst dessen Zeuge. Da dies jedoch nicht der Fall ist, muß notwendigerweise daraus folgen, daß die Welt, in der du lebst, von jener, die du im Traum erlebt hast, verschieden und gesondert ist. Diese letztere Welt hat weder Anfang noch Ende. Es wäre wahr, wenn du behaupten wolltest, daß diese Traumwelt nach dem Ratschluß des allherrlichen und allmächtigen Gottes in deinem eigenen Selbst liegt und ganz in dir aufgeht. Es wäre ebenso wahr zu sagen, daß dein Geist, wenn er die Grenzen des Schlafes überschritten und sich von allen irdischen Bindungen befreit hat, durch Gottes Ratschluß ein Reich durchwandert, das in der innersten Wirklichkeit dieser Welt verborgen liegt. Wahrlich, Ich sage, die Schöpfung Gottes umfaßt Welten neben dieser Welt und Geschöpfe außer diesen Geschöpfen. In jeder dieser Welten hat Er Dinge verordnet, die niemand erforschen kann außer Ihm, dem Allerforschenden, dem Allweisen. Denke nach über das, was Wir dir enthüllt haben, damit du die Absicht Gottes, deines Herrn und des Herrn aller Welten, erkennest. In diesen Worten sind die Geheimnisse göttlicher Weisheit verwahrt. Wir wollen nicht bei diesem Thema verweilen, weil der Kummer über die Taten derer, die durch Unsere Worte erschaffen worden sind, Uns umgibt, wäret ihr doch unter denen, die auf Unsere Stimme hören.

80

Du hast Mich gefragt, ob der Mensch, abgesehen von Gottes Propheten und Seinen Auserwählten, nach dem körperlichen Tode dieselbe Eigenart und Persönlichkeit, dasselbe Bewußtsein, denselben Verstand beibehalte, die sein Leben in dieser Welt auszeichnen. Wäre dies der Fall, wie kommt es dann, so wendest du ein, daß leichte Schädigungen der geistigen Fähigkeiten wie Ohnmacht und schwere Krankheit dem Menschen Verstand und Bewußtsein rauben, während sein Tod, der den Zerfall seines Leibes und die Auflösung seiner Bestandteile mit sich bringt, machtlos ist, diesen Verstand zu zerstören und dieses Bewußtsein auszulöschen? Wie kann man sich vorstellen, daß Bewußtsein und Persönlichkeit des Menschen erhalten bleiben, wenn gerade die für ihr Bestehen und Wirken notwendigen Werkzeuge völlig aufgelöst sein werden?

Wisse, daß die Seele des Menschen über alle Gebrechlichkeit des Leibes und des Verstandes erhaben und davon unabhängig ist. Daß ein Kranker Zeichen der Schwäche aufweist, ist den Hindernissen zuzuschreiben, die sich bei ihm zwischen Seele und Leib legen; denn die Seele selbst bleibt unberührt von jedem körperlichen Leiden. Denke an das Licht der Lampe. Wenn auch ein Gegenstand von außen ihr Strahlen beeinträchtigen kann, so scheint das Licht selbst doch mit unverminderter Stärke weiter. Ebenso ist jedes Gebrechen des menschlichen Leibes ein Hindernis für die Seele, das sie davon abhält, ihre innere Kraft und Stärke zu zeigen. Wenn sie jedoch den Leib verläßt, wird sie solche Überlegenheit beweisen, solchen Einfluß entfalten, daß keine Macht der Erde dem gleichkommen kann. Jede reine, jede geläuterte und geheiligte Seele wird mit gewaltiger Macht begabt sein und in überschäumender Freude jubeln.

Denke an die Lampe, die unter einem Scheffel verborgen ist. Wenn auch ihr Licht leuchtet, ihr Schein dringt nicht zu den Menschen. Denke ebenso an die Sonne, die von Wolken verdunkelt wird. Beachte, wie ihr Glanz scheinbar abnimmt, während die Quelle jenes Lichtes in Wirklichkeit unverändert bleibt. Die Seele des Menschen gleicht dieser Sonne und alle Dinge auf Erden entsprechen seinem Leib. Solange kein äußeres Hindernis sie trennt, wird der Leib in seiner Gesamtheit das Licht der Seele widerspiegeln und von ihrer Kraft unterstützt werden. Aber sobald sich ein Schleier zwischen beide legt, scheint die Helligkeit des Lichtes abzunehmen.

4 Denke wiederum an die Sonne, wenn sie völlig hinter Wolken verborgen ist. Obwohl die Erde noch von ihrem Licht erhellt wird, ist doch die Menge Lichtes, die sie empfängt, viel geringer geworden. Erst wenn sich die Wolken verzogen haben, kann die Sonne wieder in voller Pracht erstrahlen. Die natürliche Leuchtkraft der Sonne wird jedoch nicht davon berührt, ob nun Wolken da sind oder nicht. Die Seele des Menschen ist die Sonne, die seinen Leib erleuchtet und ihm Nahrung spendet, und sollte auch dafür angesehen werden.

5 Bedenke ferner, wie die Frucht, ehe sie Gestalt annimmt, als Anlage im Baume liegt. Würde der Baum in Stücke gehauen, so könnte man doch kein Anzeichen und nicht das kleinste Teilchen einer Frucht darin finden. Sobald sie aber hervortritt, wird sie, wie du selber feststellst, in wunderbarer Schönheit und herrlicher Vollkommenheit sichtbar. Manche Früchte erreichen ihre volle Reife freilich erst, nachdem sie vom Baume gepflückt worden sind.

81 Nun zu deiner Frage über die Seele des Menschen und ihr Fortleben nach dem Tode. Wisse wahrlich, daß die Seele nach ihrer Trennung vom Leibe weiter fortschreitet, bis sie die Gegenwart Gottes erreicht, in einem Zustand und einer Beschaffenheit, die weder der Lauf der Zeiten und Jahrhunderte noch der Wechsel und Wandel dieser Welt ändern können. Sie wird so lange bestehen, wie das Reich Gottes, Seine Allgewalt, Seine Herrschaft und Macht bestehen werden. Sie wird die Zeichen Gottes und Seine Eigenschaften offenbaren, Seine Gnade und Huld enthüllen. Meine Feder stockt, wenn sie die Höhe und Herrlichkeit einer so erhabenen Stufe gebührend zu beschreiben sucht. Mit solcher Ehre wird die Hand der Barmherzigkeit die Seele bekleiden, daß keine Zunge es gebührend schildern noch ein anderes irdisches Mittel es beschreiben kann. Gesegnet die Seele, die zur Stunde ihrer Trennung vom Leibe über die eitlen Vorstellungen der Völker dieser Welt geheiligt ist. Eine solche Seele lebt und wirkt im Einklang mit dem Willen ihres Schöpfers und geht in das allhöchste Paradies ein. Die Himmelsdienerinnen, Bewohnerinnen der erhabensten Stätten, werden sie umschreiten, und die Propheten Gottes und Seine Auserwählten werden ihre Gesellschaft suchen. Mit ihnen wird die Seele frei verkehren und ihnen berichten, was sie auf ihrem Wege zu Gott, dem Herrn aller Welten, erdulden mußte. Erführe ein Mensch, was einer solchen Seele in den Welten Gottes, des Herrn des Thrones in der Höhe und auf Erden hienieden, verordnet ist, er entflammte sogleich mit seinem ganzen Wesen im überwältigenden Verlangen, diese erhabenste, diese geheiligte, strahlende Stufe zu erreichen... Das Wesen der Seele nach dem Tode läßt sich niemals beschreiben, noch ist es angemessen und erlaubt, ihre ganze Beschaffenheit den Augen der Menschen zu enthüllen. Die Propheten und Boten Gottes wurden zu dem einzigen Zweck herabgesandt, die Menschheit auf den geraden Pfad der Wahrheit zu führen. Ihre Offenbarung hat den Zweck, alle Menschen zu erziehen, damit sie zur Todesstunde in größter Reinheit und Heiligkeit, in völliger Loslösung zum Throne des Höchsten aufsteigen. Das Licht, das diese Seelen ausstrahlen, bewirkt den Fortschritt der Welt und den Aufstieg ihrer Völker. Sie sind wie Sauerteig, der die Welt des Seins durchdringt, und bilden die Lebenskraft, welche die Künste und Wunder der Welt zustande bringt. Durch sie regnen die Wolken ihre Segensgaben auf die Menschen nieder, bringt die Erde ihre Früchte hervor. Alle Dinge haben zwangsläufig eine Ursache, eine treibende Kraft, einen belebenden Grund. Diese Seelen, Sinnbilder der Loslösung, haben der Welt des Daseins den höchsten belebenden Antrieb gegeben und werden ihn auch weiterhin geben. Das Jenseits ist so verschieden vom Diesseits wie diese Welt von der des Kindes, das noch im Mutterleib ist. Wenn die Seele in die Gegenwart Gottes gelangt, wird sie die Gestalt annehmen, die ihrer Unsterblichkeit am besten ansteht und ihrer himmlischen Wohnstatt würdig ist. Solches Dasein ist ein bedingtes, kein absolutes Dasein, insofern als ersterem eine Ursache zugrunde liegt, während letzteres unabhängig davon ist. Absolutes Dasein kommt nur Gott zu, gepriesen sei Seine Herrlichkeit! Wohl denen, die diese Wahrheit erfassen. Wolltest du im Herzen über das Verhalten der Propheten Gottes nachdenken, du würdest sicherlich bereitwillig bezeugen, daß es außer dieser Welt unbedingt andere Welten geben muß. Die meisten der wahrhaft Weisen und Gelehrten haben alle Zeitalter hindurch, wie es die Feder der Herrlichkeit in der Tafel der Weisheit aufgezeichnet hat, die Wahrheit dessen bezeugt, was Gottes heilige Schrift offenbart hat. Selbst die Materialisten haben in ihren Schriften die Weisheit dieser gottberufenen Boten bezeugt und die Hinweise der Propheten auf Paradies, Höllenfeuer, künftige Belohnung und Bestrafung dem Wunsche zugeschrieben, die Seelen der Menschen zu erziehen und zu erheben. Beachte darum, wie die Menschheit allgemein, was immer ihr Glaube oder Weltbild sei, die Vortrefflichkeit der Propheten Gottes erkannt und ihre Überlegenheit zugegeben hat. Diese Perlen der Loslösung werden von den einen als Verkörperungen der Weisheit begrüßt, während andere sie für das Sprachrohr Gottes selbst halten. Wie hätten diese Seelen sich ihren Feinden ausliefern lassen, wenn sie geglaubt hätten, daß alle Welten Gottes auf dieses irdische Leben beschränkt seien? Würden sie freiwillig solche Not und Qual ertragen haben, wie kein Mensch sie je erlitten oder erlebt hat?

82

Du hast Mich nach dem <u>Wesen der Seele</u> gefragt. Wisse wahrlich, daß die Seele ein Zeichen Gottes ist, <u>ein himmlischer Edelstein</u>, dessen Wirklichkeit die gelehrtesten Menschen nicht zu begreifen vermögen, und dessen Geheimnis kein noch so scharfer Verstand je zu enträtseln hoffen kann. Sie ist von allen erschaffenen Dingen das erste, das die Vollkommenheit des Schöpfers verkündet, Seine Herrlichkeit anerkennt, sich an Seine Wahrheit hält und sich in Anbetung vor Ihm niederbeugt. Wenn sie Gott treu ist, wird sie Sein Licht widerstrahlen und schließlich zu Ihm zurückkehren. Wenn sie jedoch die Treuepflicht gegenüber ihrem Schöpfer vergißt, wird sie ein Opfer des Selbstes und der Leidenschaften werden und am Ende in deren Abgründen versinken.

Wer immer an diesem Tage den Zweifeln und Einbildungen der Menschen verwehrt, ihn von der Wahrheit des Urewigen abzuhalten, wer dem Aufruhr durch geistliche und weltliche Mächte nicht verstattet, ihn von der Anerkennung Seiner Botschaft abzulenken, der wird von Gott, dem Herrn aller Menschen, als eines Seiner mächtigen Zeichen betrachtet und zu denen gezählt, deren Namen die Feder des Höchsten in Seinem Buche verzeichnet hat. Gesegnet ist, wer die wahre Gestalt einer solchen Seele sieht, ihre Stufe anerkennt und ihre Tugenden entdeckt.

3 In den alten Büchern steht vieles über die verschiedenen Zustände in der Entwicklung der Seele, wie Fleischeslust, Jähzorn, Eingebung, Wohlwollen, Genügsamkeit, göttliches Wohlgefallen und dergleichen; die Feder des Höchsten will jedoch nicht dabei verweilen. Jede Seele, die an diesem Tage demütig mit ihrem Gott wandelt und sich an Ihn hält, wird sich mit der Ehre und Herrlichkeit aller schönen Namen und Stufen begabt finden.

4 Wenn ein Mensch schläft, kann man von seiner Seele keinesfalls behaupten, sie sei in ihrem Wesen von äußeren Dingen beeinflußt. Sie neigt von sich aus zu keinem Wechsel ihres ursprünglichen Zustandes oder ihrer Beschaffenheit. Jede Änderung in ihren Funktionen muß äußeren Ursachen zugeschrieben werden. Diese äußeren Einflüsse sind es, auf die alle Veränderungen in ihrer Umwelt, ihrem Verständnis und Wahrnehmungsvermögen zurückgeführt werden sollten.

5 Denke an das menschliche Auge. Obwohl es die Fähigkeit besitzt, alles Erschaffene wahrzunehmen, kann doch das kleinste Hindernis sein Sehvermögen so hemmen, daß es ihm unmöglich wird, überhaupt noch einen Gegenstand zu erkennen. Verherrlicht sei der Name dessen, der diese Ursachen erschaffen hat und ihr Urheber ist, der verfügt hat, daß jeder Wechsel und Wandel in der Welt des Seins von ihnen abhängig sei. Alles Erschaffene im ganzen All ist nur ein Tor zu Seiner Erkenntnis, ein Zeichen Seiner Herrschaft, eine Offenbarung Seiner Namen, ein Sinnbild Seiner Erhabenheit, ein Beweis Seiner Macht, ein Zugang zu Seinem geraden Pfade...

6 Wahrlich, Ich sage, die menschliche Seele ist in ihrem Wesen eines der Zeichen Gottes, ein Geheimnis unter Seinen Geheimnissen. Sie ist ein mächtiges Zeichen des All-

mächtigen, der Herold, der die Wirklichkeit aller Welten Gottes verkündet. In ihr liegt verborgen, was die Welt jetzt unmöglich begreifen kann. Sinne im Herzen über die Offenbarung der Seele Gottes nach, wie sie alle Seine Gesetze durchdringt, und stelle sie dem niedrigen, begehrlichen Wesen gegenüber, das sich gegen Ihn auflehnt, das den Menschen verbietet, sich dem Herrn der Namen zuzuwenden, und sie antreibt, ihren verderbten Lüsten zu folgen. Eine solche Seele ist wahrlich weit auf dem Pfade des Irrtums dahingewandert...

Du fragst Mich ferner über den Zustand der Seele nach ihrer Trennung vom Leib. Wisse wahrlich, daß die Seele des Menschen, wenn sie auf den Wegen Gottes gewandelt ist, gewiß zurückkehrt und zur Herrlichkeit des Geliebten versammelt wird. Bei der Gerechtigkeit Gottes! Sie wird eine Stufe erreichen, die keine Feder beschreiben, keine Zunge schildern kann. Die Seele, die der Sache Gottes treu bleibt und unbeirrbar Seinem Pfade folgt, wird nach ihrem Aufstieg solche Kraft besitzen, daß alle Welten, die der Allmächtige erschaffen hat, durch sie gefördert werden können. Eine solche Seele sorgt auf Geheiß des wahren Königs und göttlichen Erziehers für den reinen Sauerteig, der die Welt des Seins durchdringt und jene Kraft spendet, durch welche die Künste und Wunderwerke der Welt offenbar werden. Bedenke, wie das Mehl den Sauerteig braucht, damit er es durchsetzt. Diese Seelen, die Sinnbilder der Loslösung, sind der Sauerteig der Welt. Denke darüber nach und gehöre zu den Dankbaren.

In mehreren Unserer Tafeln haben Wir dieses Thema berührt und die verschiedenen Entwicklungsstufen der Seele aufgezeigt. Wahrlich, Ich sage, die menschliche Seele ist über allen Austritt und alle Rückkehr erhaben. Sie ist in Ruhe und doch schwingt sie sich auf; sie schreitet fort, und doch ist sie in Ruhe. Sie ist in sich selbst Beweis für das Dasein einer bedingten Welt wie auch für die Wirklichkeit einer Welt, die weder Anfang noch Ende hat. Siehe, wie dein Traum nach vielen Jahren vor deinen Augen wieder abrollt. Bedenke, wie seltsam das Geheimnis der Welt ist, die dir im Traum erscheint. Bewege die unerforschliche Weisheit Gottes in deinem Herzen und versenke dich in ihre mannigfaltigen Offenbarungen...

9 Bezeuge die wunderbaren Beweise der Schöpferkraft Gottes und sinne über ihren Umfang und ihr Wesen nach. Er, das Siegel der Propheten, hat gesagt: »Laß mich über Dich, o Gott, noch mehr erstaunt und verwundert sein!«

10 Was deine Frage betrifft, ob die stoffliche Welt Begrenzungen unterworfen sei, so wisse, daß das Verstehen dieser Tatsache vom Betrachter selbst abhängt. In gewissem Sinne ist diese Welt begrenzt, in anderem ist sie über alle Begrenzungen erhaben. Der eine, wahre Gott ist von Ewigkeit her dagewesen und wird ewig da sein. Seine Schöpfung hat keinen Anfang und wird kein Ende haben. Alles, was erschaffen ist, setzt jedoch eine Ursache voraus. Diese Tatsache begründet in sich selbst, ohne den Schatten eines Zweifels, die Einheit des Schöpfers.

11 Du fragst Mich ferner nach dem Wesen der himmlischen Sphären. Um ihr Wesen zu begreifen, muß man eingehend erforschen, was die Angaben der alten Bücher über die himmlischen Sphären und die Himmel bedeuten. Man muß aufdecken, wie sie mit dieser stofflichen Welt zusammenhängen und welchen Einfluß sie darauf ausüben. Jedes Herz gerät ins Staunen bei einem so verwirrenden Thema, und jeder Geist ist über dessen Rätsel bestürzt. Gott allein kann seine Bedeutung ermessen. Die Gelehrten, die das Leben dieser Erde auf einige tausend Jahre anberaumten, haben es während der langen Zeit ihrer Beobachtungen versäumt, der anderen Planeten Zahl und Alter zu berücksichtigen. Bedenke überdies die vielfältigen Widersprüche,

die sich aus den Theorien dieser Menschen ergeben. Wisse, daß jeder Fixstern seine eigenen Planeten hat und jeder Planet seine eigenen Geschöpfe, deren Zahl kein Mensch errechnen kann.

O du, der du deine Augen auf Mein Angesicht gerichtet hast! Der Tagesanbruch der Herrlichkeit hat an diesem Tage seinen Glanz offenbart, und es ruft die Stimme des Höchsten. Wir haben früher geäußert: »Dies ist nicht der Tag, da ein Mensch seinen Herrn zu befragen hat. Wer den Ruf Gottes vernommen hat, der durch Ihn, den Morgen der Herrlichkeit, erschallt, dem steht es an, sich zu erheben und auszurufen: Hier bin ich, hier bin ich, o Herr aller Namen. Hier bin ich, hier bin ich, o Schöpfer der Himmel! Ich bezeuge, daß Deine Offenbarung offenbart hat, was in den Büchern Gottes verborgen lag, und daß alles, was Deine Boten in den heiligen Schriften aufgezeichnet hatten, erfüllt ist.«

83

Bedenke die Gabe des Verstandes, die Gott dem Wesen des Menschen verliehen hat. Prüfe dein eigenes Selbst und sieh, wie deine Bewegung und Ruhe, dein Wille und deine Absicht, dein Gesicht und Gehör, dein Geruchsinn und Sprachvermögen und alles, was sonst mit deinen leiblichen Sinnen oder deinen geistigen Wahrnehmungen zusammenhängt oder was diese überragt, aus eben jener Gabe hervorgeht und ihr sein Dasein verdankt. So eng ist dies alles mit der Verstandesgabe verbunden, daß dann, wenn ihre Verbindung zum menschlichen Körper auch nur für einen Augenblick unterbrochen wird, jede sinnliche Wahrnehmung sofort aufhört und die Kraft verliert, Beweise ihrer Tätigkeit zu geben. Es ist ohne Zweifel klar und offenkundig, daß jedes der genannten Werkzeuge, um seinen Zweck erfüllen zu können, von der Verstandesgabe abhängig ist und immer abhängig sein wird. Die Verstandesgabe muß als ein Zeichen der Offenbarung dessen angesehen werden, der der höchste Herr über alles ist. Die Manifestation der Verstandesgabe hat alle Namen und Eigenschaften enthüllt, und mit der Einstellung ihrer Tätigkeit werden sie alle zunichte und gehen unter.

2 Es wäre völlig falsch zu behaupten, diese Gabe sei dasselbe wie die Sehkraft, da die Sehkraft von ihr abgeleitet ist und in Abhängigkeit von ihr wirkt. Ebenso wäre es müßig zu meinen, diese Gabe sei dem Gehörsinn gleichzusetzen, da der Gehörsinn die nötige Kraft zur Ausübung seiner Tätigkeit von der Verstandesgabe erhält.

3 Der gleiche Zusammenhang verbindet die Verstandesgabe mit allem, was im menschlichen Körper Empfänger von Namen und Eigenschaften ist. Die verschiedenen Namen und offenbarten Eigenschaften sind durch dieses Zeichen Gottes bewirkt. Unermeßlich erhaben in Wesen und Wirklichkeit ist dieses Zeichen über alle Namen und Eigenschaften. Verglichen mit seiner Herrlichkeit, verblaßt alles andere zu bloßem Nichts und fällt dem Vergessen anheim.

4 Würdest du in deinem Herzen von nun an bis zum Ende, das kein Ende hat, mit dem gesammelten Begriffsvermögen und Verständnis, das die größten Geister in der Vergangenheit erreicht haben oder in der Zukunft erreichen werden, über diese gottgefügte, tiefgründige Wirklichkeit, dieses Zeichen der Offenbarung des allewigen, allherrlichen Gottes nachdenken, du würdest dennoch weder sein Geheimnis verstehen noch seinen Wert ermessen können. Wenn du deine Machtlosigkeit erkannt hast, diese in dir ruhende Wirklichkeit hinreichend zu verstehen, dann wirst du bereitwillig zugeben, daß du oder jedes andere Geschöpf sich vergeblich mühen würde, das Geheimnis des lebendigen Gottes, der Sonne unvergänglicher

Herrlichkeit, des Altehrwürdigen ewiger Tage, zu ergründen. Dieses Eingeständnis der Hilflosigkeit, zu dem reife Überlegung schließlich jeden Geist führen muß, ist in sich selbst der Höhepunkt menschlichen Verstehens, der Gipfel der menschlichen Entwicklung.

84

Betrachte den einen, wahren Gott als Einen, der anders als alles Erschaffene und unermeßlich darüber erhaben ist. Das ganze Weltall strahlt Seine Herrlichkeit wider, während Er selbst von Seinen Geschöpfen unabhängig ist und sie weit überragt. Dies ist die wahre Bedeutung göttlicher Einheit. Er, die ewige Wahrheit, ist die eine Macht, welche unbestrittene Herrschaft über die Welt des Seins ausübt, eine Macht, deren Bild im Spiegel der ganzen Schöpfung zurückgeworfen wird. Alles Dasein hängt von Ihm ab, und aus Ihm strömt der Lebensquell aller Dinge. Dies ist die Bedeutung göttlicher Einheit, dies ist ihr Grundgedanke.

Manche haben sich, von ihren Hirngespinsten verführt, alles Erschaffene als Gottes Gefährten und Genossen vorgestellt und sich selbst für die Deuter Seiner Einheit gehalten. Bei Ihm, dem einen, wahren Gott! Solche Menschen waren und bleiben Opfer blinder Nachahmung und sind zu denen zu zählen, die den Gottesbegriff eingeengt und begrenzt haben.

Wahrhaft an die göttliche Einheit glaubt, wer, weit davon entfernt, Zweiheit mit Einheit zu verwechseln, keinem Gedanken an Vielheit erlaubt, seine Vorstellung von der Einzigkeit Gottes zu trüben, wer Gott in Seinem ureigenen Wesen als den Einen betrachtet, der in Seiner Wirklichkeit alle Begrenzungen durch Zahlen übersteigt.

Der Glaube an die göttliche Einheit besteht im wesentlichen darin, Ihn, die Manifestation Gottes, und Ihn, das unsichtbare, unzugängliche, unerkennbare Wesen, als einen und denselben zu betrachten. Das bedeutet, daß alles, was dem erstgenannten angehört, all Sein Tun und Handeln, Sein Gebot oder Verbot in jeder Hinsicht, unter allen Umständen und ohne Vorbehalt dem Willen Gottes gleich ist. Dies ist die höchste Stufe, die zu erlangen ein wahrhaft an die Einheit Gottes Glaubender jemals hoffen kann. Selig der Mensch, der diese Stufe erreicht und zu den Standhaften im Glauben gehört.

85

O Meine Diener! Es geziemt euch, euere Seelen mit den huldvollen Gnadengaben, die in dieser göttlichen, dieser herzquickenden Frühlingszeit auf euch herabströmen, zu erquicken und neu zu beleben. Die Sonne Seiner großen Herrlichkeit hat ihre Strahlen auf euch ergossen, die Wolken Seiner grenzenlosen Gnade haben euch überschattet. Wie groß ist der Lohn dessen, der sich nicht selbst einer so großen Gnade beraubt noch verfehlt, die Schönheit seines Meistgeliebten in diesem Seinem neuen Gewande zu erkennen,

2 Sprich: O Volk! Die Lampe Gottes brennt; gebt acht, daß nicht die grimmen Winde eueres Ungehorsams ihr Licht verlöschen, jetzt ist die Zeit, euch zu erheben und den Herrn, eueren Gott, zu verherrlichen. Strebt nicht nach leiblichem Behagen; haltet euer Herz rein und fleckenlos. Der Böse liegt auf der Lauer, bereit, euch zu überlisten. Rüstet euch gegen seine List und Tücke, befreit euch, geleitet vom Lichte des Namens des einen, wahren Gottes, aus dem Dunkel, das euch umfängt. Vereinigt euere Gedanken auf den Vielgeliebten, statt sie auf euer Selbst zu richten.

3 Sprich: O ihr, die ihr euch verirrt und eueren Weg verloren habt! Der göttliche Bote, der nichts als die Wahrheit

spricht, hat euch das Kommen des Meistgeliebten verkündet. Seht, Er ist nun da. Warum seid ihr niedergeschlagen und mutlos? Warum bleibt ihr verzagt, wo doch der Reine, der Verborgene unverhüllt unter euch erschienen ist? Er, Anfang und Ende, Er, Ruhe und Bewegung, ist jetzt vor eueren Augen offenbar. Seht, wie an diesem Tage der Anfang im Ende sich spiegelt, wie aus der Ruhe die Bewegung hervorging. Diese Bewegung wurde von den starken Kräften erzeugt, welche die Worte des Allmächtigen in der ganzen Schöpfung ausgelöst haben. Wen ihre belebende Kraft erquickt, der wird sich getrieben fühlen, zum Hofe des Geliebten zu gelangen, und wer sich selbst ihrer beraubt, der wird in hoffnungslose Verzweiflung sinken. Wahrhaft weise ist, wen die Welt und alles, was in ihr ist, nicht davon abhält, das Licht dieses Tages zu erkennen, wen das leere Gerede der Menschen nicht vom Wege der Rechtschaffenheit ablenkt. Einem Toten gleicht fürwahr, wer sich an dem wunderbaren Morgen dieser Offenbarung nicht von ihrem herzerquickenden Odem beleben läßt. Ein Gefangener ist wahrlich, wer den höchsten Erlöser nicht erkennt, sondern seine Seele elend und hilflos in den Fesseln seiner Leidenschaften schmachten läßt.

O Meine Diener! Wer immer von diesem Quell gekostet hat, ist zu ewigem Leben gelangt, und wer daraus zu trinken sich weigert, gleicht einem Toten. Sprich: O ihr Übeltäter! Der süßen Stimme des Allgenügenden zu lauschen, hat die Begehrlichkeit euch gehindert. Tilgt sie aus eueren Herzen, damit Sein göttliches Geheimnis euch bekannt werde. Seht Ihn, offenbar und strahlend wie die Sonne in all ihrer Herrlichkeit.

Sprich: O ihr Verständnislosen! Schwere Prüfung setzt euch nach und wird plötzlich über euch kommen. Rafft euch auf, damit sie vielleicht vorübergehe, ohne euch Schaden zuzufügen. Anerkennt in seinem erhabenen Rang den

Namen des Herrn, eueres Gottes, der in der Größe Seiner Herrlichkeit zu euch gekommen ist. Er ist wahrlich der Allwissende, der Allbesitzende, der höchste Beschützer

86 Nun zu deiner Frage, ob die Menschenseelen nach ihrer Trennung vom Leibe einander weiterhin erkennen können. Wisse, daß die Seelen des Volkes Bahá, die in die Rote Arche eingegangen sind und darin wohnen, sich vereinigen, innig miteinander verbinden und in ihrem Leben, ihren Wünschen, Zielen und Bestrebungen so eng verwachsen, als wären sie eine Seele. Sie sind wirklich die Wohlunterrichteten, die Scharfsichtigen und Verständigen. So ist es von Ihm, dem Allwissenden, dem Allweisen, bestimmt.

2   Vom Volke Bahá, das die Arche Gottes bewohnt, ist jeder einzelne über Zustand und Lage der anderen wohl unterrichtet; sie sind vereint durch die Bande vertrauter Freundschaft. Ein solcher Zustand muß jedoch von ihrem Glauben und Wandel abhängen. Die von gleichem Grad und Rang sind gegenseitig ihrer Fähigkeiten, ihrer Wesensart, ihrer Leistungen und Verdienste völlig gewahr. Die von niedrigerem Rang sind jedoch unfähig, die Stufe der über ihnen Stehenden zu begreifen oder ihre Verdienste zu beurteilen. Jeder wird seinen Anteil von deinem Herrn empfangen. Selig der Mensch, der sein Angesicht Gott zuwendet und unerschütterlich in Seiner Liebe wandert, bis sich seine Seele zu Gott aufschwingt, dem höchsten Herrn über alles, dem Machtvollsten, dem Immervergebenden, dem Allerbarmer.

3   Aber den Seelen der Ungläubigen wird beim letzten Atemzug, dies bezeuge Ich, alles Gute zum Bewußtsein kommen, das ihnen entgangen ist, sie werden ihren Zustand beklagen und sich vor Gott demütigen. Damit wer-

den sie nach der Trennung ihrer Seele vom Leib fortfahren.

Es ist klar und einleuchtend, daß alle Menschen nach ihrem leiblichen Tode den Wert ihrer Taten abschätzen und alles erkennen werden, was ihre Hände bewirkt haben, Ich schwöre bei der Sonne, die über dem Horizonte göttlicher Macht strahlt! Wer dem einen, wahren Gott folgt, wird, wenn er aus diesem Leben scheidet, unbeschreibliche Freude und Fröhlichkeit empfinden, während jene, die im Irrtum leben, von Furcht und Zittern ergriffen und von einer Bestürzung erfüllt sein werden, die nichts übertreffen kann. Wohl dem, der durch die gnädige Gunst und die mannigfaltigen Wohltaten des Herrn über alle Bekenntnisse den erlesenen, unverderblichen Wein des Glaubens getrunken hat... 4

Dies ist der Tag, da die Geliebten Gottes ihre Augen auf Seine Manifestation richten und fest auf das blicken sollten, was immer diese Manifestation zu verkünden beliebt. Gewisse Überlieferungen vergangener Zeiten entbehren jeder Grundlage, während die von früheren Geschlechtern gehegten, in ihren Büchern niedergelegten Meinungen zumeist von den Wünschen verderbter Neigung geprägt sind. Du bezeugst, wie die meisten Erläuterungen und Auslegungen der Worte Gottes, die jetzt bei den Menschen in Umlauf sind, der Wahrheit entbehren. In manchen Fällen trat ihre Falschheit zutage, als die trennenden Schleier zerrissen wurden. Sie selbst haben zugegeben, keines der Worte Gottes begriffen zu haben. 5

Unsere Absicht ist zu zeigen, daß das Verhalten der Geliebten Gottes vor Gott als höchst verdienstvoll gälte, wenn sie Herz und Ohr von dem nichtigen Gerede früherer Zeiten läuterten und sich mit innerster Seele Ihm, dem Tagesanbruch Seiner Offenbarung, und allem, was Er verkündet hat, zuwendeten... 6

⁷ Preise Seinen Namen und gehöre zu den Dankbaren. Überbringe Meine Grüße Meinen Geliebten, die Gott für Seine Liebe auserkoren hat und die Er zu ihren Zielen gelangen ließ. Aller Ruhm sei Gott, dem Herrn aller Welten.

87

Nun zu deiner Frage: »Warum gibt es keine Aufzeichnung über die Propheten vor Adam, dem Vater der Menschheit, oder über die Könige, die zur Zeit dieser Propheten gelebt haben?« Wisse, daß das Fehlen von Hinweisen auf sie nicht beweist, daß sie nicht wirklich gelebt hätten. Daß jetzt keine Urkunden über sie vorhanden sind, ist dem großen Zeitabstand zuzuschreiben und den gewaltigen Veränderungen, die die Erde seither erfahren hat.

² Außerdem waren die jetzt unter den Menschen gebräuchlichen Formen und Arten des Schreibens den Geschlechtern vor Adam unbekannt. Es gab eine Zeit, da die Menschen die Kunst des Schreibens überhaupt nicht kannten und ein Verfahren anwandten, das von dem heutigen ganz abweicht. Um dies richtig darzulegen, wäre eine ausführliche Erläuterung nötig.

³ Bedenke die seit den Tagen Adams entstandenen Unterschiede. Die verschiedenen weithin bekannten Sprachen, die jetzt von den Völkern der Erde gesprochen werden, waren anfänglich ebenso unbekannt wie die verschiedenartigen heute unter ihnen herrschenden Regeln und Sitten. Das Volk jener Zeit sprach eine Sprache, die anders war als die jetzt bekannten. Sprachunterschiede traten in späterer Zeit auf, in einem Land, das als Babel bekannt ist. Den Namen Babel hat es erhalten, weil dieses Wort »der Ort, wo die Sprachenverwirrung begann« bedeutet.

⁴ Darauf wurde Syrisch unter den bestehenden Sprachen vorherrschend. Die heiligen Schriften früherer Zeiten wur-

den in dieser Sprache offenbart. Später erschien Abraham, der Freund Gottes, und strahlte das Licht göttlicher Offenbarung über die Welt. Die Sprache, die Er sprach, als Er den Jordan überschritt, wurde als Hebräisch ('Ibrání) bekannt, was »Sprache des Überschreitens« bedeutet. Damals wurden die Bücher Gottes und die heiligen Schriften in dieser Sprache offenbart, und erst nach langer Zeit wurde Arabisch die Sprache der Offenbarung...

5   Siehe also, wie oft und tiefgehend sich Sprache, Ausdruck und Schrift seit Adams Zeit gewandelt haben. Wieviel größer müssen die Veränderungen vor Ihm gewesen sein!

6   Unsere Absicht bei der Offenbarung dieser Worte ist zu zeigen, daß der eine, wahre Gott auf Seiner allhöchsten, allüberragenden Stufe über Lob, Preis und Begreifen aller außer Ihm immer erhaben war und weiter sein wird. Seine Schöpfung hat immer bestanden, und die Manifestationen Seiner göttlichen Herrlichkeit und die Morgenröten ewiger Heiligkeit sind seit unvordenklichen Zeiten herniedergesandt und beauftragt worden, die Menschheit zu dem einen, wahren Gott zu rufen. Daß die Namen einiger von ihnen vergessen und die Urkunden über ihr Leben verloren sind, ist den Wirren und Wechselfällen zuzuschreiben, die über die Welt hinweggegangen sind.

7   In einigen Büchern wird von einer Sintflut berichtet, durch die alles, was auf Erden war, geschichtliche Urkunden und anderes, zerstört wurde. Darüber hinaus haben sich viele Umwälzungen ereignet und die Spuren vieler Ereignisse ausgelöscht. Außerdem kann man zwischen den vorhandenen geschichtlichen Überlieferungen Unterschiede feststellen, und jedes der verschiedenen Völker der Welt hat seinen eigenen Bericht über das Alter der Erde und ihre Geschichte. Die einen verfolgen ihre Geschichte achttausend Jahre zurück, andere bis zu zwölftausend Jahren. Wer

das Buch Júk gelesen hat, für den ist klar und deutlich, wie sehr die Berichte der verschiedenen Bücher voneinander abweichen.

So Gott will, wirst du deine Augen der Größten Offenbarung zuwenden und diese widersprüchlichen Geschichten und Überlieferungen völlig übersehen.

88 Wisse wahrlich, daß das Wesen der Gerechtigkeit und ihr Urquell in den Gesetzen verkörpert sind, die Er, die Manifestation des göttlichen Selbstes unter den Menschen, verordnet hat – gehörtet ihr doch zu denen, die diese Wahrheit erkennen. Er ist wahrlich für die ganze Schöpfung das menschgewordene höchste und unfehlbare Richtmaß der Gerechtigkeit. Wäre Sein Gesetz so, daß es die Herzen aller im Himmel und auf Erden mit Schrecken erfüllte, so wäre es dennoch nur offenbare Gerechtigkeit. Die furchtsame Erregung, die die Offenbarung dieses Gesetzes in den Herzen der Menschen bewirkt, gleicht in der Tat dem Schreien eines Säuglings, der der Muttermilch entwöhnt wird – gehörtet ihr doch zu den Verstehenden. Würden die Menschen den Sinn und Zweck der Offenbarung Gottes entdecken, sie würden sicherlich ihre Furcht ablegen und dankerfüllten Herzens in jubelnder Freude frohlocken.

89 Wisse und sei gewiß: Wie du fest glaubst, daß das Wort Gottes – gepriesen sei Seine Herrlichkeit – ewig währt, so mußt du auch unerschütterlich glauben, daß der Sinn dieses Wortes niemals auszuschöpfen ist. Die berufenen Ausleger des Wortes Gottes, deren Herzen seine Geheimnisse speichern, sind jedoch die einzigen, die seine mannigfaltige Weisheit verstehen

können. Wer immer beim Lesen der heiligen Schriften versucht ist, aus ihnen auszuwählen, was ihm paßt, und damit die Amtsgewalt des Vertreters Gottes unter den Menschen zu bestreiten, gleicht in der Tat einem Toten, mag er auch, äußerlich gesehen, unter seinen Mitmenschen wandeln, mit ihnen reden, Speise und Trank mit ihnen teilen.

O daß die Welt Mir doch glauben könnte! Würde alles, was im Herzen Bahás verwahrt liegt und was der Herr, Sein Gott, der Herr aller Namen, Ihn gelehrt hat, der Menschheit enthüllt, jeder Mensch auf Erden wäre sprachlos.

Wie groß ist die Menge der Wahrheiten, die das Gewand der Worte nie fassen kann! Wie groß die Zahl jener Wahrheiten, die kein Ausdruck treffend beschreiben kann, deren Sinn nie enthüllt und die nicht im entferntesten angedeutet werden können! Wie mannigfaltig sind die Wahrheiten, die unausgesprochen bleiben müssen, bis die festgesetzte Zeit gekommen ist! So ist gesagt: »Nicht alles, was ein Mensch weiß, kann enthüllt werden, noch kann alles, was er enthüllen kann, als zeitgemäß angesehen werden, noch kann jede zeitgemäße Äußerung als tauglich für die Fassungskraft der Hörer erachtet werden.«

Einige dieser Wahrheiten können nur so weit enthüllt werden, wie die Verwahrungsorte des Lichtes Unseres Wissens, die Empfänger Unserer verborgenen Gnade, sie fassen können. Wir flehen zu Gott, daß Er dich mit Seiner Kraft stärke und dich befähige, Ihn, die Quelle allen Wissens, zu erkennen, auf daß du dich von aller menschlichen Gelehrsamkeit loslösest, denn: »Was würde es einem Menschen nützen, nach Gelehrsamkeit zu streben, wenn er Ihn, das Ziel alles Wissens, schon gefunden und erkannt hat?« Halte dich an die Wurzel des Wissens und an Ihn, Seinen Urquell, damit du dich unabhängig siehst von allen, die behaupten, in menschlicher Gelehrsamkeit bewandert zu sein, diesen Anspruch aber weder durch einen klaren Beweis noch das Zeugnis eines erleuchtenden Buches rechtfertigen können.

90

Alles in den Himmeln und auf Erden ist ein unmittelbarer Beweis dafür, daß sich darin Gottes Attribute und Namen offenbaren, da jedes Atom die Zeichen verwahrt, welche für die Offenbarung des Größten Lichtes beredtes Zeugnis ablegen. Mich dünkt, ohne die Wirkkraft dieser Offenbarung könnte kein Wesen je bestehen. Wie hell strahlen die Sonnen der Erkenntnis in einem Atom, wie weit hin wogen die Meere der Weisheit in einem Tropfen! In höchstem Grade gilt dies für den Menschen, der von allem Erschaffenen mit dem Gewande solcher Gaben bekleidet und für die Herrlichkeit einer solchen Auszeichnung auserkoren wurde! Denn in ihm sind alle Namen und Attribute Gottes potentiell in einem Maße offenbart, das von keinem erschaffenen Wesen übertroffen wird. Alle diese Namen und Eigenschaften treffen auf ihn zu. So hat Er gesagt: »Der Mensch ist Mein Geheimnis, und Ich bin sein Geheimnis.«[1] Mannigfaltig sind die Verse, die in allen himmlischen Büchern und heiligen Schriften wiederholt zu diesem schwierigsten, erhabensten Thema offenbart worden sind. So hat Er offenbart: »Wir werden ihnen sicherlich Unsere Zeichen zeigen in der Welt und in ihnen selbst.«[2] Weiter spricht Er: »Und auch in euch selbst, wollt ihr da nicht die Zeichen Gottes schauen?«[3] Und wiederum offenbart Er: »Und seid nicht wie jene, die Gott vergessen und die Er darum ihr eigenes Selbst vergessen ließ«[4]. In die-

1. »Heilige Tradition« Muḥammads
2. Qur'án 41:53
3. Qur'án 51:21-22
4. Qur'án 59:20

sem Zusammenhang hat Er, der ewige König – mögen die Seelen aller, die im mystischen Tabernakel wohnen, ein Opfer für Ihn sein – gesprochen: »Wer sich selbst erkannt hat, hat Gott erkannt«.[1]

... Aus dem Gesagten wird deutlich, daß alle Dinge in ihrem innersten Wesenskern die Offenbarung der Namen und Attribute Gottes bezeugen. Jedes ist, je nach seiner Fähigkeit, ein Zeichen und Ausdruck der Erkenntnis Gottes. So mächtig und umfassend ist diese Offenbarung, daß sie alles Sichtbare und Unsichtbare umfängt. So hat Er offenbart: »Hat irgend etwas außer Dir eine Kraft der Offenbarung, die Dir fehlt, so daß es Dich hätte sichtbar machen können? Blind ist das Auge, das Dich nicht wahrnimmt«.[2] Ebenso hat der ewige König gesprochen: »Kein Ding habe ich geschaut, ich hätte denn Gott in ihm, Gott vor ihm oder Gott hinter ihm geschaut«.[3] Auch heißt es in der Traditionssammlung des Kumayl[4]: »Siehe, ein Licht strahlt auf aus dem Morgen der Ewigkeit, und siehe, seine Wellen sind in die innerste Wirklichkeit aller Menschen eingedrungen.« Der Mensch, das edelste und vollkommenste aller erschaffenen Wesen, übertrifft sie alle an Stärke dieser Offenbarung und ist ein umfassender Ausdruck ihrer Herrlichkeit. Von allen Menschen sind die vollendetsten, die ausgezeichnetsten und vollkommensten die Manifestationen der Sonne der Wahrheit. Ja, alle außer ihnen leben durch das Wirken ihres Willens; sie bewegen sich und verdanken ihr Sein ihrem Gnadenstrom.

1. Ausspruch des Imám ʿAlí
2. Gebet für den Tag ʿArafah, offenbart von Imám Ḥusayn
3. Ausspruch des Imám ʿAlí
4. Kumayl Ibn Ziyád al-Nakhaʾi, einer der engsten Vertrauten des Imám ʿAlí

91 Einer der Beweise für die Wahrheit dieser Offenbarung ist, daß in allen Zeitaltern und allen Sendungen, wann immer sich das unsichtbare Wesen in der Gestalt Seiner Manifestation offenbarte, einige unbekannte, von allen weltlichen Bindungen losgelöste Seelen bei der Sonne des Prophetentums und dem Monde göttlicher Führung Erleuchtung suchen und zur göttlichen Gegenwart gelangen. Darum pflegen die Geistlichen und die Reichen dieser Zeit solche Menschen zu schmähen und zu verspotten. So hat Er über diese Irrenden offenbart: »Da sprachen die Oberen Seines Volkes, die nicht glaubten: ›Wir sehen in Dir nur einen Menschen gleich uns, und wir sehen Dir nur die Niedrigsten folgen mit voreiligem Urteil; wir sehen in euch auch keinen Vorzug über uns. Nein, wir halten euch für Lügner.‹«[1] Sie schmähten die heiligen Manifestationen und redeten wider sie: »Keiner ist euch gefolgt außer dem Gesindel, das keiner Beachtung wert ist.« Damit wollten sie hervorheben, daß keiner von den Gelehrten, den Reichen und Angesehenen an sie glaubte. So und mit ähnlichen Gründen versuchten sie, die Falschheit dessen zu beweisen, der nur die Wahrheit spricht.

2 In dieser strahlendsten Sendung jedoch, unter dieser mächtigsten Souveränität sind eine Reihe erleuchteter Geistlicher, Männer von umfassender Bildung, Doktoren von vollendeter Weisheit, an Seinen Hof gelangt. Sie haben aus dem Kelch Seiner göttlichen Gegenwart getrunken und die Ehre Seiner alles überragenden Gunst empfangen. Um des Geliebten willen haben sie der Welt und allem darinnen entsagt...

3 Sie alle wurden vom Lichte der Sonne göttlicher Offenbarung geführt, sie haben Seine Wahrheit bekannt und anerkannt. So stark war ihr Glaube, daß die meisten um des

---

1. Qur'án 11:27

Allherrlichen Wohlgefallens willen Heim und Habe aufgaben. Sie weihten ihr Leben dem Vielgeliebten und gaben alles hin auf Seinem Pfade. Ihre Brust ward den Pfeilen des Feindes zur Zielscheibe, ihre Häupter schmückten die Speere der Ungläubigen. Kein Land, das nicht das Blut dieser Verkörperungen der Loslösung getrunken, kein Schwert, das nicht ihren Nacken geschlagen hätte. Allein ihre Taten beweisen die Wahrheit ihrer Worte. Genügt dem Volke dieses Tages das Zeugnis dieser heiligen Seelen nicht, die sich erhoben, das Leben für ihren Geliebten zu opfern, so ruhmvoll, daß alle Welt darob ins Staunen geriet? Ist dies kein genügendes Zeugnis für die Treulosigkeit derer, die ihren Glauben um ein Linsengericht verraten, die Unsterblichkeit um Vergängliches verschachert, den Kawthar göttlicher Gegenwart für Salzquellen aufgegeben haben und deren einziges Lebensziel es ist, sich des Eigentums anderer zu bemächtigen? Du hast ja selbst gesehen, wie sie sich alle mit den Eitelkeiten der Welt abgegeben haben und wie sie weit von Ihm, dem Herrn, dem Höchsten, abgeirrt sind.

Sei gerecht: Kann man auf das Zeugnis derer bauen, deren Taten mit ihren Worten übereinstimmen und deren äußeres Verhalten ihrem inneren Leben entspricht? Der Geist ist bestürzt über das, was sie vollbrachten, die Seele ergriffen von ihrer Tapferkeit und dem Schmerz, den sie ertrugen. Oder soll man dem Zeugnis jener ungläubigen Seelen folgen, die nichts als den Hauch ihrer selbstsüchtigen Wünsche atmen und im Käfig ihres eitlen Wahns gefangen sind? Wie die Fledermäuse der Finsternis heben sie ihr Haupt vom Lager nur, um den flüchtigen Dingen der Welt nachzujagen, und finden keine Ruhe bei Nacht, es sei denn im Trachten nach ihren schmutzigen Lebenszielen. In ihre selbstsüchtigen Pläne versunken, vergessen sie den göttlichen Befehl. Bei Tag streben sie mit ganzer Seele nach weltlichem Gewinn, und bei Nacht widmen sie sich nur der Befriedigung ihrer Sinneslust. Welches Gesetz, welche Norm könnte die Menschen rechtfertigen, wenn sie, der Ablehnung dieser kleingeistigen Seelen folgend, den Glauben derer verwerfen, die um Gottes Wohlgefallen auf Leib und Gut, Ruhm und Namen, Ansehen und Ehre verzichtet haben? ...

5 Mit welcher Liebe, welcher Ergebenheit, welchem Jubel und heiligem Entzücken haben sie ihr Leben auf dem Pfade des Allherrlichen geopfert! Diese Wahrheit bezeugen alle. Wie kann man diese Offenbarung dennoch herabsetzen? War je ein Zeitalter Zeuge eines Geschehens von so großer Tragweite? Wenn diese Gefährten nicht wahre Gottsucher waren, wer sollte dann so genannt werden? Haben sie Macht oder Ruhm gesucht? Haben sie je nach Reichtum getrachtet? Haben sie jemals einen Wunsch gehegt außer dem, Gott zu gefallen? Wenn diese Gefährten mit all ihren erstaunlichen Zeugnissen und wunderbaren Werken Lügner waren, wer wäre dann würdig, einen Wahrheitsanspruch zu erheben? Ich schwöre bei Gott! Allein schon ihre Taten sind ein ausreichendes Zeugnis, ein unwiderlegbarer Beweis für alle Völker der Erde, würden die Menschen doch im Herzen über die Mysterien göttlicher Offenbarung nachdenken! »Und die Frevler werden bald erkennen, welches Los ihrer harrt!«[1] ...

6 Denke nach über diese Märtyrer von unzweifelhafter Aufrichtigkeit, deren Wahrhaftigkeit der klare Text des Buches bezeugt. Sie haben, wie du erlebt hast, alles geopfert, ihr Leben, ihr Vermögen, ihre Frauen und ihre Kinder, und sind zu den erhabensten Gemächern des Paradieses aufgestiegen. Ist es gerecht, das Zeugnis dieser losgelösten, erhabenen Wesen für die Wahrheit dieser alles überragen-

---

1. Qur'án 26:228

den, herrlichen Offenbarung zu verwerfen und dem Verdammungsurteil zu folgen, das dieses strahlende Licht von jenem treulosen Volk erfahren hat, das des Goldes wegen seinen Glauben aufgegeben und im Streben nach Führerschaft Ihn, den ersten Führer der ganzen Menschheit, verworfen hat? Ihr wahrer Charakter ist jetzt vor allen offenbar: Sie wurden als Menschen erkannt, die für Gottes heiligen Glauben nicht einmal auf ein Jota, auf einen Deut ihrer irdischen Herrschaft verzichten, geschweige denn auf ihr Leben, Vermögen und dergleichen.

92

Das Buch Gottes ist weit aufgeschlagen, und Sein Wort ruft die Menschheit vor Ihn; doch nur eine knappe Handvoll hat sich willens gefunden, Seiner Sache zu folgen oder zum Werkzeug ihrer Verbreitung zu werden. Diese wenigen haben das göttliche Elixier erlangt, das allein die Schlacken dieser Welt in lauteres Gold verwandeln kann, und wurden ermächtigt, die unfehlbare Arznei gegen alle Leiden zu reichen, von denen die Menschenkinder heimgesucht werden. Nur der kann das ewige Leben erlangen, der die Wahrheit dieser unschätzbaren, dieser wundersamen und erhabenen Offenbarung annimmt.

O Freunde Gottes, neigt euer Ohr der Stimme dessen, dem die Welt Unrecht tut, und haltet euch an das, was Seine Sache erhöht. Er, wahrlich, führt, wen immer Er will, auf Seinen geraden Pfad. Dies ist die Offenbarung, die dem Schwachen Kraft einflößt und den Armen mit Reichtum krönt.

Beratet in größter Freundlichkeit und im Geiste vollkommener Brüderlichkeit, und verbringt die kostbaren Tage eures Lebens damit, die Welt zu bessern und die Sache dessen voranzutragen, der der ewige, höchste Herr über alles ist. Wahrlich, Er befiehlt allen Menschen, was recht ist, und verbietet, was ihre Stufe herabsetzt.

93

Wisse, daß alles Erschaffene ein Zeichen der Offenbarung Gottes ist. Ein jedes ist nach seiner Fähigkeit ein Zeichen des Allmächtigen und wird es immerdar bleiben. Da Er, der souveräne Herr über alles, Seine unumschränkte Herrschaft im Reiche der Namen und Attribute offenbaren wollte, wurde alles Erschaffene kraft göttlichen Willens zum Zeichen Seiner Herrlichkeit. So durchdringend, so umfassend ist diese Offenbarung, daß im ganzen Weltall nichts zu entdecken ist, das nicht Seinen Glanz widerspiegelte. So wird jede Betrachtung über Nähe und Ferne zunichte... Würde die Hand göttlicher Macht alles Erschaffene dieser hohen Gabe entkleiden, so wäre das ganze All wüst und leer.

2 Sieh, wie unermeßlich erhaben über alles Erschaffene der Herr, dein Gott ist! Bezeuge die Majestät Seiner Herrschaft, Seine Überlegenheit und höchste Macht. Wenn die Dinge, die durch Ihn – gepriesen sei Seine Herrlichkeit – erschaffen und dazu bestimmt wurden, Seine Namen und Attribute zu offenbaren, kraft der ihnen verliehenen Gnade hoch über aller Nähe und Ferne stehen, wieviel erhabener muß dann jenes göttliche Wesen sein, das sie ins Dasein gerufen hat! ...

3 Denke nach über das Dichterwort: »Wundere dich nicht, wenn mir mein Geliebter näher steht als ich mir selbst, wundere dich, daß ich trotz dieser Nähe Ihm so ferne bin«... In Anspielung auf das von Gott offenbarte Wort: »Wir sind dem Menschen näher als seine Halsschlagader«[1]

---

1. Qur'án 50:17

hat der Dichter gesagt: Obgleich die Offenbarung meines Herzensgeliebten mein Wesen so durchdrungen hat, daß Er mir näher ist als meine Halsschlagader, bin ich trotz meiner Gewißheit von der Wirklichkeit dieser Offenbarung, trotz der Erkenntnis meiner Stufe Ihm noch so ferne. Damit meint er, daß sein Herz, der Sitz des Allbarmherzigen, der Thron, auf dem der Glanz Seiner Offenbarung ruht, seinen Schöpfer vergißt, von Seinem Pfade abirrt, sich selbst von Seiner Herrlichkeit ausschließt und befleckt ist vom Schmutz irdischer Wünsche.

Dabei sollte man sich dessen erinnern, daß der eine, wahre Gott in sich selbst über Nähe und Ferne hoch erhaben ist. Seine Wirklichkeit übersteigt solche Begrenzungen. Sein Verhältnis zu Seinen Geschöpfen kennt keine Abstufungen. Daß die einen nahe, andere aber ferne sind, ist auf die Manifestationen Gottes zu beziehen.

Daß das Herz der Thron ist für die Offenbarung Gottes, des Allbarmherzigen, wird von den heiligen Worten bezeugt, die Wir früher offenbart haben. Darunter ist der Spruch: »Erde und Himmel können Mich nicht fassen, Mich fassen kann nur das Herz dessen, der an Mich glaubt und Meiner Sache treu ist.«[1] Wie oft ist das menschliche Herz, Empfänger des Lichtes Gottes, Sitz der Offenbarung des Allbarmherzigen, abgeirrt von Ihm, der Quelle dieses Lichtes, dem Ursprung dieser Offenbarung. Es ist die Widerspenstigkeit des Herzens, die es weit von Gott wegführt und zum Fernsein von Ihm verdammt. Die Herzen aber, die um Seine Gegenwart wissen, sind Ihm vertraut und als Seinem Throne nahe anzusehen.

Bedenke überdies, wie oft der Mensch sich selbst vergißt, während Gott in Seinem allumfassenden Wissen stets um Sein Geschöpf weiß und immer den offenbaren Glanz

---

1. »Heilige Tradition« Muḥammads

Seiner Herrlichkeit über ihn ausbreitet. Da leuchtet es ein, daß Er dem Menschen näher ist als dessen eigenes Ich. Er wird es wahrlich immer bleiben, denn während der eine, wahre Gott alles weiß, alles wahrnimmt und alles umfaßt, neigt der sterbliche Mensch zum Irrtum, der Geheimnisse unkundig, die in ihm selbst ruhen...

7 Niemand bilde sich ein, Unsere Erklärung, daß alle erschaffenen Dinge Zeichen der Offenbarung Gottes seien, bedeute – Gott behüte –, daß alle Menschen, gut oder böse, fromm oder gottlos, vor Gott gleich seien. Sie besagt auch nicht, daß sich das göttliche Sein – gelobt sei Sein Name und gepriesen Seine Herrlichkeit – etwa mit den Menschen vergleichen oder irgendwie Seinen Geschöpfen beigesellen ließe. Diesen Fehler begingen gewisse Toren, die, in die Wolken ihrer eitlen Einbildungen verstiegen, die göttliche Einheit so auslegten, als bedeute sie, daß alle erschaffenen Dinge Zeichen Gottes seien und folglich keinerlei Unterschied zwischen ihnen bestehe. Einige haben sie noch mit der Behauptung übertroffen, diese Zeichen seien Ebenbürtige und Gefährten Gottes. Gnädiger Gott! Er ist wahrlich eins und unteilbar, eins in Seinem Wesen, eins in Seinen Eigenschaften. Alles außer Ihm ist wie nichts, wenn es vor die strahlende Offenbarung nur eines Seiner Namen, vor die leiseste Andeutung Seiner Herrlichkeit gebracht wird – wieviel weniger, wenn es Seinem Selbst gegenübergestellt ist!

8 Bei der Rechtmäßigkeit Meines Namens, der Allbarmherzige! Die Feder des Höchsten zittert und bebt und ist tief erschüttert bei der Offenbarung dieser Worte. Wie winzig, wie nichtig ist der verschwindende Tropfen, verglichen mit den Wellen und Wogen des grenzenlosen, ewigen Meeres Gottes, wie verächtlich muß alles Bedingte und Vergängliche erscheinen, wenn es der unerschaffenen, unaussprechlichen Herrlichkeit des Ewigen gegenübergestellt

wird! Wir bitten Gott, den Allmächtigen, für die um Vergebung, die solchen Glauben hegen und solche Worte äußern. Sprich: O Volk! Wie kann ein flüchtiger Wahn mit dem Selbstbestehenden gleichgestellt, wie kann der Schöpfer mit Seinen Geschöpfen verglichen werden, die nur wie der Schriftzug Seiner Feder sind? Nein, Seine Schrift übertrifft alle Dinge und ist geheiligt und unermeßlich erhaben über alle Seine Geschöpfe.

Bedenke ferner die Zeichen der Offenbarung Gottes in ihrer Beziehung zueinander. Kann die Sonne, die nur eines dieser Zeichen ist, als gleichen Ranges mit der Dunkelheit angesehen werden? Der eine, wahre Gott ist Mein Zeuge! Kein Mensch kann das glauben, so er nicht zu jenen gehört, deren Herzen verstockt und deren Augen verblendet sind. Sprich: Denkt an euch selbst. Eure Nägel und eure Augen sind beides Teile eures Körpers. Betrachtet ihr sie als gleich in Rang und Wert? Wenn ihr es bejaht, dann sprich: Ihr habt in der Tat den Herrn, meinen Gott, den Allherrlichen, des Betrugs bezichtigt, weil ihr das eine beschneidet und das andere so zärtlich hegt wie euer Leben. 9

Es ist keinesfalls erlaubt, die Grenzen der eigenen Stellung und Stufe zu überschreiten. Jede Stellung und Stufe muß in ihrer Unversehrtheit gewahrt werden. Das heißt, daß jedes erschaffene Ding im Lichte der Stufe zu betrachten ist, die ihm zugewiesen wurde. 10

Es sollte jedoch bedacht werden, daß jedem erschaffenen Ding, als das Licht Meines Namens, der Alldurchdringende, seinen Glanz über das All erstrahlte, nach einem festgesetzten Ratschluß die Fähigkeit verliehen worden ist, einen besonderen Einfluß zu üben und eine bestimmte Tugend zu besitzen. Denke an die Wirkung von Gift. Obwohl es tödlich ist, hat es doch die Kraft, unter gewissen Bedingungen heilend zu wirken. Die Kraft, die allem Erschaffenen eingegeben wurde, ist das unmittelbare Ergebnis der 11

Offenbarung dieses gesegnetsten Namens. Verherrlicht sei Er, der Schöpfer aller Namen und Eigenschaften! Wirf den faulen, verdorrten Baum ins Feuer, weile im Schatten des stattlichen, grünen Baumes und genieße seine Früchte!

12 Die Menschen, die in den Tagen der Manifestationen Gottes leben, führen zumeist solche ungebührlichen Reden. Sie sind ausführlich in den offenbarten Büchern und heiligen Schriften niedergelegt.

13 Der glaubt wirklich an die Einheit Gottes, der in jedem erschaffenen Ding das Zeichen der Offenbarung dessen erkennt, der die Ewige Wahrheit ist, nicht aber der, der behauptet, das Geschöpf sei vom Schöpfer nicht zu unterscheiden.

14 Denke zum Beispiel an die Offenbarung des Lichtes des Namens Gottes, der Erzieher. Siehe, wie die Beweise einer solchen Offenbarung in allen Dingen zutage treten, wie die Kultivierung aller Wesen von ihm abhängt. Diese Erziehung ist zweifacher Art. Die eine ist allumfassend, ihr Einfluß durchdringt und erhält alle Dinge. Aus diesem Grunde hat Gott die Benennung »Herr aller Welten«[1] angenommen. Die andere ist auf jene beschränkt, die unter den Schatten dieses Namens gekommen sind und den Schutz dieser mächtigsten Offenbarung gesucht haben. Wer es aber versäumt, diesen Schutz zu suchen, hat sich selbst seines Vorrechts beraubt und ist außerstande, aus der geistigen Nahrung Nutzen zu ziehen, die durch die himmlische Gnade dieses Größten Namens herniedergesandt worden ist. Welch tiefe Kluft trennt die eine Art von der anderen! Würde der Schleier gehoben und in voller Herrlichkeit die Stufe derer offenbart, die sich gänzlich Gott zugewandt und in ihrer Liebe zu Ihm von der Welt losgesagt haben, so wäre die ganze Schöpfung verblüfft. Wer wahrhaft an die

---

1. vgl. Qur'án 1:2, 2:132, 5:29, 6:46,72, etc.

Einheit Gottes glaubt, wird, wie schon erklärt, im Gläubigen und im Nichtgläubigen die Beweise der Offenbarung dieser beiden Namen erkennen. Würde diese Offenbarung zurückgenommen, würde alles zugrunde gehen.

Denke in gleicher Weise an die Offenbarung des Lichtes des Namens Gottes, der Unvergleichliche! Sieh, wie dieses Licht die ganze Schöpfung umhüllt, wie jedes Ding die Zeichen Seiner Einheit aufweist, die Wirklichkeit dessen bezeugt, der die Ewige Wahrheit ist, und von Seiner höchsten Herrschaft, Seiner Einzigkeit und Macht kündet. Diese Offenbarung ist ein Zeichen Seiner Gnade, die alles Erschaffene umfaßt. Aber jene, die Ihm Gefährten zugesellen, wissen nichts von einer solchen Offenbarung und sind des Glaubens beraubt, durch den sie Ihm nahe kommen und mit Ihm vereint werden könnten. Siehe, wie die verschiedenen Völker und Geschlechter der Erde Seine Einheit bezeugen und Seine Einzigkeit erkennen. Wäre nicht das Zeichen der Einheit Gottes in ihnen, hätten sie die Wahrheit der Worte »Es ist kein Gott außer Gott«[1] niemals anerkannt. Und dennoch, bedenke, wie schwer sie irren und von Seinem Pfade abweichen! Weil sie versäumen, den höchsten Offenbarer anzuerkennen, gehören sie nicht mehr zu denen, die man als wahrhaft an die Einheit Gottes Glaubende ansehen kann.

Dieses Zeichen der Offenbarung des göttlichen Wesens in denen, die Ihm Gefährten beigesellen, kann in gewissem Sinn als Widerspiegelung der Herrlichkeit angesehen werden, die die Gläubigen erleuchtet. Diese Wahrheit kann jedoch nur verstehen, wer mit Verständnis begabt ist. Die, welche die Einheit Gottes wahrhaft erkennen, sollten als die ersten Offenbarungen dieses Namens betrachtet werden. Sie sind es, die den Wein göttlicher Ein-

1. vgl. hierzu Qur'án 3:63, 20:15, 21:26, 47:19

heit aus dem Kelche trinken, den ihnen Gottes Hand reicht, und die Ihm ihr Angesicht zuwenden. Welch großer Abstand trennt diese geheiligten Wesen von jenen, die Gott so ferne sind! ...

17   Gebe Gott, daß du mit durchdringender Schau in allen Dingen das Zeichen der Offenbarung des Altehrwürdigen Königs wahrnehmest und erkennest, wie erhaben und geheiligt über die ganze Schöpfung dieses hehrste, heiligste Wesen ist. Das ist in Wahrheit die eigentliche Wurzel und der Kern des Glaubens an die Einheit und Einzigkeit Gottes. »Gott war allein; es war keiner neben Ihm.«[1] Er ist jetzt, was Er immer gewesen ist. Es ist kein Gott außer Ihm, dem Einen, dem Unvergleichlichen, dem Allmächtigen, dem Höchsterhabenen, dem Größten.

94

Und nun zu deinem Hinweis auf das Bestehen zweier Götter. Gib acht, daß du dich nicht verleiten lässest, dem Herrn, deinem Gott, Gefährten beizugesellen! Er ist und war von Ewigkeit her einzig und allein, ohne Gefährten oder Seinesgleichen, ewig in der Vergangenheit, ewig in der Zukunft, gesondert von allen Dingen, immerwährend, unveränderlich und selbstbestehend. Er hat sich in Seinem Reich keinen Teilhaber bestimmt, keinen Berater, Ihn zu beraten, keinen, Ihm zu vergleichen, keinen, mit Seiner Herrlichkeit zu wetteifern. Jedes Atom des Alls bezeugt dies, und darüber hinaus die Bewohner der Reiche der Höhe, sie, die die erhabensten Sitze einnehmen, sie, derer Namen vor dem Throne der Herrlichkeit gedacht wird.

2   Bestätige in deinem innersten Herzen dieses Zeugnis, das Gott selbst für sich ausspricht, daß kein Gott ist außer

1. Ḥadíth

Ihm, daß alle außer Ihm auf Sein Geheiß erschaffen, mit Seiner Erlaubnis geformt sind, Seinem Gesetz unterliegen, den herrlichen Beweisen Seiner Einheit gegenüber einer vergessenen Sache gleichen und wie ein Nichts sind, wenn sie den mächtigen Offenbarungen Seiner Einheit gegenübergestellt werden.

Er ist in Wahrheit durch alle Ewigkeit Einer gewesen in Seinem Wesen, Einer in Seinen Eigenschaften, Einer in Seinen Werken. Jeglicher Vergleich trifft nur Seine Geschöpfe, und alle Vorstellungen von einer Teilhaberschaft betreffen allein die, welche Ihm dienen. Unermeßlich erhaben ist Sein Wesen über die Beschreibungen Seiner Geschöpfe. Er allein thront auf dem Sitze überirdischer Majestät und erhabenster, unerreichbarer Herrlichkeit. Wie hoch sich die Menschenherzen, den Vögeln gleich, auch aufschwingen, sie können niemals hoffen, die Höhen Seines unerkennbaren Wesens zu erreichen. Er ist es, der die ganze Schöpfung ins Dasein rief, der alles Erschaffene auf Sein Geheiß entstehen ließ. Sollte da irgend etwas als Sein Gefährte oder als eine Verkörperung Seiner selbst angesehen werden, das kraft eines von Seiner Feder offenbarten, vom Finger Seines Willens gelenkten Wortes geboren ist? Ferne sei es Seiner Herrlichkeit, daß eine menschliche Feder oder Zunge Sein Geheimnis andeute, daß ein menschliches Herz Sein Wesen begreife. Alle außer Ihm stehen arm und verlassen an Seiner Tür, alle sind machtlos vor der Größe Seiner Macht, alle sind nur Sklaven in Seinem Königreich. Er ist reich genug, aller Geschöpfe zu entraten.

Das Band der Dienstbarkeit, das zwischen dem Anbetenden und dem Angebeteten, zwischen dem Geschöpf und dem Schöpfer besteht, sollte als ein Zeichen Seiner gütigen Huld für die Menschen betrachtet werden, nicht aber als Anzeichen irgendeines Verdienstes, das sie besitzen mögen. Dies bezeugt jeder wahre, einsichtige Gläubige.

95 Wisse, daß nach dem, was dein Herr, der Herr aller Menschen, in Seinem Buche verfügt hat, die Gnadengaben, die Er der Menschheit gewährt, unendlich weitreichend sind und immer bleiben werden. <u>Die erste und vornehmste unter den Gaben, die der Allmächtige den Menschen verliehen hat, ist die des Verstandes.</u> Seine Absicht bei der Verleihung einer solchen Gabe ist allein die, Sein Geschöpf zu befähigen, den einen, wahren Gott zu erkennen und anzuerkennen – gepriesen sei Seine Herrlichkeit! Diese Gabe gibt dem Menschen die Kraft, in allen Dingen die Wahrheit herauszufinden; sie führt ihn zu dem, was recht ist, und hilft ihm, die Geheimnisse der Schöpfung zu entdecken. Die nächste an Bedeutung ist die Sehkraft, das Hauptwerkzeug, womit der Verstand wirken kann. Der Gehörsinn, die Empfindungen des Herzens und dergleichen zählen gleichfalls zu den Gaben, mit denen der menschliche Körper ausgestattet ist. Unermeßlich erhaben ist der Allmächtige, der diese Kräfte erschaffen und im Leib des Menschen offenbart hat.

2 Jede dieser Gaben ist ein schlüssiger Beweis für die Majestät, die Macht, die Überlegenheit, das allumfassende Wissen des einen, wahren Gottes – gepriesen sei Seine Herrlichkeit. Denke an den Tastsinn. Bezeuge, wie seine Kraft über den ganzen menschlichen Körper verbreitet ist. Während die Fähigkeiten des Gesichts und Gehörs jeweils auf ein bestimmtes Organ festgelegt sind, umfaßt der Tastsinn die ganze menschliche Gestalt. Verherrlicht sei Seine Macht, gepriesen sei Seine Herrschaft!

3 Diese Gaben ruhen im Menschen selbst. Was alle anderen Gaben überragt, was seinem Wesen nach unzerstörbar ist und Gott selbst zugehört, ist die Gabe der göttlichen Offenbarung. Jede Wohltat, die der Schöpfer dem Menschen erweist, ob materiell oder geistig, ist dieser untergeordnet.

Sie ist ihrem Wesen nach das Brot, das vom Himmel herabkommt, und wird es immer bleiben. Sie ist Gottes erhabenstes Zeugnis, der klarste Beweis Seiner Wahrheit, das Zeichen Seiner vollendeten Güte, das Unterpfand Seiner allumfassenden Barmherzigkeit, der Beweis Seiner liebevollen Vorsehung, das Sinnbild Seiner vollkommensten Gnade. Wer Seine Manifestation an diesem Tage anerkennt, der hat wirklich teil an dieser höchsten Gabe Gottes.

Danke deinem Herrn dafür, daß Er dir eine so große Gabe verliehen hat. Erhebe deine Stimme und sprich: Aller Lobpreis sei Dir, o Du, der Du die Sehnsucht jedes verstehenden Herzens bist!

96

Die Feder des Höchsten ruft unablässig, und doch, wie wenige sind es, die auf ihre Stimme hören! Die Bewohner des Reiches der Namen sind mit dem bunten Kleid der Welt befaßt. Sie vergessen, daß jeder mit Augen zu sehen und mit Ohren zu hören bereitwillig erkennen muß, wie vergänglich alle Farben dieses Kleides sind.

Neues Leben durchpulst in dieser Zeit alle Völker der Erde, und doch hat niemand seine Ursache entdeckt und seine Triebfeder erkannt. Sieh, wie die Völker des Westens auf ihrer Jagd nach dem, was eitel und belanglos ist, zahllose Leben opfern, um diese Güter zu sichern und zu mehren. Die Völker Persiens hingegen sind der Hort einer klaren, leuchtenden Offenbarung, deren Erhabenheit und ruhmreiches Ansehen die ganze Erde erfüllt hat, und doch sind sie niedergeschlagen und in tiefe Teilnahmslosigkeit versunken.

O Freunde! Vernachlässigt die Tugenden nicht, die euch verliehen wurden, noch versäumt eure hohe Bestimmung. Laßt eure Mühe nicht am leeren Trug scheitern, den manche Herzen ersonnen haben. Ihr seid die Sterne am Himmel des Verstehens, der frische Wind, der am Morgen weht, das ruhig fließende Wasser, von dem das wahre Leben aller Menschen abhängt, die Buchstaben auf Seiner heiligen Schriftrolle. Strengt euch an, in größter Eintracht und im Geiste vollkommener Verbundenheit, daß ihr vollbringt, was diesem Tage Gottes angemessen ist. Wahrlich, lch sage, Streit, Hader und was immer der Geist des Menschen verabscheut, sind seiner Stufe völlig unwürdig. Verbreitet mit all euren Kräften den Glauben Gottes. Wer immer einer so hohen Berufung würdig ist, der mache sich auf, den Glauben zu fördern. Wer dies nicht vermag, soll jemanden bestimmen, der an seiner Statt diese Offenbarung verkündet, deren Gewalt die Grundmauern der mächtigsten Bauten beben macht, jeden Berg zu Staub zermalmt und jede Seele bestürzt. Wäre die Größe dieses Tages in ihrer Fülle offenbart, so würde jeder Mensch aus Sehnsucht, an seiner großen Herrlichkeit auch nur einen Augenblick lang teilzuhaben, auf Abertausende von Leben verzichten – wieviel mehr noch auf diese Welt und ihre vergänglichen Schätze!

4 Laßt euch in allen euren Taten von Klugheit leiten, und haltet treu an ihr fest. So Gott will, werdet ihr alle die Kraft erhalten, Gottes Willen zu vollbringen, und wird euch gnädiglich geholfen werden, den Rang zu würdigen, der denen unter Seinen Geliebten verliehen wurde, die sich erheben, Ihm zu dienen und Seinen Namen zu preisen. Auf ihnen ruhe die Herrlichkeit Gottes, die Herrlichkeit all dessen, was in den Himmeln und auf Erden ist, und die Herrlichkeit der Bewohner des höchsterhabenen Paradieses, des Himmels der Himmel.

97 Bedenke die Zweifel, die jene, die Gott Gefährten zugesellen, den Menschen dieses Landes ins Herz träufeln. »Wird es je möglich sein«, so fragen sie, »Kupfer in Gold zu verwandeln?« Sprich: Ja, bei meinem Herrn, es ist möglich. Das Geheimnis liegt jedoch in Unserem Wissen verborgen. Wir werden es enthüllen, wem Wir wollen. Wer immer Unsere Macht bezweifelt, bitte den Herrn, seinen Gott, daß Er ihm das Geheimnis erschließe und ihn von seiner Wahrheit überzeuge. Daß Kupfer in Gold verwandelt werden kann, ist in sich ein genügender Beweis dafür, daß ebenso Gold in Kupfer verwandelt werden kann – wenn sie doch diese Wahrheit begreifen könnten! Jedes Mineral kann dazu gebracht werden, Dichte, Bau und Masse eines anderen Minerals anzunehmen. Das Wissen darüber ist bei Uns im Verborgenen Buche.

98 Sprich: O ihr Schar der Geistlichen! Wägt Gottes Buch nicht mit Maßstäben und Wissenschaften, wie sie bei euch im Schwange sind. Denn das Buch selbst ist die untrügliche Waage, die unter den Menschen aufgestellt ist. Auf dieser vollkommenen Waage muß alles gewogen werden, was die Völker und Geschlechter der Erde besitzen, während ihre Gewichte nach ihrem eigenen Richtmaß geprüft werden sollten – könntet ihr es doch erkennen!

Bitterlich weint das Auge Meiner liebenden Güte über euch, weil ihr versäumt habt, Ihn zu erkennen, den ihr Tag und Nacht, des Abends wie des Morgens, anruft. O ihr Menschen, schreitet mit schneeweißem Antlitz und strahlendem Herzen voran zu dem gesegneten, hochroten Ort, wo der Sidratu'l–Muntahá ruft: »Wahrlich, es ist kein Gott außer Mir, dem allmächtigen Beschirmer, dem Selbstbestehenden!«

3   O ihr Schar der Geistlichen! Wer ist unter euch, der sich an enthüllender Schau und Einsicht mit Mir messen könnte? Wo ist der zu finden, der zu behaupten wagt, Mir an Rede und Weisheit ebenbürtig zu sein? Nein, bei Meinem Herrn, dem Allbarmherzigen! Alles auf Erden wird vergehen, dies aber ist das Antlitz eures Herrn, des Allmächtigen, des Vielgeliebten.

4   Wir haben bestimmt, o Menschen, daß der höchste, letzte Zweck aller Gelehrsamkeit die Anerkennung dessen sei, der das Ziel aller Erkenntnis ist; und doch seht, wie ihr eurer Gelehrsamkeit gestattet habt, euch wie durch einen Schleier zu trennen von Ihm, dem Tagesanbruch dieses Lichtes, durch den alles Verborgene offenbart worden ist. Könntet ihr den Quell entdecken, woraus der Glanz dieser Rede strömt, ihr würdet die Völker der Welt und all ihren Besitz verwerfen und euch diesem gesegneten Throne der Herrlichkeit nahen.

5   Sprich: Dies ist wahrlich der Himmel, in dem das Mutterbuch verwahrt ist, könntet ihr es doch verstehen! Er ist es, der den Felsen rufen ließ, der den Brennenden Busch auf dem Berge hoch über dem Heiligen Lande die Stimme erheben und verkünden ließ: »Das Reich ist Gottes, des souveränen Herrn über alle, des Allmachtvollen, des Liebenden!«

6   Wir haben weder eine Schule besucht noch eure Abhandlungen gelesen. Neigt euer Ohr den Worten dieses Ungelehrten. Er ruft euch vor Gott, den Ewigbestehenden. Dies ist besser für euch als alle Schätze der Erde, könntet ihr es doch begreifen.

99

Die Lebenskraft des Gottesglaubens stirbt aus in allen Landen. Nur Seine heilende Arznei kann sie jemals wiederherstellen. Der

Schwamm der Gottlosigkeit frißt sich in das Mark der menschlichen Gesellschaft. Was außer dem Heiltrank Seiner machtvollen Offenbarung kann sie reinigen und neu beleben? Liegt es in menschlicher Macht, o Hakím, in den Bestandteilen irgendeines der winzigen, unteilbaren Teilchen der Materie eine so völlige Umwandlung zu bewirken, daß sie in lauteres Gold verwandelt wird? So verwirrend und schwierig dies erscheinen mag, Wir wurden bevollmächtigt, die noch größere Aufgabe zu erfüllen, satanische Stärke in himmlische Macht zu verwandeln. Die Kraft zu einer solchen Umwandlung übertrifft die Wirksamkeit des Lebenselixiers. Das Wort Gottes allein kann für sich in Anspruch nehmen, zu einer so großen, so weitreichenden Wandlung fähig zu sein.

100 Die Stimme des göttlichen Heroldes ruft vom Throne Gottes hernieder und kündet: O Meine Geliebten! Duldet nicht, daß der Saum Meines heiligen Gewandes mit den Dingen der Welt beschmutzt und befleckt werde, und folgt nicht den Lockungen eurer bösen und verderbten Wünsche. Die Sonne göttlicher Offenbarung, die in der Fülle ihrer Herrlichkeit vom Himmel dieses Gefängnisses strahlt, zeugt für Mich. Die ihr Herz Ihm, dem Ziel der Anbetung für die ganze Schöpfung, zuwenden, müssen sich an diesem Tage unbedingt über alle erschaffenen Dinge, sichtbar oder unsichtbar, erheben und von ihnen geheiligt sein. Wenn sie sich aufmachen, Meine Sache zu lehren, müssen sie sich vom Odem dessen, der der Unbezwungene ist, beleben lassen. Sie müssen Meine Sache mit fester Entschlossenheit über die ganze Erde verbreiten, mit einem Geist, der ganz auf Ihn gerichtet ist, mit Herzen, die von allen Dingen völlig gelöst und unabhängig sind, und mit Seelen, die über die Welt und ihre Nichtigkeiten geheiligt sind. Es geziemt ihnen, das Gottvertrauen als beste Wegzehrung für die Reise zu wählen und sich mit der Liebe ihres Herrn, des Erhabensten, des Allherrlichen, zu umgeben. Wenn sie so verfahren, werden ihre Worte die Hörer beeinflussen.

2 Welch tiefe, welch unermeßlich tiefe Kluft trennt Uns von denen, die sich an diesem Tage ihren üblen Leidenschaften hingeben und ihre Hoffnung auf die Dinge der Welt und ihren vergänglichen Ruhm setzen! Oft war der Hof des Allbarmherzigen dem äußeren Anschein nach so von allen Reichtümern dieser Welt entblößt, daß die, welche in enger Gemeinschaft mit Ihm lebten, bittere Not litten. Trotz ihrer Leiden war die Feder des Höchsten nie geneigt, auf das, was der Welt und ihren Schätzen zugehört, hinzuweisen oder auch nur anzuspielen. Und wurde Ihm je eine Gabe dargeboten, so wurde sie nur angenommen als Zeichen Sei-

ner Gnade für den Geber. Sollte es Uns gefallen, Uns alle Schätze der Erde zu Unserem eigenen Gebrauch anzueignen, so hätte niemand das Recht, Unsere Amtsgewalt zu bezweifeln oder Unser Recht zu bestreiten. Man kann sich jedoch keine niedrigere Tat vorstellen, als im Namen des einen, wahren Gottes die Reichtümer zu begehren, die die Menschen besitzen.

Dir und den Anhängern dessen, der die Ewige Wahrheit ist, obliegt es, alle Menschen zu dem zu rufen, was sie von aller Bindung an die Dinge der Erde heiligt und von deren Besudelung reinigt, damit der süße Duft vom Gewande des Allherrlichen an Seinen Geliebten erkennbar wird.

Wer aber Reichtümer besitzt, muß den Armen größte Beachtung schenken; denn groß ist die Ehre, die Gott jenen Armen bestimmt hat, die standhaft in der Geduld sind. Bei Meinem Leben! Keine Ehre außer der, die Gott zu verleihen beliebt, kann sich mit dieser Ehre vergleichen. Großer Segen erwartet die Armen, die geduldig ausharren und ihre Leiden verbergen, und wohl steht es um die Reichen, die ihren Reichtum den Bedürftigen spenden und diese sich selbst vorziehen.

Gebe Gott, daß sich die Armen bemühen und danach streben, sich die Mittel zum Lebensunterhalt zu verdienen. Dies ist eine Pflicht, die in dieser größten Offenbarung jedem auferlegt wurde, und gilt vor Gott als gutes Werk. Wer immer diese Pflicht erfüllt, dem wird ganz gewiß die Hilfe des Unsichtbaren zuteil. Er kann durch Seine Gnade reich machen, wen immer Er will. Er, wahrlich, hat Macht über alle Dinge...

O 'Alí, sage den Geliebten Gottes, daß Gerechtigkeit die grundlegende menschliche Tugend ist. Auf ihr beruht zwangsläufig die Bewertung aller Dinge, Denke eine Weile nach über die Leiden und Trübsäle, die dieser Gefangene erduldet. Mein Leben lang war Ich Meinen Feinden auf

Gnade und Ungnade ausgeliefert und habe jeden Tag auf dem Pfade der Liebe Gottes eine neue Drangsal erlitten. Ich habe geduldig ausgeharrt, bis der Ruhm der Sache Gottes weithin auf Erden verbreitet war. Wenn nun jemand aufstehen und, vom eitlen Wahn seines Herzens verleitet, offen oder im geheimen danach trachten sollte, Zwietracht unter den Menschen zu säen – könnte man von einem solchen Menschen sagen, sein Handeln sei gerecht? Nein, bei Ihm, dessen Macht alle Dinge umfaßt! Bei meinem Leben! Mein Herz seufzt, meine Augen weinen bitterlich um die Sache Gottes und um die, welche nicht verstehen, was sie sagen, und sich einbilden, was sie nicht begreifen können.

7 An diesem Tag Gottes geziemt es allen Menschen, sich fest an den Größten Namen zu halten und die Einheit der ganzen Menschheit zu errichten. Es gibt keinen Ort, dahin man fliehen könnte, keine Zuflucht, die man fände, außer bei Ihm. Sollte sich jemand zu Worten hinreißen lassen, die die Menschen von den Ufern des grenzenlosen Meeres Gottes abhalten und dazu bringen, ihr Herz an anderes zu hängen als an dieses herrliche, offenbare Wesen, das eine menschlicher Begrenzung unterworfene Gestalt angenommen hat – so wird ein solcher Mensch, wie hoch seine Stellung auch sei, von der ganzen Schöpfung gerügt als einer, der sich selbst der süßen Düfte des Allbarmherzigen beraubt hat.

8 Sprich: Seid gerecht in euerem Urteil, ihr Menschen mit verstehendem Herzen! Wer in seinem Urteil ungerecht ist, entbehrt der Merkmale, die die Stufe des Menschen auszeichnen. Er, die Ewige Wahrheit, weiß wohl, was des Menschen Brust verbirgt. Seine große Langmut hat Seine Geschöpfe kühn gemacht, denn erst, wenn die festgesetzte Zeit gekommen ist, wird Er die Schleier zerreißen. Seine alles überragende Barmherzigkeit hat den Grimm Seines Zornes zurückgehalten und die meisten Menschen wähnen

lassen, der eine, wahre Gott bemerke nicht, was sie insgeheim begehen. Bei Ihm, dem Allwissenden, dem Allunterrichteten! Der Spiegel Seines Wissens strahlt die Taten aller Menschen wider in vollkommener Klarheit, Genauigkeit und Treue. Sprich: Preis sei Dir, der Du die Sünden der Schwachen und Hilflosen verbirgst! Verherrlicht sei Dein Name, o Du, der Du den Achtlosen vergibst, die sich wider Dich vergehen!

Wir haben den Menschen verboten, dem Wahn ihrer Herzen zu folgen, damit sie befähigt werden, Ihn, den höchsten Ursprung und das Ziel alles Wissens, zu erkennen, und damit sie anerkennen, was Er zu offenbaren beliebt. Bezeuge, wie sie sich in ihren leeren Einbildungen und eitlen Vorstellungen verfangen haben! Bei Meinem Leben! Sie sind selbst die Opfer dessen, was ihre eigenen Herzen ersonnen haben, und doch merken sie es nicht. Leer und nutzlos ist das Wort ihrer Lippen, und doch verstehen sie es nicht. 9

Wir flehen zu Gott, daß Er allen Menschen gnädig Seine Gunst gewähre und sie befähige, zur Erkenntnis Seiner und ihrer selbst zu gelangen. Bei Meinem Leben! Wer Ihn erkennt, wird sich in die Unendlichkeit Seiner Liebe aufschwingen und losgelöst sein von der Welt und allem, was darinnen ist. Nichts auf Erden wird ihn von seiner Bahn ablenken, wieviel weniger diejenigen, die aus ihrem leeren Wahn heraus Dinge reden, die Gott verboten hat. 10

Sprich: Dies ist der Tag, da jedes Ohr auf Seine Stimme hören muß. Achtet auf den Ruf dieses Unterdrückten, verherrlicht den Namen des einen, wahren Gottes, schmückt euch mit dem Schmuck Seines Gedenkens und erleuchtet euer Herz mit dem Lichte Seiner Liebe! Dies ist der Schlüssel, der die Herzen der Menschen öffnet, die Politur, welche die Seelen aller Lebewesen reinigt. Wer außer acht läßt, was aus der Hand des Willens Gottes geflossen ist, lebt in 11 offenbarem Irrtum. Freundschaft und rechtes Verhalten kennzeichnen den wahren Glauben, nicht aber Streit und Zwietracht.

12 Verkünde den Menschen, was Er, der die Wahrheit spricht, der Träger des Vertrauens Gottes, dir zu beachten befohlen hat. Meine Herrlichkeit sei mit dir, der du Meinen Namen anrufst, dessen Augen auf Meinen Hof blicken und dessen Zunge das Lob deines Herrn, des Wohltätigen, ausspricht.

101 Der Offenbarung jedes himmlischen Buches, ja jedes von Gott offenbarten Verses liegt die Absicht zugrunde, alle Menschen mit Rechtschaffenheit und Verstand zu begaben, damit Friede und Ruhe fest unter ihnen begründet seien. Was immer den Herzen der Menschen Zuversicht einflößt, was ihre Stufe erhöht oder ihre Zufriedenheit fördert, ist vor Gott annehmbar. Wie erhaben ist die Stufe, die der Mensch erreichen kann, wenn er sich nur entschließt, seine hohe Bestimmung zu erfüllen! In welche Tiefen der Erniedrigung kann er absinken, Tiefen, die die niedrigsten Geschöpfe nie erreicht haben! O Freunde, ergreift die Gelegenheit, die dieser Tag euch bietet, und verscherzt nicht die großmütigen Gaben Seiner Gnade! Ich flehe zu Gott, daß Er jeden von euch gnädiglich befähige, sich an diesem gesegneten Tage mit dem Schmuck reiner, heiliger Taten zu schmücken. Wahrlich, Er tut, was immer Er will.

102 Habe ein offenes Ohr, o Volk, für das, was Ich in Wahrheit dir sage. Der eine, wahre Gott, gepriesen sei Seine Herrlichkeit, hat seit jeher die Herzen der Menschen als Seinen eigenen, ausschließlichen Besitz betrachtet und wird dies immer tun. Alles andere, zu Lande oder zu Wasser, Reichtum oder Ruhm, hat Er den Königen und Herrschern der Erde vermacht. Vom Anfang an, der keinen Anfang hat, wurde das Banner mit den Worten »Er tut, was immer Er will«[1] in all seiner Pracht vor Seiner Manifestation entfaltet. Was der Menschheit an diesem Tage nottut, ist Gehorsam gegen die, welche die Gewalt in Händen haben, und gewissenhaftes Festhalten am Seile der Weisheit. Die wesentlichen Mittel für den unmittelbaren Schutz, die Ruhe und Sicherheit des Menschengeschlechts sind den Führern der menschlichen Gesellschaft anvertraut und liegen in ihrer Gewalt. Das ist der Wunsch Gottes und Sein Ratschluß... Wir hegen die Hoffnung, daß sich einer der Könige der Erde um Gottes willen für den Triumph dieses unterdrückten, dieses bedrängten Volkes erheben wird. Ein solcher König wird ewig gepriesen und verherrlicht werden. Gott hat es diesem Volke zur Pflicht gemacht, jeden, der ihm beisteht, zu unterstützen, seinen besten Interessen zu dienen und ihm bleibende Treue zu erweisen. Wer Mir folgt, muß unter allen Umständen bestrebt sein, die Wohlfahrt eines jeden zu fördern, der sich für den Triumph Meiner Sache erhebt, und muß ihm Ergebenheit und Anhänglichkeit erzeigen. Glücklich der Mensch, der auf Meinen Rat hört und ihm folgt! Wehe dem, der Meinen Wunsch nicht erfüllt.

103 Gott hat durch Seine Zunge, die die Wahrheit spricht, auf allen Seinen Tafeln diese Worte bezeugt: »Ich bin Der, der im Abhá-Reiche der Herrlichkeit lebt.«

1. Qur'án 2:254, 3:41, 14:28, 22:15, 22:19

2   Bei der Gerechtigkeit Gottes! Er sieht von den Höhen dieser erhabenen, dieser heiligen, dieser mächtigen, allüberragenden Stufe alle Dinge. Er hört alle Dinge und verkündet zu dieser Stunde: Selig bist du, o Javád, weil du erreicht hast, was noch kein Mensch vor dir erreicht hat. Ich schwöre bei Ihm, der Ewigen Wahrheit! Du hast die Augen der Bewohner des erhabenen Paradieses erfreut. Das Volk indes ist völlig achtlos. Wollten Wir deine Stufe enthüllen, die Herzen der Menschen würden zutiefst erschüttert, ihre Füße würden straucheln, die Verkörperungen der Prahlsucht wären sprachlos, fielen zu Boden nieder und steckten die Finger der Achtlosigkeit in die Ohren, um nichts hören zu müssen.

3   Gräme dich nicht über die, die sich mit den Dingen dieser Welt beschäftigen und Gott, den Größten, vergessen. Bei Ihm, der Ewigen Wahrheit! Der Tag naht, da des Allmächtigen grimmer Zorn sie erfassen wird. Er ist wahrlich der Allgewaltige, der Allüberwinder, der Machtvollste. Er wird die Erde vom Schmutz ihrer Verderbtheit reinigen und wird sie denen unter Seinen Dienern zum Erbe geben, die Ihm nahe sind.

4   Sprich: O Menschen! Staub fülle euch den Mund, und Asche verfinstere euch die Augen; denn ihr habt den göttlichen Josef um ein Spottgeld verschachert. O welches Elend lastet auf euch, die ihr vom rechten Wege so weit abgeirrt seid! Habt ihr euch in eueren Herzen eingebildet, ihr hättet die Macht, Ihn und Seine Sache zu übertreffen? Weit gefehlt! Dies bezeugt Er selbst, der Allmächtige, der Erhabenste, der Größte.

5   Bald werden euch die Stürme Seiner Züchtigung schlagen, und der Staub der Hölle wird euch einhüllen. Die Menschen, die der Erde Tand und Zierrat angehäuft und sich verächtlich von Gott abgewandt haben, sie haben beides verloren, diese Welt und die kommende. Bald wird

Gott ihnen durch die Hand der Macht ihre Besitztümer nehmen und das Gewand Seiner Gaben entziehen. Dies werden sie bald selbst erleben. Auch du wirst es bezeugen.

Sprich: O ihr Menschen! Laßt euch von diesem Leben und seinem Trug nicht trügen, denn die Welt und alles, was in ihr ist, liegt fest in der Gewalt Seines Willens. Er schenkt Seine Gunst, wem Er will, und Er entzieht sie, wem Er will. Er tut, was Ihm beliebt. Hätte die Welt in Seinen Augen einen Wert, so hätte Er es nie zugelassen, daß Seine Feinde sie besitzen, nicht einmal im Ausmaß eines Senfkorns. Er hat euch jedoch in ihre Angelegenheiten verstrickt sein lassen zum Lohn für das, was euere Hände an Seiner Sache bewirkt haben. Das ist in der Tat eine Züchtigung, die ihr euch nach euerem eigenen Willen zugefügt habt – könntet ihr es doch begreifen! Freut ihr euch der Dinge, die nach Gottes Urteil verächtlich und wertlos sind, der Dinge, mit denen Er die Herzen der Zweifler prüft?

104

O Völker der Welt! Wisset wahrlich, daß unerwartetes Unheil euch verfolgt und schmerzliche Vergeltung euer harrt. Wähnet nicht, was ihr begangen habt, sei vor Meinem Angesicht getilgt. Bei Meiner Schönheit! Alle eure Taten hat Meine Feder mit klaren Lettern auf Tafeln von Chrysolith gemeißelt.

105

O Könige der Erde! Er, der souveräne Herr aller, ist gekommen. Das Reich ist Gottes, des allmächtigen Beschützers, des Selbstbestehenden. Betet niemanden an außer Gott, und erhebt euer Angesicht strahlenden Herzens zu eurem Herrn, dem

Herrn aller Namen. Dies ist eine Offenbarung, mit der niemals vergleichbar ist, was ihr besitzet, o daß ihr es doch wüßtet!

2 Wir sehen, wie ihr euch dessen freut, was ihr für andere angesammelt, und euch ausschließt von den Welten, deren Zahl allein Meine wohlverwahrte Tafel weiß. Die Schätze, die ihr sammelt, lenken euch weit ab von eurem letzten Ziel. Dies steht euch übel an – könntet ihr es doch verstehen! Reinigt eure Herzen von allem irdischen Schmutz und eilt in das Reich eures Herrn, des Schöpfers von Erde und Himmel, der die Welt erzittern und alle ihre Völker wehklagen ließ, außer jenen, die allem entsagten und sich an das hielten, was die Verborgene Tafel verfügt hat.

3 Dies ist der Tag, da Er, der mit Gott Zwiesprache hielt, das Licht des Altehrwürdigen der Tage erlangte und das reine Wasser der Wiedervereinigung aus diesem Kelche trank, der die Meere anschwellen ließ. Sprich: Bei dem einen wahren Gott! Sinai kreist um den Morgen der Offenbarung, während von den Höhen des Königreiches die Stimme des Geistes Gottes vernommen wird, wie sie verkündet: »Machet euch auf, ihr Hochmütigen auf Erden, und eilet zu Ihm!« Karmel eilt an diesem Tage in sehnsüchtiger Anbetung, Seinen Hof zu erreichen, während aus dem Herzen Zions der Ruf ertönt: »Die Verheißung ist erfüllt. Was in der heiligen Schrift Gottes, des Erhabensten, des Allmächtigen, des Höchstgeliebten, angekündigt war, ist offenbar geworden.«

4 O Könige der Erde! Das Größte Gesetz ward an diesem Ort, an dieser Stätte höchsten Glanzes, offenbart. Alles Verborgene wurde ans Licht gebracht durch den Willen des höchsten Gesetzgebers, dessen, der die letzte Stunde anbrechen ließ, der den Mond gespalten und jeden unwiderruflichen Ratschluß ausgeführt hat.

.

Ihr seid nur Vasallen, o Könige der Erde! Er, der König der Könige, ist erschienen, gekleidet in Seine wunderbarste Herrlichkeit, und lädt euch vor sich, den Helfer in Gefahr, den Selbstbestehenden. Habt acht, daß Hochmut euch nicht abhalte, den Quell der Offenbarung zu erkennen, daß die Dinge dieser Welt euch nicht wie ein Schleier von Ihm, dem Schöpfer des Himmels, trennen. Erhebet euch und dienet Ihm, dem Verlangen aller Völker, der euch durch ein Wort erschaffen und euch für alle Zeit zu Sinnbildern Seiner Souveränität bestimmt hat.

Bei der Gerechtigkeit Gottes! Wir haben nicht den Wunsch, Hand an eure Reiche zu legen. Unser Auftrag ist, von den Herzen der Menschen Besitz zu ergreifen. Auf sie sind die Augen Bahás gerichtet. Dies bezeugt das Reich der Namen, könntet ihr es doch verstehen. Wer seinem Herrn folgt, wird der Welt und allem darin entsagen. Wieviel größer muß da die Loslösung dessen sein, der eine so erhabene Stufe innehat! Gebt eure Paläste auf und eilt, Zutritt in Sein Reich zu erlangen. Dies wird euch wahrlich in dieser und der künftigen Welt nützen. Der Herr des Reiches der Höhe bezeugt es, würdet ihr es doch erkennen.

Welch großer Segen harrt des Königs, der sich erhebt, Meiner Sache in Meinem Reiche beizustehen, und sich von allem loslöst außer von Mir! Ein solcher König zählt zu den Gefährten der Roten Arche – der Arche, die Gott dem Volke Bahás bereitet hat. Alle müssen seinen Namen verherrlichen, seine Stufe ehren und ihm helfen, die Städte aufzuschließen mit den Schlüsseln Meines Namens, der Allmächtige Beschützer, für alle Bewohner der sichtbaren und der unsichtbaren Reiche. Ein solcher König ist das Auge der Menschheit, der leuchtende Schmuck auf der Stirn der Schöpfung, der Brunnquell des Segens für die ganze Welt. O Volk Bahás, opfert eure Habe, ja euer Leben zu seinem Beistand!

106

Der allwissende Arzt legt Seinen Finger an den Puls der Menschheit. Er erkennt die Krankheit und verschreibt in Seiner unfehlbaren Weisheit die Arznei. Jede Zeit hat ihr eigenes Problem, jede Seele ihre besondere Sehnsucht. Das Heilmittel, dessen die Welt in ihren heutigen Nöten bedarf, kann nicht das gleiche sein, das ein späteres Zeitalter erfordern mag. Befaßt euch gründlich mit den Nöten der Zeit, in der ihr lebt, und legt den Schwerpunkt eurer Überlegungen auf ihre Bedürfnisse.

2 Wir nehmen sehr wohl wahr, wie das ganze Menschengeschlecht von großen, unberechenbaren Drangsalen umgeben ist. Wir sehen es auf seinem Krankenlager dahinsiechen, schwer geprüft und enttäuscht. Jene, die von Eigendünkel trunken sind, haben sich zwischen die Menschen und den göttlichen, unfehlbaren Arzt gedrängt. Sieh, wie sie alle Menschen, sich selbst eingeschlossen, in das Netzwerk ihrer List verstrickt haben. Sie können weder die Ursache der Krankheit erkennen noch haben sie die geringste Kenntnis von der Arznei. Sie halten das Gerade für krumm und wähnen, ihr Freund sei ihr Feind.

3 Neigt euer Ohr der süßen Weise dieses Gefangenen. Steht auf und erhebt eure Stimme, auf daß die tief Schlafenden wach werden. Sprecht: O ihr, die ihr wie tot seid! Die Hand göttlicher Güte reicht euch das Wasser des Lebens. Eilt herzu und trinkt euch satt! Wer an diesem Tage wiedergeboren wird, soll niemals sterben; wer tot bleibt, soll niemals leben.

107

Er, der euer Herr ist, der Allerbarmer, hegt in Seinem Herzen die Sehnsucht, das ganze Menschengeschlecht als eine Seele und einen Leib zu sehen. Eilt, euren Anteil an Gottes Gunst und Gnade zu erlangen an diesem Tage, der alle erschaffenen Tage in den Schatten stellt. Welch große Glückseligkeit harrt des Menschen, der all seine Habe aufgibt aus Sehnsucht, die Gaben Gottes zu erlangen! Ein solcher Mensch, Wir bezeugen es, gehört zu Gottes Seligen.

108

Wir haben euch eine Frist gesetzt, o Völker! Wenn ihr versäumt, euch bis zur festgesetzten Stunde Gott zuzuwenden, wird Er wahrlich gewaltig Hand an euch legen und schwere Leiden von allen Seiten über euch kommen lassen. Wie streng ist fürwahr die Züchtigung, mit der euer Herr euch dann züchtigen wird!

109

O Kamál! Die Höhen, die der sterbliche Mensch durch Gottes gnädigste Gunst an diesem Tage erreichen kann, sind seinem Blick bis jetzt noch nicht enthüllt. Die Welt des Seins hat noch nie die Aufnahmefähigkeit für eine solche Offenbarung gehabt und besitzt sie auch jetzt nicht. Doch naht der Tag, da die Möglichkeiten einer so großen Gunst kraft Seines Befehls den Menschen kundgetan werden. Selbst wenn die Streitkräfte der Nationen gegen Ihn zu Felde zögen, selbst wenn die Könige der Erde sich verbündeten, Seine Sache zu vernichten, bliebe die Kraft Seiner Macht dennoch unerschüttert. Er, wahrlich, spricht die Wahrheit und ruft die ganze Menschheit auf den Weg zu Ihm, dem Unvergleichlichen, dem Allwissenden.

Der Mensch wurde erschaffen, eine ständig fortschreitende Kultur voranzutragen. Der Allmächtige bezeugt Mir: Wie die Tiere auf dem Felde zu leben, ist des Menschen unwürdig. Die Tugenden, die seiner Würde anstehen, sind

Geduld, Erbarmen, Mitleid und Güte für alle Völker und
Geschlechter der Erde. Sprich: O Freunde! Trinkt euch satt
aus diesem kristallklaren Strom, der durch die himmlische
Gnade dessen dahinfließt, der der Herr aller Namen ist.
Laßt in Meinem Namen andere an seinen Wassern teilhaben, damit die Führer der Menschen in allen Landen klar
erkennen, aus welchem Grund die Ewige Wahrheit offenbart ist und warum sie selbst erschaffen wurden.

110 Das Erhabenste Wesen spricht: O ihr Menschenkinder! Der Hauptzweck, der den
Glauben Gottes und Seine Religion beseelt,
ist, das Wohl des Menschengeschlechts zu sichern, seine
Einheit zu fördern und den Geist der Liebe und Verbundenheit unter den Menschen zu pflegen. Laßt sie nicht zur
Quelle der Uneinigkeit und der Zwietracht, des Hasses und
der Feindschaft werden. Dies ist der gerade Pfad, die feste,
unverrückbare Grundlage. Was immer auf dieser Grundlage
errichtet ist, dessen Stärke können Wandel und Wechsel
der Welt nie beeinträchtigen, noch wird der Ablauf zahlloser Jahrhunderte seinen Bau untergraben. Unsere Hoffnung ist, daß sich die religiösen Führer der Welt und ihre
Herrscher vereint für die Neugestaltung dieses Zeitalters
und die Wiederherstellung seiner Wohlfahrt erheben werden. Laßt sie, nachdem sie über seine Nöte nachgedacht
haben, zusammen beraten und nach sorgsamer, reiflicher
Überlegung einer kranken, schwer leidenden Welt das
Heilmittel darreichen, dessen sie bedarf... Die an der
Macht sind, haben die Pflicht, Mäßigung in allen Dingen
zu üben. Was die Grenzen der Mäßigung überschreitet,
hört auf, wohltätigen Einfluß auszuüben. Betrachtet zum
Beispiel Gegenstände wie Freiheit, Zivilisation und dergleichen. Wie wohlgefällig verständige Menschen sie auch im-

mer betrachten mögen, ins Übermaß gesteigert, werden sie verderblichen Einfluß auf die Menschen haben... So Gott will, werden die Völker der Welt als Ergebnis der hohen Bestrebungen ihrer Herrscher sowie der Weisen und Gelehrten unter den Menschen dahin geführt werden, ihr wahres Wohl zu erkennen. Wie lange wird die Menschheit in ihrem Eigensinn verharren? Wie lange wird das Unrecht fortbestehen? Wie lange sollen Chaos und Verwirrung unter den Menschen herrschen? Wie lange wird Zwietracht das Antlitz der Gesellschaft zerwühlen? Ach, die Winde der Verzweiflung wehen aus jeder Richtung, und der Hader, der das Menschengeschlecht spaltet und peinigt, nimmt täglich zu. Die Zeichen drohender Erschütterungen und des Chaos sind jetzt deutlich zu sehen, zumal die bestehende Ordnung erbärmlich mangelhaft erscheint. Ich flehe zu Gott, gepriesen sei Seine Herrlichkeit, Er möge die Völker der Erde gnädig erwecken, möge ihnen gewähren, daß das Ergebnis ihres Verhaltens nutzbringend für sie sei, und ihnen helfen, das zu vollbringen, was ihrer Stufe würdig ist.

111

O ihr streitenden Völker und Geschlechter der Erde! Richtet euer Angesicht auf die Einheit und laßt den Glanz ihres Lichtes auf euch scheinen. Versammelt euch und beschließt um Gottes willen, alles zu tilgen, was zum Streit unter euch führt. Dann werden die Strahlen dieser erhabenen Sonne die ganze Erde umhüllen. Ihre Bewohner werden zu Bürgern *einer* Stadt werden und auf demselben Thron sitzen. Dieser Unterdrückte hatte seit den frühen Tagen Seines Lebens kein anderes Verlangen als dieses und wird auch weiterhin keinen anderen Wunsch hegen. Ohne Zweifel verdanken die Völker der Welt, welcher Rasse oder Religion sie auch angehören, ihre Erleuchtung derselben himmlischen Quelle.

[1]

Sie sind einem einzigen Gott untertan. Unterschiede der Regeln und Riten, denen sie folgen, müssen den wechselnden Erfordernissen und Bedürfnissen der Zeitalter zugeschrieben werden, in denen sie offenbart wurden. Alle bis auf wenige, die aus menschlichen Launen entstanden, wurden von Gott verfügt und sind eine Widerspiegelung Seines Willens und Zieles. Erhebt euch und schlagt, bewaffnet mit der Kraft des Glaubens, die Götzen eures leeren Wahns in Stücke, die Zwietracht unter euch säen. Haltet euch an das, was euch zusammenführt und eint. Dies ist wahrlich das erhabenste Wort, das vom Mutterbuch herabgesandt und euch offenbart ward. So bezeugt es die Zunge der Größe an ihrer Stätte der Herrlichkeit.

112 Seht den Aufruhr, der die Welt seit vielen langen Jahren heimsucht, und die Verwirrung, die ihre Völker ergriffen hat. Entweder ist sie durch Krieg verwüstet oder von plötzlichem, unerwartetem Unheil gepeinigt worden. Obwohl Not und Elend die Welt umhüllen, hat doch kein Mensch innegehalten und darüber nachgedacht, was der Grund und Ursprung sei. Wann immer der Wahre Ratgeber ein Mahnwort sprach, siehe, da beschuldigten Ihn alle, Er sei ein Unheilstifter, und wiesen Seinen Anspruch zurück. Wie bestürzend, wie verwirrend ist ihr Verhalten! Keine zwei Menschen sind zu finden, von denen man sagen könnte, daß sie äußerlich und innerlich einig seien. Überall sind die Zeichen des Zwiespalts und der Bosheit sichtbar, obwohl alle zu Harmonie und Einigkeit erschaffen wurden. Das Erhabene Wesen spricht: O ihr Vielgeliebten! Das Heiligtum der Einheit ist errichtet; betrachtet einander nicht als Fremde. Ihr seid die Früchte eines Baumes, die Blätter eines Zweiges. Wir hegen die Hoffnung, daß das Licht der Ge-

rechtigkeit über die Welt scheine und sie von aller Tyrannei heilige. Wenn die Herrscher und Könige der Erde, die Sinnbilder der Macht Gottes – gepriesen sei Seine Herrlichkeit – sich erheben und beschließen, sich dem zu weihen, was das höchste Wohl der ganzen Menschheit fördert, dann wird die Herrschaft der Gerechtigkeit sicherlich unter den Menschenkindern errichtet, und ihre Lichtstrahlen werden die ganze Erde umhüllen. Das Erhabene Wesen spricht: Das Bauwerk der Beständigkeit und Ordnung dieser Welt ist auf den beiden Pfeilern von Lohn und Strafe errichtet und wird weiterhin von ihnen getragen werden... An anderer Stelle hat Er geschrieben: Hüte dich, o Schar der Herrscher in der Welt! Es gibt keine Macht auf Erden, die an sieghafter Gewalt der Macht der Gerechtigkeit und Weisheit gleichkäme... Selig der König, der das Banner der Weisheit vor sich entfaltet und voranschreitet, die Heere der Gerechtigkeit hinter sich scharend. Er ist wahrlich der Schmuck, der die Stirn des Friedens und das Antlitz der Sicherheit ziert. Zweifellos würde das Antlitz der Erde völlig verwandelt, wenn die von den Wolken der Tyrannei verdunkelte Sonne der Gerechtigkeit ihr Licht über die Menschen ergösse.

113 Bildest du dir ein, o Gesandter des Sháh in der Stadt,[1] Ich hätte das endgültige Schicksal der Sache Gottes in der Hand? Denkst du, Meine Gefangenschaft oder die Schmach, die Ich erdulde, oder selbst Mein Tod und Meine völlige Vernichtung könnten ihren Lauf ändern? Erbärmlich ist, was du dir in deinem Herzen einbildest! Du gehörst wahrlich zu denen, die dem leeren Wahn ihres Herzens folgen. Es ist kein Gott

---

1. Konstantinopel

außer Ihm. Mächtig, ist Er, Seine Sache zu offenbaren, Sein Zeugnis zu erhöhen, aufzurichten, was immer Sein Wille ist, und es zu einem so erhabenen Rang emporzuheben, daß weder deine Hände noch die Hände derer, die sich von Ihm abgewandt haben, es je berühren oder schädigen können.

2 Glaubst du, du hättest die Macht, Seinen Willen zu durchkreuzen, Ihn zu hindern, Sein Gericht zu vollziehen, oder Ihn davon abzuhalten, Seine Herrschaft auszuüben? Meinst du, irgend etwas in den Himmeln und auf Erden könne Seinem Glauben widerstehen? Nein, bei Ihm, der die Ewige Wahrheit ist! Nichts in der ganzen Schöpfung kann Seine Absicht vereiteln, wirf darum den leeren Trug, dem du folgst, hinweg, denn leerer Trug kann niemals die Wahrheit ersetzen. Gehöre zu denen, die wahrhaft bereuen und zu Gott zurückkehren, dem Gott, der dich erschaffen, dich ernährt und dich zum Amtsträger gemacht hat unter denen, die deinen Glauben bekennen.

3 Wisse ferner, daß Er es ist, der durch Seinen eigenen Befehl alles erschaffen hat, was in den Himmeln und auf Erden ist. Wie kann sich da ein Ding, das durch Sein Gebot erschaffen ist, gegen Ihn durchsetzen? Hoch erhaben ist Gott über das, was ihr euch von Ihm vorstellt, ihr Volk der Bosheit. Wenn diese Sache von Gott ist, kommt kein Mensch gegen sie auf, und wenn sie nicht von Gott ist, werden die Geistlichen unter euch und die, die ihren Lastern und Begierden folgen, und jene, die sich gegen Ihn auflehnen, zweifellos hinreichen, sie zu überwältigen.

4 Hast du nicht gehört, was ehedem ein Mann aus der Familie des Pharao, ein Glaubender, sagte, und was Gott Seinem Gesandten berichtete, den Er vor allen menschlichen Wesen auserwählt, mit Seiner Botschaft betraut und zum Quell Seiner Barmherzigkeit gemacht hat für alle, die auf Erden wohnen? Er sagte, und Er, wahrlich, spricht die

Wahrheit: »Wollt ihr einen Menschen erschlagen, weil er sagt: Mein Herr ist Gott, wenn er schon mit Beweisen seiner Sendung vor euch steht? Wenn er ein Lügner ist, wird seine Lüge auf ihn zurückfallen; aber wenn er wahrhaftig ist, wird zumindest ein Teil dessen, was er androht, über euch kommen.«[1] Dies ist es, was Gott Seinem Vielgeliebten in Seinem untrüglichen Buche offenbart hat.

Und doch habt ihr versäumt, auf Sein Gebot zu hören, habt Sein Gesetz mißachtet, habt Seinen Rat, wie er in Seinem Buche verzeichnet ist, verworfen und gehört zu denen, die weit von Ihm abgeirrt sind. Wieviele sind euretwegen jedes Jahr und jeden Monat getötet worden! Wie vielfältig ist das Unrecht, das ihr begangen habt – Unrecht, desgleichen das Auge der Schöpfung nie gesehen, kein Geschichtsschreiber je verzeichnet hat! Wieviele Kinder und Säuglinge wurden zu Waisen gemacht, wieviele Väter verloren ihre Söhne durch euere Grausamkeit, o ihr Übeltäter! Wie oft hat eine Schwester, von Gram verzehrt, um ihren Bruder getrauert! Wie oft hat ein Weib um den Gatten und einzigen Ernährer geklagt!

Euer Unrecht wuchs und wuchs, bis ihr Ihn erschluget, der Seine Augen nie vom Antlitz Gottes, des Erhabensten, des Größten, abgewendet hat. Hättet ihr Ihn nur umgebracht, wie Menschen einander umzubringen pflegen! Ihr aber habt Ihn unter solchen Umständen erschlagen, wie kein Mensch sie je erlebt hat. Die Himmel haben Ihn bitter beweint, und die Seelen derer, die Gott nahe sind, klagten über Sein Leid. War Er nicht ein Sproß aus dem ehrwürdigen Geschlecht eueres Propheten? War nicht Sein Ruhm als eines direkten Nachkommen des Gottgesandten weit verbreitet unter euch? Warum habt ihr Ihm dann zugefügt, was kein Mensch, wie weit ihr auch zurückdenket, je ei-

---

1. Qur'án 40:29

nem anderen zugefügt hat? Bei Gott – das Auge der Schöpfung hat nie euresgleichen gesehen! Ihr erschlaget Ihn, den Sproß aus dem Hause eueres Propheten, und freuet euch und sitzt behaglich auf eueren Ehrensitzen! Ihr sprecht euere Verwünschungen gegen die aus, die vor euch waren und begangen haben, was ihr begangen habt, und die ganze Zeit seid ihr euerer eigenen Greuel nicht gewahr!

7 Seid gerecht in eurem Urteil! Haben die, die ihr verdammt und auf die ihr Unheil herabruft, anders gehandelt als ihr selbst? Haben sie nicht den Nachkommen ihres Propheten erschlagen, wie ihr den Nachkommen des eurigen erschlugt? Ist euer Verhalten nicht dem ihren ähnlich? Warum behauptet ihr dann, anders zu sein als sie, o ihr, die ihr Zwietracht sät unter den Menschen?

8 Als ihr Ihm das Leben nahmt, erhob sich einer Seiner Anhänger, Seinen Tod zu rächen. Die Menschen kannten ihn nicht, und des Planes, den er gefaßt hatte, war niemand gewahr. Schließlich tat er, was vorausbestimmt war. Es geziemt euch darum, niemanden außer euch selbst zu tadeln für das, was ihr begangen habt, wenn ihr nur gerecht urteilen wolltet! Wer auf der ganzen Erde hat getan, was ihr getan habt? Niemand, bei Ihm, dem Herrn aller Welten!

9 Alle Herrscher und Könige der Erde achten und ehren die Nachkommen ihrer Propheten und Heiligen – könntet ihr es doch erkennen! Ihr dagegen seid verantwortlich für Taten, wie kein Mensch sie je begangen hat. Euere Missetaten haben jedes verstehende Herz mit Kummer erfüllt, und doch bliebt ihr in euere Unachtsamkeit versunken und vermochtet die Bosheit euerer Taten nicht zu erkennen.

10 Ihr verharrtet in euerer Widerspenstigkeit, bis ihr euch gegen Uns erhobt, obwohl Wir nichts getan haben, was euere Feindschaft rechtfertigen könnte. Fürchtet ihr euch nicht vor Gott, der euch erschuf und bildete, der euch euere Kraft erlangen ließ und euch mit denen vereinigte, die sich

Ihm ergeben haben?[1] Wie lange noch wollt ihr in euerer Widerspenstigkeit verharren? Wie lange noch wollt ihr euch weigern nachzudenken? Wie lange soll es noch dauern, bis ihr eueren Schlaf abschüttelt und aus euerer Achtlosigkeit erwacht? Wie lange noch werdet ihr die Wahrheit unbeachtet lassen?

Denke nach in deinem Herzen! Vermochtet ihr durch euer Verhalten und all das, was euere Hände gewirkt haben, das Feuer Gottes zu ersticken oder das Licht Seiner Offenbarung auszulöschen – ein Licht, das mit seinem Glanz jene umhüllt, die in die wogenden Meere der Unsterblichkeit versunken sind, und die Seelen derer anzieht, die wahrhaft an die Einheit Gottes glauben und an ihr festhalten? Wißt ihr nicht, daß die Hand Gottes über eueren Händen ist, daß Sein unwiderruflicher Ratschluß all euere List übersteigt, daß Er erhaben ist über Seine Diener, daß Er und Seine Absicht eins sind, daß Er tut, was Er will, daß Er nicht um Seinen Willen befragt werden darf, daß Er verordnet, was Ihm gefällt, daß Er der Machtvollste, der Allmächtige ist? Wenn ihr glaubt, daß dies die Wahrheit ist, warum wollt ihr dann nicht aufhören, Unruhe zu stiften, und in Frieden mit euch selbst sein?

Ihr begeht jeden Tag ein neues Unrecht und behandelt Mich, wie ihr Mich in vergangenen Zeiten behandelt habt, obwohl Ich niemals versuchte, Mich in euere Angelegenheiten zu mischen. Nie habe ich Mich euch widersetzt noch Mich gegen euere Gesetze aufgelehnt. Seht, wie ihr Mich schließlich zum Gefangenen in diesem entlegenen Lande gemacht habt! Wißt jedoch gewiß, daß all das, was euere Hände oder die Hände der Ungläubigen bewirken, niemals – wie es auch früher niemals geschah – die Sache Gottes wandeln oder Seine Wege ändern wird.

---

1. den Muslimen

13 Achte auf Meine Warnung, o Volk Persiens! Sollte ich von euerer Hand erschlagen werden, so wird Gott gewiß einen erwecken, der den durch Meinen Tod leergewordenen Platz einnehmen wird. Denn so ist Gottes Handeln seit alters gewesen, und keine Veränderung könnt ihr in Gottes Handeln finden. Sucht ihr Gottes Licht auszulöschen, das auf Seine Erde scheint? Zuwider ist Gott, was ihr wünscht. Er wird Sein Licht zum Strahlen bringen, wenn ihr es auch im Dunkel eueres Herzens verabscheut.

14 Halte nur ein wenig inne, o Gesandter, denke nach und sei gerecht in deinem Urteil! Was haben Wir begangen, das dir ein Recht gäbe, Uns bei den Ministern des Königs zu schmähen, deinen Begierden zu folgen, die Wahrheit zu verdrehen und deine Verleumdungen gegen Uns auszusprechen? Wir sind uns nur einmal begegnet, als Wir dich im Hause deines Vaters trafen, in den Tagen, da des Märtyrertodes des Imám Ḥusayn gedacht wurde. Bei solchen Anlässen hat niemand die Möglichkeit, durch Unterhaltung oder Vortrag andere mit seinen Ansichten und Glaubensanschauungen bekanntzumachen. Du wirst die Wahrheit Meiner Worte bezeugen, wenn du zu den Wahrhaftigen gehörst. Ich habe keine anderen Versammlungen besucht, in denen du Meine Gesinnung hättest erfahren können, oder in denen irgendein anderer dies hätte tun können. Wie also fälltest du dein Urteil über Mich, wenn du Mein Zeugnis nicht von Mir selbst gehört hast? Hast du nicht gehört, was Gott – gepriesen sei Seine Herrlichkeit – gesprochen hat: »Saget nicht zu jedem, der euch mit einem Gruß begegnet: ›Du bist kein Gläubiger.‹«[1] »Verstoße die nicht, die am Morgen und am Abend zu ihrem Herrn rufen und sich sehnen, Sein Antlitz zu erblicken.«[2] Du hast in der Tat außer

---

1. Qur'án 4:95
2. Qur'án 6:53

acht gelassen, was das Buch Gottes vorschreibt, und hältst dich dennoch für einen Gläubigen!

Trotz allem, was du tatest, hege Ich – Gott ist Mein Zeuge – keinen Groll gegen dich noch gegen sonst jemanden, obwohl du und andere Uns solchen Schaden zufügten, wie es keiner, der an die Einheit Gottes glaubt, ertragen kann. Meine Sache liegt allein in Gottes Hand, und Mein Vertrauen ruht nur in Ihm. Bald werden euere Tage dahingehen, wie die Tage derer, die jetzt in offenkundigem Hochmut vor ihrem Nächsten prahlen. Bald werdet ihr in der Gegenwart Gottes versammelt und nach eueren Taten gefragt, und es wird euch für das, was euere Hände bewirkt haben, vergolten, und elend ist die Wohnstatt der Übeltäter!

Bei Gott! Würdest du erkennen, was du getan hast, du würdest gewiß bitterlich über dich weinen und schutzsuchend zu Gott fliehen, würdest vor Gram vergehen und alle Tage deines Lebens trauern, bis Gott dir vergeben hat, denn Er, wahrlich, ist der Großmütigste, der Allgütige. Du aber wirst bis zur Stunde deines Todes in deiner Achtlosigkeit verharren, weil du dich mit Herz, Leib und Seele und mit deinem innersten Sein den Nichtigkeiten der Welt ergeben hast. Nach deinem Hinscheiden wirst du entdecken, was wir dir offenbart haben, und wirst alle deine Taten verzeichnet finden in dem Buche, das die Werke aller, die auf Erden wohnen, verzeichnet, sei ihr Gewicht größer oder geringer als das eines Atoms. Achte darum auf Meinen Rat und lausche Meiner Rede mit dem Gehör deines Herzens; sei nicht gleichgültig gegen Meine Worte und gehöre nicht zu denen, die Meine Wahrheit verwerfen. Rühme dich nicht dessen, was dir gegeben wurde. Halte dir vor Augen, was im Buche Gottes, des Helfers in Gefahr, des Allherrlichen, offenbart ist: »Und als sie ihre eigenen Warnungen vergessen hatten, öffneten Wir ihnen die Tore zu allen Dingen«[1], wie Wir dir und deinesgleichen die Tore dieser Welt mit ihrem Schmuck geöffnet haben. Darum warte auf das, was im letzten Teil dieses heiligen Verses verheißen wurde von ihm, dem Allmächtigen, dem Allweisen – eine Verheißung, die sich nicht als unwahr erweisen wird.

17 Ich kenne den Weg nicht, den ihr erwählt habt und beschreitet, o Versammlung der Mir Übelwollenden! Wir rufen euch zu Gott, Wir erinnern euch an Seinen Tag, Wir verkünden euch die Botschaft euerer Wiedervereinigung mit Ihm, Wir holen euch an Seinen Hof und senden Zeichen Seiner wundersamen Weisheit auf euch nieder – und dennoch, seht, wie ihr Uns zurückweist, wie ihr Uns durch das, was euer lügenhafter Mund äußert, als einen Ungläubigen verdammt, wie ihr euere Anschläge gegen Uns schmiedet! Und wenn Wir euch kundtun, was Gott Uns in Seiner Güte und Großmut verliehen hat, so sagt ihr: »Das ist nichts als Zauberei!« Die gleichen Worte sprachen die Geschlechter, die vor euch lebten und waren wie ihr – könntet ihr es doch erkennen! Dadurch habt ihr euch der Großmut Gottes und Seiner Gnade beraubt, und ihr werdet sie niemals erlangen bis zu dem Tage, da Gott zwischen Uns und euch gerichtet haben wird, und Er, wahrlich, ist der beste der Richter.

18 Einige unter euch haben gesagt: »Er hat den Anspruch erhoben, Gott zu sein.« Bei Gott! Das ist eine grobe Verleumdung. Ich bin nur ein Diener Gottes, der an Ihn und Seine Zeichen, an Seine Propheten und an Seine Engel glaubt. Meine Zunge, Mein Herz, Mein inneres und äußeres Sein bezeugen, daß kein Gott ist außer Ihm, daß alle anderen durch Seinen Befehl erschaffen und durch das Wirken Seines Willens gestaltet sind. Es ist kein Gott außer

---

1. vgl. Qur'án 6:45

Ihm, dem Schöpfer, dem Erwecker vom Tode, dem Belebenden, dem Tötenden. Ich bin Er, der zu allen von den Gunstbezeugungen spricht, mit denen Gott in Seiner Großmut Mich ausgezeichnet hat. Wenn dies Meine Übertretung ist, dann bin Ich wahrlich der erste der Übertreter. Ich bin mit Meiner Verwandtschaft euerer Willkür ausgeliefert. Tut, was euch gefällt, und gehört nicht zu den Zauderern, damit Ich zu Gott, Meinem Herrn, zurückkehre und die Stätte erreiche, wo Ich euere Gesichter nicht mehr sehe. Das ist fürwahr Mein größter Wunsch, Mein glühendstes Verlangen. Gott ist wahrlich über Meine Lage zur Genüge unterrichtet, und Er ist wachsam.

Bedenke, daß du vor Gottes Angesicht stehst, o Gesandter. Wenn du Ihn auch nicht siehst, Er, wahrlich, sieht dich deutlich. Beobachte und richte Unsere Sache gerecht. Was haben Wir begangen, das dich veranlaßt haben könnte, dich gegen Uns zu erheben und Uns bei den Menschen zu verleumden? Gehörtest du doch zu denen, die gerecht sind! Wir verließen Ṭihrán auf Befehl des Königs und legten mit seiner Erlaubnis Unseren Wohnsitz in den 'Iráq. Wenn ich Mich gegen ihn vergangen hätte, warum gab er Mich dann frei? Und wenn Ich schuldlos war, warum habt ihr Uns dann mit solchen Leiden gepeinigt, wie niemand unter denen, die sich zu deinem Glauben bekennen, sie erduldet hat? War irgendeine Meiner Handlungen nach Meiner Ankunft im 'Iráq angetan, die Autorität der Regierung zu untergraben? Von wem kann gesagt werden, er habe in Unserem Verhalten etwas Tadelnswertes entdeckt? Frage du selbst das Volk des 'Iráq, damit du zu denen gehörest, die die Wahrheit erkennen. 19

Elf Jahre lang lebten wir in jenem Land, bis der Gesandte kam, der deine Regierung vertrat und dessen Namen zu erwähnen Unsere Feder sich sträubt, der dem Trunk ergeben war, seinen Begierden folgte und Schlechtigkeiten beging, 20 der verderbt war und den ʿIráq verdarb. Die meisten Einwohner Baghdáds werden dies bezeugen, wenn du sie danach fragst und zu denen gehörst, die die Wahrheit suchen. Er war es, der das Gut seiner Mitmenschen unrechtmäßig an sich nahm, der alle Gebote Gottes mißachtete und alles beging, was Gott verboten hat. Seinen Begierden folgend, erhob er sich schließlich gegen Uns und wandelte auf den Wegen der Ungerechten. Er beschuldigte Uns in seinem Brief an dich, und du glaubtest ihm und folgtest seinem Wege, ohne irgendeinen Beweis oder ein zuverlässiges Zeugnis von ihm zu verlangen. Du fragtest nach keiner Erklärung, noch versuchtest du, die Angelegenheit zu untersuchen oder festzustellen, auf daß die Wahrheit von der Falschheit in deinen Augen unterschieden werde und du zu klarer Einsicht gelangest. Finde selbst heraus, was für ein Mensch er war, und frage die Gesandten, die damals im ʿIráq waren, wie auch den Gouverneur der Stadt[1] und ihren hohen Rat, damit dir die Wahrheit offenbar werde und du zu den Wohlunterrichteten zählest.

21   Gott ist Unser Zeuge! Wir haben weder ihm noch anderen jemals Widerstand geleistet. Wir haben unter allen Bedingungen die Gebote Gottes beachtet und waren niemals unter denen, die Unordnung schaffen. Das bezeugt er selbst. Seine Absicht war, Uns in die Gewalt zu bekommen und Uns nach Persien zurückzuschicken, um dadurch seinen Ruf und sein Ansehen zu erhöhen. Du hast dasselbe Verbrechen begangen, zu genau dem gleichen Zweck. Ihr steht beide auf der gleichen Stufe vor Gott, dem höchsten Herrn von allem, dem Allwissenden.

22   Wenn Wir diese Worte an dich richten, bewegt Uns nicht die Absicht, die Bürde Unseres Elends zu erleichtern oder dich zu veranlassen, irgend jemanden um Fürsprache

1. Baghdád

für Uns zu bitten. Nein, bei Ihm, dem Herrn aller Welten! Wir haben die ganze Angelegenheit vor dich gebracht, damit du vielleicht erkennst, was du getan, und davon abstehst, anderen das Leid zuzufügen, das du Uns zugefügt hast, damit du zu denen gehörest, die vor Gott, der dich und alle Dinge schuf, wahrhaft bereuen, und damit du in Zukunft mit Einsicht handelst. Das ist besser für dich als alles, was du besitzest, und besser als dein Staatsamt, dessen Tage gezählt sind.

Hüte dich, daß du nicht dazu verleitet wirst, Unrecht stillschweigend zu übersehen. Richte dein Herz fest auf die Gerechtigkeit, verdrehe die Sache Gottes nicht und gehöre zu denen, deren Augen auf dem ruhen, was in Seinem Buche offenbart wurde. Folge unter keinen Umständen den Eingebungen deiner üblen Wünsche. Befolge das Gesetz Gottes, deines Herrn, des Wohltätigen, des Altehrwürdigen der Tage. Ganz gewiß wirst du zum Staube zurückkehren und vergehen wie alle Dinge, an denen du Freude hast. So spricht die Zunge der Wahrheit und Herrlichkeit. 23

Erinnerst du dich nicht der Warnungen Gottes, die Er in vergangenen Zeiten aussprach, auf daß du zu denen gehörest, die Seine Warnung beachten? Er sagte, und Er spricht wahrlich die Wahrheit: »Aus ihr[1] haben Wir euch erschaffen, und Wir lassen euch in sie zurückkehren, und aus ihr werden Wir euch ein zweites Mal hervorbringen.«[2] Dies hat Gott für alle, die auf Erden wohnen, hoch und niedrig, verordnet. Dem, der aus Staub erschaffen wurde, der zu ihm zurückkehren und wieder aus ihm hervorgehen wird, geziemt es somit nicht, sich überheblich vor Gott und Seinen Geliebten aufzublähen, sie stolz zu verachten und voll hochmütiger Anmaßung zu sein. Nein, vielmehr geziemt es 24

---

1. der Erde
2. Qur'án 20:56; vgl. dazu auch 1. Mose 3:19

dir und deinesgleichen, euch denen zu unterwerfen, die die Manifestationen der Einheit Gottes sind, und euch demütig vor den Gläubigen zu neigen, die um Gottes willen allem entsagten und sich von allem loslösten, was die Aufmerksamkeit der Menschen auf sich zieht und sie ablenkt vom Pfade Gottes, des Allherrlichen, des Allgepriesenen. Darum senden Wir das auf euch hernieder, was euch und jene fördern soll, die ihr ganzes Vertrauen und ihre Zuversicht auf ihren Herrn gesetzt haben.

114 Höre, o König,[1] auf die Rede dessen, der die Wahrheit spricht, der nicht von dir verlangt, daß du Ihn mit den Dingen belohnest, die Gott dir zu verleihen beliebte, Ihn, der unbeirrbar auf dem geraden Pfade wandelt. Er lädt dich vor Gott, deinen Herrn, Er weist dir die rechte Bahn, den Weg, der zur wahren Glückseligkeit führt, auf daß du zu denen gehörest, um die es gut steht.

2 Hüte dich, o König, daß du nicht solche Minister um dich sammelst, die den Wünschen einer verderbten Neigung folgen, die fortwerfen, was ihren Händen anvertraut ist, und offenkundig das ihnen geschenkte Vertrauen mißbrauchen. Sei freigebig gegen andere, wie Gott freigebig war gegen dich, und überlasse das Wohl deines Volkes nicht der Willkür von Ministern wie diesen. Vergiß nicht die Gottesfurcht und gehöre zu denen, die rechtschaffen handeln. Sammle Minister um dich, von denen du den Duft des Glaubens und der Gerechtigkeit verspüren kannst, hole dir Rat bei ihnen, wähle, was in deinen Augen das Beste ist, und gehöre zu denen, die großmütig handeln.

3 Wisse und sei dir gewiß: Wer nicht an Gott glaubt, ist

---

1. Sulṭán 'Abdu'l-'Azíz

nicht vertrauenswürdig und nicht wahrhaftig. Dies ist in der Tat die Wahrheit, die unbezweifelbare Wahrheit. Wer treulos gegen Gott handelt, wird auch treulos gegen seinen König handeln. Nichts kann einen solchen Menschen vom Bösen abhalten, nichts kann ihn hindern, seinen Nächsten zu verraten, nichts kann ihn dazu bringen, aufrecht seinen Weg zu gehen.

Hab acht, daß du in den Angelegenheiten deines Staates die Zügel nicht den Händen anderer überlässest, setze dein Vertrauen nicht auf Minister, die deines Vertrauens unwürdig sind, und gehöre nicht zu denen, die in Achtlosigkeit dahinleben. Meide die, deren Herzen sich von dir abgewandt haben, setze nicht dein Vertrauen in sie, und betraue sie nicht mit deinen Angelegenheiten und den Angelegenheiten derer, die sich zu deinem Glauben bekennen. Hüte dich, dem Wolf zu erlauben, Hirte der Herde Gottes zu werden, und überlasse das Schicksal Seiner Geliebten nicht der Willkür der Bösen. Erwarte nicht von denen, die Gottes Gesetze brechen, daß sie vertrauenswürdig oder aufrichtig sein werden in dem Glauben, den sie bekennen. Meide sie und wache streng über dich selbst, damit ihre List und Tücke dir nicht schaden. Wende dich ab von ihnen und richte deinen Blick auf Gott, deinen Herrn, den Allherrlichen, den Freigebigsten. Gott wird gewißlich mit dem sein, der sich ganz Ihm hingibt, und Er wird wahrlich den, der sein ganzes Vertrauen in Ihn setzt, vor allem behüten, was ihm schaden könnte, und ihn vor der Schlechtigkeit jedes bösen Verschwörers beschirmen. 4

Würdest du dein Ohr Meiner Rede neigen und Meinen Rat befolgen, so würde Gott dich zu einer so hohen Stellung erheben, daß auf der ganzen Erde keines Menschen Anschlag dich jemals erreichen oder dir schaden könnte. O König, befolge aus tiefstem Herzen und mit ganzem Sein die Gebote Gottes, und wandle nicht auf den Wegen des 5

Unterdrückers. Ergreife die Angelegenheiten deines Volkes bei den Zügeln, halte sie fest im Griff deiner Macht und prüfe persönlich alle seine Belange. Lasse dir nichts entgehen, denn darin liegt das höchste Wohl.

6 Danke Gott, daß Er dich vor der ganzen Welt auserwählt und dich zum König über die gemacht hat, die deinen Glauben bekennen. Es ziemt dir wohl, die wunderbaren Gunstbeweise zu würdigen, mit denen Gott dich ausgezeichnet hat, und unablässig Seinen Namen zu verherrlichen. Du kannst Ihn am besten preisen, wenn du Seine Geliebten liebst und Seine Diener vor dem Unheil der Treulosen schirmst und schützest, damit niemand sie länger unterdrücke. Mehr noch, du solltest dich erheben, das Gesetz Gottes unter ihnen durchzusetzen, damit du zu denen gehörest, die in Seinem Gesetz fest gegründet sind.

7 Solltest du bewirken, daß Ströme der Gerechtigkeit ihre Wasserfluten über deine Untertanen ergießen, so wird Gott dir sicherlich mit den Scharen des Unsichtbaren und des Sichtbaren helfen und dich in deinen Angelegenheiten stärken. Kein Gott ist außer Ihm. Die ganze Schöpfung und ihre Herrschaft sind Sein. <u>Zu Ihm kehren die Werke der Gläubigen zurück.</u>

8 Verlasse dich nicht auf deine Schätze. Setze dein ganzes Vertrauen in die Gnade Gottes, deines Herrn. Laß Ihn deine Zuversicht sein in allem, was du tust, und gehöre zu denen, die Seinem Willen ergeben sind. Laß Ihn dein Helfer sein und schmücke dich mit Scinen Schätzen, denn bei Ihm sind die Schatzkammern der Himmel und der Erde. Er schenkt daraus, wem Er will, und vorenthält sie, wem Er will. Es ist kein Gott außer Ihm, dem Allbesitzenden, dem Allgepriesenen. Alle sind nur Almosenempfänger am Tore Seiner Barmherzigkeit, alle sind hilflos vor der Offenbarung Seiner Herrschaft und flehen um Seine Gunst.

Überschreite nicht die Grenzen der Mäßigung und verfahre gerecht mit denen, die dir dienen. Gib ihnen nach ihren Bedürfnissen, aber nicht in einem Maße, das ihnen erlaubt, Reichtümer für sich zu sammeln, ihr Äußeres zu zieren, ihr Heim auszuschmücken, Dinge zu erwerben, die ihnen nichts nützen, und zu den Verschwendern zu zählen. Handle an ihnen mit unbeirrbarer Gerechtigkeit, so daß keiner unter ihnen Mangel leide oder durch Überfluß verwöhnt werde. Das ist offenbare Gerechtigkeit.

Erlaube den Verworfenen nicht, über die Edlen und Ehrenwerten zu bestimmen und sie zu beherrschen, und lasse nicht zu, daß die Hochgesinnten der Willkür der Unwürdigen und Wertlosen ausgeliefert werden – denn dies haben Wir bei Unserer Ankunft in der Stadt[1] wahrgenommen, und dafür legen Wir Zeugnis ab. Wir fanden unter ihren Einwohnern einige, die Vermögen im Überfluß hatten und in übermäßigem Reichtum lebten, während andere sich in bitterer Not und tiefster Armut befanden. Dies steht deiner Herrschaft übel an und ist deines Ranges unwürdig.

Lasse dir Meinen Rat willkommen sein und strebe danach, unparteiisch über die Menschen zu herrschen, damit Gott deinen Namen erhöhe und den Ruf deiner Gerechtigkeit in aller Welt verbreite. Hüte dich, deine Minister auf Kosten deiner Untertanen zu erhöhen. Fürchte die Seufzer der Armen und der Aufrechten im Herzen, die bei jedem Tagesanbruch ihre traurige Lage beklagen, und sei ihnen ein gütiger Herrscher. Wahrlich, sie sind deine Schätze auf Erden. Deshalb ziemt es dir, deine Schätze vor den Angriffen derer zu bewahren, die sie dir rauben wollen. Untersuche ihre Angelegenheiten, erforsche jedes Jahr, nein, jeden Monat ihre Lage, und gehöre nicht zu denen, die nachlässig sind in ihrer Pflicht.

---

1. Konstantinopel

12 Halte dir Gottes unfehlbare Waage vor Augen und wäge, als stündest du in Seiner Gegenwart, deine Taten auf dieser Waage jeden Tag, jeden Augenblick deines Lebens. Ziehe dich selbst zur Rechenschaft, ehe du zur Abrechnung gerufen wirst an dem Tage, da aus Furcht vor Gott kein Mensch die Kraft haben wird, aufrecht zu stehen, dem Tage, an dem die Herzen der Achtlosen erzittern werden.

13 Es geziemt jedem König, freigebig zu sein wie die Sonne, die das Wachstum aller Geschöpfe fördert und jedem seinen Anteil gibt, – deren Wohltaten nicht in ihr selbst liegen, sondern von Ihm verordnet sind, dem Machtvollsten, dem Allmächtigen. Der König sollte so freimütig, so großzügig sein in seiner Barmherzigkeit wie die Wolken, die ihre überströmende Freigebigkeit über jedes Land ergießen auf Geheiß dessen, der der Höchste Verordner ist, der Allwissende.

14 Hüte dich, daß du deine Staatsangelegenheiten nicht ganz den Händen anderer anvertraust. Keiner kann deine Aufgaben besser erfüllen als du selbst. So erklären Wir dir Unsere Worte der Weisheit und senden auf dich hernieder, was dich befähigen kann, von der linken Hand der Unterdrückung zur rechten Hand der Gerechtigkeit überzugehen und dem strahlenden Meere Seiner Gunst zu nahen. Das ist der Pfad, den die Könige, die vor dir waren, gegangen sind, jene, die gerecht gegen ihre Untertanen handelten und die Wege unbeirrbarer Gerechtigkeit beschritten.

15 Du bist Gottes Schatten auf Erden. Darum strebe danach, so zu handeln, wie es einer so hervorragenden, einer so erhabenen Stufe entspricht. Wenn du nicht befolgst, was Wir auf dich herabkommen ließen und dich lehrten, wirst du dich sicherlich dieser großen, unschätzbaren Ehre unwürdig erweisen. Darum kehre um, halte dich allein an Gott, mache dein Herz frei von der Welt und allen ihren Nichtigkeiten, und dulde nicht, daß die Liebe zu einem

Fremdling hineinkomme und darin wohne. Erst wenn du dein Herz von jeder Spur solcher Liebe läuterst, kann das Licht Gottes seinen Strahlenglanz über dein Herz ausbreiten, denn niemandem hat Gott mehr als ein Herz gegeben. Dies, wahrlich, wurde verordnet und niedergeschrieben in seinem altehrwürdigen Buche. Und weil das menschliche Herz, wie es von Gott gebildet wurde, eins und ungeteilt ist, geziemt es dir, darauf zu achten, daß seine Zuneigung auch eins und ungeteilt sei. Halte dich darum mit der ganzen Zuneigung deines Herzens an Seine Liebe und bewahre dein Herz vor der Liebe eines anderen außer Ihm, damit Er dir helfe, dich in das Meer Seiner Einheit zu versenken, und dich befähige, ein wahrer Verteidiger Seiner Einzigkeit zu werden. Gott ist Mein Zeuge: Ich offenbare dir diese Worte in der alleinigen Absicht, dich von den vergänglichen Dingen der Erde zu heiligen und dir zu helfen, in das Reich ewigwährender Herrlichkeit einzutreten, damit du, so Gott will, unter denen seiest, die darin wohnen und herrschen...

Ich schwöre bei Gott, o König! Es ist nicht Mein Wunsch, Mich bei dir über die zu beklagen, die Mich verfolgen. Ich bringe Meinen Schmerz und Kummer nur vor Gott, der Mich und sie erschaffen hat, der unsere Lage wohl kennt und über alle Dinge wacht. Mein Wunsch ist, sie vor den Folgen ihrer Taten zu warnen, auf daß sie vielleicht davon abstehen, andere zu behandeln, wie sie Mich behandelt haben, und zu denen gehören, die Meine Warnung beachten.

Die Heimsuchungen, die Uns betroffen haben, die bittere Not, die Wir leiden, die mannigfachen Übel, die Uns umgeben, werden alle vergehen, wie die Freuden vergehen werden, an denen sie sich ergötzen, und der Überfluß, den sie genießen. Das ist die Wahrheit, die kein Mensch auf Erden verwerfen kann. Die Tage, da Wir im Staube zu leben gezwungen sind, werden bald zu Ende sein wie die Tage, da sie die Ehrenplätze einnehmen. Gott wird wahrlich genau richten zwischen Uns und ihnen, und Er, wahrlich, ist der beste der Richter.

18 Wir danken Gott für alles, was Uns befallen hat, und ertragen geduldig, was Er in der Vergangenheit verordnet hat oder in Zukunft verordnen wird. In Ihn habe Ich Mein Vertrauen gesetzt, und in Seine Hände habe Ich Meine Sache gelegt. Er wird sicherlich alle belohnen, die in Geduld ausharren und ihr Vertrauen auf Ihn setzen. Sein ist die Schöpfung und die Herrschaft über sie. Er erhöht, wen Er will, und erniedrigt, wen Er will. Er soll nicht befragt werden über Sein Tun. Er, wahrlich, ist der Allherrliche, der Allmächtige.

19 Höre aufmerksam auf die Worte, o König, die Wir an dich richten. Gebiete dem Unterdrücker, von seiner Willkür abzulassen, und sondere die, die Unrecht begehen, von denen ab, die deinen Glauben bekennen. Bei der Gerechtigkeit Gottes! Die Heimsuchungen, die Wir erlitten, sind so groß, daß jede Feder, die sie schildert, unvermeidlich von Schmerz überwältigt wird. Keiner von denen, die wirklich glauben und an der Einheit Gottes festhalten, kann die Last ihres Berichtes ertragen. So groß waren Unsere Leiden, daß selbst die Augen Unserer Feinde und darüber hinaus die eines jeden einsichtsvollen Menschen über Uns geweint haben. Allen diesen Prüfungen wurden Wir unterworfen, obwohl Wir Uns dir näherten und dem Volk geboten, unter deinen Schutz zu treten, damit du eine feste Burg seiest denen, die an die Einheit Gottes glauben und sie hochhalten.

20 War Ich dir, o König, jemals ungehorsam? Habe Ich jemals eines deiner Gesetze übertreten? Kann irgendeiner der Amtsträger, die dich im ʻIráq vertraten, einen Beweis erbringen, der Meine Untreue gegen dich belegen könnte? Nein, bei Ihm, dem Herrn aller Welten! Keinen Augenblick

lang lehnten Wir Uns gegen dich oder einen deiner Amtsträger auf. Niemals, so Gott will, werden Wir Uns gegen dich empören, sollten Wir auch noch schwereren Prüfungen ausgesetzt werden, als Wir sie jemals in der Vergangenheit erlitten haben.

Am Tage und zur Nachtzeit, am Abend und am Morgen beten wir zu Gott um deinetwillen, daß Er dir gnädig helfe, Ihm zu gehorchen und Seine Gebote zu halten, und daß Er dich vor den Scharen der Bösen beschütze. Darum tue, wie es dir gefällt, und behandle Uns, wie es deiner Stufe entspricht und deiner Herrschaft geziemt. Vergiß nicht das Gesetz Gottes bei allem, was du jetzt oder in kommenden Tagen zu erreichen strebst. Sprich: Preis sei Gott, dem Herrn aller Welten!

115 Die Feder der Offenbarung, o Dhabíḥ,[1] hat in den meisten der göttlich offenbarten Sendschreiben diese Worte verzeichnet: Wir haben alle Geliebten Gottes ermahnt, achtzugeben, daß der Saum Unseres heiligen Gewandes nicht mit dem Schmutz gesetzwidriger Taten beschmiert oder mit dem Staub tadelnswerten Betragens befleckt werde. Wir haben sie weiter ermahnt, ihren Blick auf das zu richten, was in Unseren Sendschreiben offenbart ist. Hätte ihr inneres Ohr auf die göttlichen Ratschläge geachtet, die vom Tagesanbruch der Feder des Allbarmherzigen hervorleuchteten, hätten sie auf Seine Stimme gehört, so wären heute die meisten Völker der Erde mit der Zier Seiner Führung geschmückt. Was vorherbestimmt war, ist jedoch eingetreten.

---

1. »Das Opfer«, Beiname des Siyyid Ismá'íl-i-Zavári'í, der von Bahá'u'lláh als »König und Geliebter der Märtyrer« gepriesen wurde.

2   Noch einmal offenbart die Zunge des Altehrwürdigen der Tage aus dem Größten Gefängnis diese Worte, die auf der schneeweißen Schriftrolle verzeichnet sind: O ihr Geliebten des einen, wahren Gottes! Tretet hervor aus der Enge euerer bösen, verderbten Lüste, schreitet voran in die Weite des Reiches Gottes und weilet auf den heiligen Auen der Loslösung, damit der Duft euerer Taten die ganze Menschheit zum Meere der unvergänglichen Herrlichkeit Gottes geleite. Laßt ab von den Angelegenheiten dieser Welt und allem, was dazu gehört, und nehmt nicht teil an der Tätigkeit jener, die äußerlich ihre Führer sind.

3   Der eine, wahre Gott – gepriesen sei Seine Herrlichkeit – hat die Herrschaft auf Erden den Königen übertragen. Niemand hat das Recht, den wohlerwogenen Absichten derer, die Amtsgewalt besitzen, auch nur im geringsten entgegenzuwirken. Was Er sich vorbehalten hat, sind die Städte der Menschenherzen, und die Geliebten dessen, der die höchste Wahrheit ist, sind an diesem Tage wie die Schlüssel zu ihnen. Gebe Gott, daß sie alle befähigt werden, durch die Macht des Größten Namens die Tore dieser Städte aufzuschließen. Das ist es, was unter »dem einen, wahren Gott helfen« zu verstehen ist – ein Thema, auf das die Feder dessen, der die Morgendämmerung anbrechen läßt, in allen seinen Büchern und Sendschreiben hingewiesen hat.

4   Ebenso geziemt es den Geliebten Gottes, mit ihren Mitmenschen nachsichtig zu sein, von allen Dingen so geheiligt und losgelöst zu sein und solche Aufrichtigkeit und Redlichkeit aufzuweisen, daß alle Völker der Erde sie als die Treuhänder Gottes unter den Menschen anerkennen. Bedenke, zu welch erhabenen Höhen die Befehle des Allmächtigen sich aufschwingen, und wie armselig die Stätte ist, an der diese schwachen Seelen jetzt verweilen. Gesegnet, wer auf den Flügeln der Gewißheit in die Himmel fliegt, welche die Feder deines Herrn, des Allerbarmers, ausbreitet.

Betrachte die Werke, o Ḏhabíḥ, die Gott, die allbeherrschende Wahrheit, vollbringt. Sprich: Wie gewaltig, wie überaus gewaltig ist die Kraft Seiner alle Welten umschließenden Macht! Erhaben, unendlich erhaben ist Er in Seiner Losgelöstheit über die Reichweite und den Gesichtskreis der ganzen Schöpfung! Verherrlicht, verherrlicht sei Seine Milde – eine Milde, die die Herzen der Gott Nahegebrachten dahinschmelzen läßt.

Wir haben trotz zahlloser Trübsale, die Wir von den Händen Unserer Feinde erlitten, allen Herrschern der Erde verkündet, was Gott verkünden wollte, damit alle Völker wissen, daß keinerlei Heimsuchung die Feder des Altehrwürdigen der Tage davon abhalten kann, ihre Absicht zu vollbringen. Seine Feder bewegt sich mit der Erlaubnis Gottes, der dem brüchigen, morschen Gebein Gestalt verleiht.

Im Hinblick auf dieses mächtigste Unternehmen geziemt es denen, die Ihn lieben, sich mit Eifer zu rüsten und ihre Gedanken auf das zu richten, was den Sieg der Sache Gottes sichern wird, anstatt gemeine, verächtliche Taten zu begehen. Wolltest du nur eine kleine Weile die offenkundigen Werke und Taten dessen bedenken, der die Ewige Wahrheit ist, so würdest du auf die Erde niederfallen und ausrufen: O Du Herr aller Herren! Ich bezeuge, daß Du der Herr der ganzen Schöpfung bist, der Erzieher aller sichtbaren und unsichtbaren Wesen. Ich bezeuge, daß Deine Kraft das ganze All umschließt, daß die Heere der Erde Dich niemals schrecken noch die Herrschaft aller Völker und Nationen Dich davon abhalten können, Deine Absicht auszuführen. Ich bekenne, daß Du nur den Wunsch hast, die ganze Welt zu erneuern, die Einheit ihrer Völker zu begründen und alle zu retten, die in ihr leben.

Denke eine Weile nach und erwäge, wie sich die Geliebten Gottes zu verhalten haben und zu welchen Höhen sie sich aufschwingen müssen! Bitte allezeit deinen Herrn, den Gott des Erbarmens, daß Er ihnen helfe, Seinen Willen zu tun. Er, wahrlich, ist der Machtvollste, der Allherrliche, der Allwissende.

9 Die diesem Unterdrückten auferlegte Gefangenschaft, o Dhabíḥ, brachte Ihm keinen Schaden, noch wird sie Ihm je schaden können; auch der Verlust all Seiner irdischen Güter, Seine Verbannung, ja selbst Sein Märtyrertod und Seine äußere Demütigung können Ihm keinen Schmerz zufügen. Was Ihn aber schmerzen kann, sind die Missetaten, welche die Geliebten Gottes begehen und welche man Ihm, der allbeherrschenden Wahrheit, zur Last legt. Das ist die Trübsal, unter der Ich leide, und Er selbst, mächtig über alle Dinge, bezeugt es Mir. Was Mich tief verletzt, sind die Ansprüche, die das Volk des Bayán täglich erhebt. Einige haben ihre Ergebenheit einem Meiner Äste[1] bekundet, während andere unabhängig ihre Ansprüche geltend machen und nach ihren eigenen Wünschen handeln.

10 O Dhabíḥ, die Zunge der Größe sagt: Bei Mir selbst, die Ich die Wahrheit spreche! In dieser mächtigsten Offenbarung finden alle Sendungen der Vergangenheit ihre höchste, ihre endgültige Erfüllung. Wer immer nach Ihm den Anspruch einer Offenbarung erhebt, ist sicherlich ein Lügner und Betrüger. Wir bitten Gott, daß Er ihm gnädig beistehe, einen solchen Anspruch zurückzuziehen und zu widerrufen. Sollte er bereuen, wird Gott ihm zweifellos vergeben. Verharrt er jedoch in seinem Irrtum, so wird Gott sicher einen herabsenden, der erbarmungslos mit ihm verfährt. Er, wahrlich, ist der Allmächtige, der Machtvollste!

11 Siehe, wie das Volk des Bayán gänzlich verfehlt zu erkennen, daß das einzige Ziel dessen, was Meine vorausge-

---

1. Söhne

gangene Manifestation, der Vorläufer Meiner Schönheit offenbarte, Meine Offenbarung und die Verkündigung Meiner Sache gewesen ist. Niemals – und dafür ist Er, die allbeherrschende Wahrheit, Mein Zeuge – hätte Er verkündet, was Er verkündete, wenn nicht für Mich. Siehe, wie diese Toren Seine, des Allbesitzenden, des Unzugänglichen, Sache als Spiel und Zeitvertreib behandeln! Ihr Herz ersinnt jeden Tag einen neuen Anschlag, und ihr Wahn führt sie stets auf die Suche nach einer neuen Zuflucht. Wäre wahr, was sie sagen, wie könnte dann die Sache deines Herrn in ihrem Bestand gesichert sein? Erwäge dies in deinem Herzen und gehöre zu den Scharfsichtigen, die sorgfältig prüfen, standhaft in ihrem Entschluß und zuversichtlich in ihrem Glauben sind. Deine Gewißheit sollte so sein, daß du, wenn die ganze Menschheit Ansprüche erhöbe, wie sie kein Mensch je erhoben, kein Geist je erdacht hat, sie völlig außer acht ließest, sie von dir wiesest und dein Angesicht Ihm, dem Ziel der Anbetung für alle Welten, zuwendetest.

12 Bei der Rechtschaffenheit Meines eigenen Selbstes! Groß, unermeßlich groß ist diese Sache! Mächtig, unbegreiflich mächtig ist dieser Tag! Fürwahr, selig ist der Mensch, der allem entsagt und seine Augen auf Ihn richtet, dessen Antlitz über alle in den Himmeln und auf Erden Erleuchtung verbreitet.

13 Scharf muß dein Blick sein, o Dhabíh, diamanten deine Seele und ehern dein Fuß, wenn du den selbstischen Wünschen gegenüber, die in des Menschen Brust flüstern, unerschütterlich sein willst. Dies ist der ausdrückliche Befehl, den die Feder des Größten Namens durch den Willen des Altehrwürdigen Königs zu offenbaren bewegt worden ist. Hüte ihn wie deinen Augapfel und gehöre zu den Dankbaren. Strebe Tag und Nacht danach, der Sache dessen zu dienen, der die Ewige Wahrheit ist, und sei losgelöst von allem außer Ihm. Bei Mir selbst! Was immer du an diesem

Tage siehst, wird vergehen. Höchst erhaben wird deine Stufe sein, wenn du standhaft bleibst in der Sache deines Herrn. Hin zu Ihm seien deine Schritte eifrig gerichtet, und in Ihm ist deine letzte Ruhestatt.

116 O Könige der Christenheit! Vernahmt ihr nicht das Wort Jesu, des Geistes Gottes: »Ich gehe hin und komme wieder zu euch!«[1] Warum versäumtet ihr dann, als Er wiederkam zu euch in den Wolken des Himmels, Ihm zu nahen, auf daß ihr Sein Angesicht schauet und zu denen gehöret, die in Seine Gegenwart gelangten? An anderer Stelle sagt Er: »Wenn aber jener, der Geist der Wahrheit, kommt, wird Er euch in alle Wahrheit leiten.«[2] Und doch, seht, als Er die Wahrheit brachte, da weigertet ihr euch, Ihm euer Angesicht zuzuwenden, und verharrtet dabei, euch mit Spiel und Tand zu vergnügen. Ihr hießet Ihn nicht willkommen, noch suchtet ihr Seine Gegenwart, die Verse Gottes aus Seinem eigenen Munde zu hören und an der vielfältigen Weisheit des Allmächtigen, des Allherrlichen, des Allweisen, teilzuhaben. Durch euer Versäumnis habt ihr den Odem Gottes gehindert, über euch hinzuwehen, und habt euerer Seele die Süße seines Duftes vorenthalten. Und weiter streift ihr voll Ergötzen durch das Tal euerer verderbten Lüste. Ihr werdet mit allem, was ihr besitzet, vergehen. Ihr werdet ganz gewiß zu Gott zurückkehren und in der Gegenwart dessen, der die ganze Schöpfung zusammenrufen wird, für euere Taten zur Rechenschaft gezogen werden...

2 Zwanzig Jahre sind dahingegangen, o Könige, und in dieser Zeit erlebten Wir jeden Tag die Pein einer neuen

---

1. Joh. 14:28
2. Joh. 16:13

Trübsal. Keiner vor Uns hat erlitten, was Wir erlitten. Könntet ihr es doch erkennen! Die gegen Uns aufstanden, haben uns umgebracht, haben unser Blut vergossen, unseren Besitz geplündert und unsere Ehre verletzt. Obwohl der meisten unserer Leiden gewahr, habt ihr dennoch versäumt, die Hand des Angreifers zurückzuhalten. Ist es denn nicht euere eindeutige Pflicht, die Tyrannei des Unterdrückers zu verhindern und unparteiisch mit eueren Untertanen zu verfahren, damit euer hoher Gerechtigkeitssinn der ganzen Menschheit offenkundig werde?

Gott hat eueren Händen die Zügel der Herrschaft über die Menschen anvertraut, auf daß ihr mit Gerechtigkeit über sie herrschet, die Rechte der Unterdrückten schützet und die Übeltäter bestrafet. Wenn ihr die Pflicht, die euch Gott in Seinem Buch vorgeschrieben hat, vernachlässigt, werden euere Namen vor Ihm zu denen der Ungerechten gezählt werden. Schmerzhaft, wahrlich, wird euer Irrtum sein. Haltet ihr euch an das, was euere Einbildung ersonnen hat, und mißachtet ihr die Gebote Gottes, des höchst Erhabenen, des Unzugänglichen, des Allbezwingenden, des Allmächtigen? Werft hinweg, was ihr besitzt, und haltet euch an das, was Gott euch zu befolgen geboten hat. Suchet Seine Gnade, denn wer sie sucht, beschreitet Seinen geraden Pfad.

Betrachtet den Zustand, in dem Wir sind, und seht die Leiden und Nöte, die Uns prüfen. Mißachtet Uns nicht, und sei es auch nur für einen Augenblick, und urteilt gerecht zwischen Uns und Unseren Feinden. Dies wird sicherlich von offenbarem Vorteil für euch sein. So berichten Wir euch Unsere Geschichte und erzählen, was uns betroffen hat, damit ihr Unsere Leiden von Uns nehmet und Unsere Last erleichtert. Wer will, befreie Uns von Unserer Not, und was den betrifft, der es nicht will – Mein Herr ist gewiß der beste der Helfer!

Warne das Volk, o Diener, und mache es vertraut mit dem, was Wir auf Dich herniedersandten. Lasse Dich durch niemanden schrecken und gehöre nicht zu den Wankenden. Es naht der Tag, da Gott Seine Sache erhöht und Sein Zeugnis vor den Augen aller, die in den Himmeln, und aller, die auf Erden sind, verherrlicht haben wird. Setze unter allen Umständen Dein ganzes Vertrauen auf Deinen Herrn, richte Deinen Blick auf Ihn und wende Dich ab von allen, die Seine Wahrheit verwerfen. Lasse Gott, Deinen Herrn, Deinen alleinigen Beistand und Helfer sein. Wir haben gelobt, Deinen Triumph auf Erden zu sichern und Unsere Sache vor allen Menschen zu erhöhen, selbst wenn kein König sich fände, der Dir sein Angesicht zuwendet.

117 In dem Wunsche, die Voraussetzungen für Frieden und Ruhe in der Welt und für den Fortschritt ihrer Völker zu offenbaren, hat das Höchste Wesen geschrieben: Die Zeit muß kommen, da die gebieterische Notwendigkeit für die Abhaltung einer ausgedehnten, allumfassenden Versammlung der Menschen weltweit erkannt wird. Die Herrscher und Könige der Erde müssen ihr unbedingt beiwohnen, an ihren Beratungen teilnehmen und solche Mittel und Wege erörtern, die den Grund zum Größten Weltfrieden unter den Menschen legen. Ein solcher Friede erfordert es, daß die Großmächte sich um der Ruhe der Völker der Erde willen zu völliger Aussöhnung untereinander entschließen. Sollte ein König die Waffen gegen einen anderen ergreifen, so müssen sich alle vereint erheben und ihn daran hindern. Wenn dies geschieht, werden die Nationen der Welt – außer für die Wahrung der Sicherheit ihrer Reiche und die Aufrechterhaltung der inneren Ordnung in ihrem Staatsgebiet – keine Waffen mehr brauchen. Dies wird jedem Volk, jeder

Regierung und Nation Frieden und Ruhe sichern. Wir möchten gerne hoffen, daß die Könige und Herrscher der Erde, die Spiegel des barmherzigen und allmächtigen Namens Gottes, diese Stufe erreichen und die Menschheit vor dem Angriff der Tyrannei beschirmen werden... Der Tag naht, da alle Völker der Welt eine universale Sprache und eine einheitliche Schrift annehmen werden. Wenn dies erreicht ist, wird es für jeden Menschen, in welche Stadt er auch reisen mag, sein, als betrete er sein eigenes Heim. All dies ist verbindlich und durchaus wesentlich. Es ist die Pflicht eines jeden Menschen mit Einsicht und Verständnis, danach zu streben, das hier Niedergeschriebene in die Wirklichkeit und die Tat umzusetzen... Der ist wirklich ein Mensch, der sich heute dem Dienst am ganzen Menschengeschlecht hingibt. Das Höchste Wesen spricht: Selig und glücklich ist, wer sich erhebt, dem Wohle aller Völker und Geschlechter der Erde zu dienen. An anderer Stelle hat Er verkündet: Es rühme sich nicht, wer sein Vaterland liebt, sondern wer die ganze Welt liebt. Die Erde ist nur ein Land, und alle Menschen sind seine Bürger.

118

Verwerft nicht die Gottesfurcht, o Könige der Erde, und hütet euch, die Grenzen zu überschreiten, die der Allmächtige gesetzt hat. Beachtet die Gebote, die euch in Seinem Buche gegeben sind, und hütet euch wohl, ihre Schranken zu übertreten. Seid wachsam, damit ihr niemandem Unrecht zufügt, und sei es auch so gering wie ein Senfkorn. Beschreitet den Pfad der Gerechtigkeit, denn dieser ist wahrlich der gerade Pfad.

Legt euere Streitigkeiten bei und rüstet ab, damit die Last euerer Ausgaben leichter werde, euere Gemüter und Herzen zur Ruhe kommen. Heilt die Zwietracht, die euch spalted, dann werdet ihr kein Kriegsgerät mehr nötig haben außer dem, was der Schutz euerer Städte und Gebiete erfordert. Fürchtet Gott und hütet euch, die Grenzen des rechten Maßes zu überschreiten und zu den Maßlosen zu gehören.

3 Wir haben erfahren, daß ihr jedes Jahr euere Ausgaben vermehrt und die Lasten dafür eueren Untertanen aufbürdet. Dies ist wahrlich mehr, als sie tragen können, und ein bitteres Unrecht. Entscheidet gerecht zwischen den Menschen und werdet zu Wahrzeichen der Gerechtigkeit unter ihnen. Dies ist, so ihr billig urteilt, was euch ansteht und euerer Stufe entspricht.

4 Hütet euch, jemandem Unrecht zu tun, der euch anruft und unter eueren Schutz tritt. Wandelt in der Furcht Gottes und gehört zu denen, die ein gottgefälliges Leben führen. Verlaßt euch nicht auf euere Macht, euere Heere und Schätze. Setzt euer ganzes Vertrauen und euere Zuversicht auf Gott, der euch erschaffen hat, und sucht Seinen Beistand in allen eueren Geschäften. Hilfe kommt allein von Ihm. Er hilft, wem Er will, mit den Scharen der Himmel und der Erde.

5 Wisset, daß die Armen das Pfand Gottes in euerer Mitte sind. Seid achtsam, daß ihr Sein Pfand nicht veruntreut, daß ihr nicht ungerecht an ihnen handelt und auf den Wegen der Treulosen wandelt. Ihr werdet ganz gewiß über Sein Pfand zur Rechenschaft gezogen werden an dem Tage, da die Waage der Gerechtigkeit aufgestellt ist, dem Tage, da jedem vergolten wird, wie ihm gebührt, da die Taten aller Menschen, ob reich oder arm, gewogen werden.

6 Wenn ihr den Ratschlägen, die Wir in unvergleichlicher, eindeutiger Sprache auf dieser Tafel offenbaren, keine Beachtung schenkt, wird göttliche Züchtigung von allen Seiten über euch kommen, und Seine Gerechtigkeit wird über euch ihr Urteil fällen. An jenem Tage werdet ihr keine

Macht haben, Ihm zu widerstehen, und euere Ohnmacht erkennen. Habt Erbarmen mit euch selbst und mit denen, die euch unterstehen. Richtet zwischen ihnen nach den Regeln, die Gott auf Seiner heiligsten, erhabensten Tafel niedergelegt hat, einer Tafel, auf der Er allem sein festgesetztes Maß zugewiesen und eine deutliche Erklärung aller Dinge gegeben hat, einer Tafel, die selbst Mahnung ist für alle, die an Ihn glauben. /

Prüfet Unsere Sache, erforschet alles, was Uns widerfahren ist, entscheidet gerecht zwischen Uns und Unseren Feinden, und gehört zu denen, die unparteiisch mit ihrem Nächsten verfahren. Wenn ihr der Hand des Unterdrückers nicht Einhalt gebietet, wenn ihr versäumt, die Rechte der Getretenen zu schützen, welches Recht habt ihr dann, euch vor den Menschen zu brüsten? Wessen könnt ihr euch zu Recht rühmen? Ist es euere Speise und Trank, auf die ihr stolz seid, sind es die Schätze, die ihr hortet, die Vielfalt und der Wert des Schmucks, mit dem ihr euch behängt? Bestünde wahrer Ruhm im Besitz solch vergänglicher Dinge, dann müßte die Erde, auf der ihr geht, sich vor euch brüsten, weil sie euch nach dem Ratschluß des Allmächtigen mit eben diesen Dingen versorgt und beschenkt. Tief in ihr ist alles enthalten, was ihr besitzet, wie Gott es verfügt hat. Aus ihr schöpft ihr eueren Reichtum als ein Zeichen Seiner Barmherzigkeit. So betrachtet denn eueren Zustand, seht, worauf ihr stolz seid! Könntet ihr es doch begreifen!

Nein, bei Ihm, der das Reich der ganzen Schöpfung in Seinem Griff hält! Euer wahrer, bleibender Ruhm liegt nirgendwo sonst als in euerem entschiedenen Festhalten an den Geboten Gottes, in der rückhaltlosen Befolgung Seines Gesetzes, in der Entschlossenheit, mit der ihr darauf achtet, daß sie angewandt werden, und darin, daß ihr unbeirrt dem rechten Wege folgt.

119 O ihr Herrscher der Erde! Warum habt ihr, den Wolken gleich, die Sonne und ihren Glanz verdunkelt und sie am Scheinen gehindert? Hört auf den Rat, den euch die Feder des Höchsten gibt, damit ihr und die Armen Ruhe und Frieden finden. Wir flehen zu Gott, daß Er den Königen der Erde beistehe, den Frieden auf Erden zu errichten. Er, wahrlich, tut, was Er will.

2 O Könige der Erde! Wir sehen euch jedes Jahr euere Ausgaben vermehren und deren Lasten eueren Untertanen aufbürden. Das ist, wahrlich, höchst ungerecht. Fürchtet die Seufzer und Tränen dieses Unterdrückten und ladet nicht übermäßige Lasten auf euere Völker. Beraubt sie nicht, um Paläste für euch selbst aufzurichten. Nein, wählt vielmehr für sie, was ihr für euch selbst wählt. So legen Wir euch vor Augen, was euch nützt – würdet ihr es doch begreifen! Euere Völker sind euere Schätze. Hütet euch, daß euere Herrschaft die Gebote Gottes nicht verletze und ihr euere Schutzbefohlenen nicht dem Räuber an die Hand liefert. Durch sie herrscht ihr, von ihren Mitteln lebt ihr, mit ihrer Hilfe siegt ihr. Doch wie verächtlich blickt ihr auf sie! Wie seltsam, wie höchst seltsam!

3 Nun, da ihr den Größten Frieden zurückgewiesen habt, haltet euch fest an diesen, den Geringeren Frieden, damit ihr euere eigene Lage und die euerer Untertanen einigermaßen bessert.

4 Ihr Herrscher der Erde! Versöhnt euch miteinander, so daß ihr nicht mehr Kriegsrüstungen benötigt, als dem Schutz euerer Gebiete und Länder angemessen ist. Hütet euch, den Rat des Allwissenden, des Glaubwürdigen, zu mißachten!

5 Seid einig, o Könige der Erde, denn dadurch wird der Sturm des Haders gestillt, und euere Völker finden Ruhe – wenn ihr doch zu den Verstehenden gehörtet! Sollte einer

unter euch gegen einen anderen die Waffen ergreifen, so erhebt euch alle gegen ihn, denn dies ist nichts als offenbare Gerechtigkeit.

120

O ihr gewählten Vertreter des Volkes in allen Ländern! Beratet miteinander und laßt euch nur das angelegen sein, was der Menschheit nützt und ihre Lage bessert – so ihr zu denen gehört, die achtsam prüfen! Betrachtet die Welt wie einen menschlichen Körper, der bei seiner Erschaffung gesund und vollkommen war, jedoch aus verschiedenen Ursachen von schweren Störungen und Krankheiten befallen wurde. Nicht einen Tag lang wurde ihm Linderung zuteil, nein, seine Krankheit verschlimmerte sich noch, weil er in die Hände unwissender Ärzte fiel, die sich nur von ihren persönlichen Wünschen leiten ließen und sich schmählich irrten. Und wurde einmal ein Organ von einem fähigen Arzt geheilt, so blieb doch der Rest so krank wie zuvor. So unterrichtet euch der Allwissende, der Allweise.

Wir sehen ihn an diesem Tage der Willkür von Herrschern ausgeliefert, die so trunken sind von Hochmut, daß sie ihren eigenen Vorteil nicht klar erkennen können, geschweige denn eine so verblüffende, herausfordernde Offenbarung wie diese. Und versuchte einer von ihnen den Zustand der Welt zu bessern, so war sein Beweggrund, eingestanden oder nicht, der eigene Nutzen. Dieses unlautere Motiv hat seine Heilkraft gemindert.

Die wirksamste Arznei, das mächtigste Mittel, das der Herr für die Heilung der Welt verfügt hat, ist die Vereinigung aller Völker in einer allumfassenden Sache, in einem gemeinsamen Glauben. Nur ein allmächtiger, erleuchteter Arzt hat die Fähigkeit, diese Einheit zu stiften. Wahrlich, dies ist die Wahrheit, und alles andere nichts als Irrtum.

121 Sprich: O ihr, die ihr neidisch auf Mich seid und Mich zu verletzen sucht! Euer grimmer Zorn gegen Mich lasse euch zuschanden werden! Seht, die Sonne der Herrlichkeit stieg über dem Horizont Meiner Offenbarung empor und hüllte die ganze Menschheit in ihr Licht. Und dennoch, seht, wie ihr euch vor ihrem Glanze verschlossen habt und in völliger Achtlosigkeit versunken seid. Habt Erbarmen mit euch selbst, weist den Anspruch dessen nicht zurück, dessen Wahrheit ihr schon erkannt habt, und gehört nicht zu den Übertretern.

2 Bei der Gerechtigkeit des einen, wahren Gottes! Wenn ihr diese Offenbarung verwerft, werden euch alle Völker der Erde verlachen und verspotten, denn ihr führtet ihnen in der Absicht, die Wahrheit euerer eigenen Sache zu verteidigen, die Zeugnisse Gottes vor Augen, des allherrschenden Beschirmers, des Machtvollsten, des Allherrlichen, des Allweisen. Und doch, kaum wurde Seine nachfolgende Offenbarung zu euch herabgesandt, angetan mit der Herrlichkeit einer allbezwingenden Herrschaft, da wandtet ihr euch von ihr ab, o ihr, die ihr zu den Achtlosen zählt!

3 Wie, glaubt ihr in euerem Herzen, ihr hättet die Macht, das Licht der Sonne auszulöschen oder ihren Glanz zu verdunkeln? Nein, bei Meinem Leben! Nie werdet ihr, nie könnt ihr euer Ziel erreichen, selbst wenn ihr alles, was in den Himmeln, und alles, was auf Erden ist, zu euerer Hilfe aufruft. Wandelt in der Furcht Gottes und macht euere eigenen Werke nicht zunichte. Neigt euer Ohr Seinen Worten und gehört nicht zu denen, die wie durch einen Schleier von Ihm getrennt sind. Sprich: Gott ist Mein Zeuge! Nichts, gar nichts habe Ich für Mich selbst gewünscht. Was Ich gewünscht habe, ist der Sieg Gottes und der Triumph Seiner Sache. Er selbst genügt als Zeuge zwischen euch und Mir. Würdet ihr euch die Augen reiben, ihr würdet schnell

erkennen, wie Meine Taten die Wahrheit Meiner Worte bezeugen, wie Meine Worte eine Führung zu Meinen Taten sind.

4 Verblendet sind euere Augen! Erkennt ihr nicht die Macht Gottes und Seine Herrschaft? Seht ihr nicht Seine Majestät und Herrlichkeit? Wehe dir, du Schar der Böswilligen und der Neider! Hört auf Meine Rede und zögert nicht, wäre es auch weniger als einen Augenblick. Dies gebietet euch Er, die Schönheit des Allbarmherzigen, damit ihr euch von dem, was ihr besitzt, löst und zu den Höhen aufsteigt, von denen aus ihr die ganze Schöpfung unter dem Schutze Seiner Offenbarung geborgen finden könnt.

5 Sprich: Es gibt keine Zuflucht für euch, kein Obdach, zu dem ihr flüchten könnt, niemanden, der euch an diesem Tage verteidigte oder beschützte vor Gottes grimmigem Zorn und vor Seiner gewaltigen Macht, wenn und ehe ihr nicht den Schatten Seiner Offenbarung aufsucht. Dies ist fürwahr Seine Offenbarung, die euch in der Person dieses Jünglings verkündet ist. Verherrlicht sei Gott für eine so strahlende, kostbare und wundersame Schau.

6 Löst euch von allem außer Mir und wendet euer Angesicht Meinem Angesicht zu, denn das ist besser für euch als alles, was ihr besitzt. Die Zunge Gottes bezeugt die Wahrheit Meiner Worte durch Mein eigenes Wort, das die Wahrheit spricht und alle Dinge erfaßt und umschließt.

7 Sprich: Glaubt ihr, daß euere Ergebenheit für Seine Sache Ihm jemals nützen oder euere Ablehnung ihrer Wahrheit Ihm irgendwelchen Schaden bringen kann? Nein, bei Meinem Selbst, dem Allunterwerfenden, dem Unzugänglichen, dem Höchsten! Zerreißt die Schleier der Namen und spaltet ihr Reich. Bei Meiner Schönheit! Er, der Herrscher über alle Namen, ist gekommen, Er, auf dessen Gebot jeder einzelne Name von dem Anfang an, der keinen Anfang hat, erschaffen wurde, Er, der sie auch weiterhin schaffen wird,

wie es Ihm gefällt. Er, wahrlich, ist der Allgewaltige, der Allweise.

8 Hütet euch, daß ihr euch nicht des Gewandes göttlicher Führung entäußert. Trinkt euch satt aus dem Kelch, den die Jünglinge des Himmels hoch über euere Häupter erhoben haben. So gebietet euch Er, der mehr Erbarmen mit euch hat als ihr selbst, Er, der weder Lohn noch Dank von euch fordert. Sein Lohn kommt von Ihm, der Ihn durch die Macht der Wahrheit zu euch herabgesandt, Ihn auserwählt und der ganzen Schöpfung als Sein eigenes Zeugnis verkündet hat. Er ist es, der Ihn ermächtigt hat, alle Seine Zeichen zu offenbaren. Seht Ihn aufs neue, damit ihr erkennen möget, wozu die Zunge des Altehrwürdigen der Tage euch aufruft, damit ihr vielleicht zu denen gehöret, die die Wahrheit begreifen. Habt ihr je von eueren Vorvätern oder von den ihnen vorangegangenen Geschlechtern, bis zu dem ersten Adam zurück, gehört, daß einer, der, mit offenbarer, überirdischer Herrschaft ausgestattet, in den Wolken der Offenbarung kommt, der in seiner rechten Hand das Reich Gottes und in seiner Linken alle Macht und Herrlichkeit Seiner ewigen Herrschaft hält, einer, dem die Scharen Gottes, des Allmächtigen, des Allbezwingenden, des Machtvollsten, vorangehen, der fortwährend Verse verkündet, deren Sinn zu ergründen der Verstand der gelehrtesten und weisesten Menschen unfähig ist, daß dieser dennoch der Träger einer Botschaft sein sollte, die nicht von Gott wäre? Seid darum einsichtsvoll und sprecht die Wahrheit, die reine Wahrheit, wenn ihr beansprucht, ehrlich und hochgesinnt zu sein.

9 Sprich: Die Verse, die Wir offenbart haben, sind so zahlreich wie jene, die in der vorangegangenen Offenbarung auf den Báb herabgesandt wurden. Wer die Worte bezweifelt, die der Geist Gottes spricht, möge den Hof Unserer Gegenwart aufsuchen, Unsere göttlich offenbarten Verse

hören und Augenzeuge für den klaren Beweis Unseres Anspruchs sein.

Sprich: Bei der Gerechtigkeit des Allmächtigen! Das Maß der Gunstbezeugungen Gottes ist voll erfüllt, Sein Wort ist vollendet, das Licht Seines Angesichts ist offenbart, Seine höchste Herrschaft hat die ganze Schöpfung umfaßt, die Herrlichkeit Seiner Offenbarung ist kundgetan und Seine Gnadengaben sind auf die ganze Menschheit herniedergeströmt.

122 Der Mensch ist der höchste Talisman. Der Mangel an geeigneter Erziehung hat ihn jedoch dessen beraubt, was er seinem Wesen nach besitzt. Durch ein Wort, das aus dem Munde Gottes hervorging, wurde er ins Dasein gerufen. Durch ein weiteres Wort ward er dazu geführt, den Quell seiner Erziehung zu erkennen. Durch wieder ein anderes Wort wurden seine Stufe und seine Bestimmung sichergestellt. Das Höchste Wesen spricht: Betrachte den Menschen als ein Bergwerk, reich an Edelsteinen von unschätzbarem Wert. Nur die Erziehung kann bewirken, daß es seine Schätze enthüllt und die Menschheit daraus Nutzen zu ziehen vermag. Jeder Mensch, der nachsinnt über das, was die aus dem Himmel des heiligen Willens Gottes herabgesandten Schriften offenbart haben, wird leicht erkennen, wie es ihr Ziel ist, daß alle Menschen als eine Seele betrachtet werden sollen, damit das Siegel mit den Worten »Das Reich wird Gottes sein« jedem Herzen aufgeprägt werde und das Licht göttlicher Großmut, Gnade und Barmherzigkeit die ganze Menschheit umhülle. Der eine, wahre Gott – gepriesen sei Seine Herrlichkeit wünscht nichts für sich selbst. Ihm nützt weder die Untertanentreue der Menschheit noch schadet Ihm ihre Verderbtheit. Der Vogel aus dem Reiche der Äußerung erhebt unaufhörlich diesen Ruf: »Alle Dinge habe Ich für dich gewollt, und auch dich um deiner selbst willen.« Wenn die Gelehrten und Weltweisen dieser Zeit der Menschheit gestatteten, den Duft der Verbundenheit und Liebe einzuatmen, würde jedes verständige Herz die Bedeutung wahrer Freiheit begreifen und das Geheimnis ungetrübten Friedens und vollkommener Seelenruhe entdecken. Würde die Erde diesen Stand der Dinge erreichen und von seinem Lichte erleuchtet, dann könnte man wahrlich von ihr sagen: »Du wirst auf ihr weder Tiefen noch Höhen sehen.«

123 Die Geschlechter vor euch – wohin sind sie entschwunden? Und jene, um die sich zu ihren Lebzeiten die Schönsten und Lieblichsten des Landes bewegten, wo sind sie jetzt? Lernt aus ihrem Beispiel, o Menschen, und gehört nicht zu denen, die in die Irre gehen!

Bald werden andere euere Habe in Besitz nehmen und in euere Wohnungen ziehen. Neigt euer Ohr Meinen Worten, und zählt nicht zu den Törichten.

Es ist die höchste Pflicht eines jeden von euch, für sich selbst zu wählen, was kein anderer beeinträchtigen, keiner ihm entreißen kann. Das aber – und dafür ist der Allmächtige Mein Zeuge – ist die Liebe Gottes, könntet ihr es doch begreifen!

Baut euch Häuser, die Regen und Flut niemals zerstören können und die euch vor dem Wechsel und Wandel dieses Lebens beschützen. Dies ist die Weisung dessen, dem die Welt Unrecht tat und den sie im Stich ließ.

124 Wie wunderbar ist die Einheit des lebendigen, des immerwährenden Gottes – eine Einheit, die über alle Begrenzungen erhaben ist und die Fassungskraft alles Erschaffenen übersteigt! Seit Ewigkeit hat Er in Seiner unzugänglichen Wohnstätte der Heiligkeit und Herrlichkeit gewohnt und wird weiter bis in Ewigkeit auf den Höhen Seiner unabhängigen Herrschaft und Größe thronen. Wie erhaben ist Sein unzerstörbares Wesen, wie gänzlich unabhängig von der Erkenntnis alles Erschaffenen, und wie unermeßlich erhaben wird es bleiben über den Lobpreis aller, die in den Himmeln und auf Erden wohnen!

Aus dem erhabenen Quell, aus dem Wesen Seiner Gunst und Güte hat Er alles Erschaffene mit einem Zeichen Seiner

Erkenntnis betraut, auf daß keines Seiner Geschöpfe davon ausgeschlossen sei, seinen Anteil von dieser Erkenntnis kundzutun, jedes nach seiner Fähigkeit und nach seinem Rang. Dieses Zeichen ist der Spiegel Seiner Schönheit in der Welt der Schöpfung. Je größer der Eifer ist, der aufgewendet wird, diesen erhabenen, edlen Spiegel zu verfeinern, desto getreuer wird er die Herrlichkeit der Namen und Eigenschaften Gottes widerspiegeln und die Wunder Seiner Zeichen und Seiner Erkenntnis offenbaren können. Jedes erschaffene Ding wird befähigt werden – so groß ist diese Kraft der Widerspiegelung –, die Möglichkeiten seiner vorherbestimmten Stufe zu offenbaren. Es wird seine Fähigkeit und seine Grenzen erkennen, und wird die Wahrheit bezeugen, daß »Er, wahrlich, Gott ist; es ist kein Gott außer Ihm.«

3   Es kann keinen Zweifel geben, daß durch die Anstrengungen, die jeder Mensch bewußt unternimmt, und durch den Einsatz seiner geistigen Fähigkeiten dieser Spiegel vom Schmutz irdischer Befleckung so gereinigt und von teuflischem Wahn so befreit werden kann, daß er den Auen ewiger Heiligkeit nahen und die Höfe immerwährender Gemeinschaft erreichen kann. Nach dem Grundsatz jedoch, daß für alles eine Frist gesetzt und für jede Frucht eine Jahreszeit bestimmt ist, können die verborgenen Kräfte einer solchen Güte am besten in den Tagen Gottes entfesselt und die Frühlingsherrlichkeit einer solchen Gabe einzig in diesen Tagen offenbart werden. Mag auch jeder Tag mit seinem vorherbestimmten Anteil an Gottes wundersamer Gnade ausgestattet sein, so haben doch die Tage, die unmittelbar mit der Manifestation Gottes verbunden sind, eine einzigartige Auszeichnung und nehmen einen Rang ein, den kein Verstand jemals begreifen kann. Sie sind von einer solchen Wirksamkeit erfüllt, daß, wenn die Herzen aller, die in den Himmeln und auf Erden wohnen,

in diesen Tagen immerwährender Freude dem Tagesgestirn unvergänglicher Herrlichkeit gegenübergestellt und auf Seinen Willen abgestimmt würden, sich jedes von ihnen über alles Irdische erhaben, in Seinem Lichte strahlend und durch Seine Gnade geheiligt fände. Heil sei dieser Gnade, die kein Segen, wie groß er auch sei, übertreffen kann, und Ehre sei dieser Güte, dergleichen das Auge der Schöpfung nie gesehen hat! Erhaben ist Er über alles, was sie Ihm zuschreiben oder über Ihn berichten!

Aus diesem Grunde soll in diesen Tagen kein Mensch auf seinen Nächsten angewiesen sein. Es wurde schon zur Genüge dargelegt, daß an diesem von Gott bestimmten Tage die Mehrheit derer, die Seinen heiligen Hof gesucht und erreicht haben, eine Erkenntnis und Weisheit enthüllt, von der neben diesen heiligen und geweihten Seelen kein Mensch, wie lange er auch gelehrt oder gelernt haben mag, einen Tropfen begriffen hat oder je erfassen wird. Vermöge dieser Kraft sind die Geliebten Gottes in den Tagen der Manifestation der Sonne der Wahrheit über alle menschliche Gelehrsamkeit erhoben und von ihr unabhängig gemacht. Ja, aus ihren Herzen, aus dem Quell der ihnen innewohnenden Kräfte strömt unaufhörlich das innerste Wesen menschlicher Gelehrsamkeit und Weisheit.

125

O mein Bruder! Wenn ein wahrer Sucher sich entschließt, mit forschendem Schritt den Pfad zu betreten, der zur Erkenntnis des Altehrwürdigen der Tage führt, muß er vor allem sein Herz, den Sitz der Offenbarung der inneren Mysterien Gottes, vom trübenden Staub allen erworbenen Wissens und von den Andeutungen der Verkörperungen satanischer Wahngebilde reinigen. Er muß seine Brust, das Heiligtum der immerwährenden Liebe des Geliebten, von jeder

Befleckung läutern und seine Seele von allem heiligen, was dem Wasser und dem Lehm zugehört, von allen schattenhaften, flüchtigen Verhaftungen. Er muß sein Herz so läutern, daß kein Rest von Liebe oder Haß darin verbleibt, damit weder Liebe ihn blind zum Irrtum leite noch Haß ihn von der Wahrheit scheuche. Denn wie du an diesem Tage siehst, sind die meisten Menschen solcher Liebe und solchen Hasses wegen des unsterblichen Antlitzes beraubt, sind von den Verkörperungen der göttlichen Mysterien weit abgeirrt und streifen hirtenlos durch die Wildnis des Vergessens und des Irrtums.

2 Der Sucher soll allezeit sein Vertrauen in Gott setzen und sich von den Erdenmenschen abkehren. Er soll sich von der Welt des Staubes lösen und Ihm, dem Herrn der Herren, anhangen. Nie darf er sich über einen anderen erheben wollen, jede Spur von Stolz und Dünkel soll er von der Tafel seines Herzens waschen. Er soll in Geduld und Ergebung harren, Schweigen üben und sich eitler Rede enthalten. Denn die Zunge ist ein schwelend Feuer, und zuviel der Rede ein tödlich Gift. Natürliches Feuer verbrennt den Körper, das Feuer der Zunge aber verzehrt Herz und Seele. Die Kraft des einen währt nur eine Weile, aber die Wirkung des anderen dauert ein Jahrhundert lang.

3 Auch soll der Sucher üble Nachrede als schweres Vergehen betrachten und sich von ihrem Einfluß fernhalten, denn sie verlöscht das Licht des Herzens und erstickt das Leben der Seele. Er soll sich mit wenigem begnügen und frei sein von allen zügellosen Wünschen. Er soll die Gesellschaft derer schätzen, die der Welt entsagt haben, und es als wertvollen Gewinn betrachten, prahlerische, weltlich gesinnte Menschen zu meiden. In der Morgenfrühe eines jeden Tages soll er sich Gott zuwenden und mit ganzer Seele bei der Suche nach seinem Geliebten verweilen. Er soll jeden eigenwilligen Gedanken mit der Flamme Seines liebe-

vollen Gedenkens verbrennen und mit Blitzesschnelle an allem außer Ihm vorübereilen. Er soll dem Vertriebenen beistehen und dem Notleidenden niemals seine Gunst versagen. Er soll gütig sein zu den Tieren, wie viel mehr zu seinem Nächsten, der mit der Macht der Sprache begabt ist. Er soll nicht zögern, sein Leben für seinen Geliebten hinzugeben, und sich nicht durch das Urteil der Menschen von der Wahrheit abbringen lassen. Für andere soll er nicht wünschen, was er für sich selbst nicht wünscht, und nicht versprechen, was er nicht hält. Aus ganzem Herzen soll er die Gesellschaft der Frevler meiden und um Vergebung ihrer Sünden beten. Er soll dem Sünder verzeihen und niemals dessen niedrigen Zustand verachten, denn niemand weiß, wie sein eigenes Ende sein wird. Wie oft hat ein Sünder in der Todesstunde zum Wesenskern des Glaubens gefunden und, den unsterblichen Trank in Fülle trinkend, seinen Flug zur himmlischen Versammlung genommen! Und wie oft hat sich ein ergebener Gläubiger zur Stunde des Aufstiegs seiner Seele so gewandelt, daß er in das unterste Feuer fiel!

4 Wir wollen mit der Offenbarung dieser überzeugenden, gewichtigen Worte, dem Sucher tief einprägen, daß er alles außer Gott als vergänglich ansehen und alles außer Ihm, dem Ziel aller Anbetung, als äußerstes Nichtsein erachten soll.

5 Dies sind einige Eigenschaften der Hochstehenden und Kennzeichen der Geistiggesinnten. Sie wurden schon bei den Erfordernissen für die Wanderer erwähnt, die auf dem Pfade wirklicher Erkenntnis wandeln. Wenn der losgelöste Wanderer, der aufrichtige Sucher diese Grundbedingungen erfüllt, dann und nur dann kann er ein wahrer Sucher genannt werden. Wann immer er die Bedingungen erfüllt, die in dem Verse liegen: »Wer nach Uns strebt ...«[1], wird er

1. Qur'án 29:70

sich der Segnungen erfreuen, die aus den Worten strömen: »... den werden Wir sicherlich auf Unseren Wegen geleiten«.[1]

6 Erst wenn die Lampe des Suchens, des ernsten Strebens, des sehnlichen Verlangens, der leidenschaftlichen Ergebung, der glühenden Liebe, der Verzückung und Ekstase im Herzen des Suchers entzündet ist und der Hauch der Gnade Gottes über seine Seele weht, wird das Dunkel des Irrtums vertrieben, werden die Nebel des Zweifels und der Ängste zerstreut, bis die Lichter der Erkenntnis und Gewißheit sein Wesen einhüllen. Zu dieser Stunde wird der mystische Herold mit der Freudenbotschaft des Geistes strahlend wie der Morgen aus der Stadt Gottes aufleuchten und mit dem Posaunenstoß der Erkenntnis Herz, Seele und Geist aus dem Schlummer der Achtlosigkeit erwecken. Dann werden die mannigfachen Gunstbeweise und die Gnadenströme des heiligen, ewigen Geistes dem Sucher solch neues Leben verleihen, daß er sich mit einem neuen Auge, einem neuen Ohr, einem neuen Herzen und einem neuen Geist beschenkt sieht. Er wird über die offenbaren Zeichen des Weltalls nachsinnen und die verborgenen Geheimnisse der Seele durchdringen. Er wird mit dem Auge Gottes schauen und in jedem Atom ein Tor erblicken, das ihn zu den Stufen völliger Gewißheit führt. In allen Dingen wird er die Mysterien göttlicher Offenbarung und die Beweise ewiger Verkündung entdecken.

7 Ich schwöre bei Gott! Wer den Pfad der Führung beschreitet, die Höhen der Rechtschaffenheit zu erklimmen sucht und diese hehre, erhabene Stufe erreicht, wird tausend Meilen weit den Duft Gottes verspüren und erleben, wie sich der strahlende Tagesanbruch göttlicher Führung über dem Morgen aller Dinge erhebt. Jedes Ding, und sei

1. Qur'án 29:70

es noch so klein, wird ihm eine Offenbarung, die ihn zu seinem Geliebten führt, dem Ziel seines Suchens. So scharf wird des Suchers Urteilskraft werden, daß er Wahres von Falschem zu unterscheiden vermag wie die Sonne vom Schatten. Wenn in den fernsten Winkeln des Ostens Gottes liebliche Düfte wehen, so wird er sie sicherlich erkennen und einatmen, weilte er auch am äußersten Ende des Westens. Desgleichen wird er alle Zeichen Gottes – Seine wundersamen Worte, Seine großen Werke und mächtigen Taten – so klar von den Werken, Worten und Wegen der Menschen unterscheiden, wie der Goldschmied den Edelstein vom Kiesel und jeder Mensch den Frühling vom Herbst, Hitze von Kälte unterscheidet. Wenn die menschliche Seele gleich einem Kanal von allen weltlichen, hemmenden Verhaftungen gereinigt ist, wird sie unfehlbar den Odem des Geliebten über unermeßliche Entfernungen hin verspüren und, von seinem Duft geführt, die Stadt der Gewißheit erreichen und betreten.

Dort wird der Sucher Gottes Wunder altehrwürdiger Weisheit erfahren und alle verborgenen Lehren aus dem Blätterrauschen des Baumes vernehmen, der in dieser Stadt blüht. Mit seinem inneren und dem äußeren Ohr wird er aus deren Staub die Hymnen der Verherrlichung und des Lobpreises hören, die zum Herrn der Herren emporsteigen, und mit seinem inneren Auge wird er die Geheimnisse der »Wiederkunft« und der »Erweckung« entdecken.

Wie unaussprechlich herrlich sind die Zeichen, die Beweise, die Offenbarungen und die Pracht, die Er, der König der Namen und Eigenschaften, für diese Stadt bestimmt hat. Der Eintritt in diese Stadt löscht den Durst ohne Wasser und entzündet die Gottesliebe ohne Feuer. In jedem Grashalm sind die Mysterien unergründlicher Weisheit verwahrt, und in jedem Rosenbusch singen Nachtigallen ohne Zahl in seligem Entzücken ihr Lied. Wundersame

Tulpen enthüllen das Mysterium des unverlöschlichen Feuers im Brennenden Busch, und liebliche Wohlgerüche der Heiligkeit verströmen den Duft des messianischen Geistes. Diese Stadt schenkt Reichtum ohne Gold und verleiht Unsterblichkeit ohne Tod. In jedem Blatt sind unaussprechliche Wonnen verwahrt, und in jedem Gemach liegen unzählige Geheimnisse verborgen.

10   Die sich tapfer auf der Suche nach Gott mühen, werden, sobald sie allem außer Ihm entsagt haben, so mit dieser Stadt verbunden und vermählt sein, daß sie sich nicht mehr vorstellen können, auch nur einen Augenblick von ihr getrennt zu leben. Sie werden auf unfehlbare Beweise von der Hyazinthe jener Gemeinschaft lauschen und die sichersten Zeugnisse von der Schönheit ihrer Rose und dem Lied ihrer Nachtigall empfangen. Etwa alle tausend Jahre einmal wird diese Stadt erneuert und aufs neue geschmückt...

11   Diese Stadt ist nichts anderes als das Wort Gottes, das in jedem Zeitalter und in jeder Sendung offenbart wird. In den Tagen Mose war sie der Pentateuch, in den Tagen Jesu das Evangelium, in den Tagen Muḥammads, des Gesandten Gottes, der Qur'án, an diesem Tage ist sie der Bayán, und in der Sendung dessen, den Gott offenbaren wird, wird sie Sein Buch sein – das Buch, auf das alle Bücher der vorangegangenen Sendungen notwendig bezogen werden müssen, das Buch, das überragend und erhaben in ihrer Mitte steht.

126

An welchen Ort Wir auch verbannt werden, wie groß die Trübsal auch sei, die Wir erdulden – wer zum Volke Gottes gehört, muß mit festem Entschluß und vollkommenem Vertrauen sein Auge auf die Sonne der Herrlichkeit richten und sich dem zuwenden, was zur Besserung der Welt und zur Erziehung ihrer Völker führt. Alles, was Uns in der Vergangenheit widerfahren ist, hat die Belange Unserer Offenbarung gefördert und ihren Ruhm verkündet, und alles, was Uns in Zukunft widerfahren mag, wird das gleiche Ergebnis haben. Haltet euch aus innerstem Herzen fest an die Sache Gottes, eine Sache, die durch Ihn, den Gebieter, den Allweisen, herabgesandt worden ist. Mit größter Güte und Barmherzigkeit haben Wir alle Völker und Stämme aufgerufen und sie zu dem geführt, was ihnen wirklich nützt.

Die Sonne der Wahrheit, in ihrem Mittagsglanze strahlend, legt Zeugnis ab für Uns! Wer zum Volke Gottes gehört, hat nur den Ehrgeiz, die Welt zu erneuern, ihr Leben zu veredeln und ihre Völker zu beleben. Wahrhaftigkeit und Wohlwollen haben allezeit die Beziehungen dieses Volkes zu allen Menschen gekennzeichnet. Ihr äußeres Verhalten ist nur die Widerspiegelung ihres inneren Lebens und ihr inneres Leben der Spiegel ihres äußeren Verhaltens. Kein Schleier verbirgt oder verdunkelt die Wahrheit, auf die ihr Glaube sich gründet. Vor den Augen aller Menschen ist diese Wahrheit offen dargelegt, sie kann deutlich erkannt werden. Ihre Taten beweisen die Wahrheit dieser Worte. 2

Jedes scharfblickende Auge kann an diesem Tage das Morgenlicht der Offenbarung Gottes wahrnehmen, und jedes aufmerksame Ohr die Stimme erkennen, die aus dem Brennenden Busch gehört ward. Die Wasser göttlichen Erbarmens stürzen in solcher Fülle hernieder, daß Er, der Morgen der Zeichen Gottes, der Offenbarer der Beweise Seiner Herrlichkeit, sich unverschleiert und unverhüllt mit den Völkern und Geschlechtern der Erde verbindet und mit ihnen spricht. Wie zahlreich sind jene, die mit böser Absicht im Herzen Unsere Gegenwart aufsuchten und sie als treue, liebevolle Freunde wieder verließen! Die Tore der Gnade stehen vor aller Menschen Angesicht weit offen. In 3

Unserem äußeren Umgang mit ihnen haben Wir den Gerechten und den Sünder gleich behandelt, damit der Frevler das grenzenlose Meer der göttlichen Vergebung erreiche. Unser Name »Der Verbergende« hat solches Licht über die Menschen verbreitet, daß der Widersetzliche wähnt, zu den Frommen gerechnet zu werden. Wir werden keinen Menschen, der Uns sucht, jemals enttäuschen, noch wird dem, der Uns sein Angesicht zugewandt hat, der Zutritt zu Unserem Hofe verweigert werden...

4   O Freunde! Helfet dem einen, wahren Gott – gepriesen sei Seine Herrlichkeit – durch euere edlen Werke, durch ein Verhalten und durch einen Charakter, die vor Ihm annehmbar sind. Wer an diesem Tage ein Helfer Gottes sein möchte, der schließe seine Augen vor allem, was er besitzt, und öffne sie dem, was von Gott ist. Er widme sich nicht länger dem, was ihm selbst Nutzen bringt, sondern sorge sich um alles, was den allbezwingenden Namen des Allmächtigen erhöhen wird. Sein Herz reinige er von allen üblen Leidenschaften und verderbten Wünschen; denn die Gottesfurcht ist die Waffe, die ihn siegreich machen kann, das wichtigste Mittel, sein Ziel zu erreichen. Die Gottesfurcht ist der Schutz, der Seine Sache verteidigt, der Schild, der Sein Volk befähigt, den Sieg zu erringen. Sie ist ein Banner, das kein Mensch entwürdigen kann, eine Kraft, der keine Macht gleicht. Mit ihrer Hilfe und mit Seiner, des Herrn der Heerscharen, Erlaubnis wurden die Gott Nahen befähigt, die Festungen der Menschenherzen zu bezwingen und zu erobern.

127

Wenn es euer Wunsch ist, o ihr Menschen, Gott zu erkennen und die Größe Seiner Macht zu entdecken, dann schaut auf Mich mit Meinen eigenen Augen und nicht mit den Augen eines anderen außer Mir. Nie werdet ihr sonst imstande sein, Mich zu erkennen, selbst wenn ihr über Meine Sache nachdenkt, solange Mein Reich dauert, und über alles Erschaffene nachsinnt durch alle Ewigkeit Gottes, des höchsten Herrn über alle, des Allgewaltigen, des Allewigen, des Allweisen. So haben Wir die Wahrheit Unserer Offenbarung verkündet, damit die Menschen aus ihrer Achtlosigkeit aufgerüttelt werden und zu den Verstehenden gehören.

Seht den erbärmlichen Zustand dieser Menschen, die sehr wohl wissen, wie Ich Mich selbst und Meine Verwandtschaft auf dem Pfade Gottes und für die Erhaltung ihres Glaubens an Ihn geopfert habe, und die sich wohl bewußt sind, wie Meine Feinde Mich umstellt haben in den Tagen, da die Herzen der Menschen erzitterten und sich fürchteten, den Tagen, da sie sich vor den Augen der Geliebten Gottes und vor Seinen Feinden verbargen und eifrig bemüht waren, ihre eigene Sicherheit und ihren Frieden zu wahren. 2

Es gelang Uns schließlich, die Sache Gottes zu verkünden, und Wir erhöhten sie zu einer so erhabenen Stufe, daß alles Volk bis auf jene, die in ihrem Herzen Übelwollen gegen diesen Jüngling hegten und dem Allmächtigen Gefährten beigesellten, die Allgewalt Gottes und Seine mächtige Herrschaft anerkannten. Und dennoch, siehe, wie trotz dieser Offenbarung, deren Einfluß alles Erschaffene durchdrang, und ungeachtet dieses hellen Lichtes, desgleichen keiner von ihnen jemals sah, das Volk des Bayán Mich verleugnet und bekämpft. Einige wandten sich vom Pfade Gottes ab, verwarfen die Amtsgewalt dessen, an den sie geglaubt hatten, und handelten anmaßend gegen Gott, den Machtvollsten, den höchsten Beschützer, den Erhabensten, den Größten. Andere zögerten und stockten auf Seinem Pfade; sie betrachteten die Sache des Schöpfers in ihrem Wahrheitskern als ungültig, solange sie nicht durch die Zu- 3 stimmung dessen bestätigt ist, der durch das Wirken Meines Willens erschaffen wurde. So sind ihre Werke zunichte geworden, aber sie haben es nicht begriffen. Zu ihnen gehört er, der Gott nach dem Maß seines eigenen Selbstes zu messen versuchte und durch die Namen Gottes so irregeführt war, daß er sich gegen Mich erhob, Mich als einen verurteilte, der getötet zu werden verdiente, und Mir eben die Vergehen zur Last legte, deren er selbst schuldig war.

4 Darum trage Ich Meinen Gram und Meinen Schmerz vor Ihn, der Mich erschuf und Mich mit Seiner Botschaft betraute. Ihm danke und Ihn preise Ich für alles, was Er verordnet hat, für Meine Einsamkeit und die Qual, die Ich aus den Händen dieser Menschen erleide, die so weit von Ihm abgeirrt sind. Ich habe die Trübsal, die Mich traf, geduldig getragen; Ich werde sie weiter tragen und Mein ganzes Vertrauen, Meine Zuversicht auf Gott setzen. Ihn werde Ich demütig bitten und sprechen: Führe Deine Diener, o Mein Herr, zum Hofe Deiner Gunst und Großmut und lasse nicht zu, daß sie von den Wundern Deiner mannigfaltigen Gnadengaben ausgeschlossen bleiben. Denn sie wissen nicht, was Du für sie verordnet hast kraft Deiner Barmherzigkeit, die die ganze Schöpfung umfaßt. Äußerlich, o Herr, sind sie schwach und hilflos, und innerlich sind sie nur Waisenkinder. Du bist der Allgütige, der Freigebige, der höchst Erhabene, der Größte. O Mein Gott! Lasse die Heftigkeit Deines Zornes nicht über sie kommen und gib, daß sie auf die Zeit warten, da die Wunder Deiner Barmherzigkeit offenbar sind, damit sie vielleicht zu Dir zurückkehren und Dich für das, was sie gegen Dich verübt haben, um Vergebung bitten. Wahrlich, Du bist der Verzeihende, der Allbarmherzige.

128

Sprich: Ziemt es sich für einen Menschen, der behauptet, Nachfolger seines Herrn, des Allbarmherzigen, zu sein, in seinem Herzen die schlimmsten Taten des Bösen zu tun? Nein, es steht ihm übel an, und die Schönheit des Allherrlichen wird es Mir bezeugen. Könntet ihr es doch verstehen!

Macht euer Herz frei von der Liebe zu weltlichen Dingen, euere Zunge von jedem Gedenken außer Seinem Gedenken, euer ganzes Wesen von allem, was euch davon abhält, Ihm ins Angesicht zu blicken, und was euch verführt, den Einflüsterungen euerer bösen, verderbten Neigungen zu folgen. Fürchtet Gott, o Menschen, und gehört zu denen, die den Pfad der Rechtschaffenheit beschreiten.

Sprich: Wenn euer Betragen, o Menschen, eueren Bekenntnissen widerspricht, wie glaubt ihr euch dann von denen unterscheiden zu können, die ihren Glauben an den Herrn, ihren Gott, bekannten, sich aber dennoch, als Er in der Wolke der Heiligkeit zu ihnen kam, weigerten, Ihn anzuerkennen, und Seine Wahrheit zurückwiesen. Macht euch frei von jeder Bindung an diese Welt und ihre Eitelkeiten. Hütet euch, ihnen zu nahen, denn sie verleiten euch dazu, eueren Gelüsten und euerer Habsucht zu folgen, und hindern euch daran, den geraden, herrlichen Pfad zu betreten.

Wisset, daß mit der »Welt« euere Unachtsamkeit gegen Ihn, eueren Schöpfer, gemeint ist, euer Erfülltsein von anderem als Ihm. Andererseits bedeutet »das künftige Leben« alles, was euch sicher macht, daß ihr Gott, dem Allherrlichen, dem Unvergleichlichen, nahe kommt. Was euch an diesem Tage abhält, Gott zu lieben, ist nichts anderes als die Welt. Flieht sie, damit ihr zu den Seligen zählt! Möchte ein Mensch sich mit dem Schmuck dieser Erde schmücken, ihre Trachten tragen und die Wohltaten genießen, die sie zu schenken vermag, so kann ihm das nicht schaden, sofern er nichts zwischen sich und Gott treten läßt; denn Gott hat alle guten Dinge, ob sie in den Himmeln oder auf Erden erschaffen sind, für jene Seiner Diener bestimmt, die wahrhaft an ihn glauben. Genießet, o Menschen, die guten Dinge, die Gott euch erlaubt, und beraubt euch nicht selbst Seiner wunderbaren Gaben. Bringet Ihm Dank und Preis, und gehöret zu den wahrhaft Dankbaren.

5 O du, der du deinem Heim entflohen bist und die Gegenwart Gottes gesucht hast! Verkünde den Menschen die Botschaft deines Herrn, damit sie sie davon abhalte, den Einflüsterungen ihrer bösen, verderbten Wünsche zu folgen, und sie zum Gedenken Gottes, des Erhabensten, des Größten, führe. Sprich: Fürchtet Gott, ihr Menschen, und vergießet nicht das Blut eines anderen. Streitet nicht mit euerem Nächsten und gehört zu denen, die Gutes tun. Hütet euch, daß ihr die Welt nicht in Unordnung bringt, nachdem sie wohl geordnet ist, und folgt nicht den Spuren derer, die in die Irre gingen.

6 Wer immer sich unter euch erhebt, die Sache seines Herrn zu lehren, der lehre vor allem sein eigenes Ich, damit seine Rede die Herzen seiner Hörer anziehe. Ehe er sich nicht selbst lehrt, werden die Worte seines Mundes das Herz des Suchers nicht berühren. Habt acht, o Menschen, daß ihr nicht zu denen gehört, die anderen einen guten Rat geben, aber vergessen, ihn selbst zu befolgen. Ihre eigenen Worte und darüber hinaus die Worte der Wirklichkeiten aller Dinge, und jenseits dieser Wirklichkeiten die Gott nahen Engel klagen solche Menschen der Falschheit an.

7 Wenn es einem Menschen gelingt, einen anderen zu beeinflussen, ist dieser Erfolg nicht ihm selbst zuzuschreiben, sondern dem Einfluß der Worte Gottes, wie es von Ihm verordnet ist, dem Allmächtigen, dem Allweisen. Vor Gott wird er als eine Lampe angesehen, die ihr Licht spendet und sich dabei selbst verzehrt.

Sprich: Begehet nicht, o Menschen, was Schande über euch bringt oder die Sache Gottes in den Augen der Menschen entehrt, und gehört nicht zu den Unheilstiftern. Naht nicht den Dingen, die euere Vernunft verdammt. Meidet jede Art von Schlechtigkeit, denn solches ist euch verboten in dem Buche, das nur die zur Hand nehmen, die Gott von jedem Makel der Schuld gereinigt und zu den Gläubigen gezählt hat.

Seid aufrichtig gegen euch selbst und gegen andere, damit die Beweise der Gerechtigkeit durch euere Taten unter Unseren getreuen Dienern offenbar werden. Hütet euch, das Eigentum eueres Nächsten anzutasten. Erweist euch seines Vertrauens und seines guten Glaubens würdig, und versagt den Armen nicht die Gaben, die Gottes Gnade euch verliehen hat. Er, wahrlich, wird die Wohltäter belohnen und ihnen ihre Spenden doppelt vergelten. Es ist kein Gott außer Ihm. Die ganze Schöpfung und die Herrschaft über sie sind Sein. Er verleiht Seine Gaben, wem Er will, und Er versagt sie, wem Er will. Er ist der große Geber, der Großmütigste, der Gütige.

Sprich: Lehre die Sache Gottes, o Volk Bahás, denn Gott hat es jedem zur Pflicht gemacht, Seine Botschaft zu verkünden, und betrachtet dies als die verdienstvollste aller Taten. Eine solche Tat ist nur annehmbar, wenn der Lehrer schon fest im Glauben an Gott steht, den höchsten Beschützer, den Gnädigen, den Allmächtigen. Er hat überdies bestimmt, daß Seine Sache durch die Kraft des menschlichen Wortes gelehrt werde, nicht durch die Anwendung von Gewalt. So wurde Sein Gebot aus dem Reiche dessen herabgesandt, der der Erhabenste, der Allweise ist. Hütet euch, mit jemandem zu streiten, strebt vielmehr danach, ihn freundlich auf die Wahrheit aufmerksam zu machen und ihn überzeugend zu ermahnen. Ist euer Hörer empfänglich, so ist er es zu seinem eigenen Frommen; wenn nicht, wendet euch von ihm ab und richtet euer Angesicht auf Gottes geheiligten Hof, den Sitz strahlender Heiligkeit.

11 Streitet mit niemandem über die Dinge dieser Welt und ihre Angelegenheiten, denn Gott hat sie denen überlassen, die ihr Herz daran hängen. Sich selbst hat Er aus der ganzen Welt die Herzen der Menschen erwählt – Herzen, die die Scharen der Offenbarung und der Äußerung bezwingen können. So hat es die Hand Bahás auf der Tafel des unwiderruflichen Ratschlusses Gottes nach dem Befehl des Höchsten Verordners, des Allwissenden, verordnet.

129

O Wanderer auf dem Pfade Gottes! Nimm dir deinen Anteil aus dem Meer Seiner Gnade, und beraube dich nicht selbst der Dinge, die in dessen Tiefen verborgen liegen. Gehöre zu denen, die an seinen Schätzen teilhaben. Ein Tropfen aus diesem Meer, über alle in den Himmeln und auf Erden vergossen, würde genügen, sie reich zu machen an der Großmut Gottes, des Allmächtigen, des Allwissenden, des Allweisen. Schöpfe mit den Händen des Verzichts aus seinen lebenspendenden Wassern und besprenge damit alles Erschaffene, damit es von allen menschlichen Begrenzungen reingewaschen werde und dem mächtigen Throne Gottes, diesem geheiligten, strahlenden Orte, nahe komme.

2 Sei nicht bekümmert, wenn du dies allein vollbringst. Lasse dir Gott allgenügend sein. Halte innige Zwiesprache mit Seinem Geiste und gehöre zu den Dankbaren. Verkünde die Sache deines Herrn allen, die in den Himmeln und auf Erden sind. Antwortet jemand deinem Ruf, so breite die Perlen der Weisheit des Herrn, deines Gottes, die Sein Geist auf dich herabgesandt hat, offen vor ihm aus und gehöre zu denen, die wahrhaft glauben. Und sollte jemand deine Gabe zurückweisen, so wende dich von ihm ab und

setze dein Vertrauen und deine Zuversicht auf den Herrn, deinen Gott, den Herrn aller Welten.

Bei der Gerechtigkeit Gottes! Wer an diesem Tage seine Lippen öffnet und den Namen seines Herrn erwähnt, auf den werden die Scharen göttlicher Eingebung aus dem Himmel Meines Namens, der Allwissende, der Allweise, herabkommen. Zu ihm wird auch die Versammlung der Höhe herabsteigen, und jeder aus ihr wird einen Kelch reinen Lichtes vorantragen. So wurde es vorherbestimmt im Reiche der Offenbarung Gottes, auf Befehl des Allherrlichen, des Machtvollsten.

Vom Heiligen Schleier verborgen, bereit für den Dienst Gottes, lagert eine Schar Seiner Auserwählten. Sie sollen den Menschen offenbar werden, Seiner Sache helfen und sich vor niemandem fürchten, selbst wenn das ganze Menschengeschlecht aufstünde und sie bekämpfte. Das sind jene, die sich vor den Blicken der Erdenbürger und der Himmelsbewohner erheben, die laut dem Namen des Allmächtigen zujubeln und die Menschenkinder auf den Pfad Gottes, des Allherrlichen, des Allgepriesenen, rufen werden. Wandle auf ihren Wegen und lasse dich durch niemanden schrecken. Gehöre zu denen, die aller Aufruhr der Welt, wie sehr er sie auch auf dem Pfade ihres Schöpfers erregen mag, niemals betrüben kann, und deren Entschluß aller Tadel der Tadler nie erschüttern wird.

Zieh aus mit der Tafel Gottes und mit Seinen Zeichen, vereinige dich mit denen, die an Mich glauben, und verkünde ihnen die Botschaften Unseres heiligsten Paradieses. Warne sodann die, welche Ihm Gefährten zugesellen. Sprich: Ich bin vom Throne der Herrlichkeit zu euch gekommen, o Menschen, und bringe euch eine Verkündigung von Gott, dem Machtvollsten, dem Erhabensten, dem Größten. In Meiner Hand trage Ich das Zeugnis Gottes, eueres Herrn und des Herrn euerer Väter. Wägt es auf der rechten Waage, die ihr besitzet, der Waage des Zeugnisses der Propheten und Boten Gottes. Wenn ihr findet, daß es auf Wahrheit beruht, wenn ihr glaubt, daß es von Gott ist, dann hütet euch, daran zu nörgeln, euere eigenen Werke zunichte zu machen, und zu den Ungläubigen zu zählen. Es ist wirklich das Zeichen Gottes, das durch die Macht der Wahrheit herabgesandt wurde, das die Gültigkeit Seiner Sache Seinen Geschöpfen beweist und das Banner der Reinheit zwischen Himmel und Erde hißt.

6   Sprich: Dies ist die versiegelte, mystische Schriftrolle, die Schatztruhe für Gottes unabänderlichen Ratschluß. Sie birgt die Worte, welche der Finger der Heiligkeit aufgezeichnet hat. Sie lag im Schleier unergründlichen Geheimnisses verhüllt und ist jetzt zum Zeichen der Gnade des Allmächtigen, des Altehrwürdigen der Tage, herabgesandt. In ihr haben Wir das Schicksal aller Menschen auf Erden und aller Himmelsbewohner bestimmt, das Wissen um alle Dinge, vom ersten bis zum letzten, niedergeschrieben. Nichts, was in der Vergangenheit erschaffen ward oder in Zukunft erschaffen werden wird, kann Ihm entgehen oder Seine Absicht durchkreuzen – könntet ihr es doch begreifen.

7   Sprich: Die von Gott herabgesandte Offenbarung ist sicherlich wiedergekehrt, und die ausgestreckte Hand Unserer Macht hat alle, die in den Himmeln und auf Erden sind, überschattet. Wir haben durch die Macht der Wahrheit, der reinen Wahrheit, einen unendlich kleinen Schimmer Unseres unergründlichen Geheimnisses offenbart, und siehe, wer die Glanzesfülle des Sinai erkannt hatte, erstarb, als er einen Blitzstrahl des hochroten Lichtes erblickte, das den Sinai Unserer Offenbarung umhüllt. So ist Er, die Schönheit des Allbarmherzigen, in den Wolken Seines Zeugnisses herabgekommen, und der Ratschluß wurde erfüllt nach dem Willen Gottes, des Allherrlichen, des Allweisen.

Sprich: Tritt hervor aus Deinem heiligen Gemach, o Himmelsdienerin, Du Bewohnerin des erhabenen Paradieses! Hülle Dich so, wie es Dir gefällt, in das Seidenkleid der Unsterblichkeit und lege im Namen des Allherrlichen das buntgestickte Gewand des Lichtes an. Höre dann auf den süßen, den wundersamen Ton der Stimme, die vom Throne Deines Herrn kommt, des Unerreichbaren, des Höchsten. Entschleiere Dein Angesicht, offenbare die Schönheit der schwarzäugigen Jungfrau und lasse nicht zu, daß die Diener Gottes des Lichtes Deines strahlenden Antlitzes beraubt sind. Gräme Dich nicht, wenn Du die Seufzer der Erdenbewohner oder die Klage der Himmelsbewohner hörst. Überlasse sie dem Verderben im Staube des Untergangs. Lasse sie zum Nichtsein zurückfallen, da die Flamme des Hasses in ihrer Brust brennt. Dann stimme im Angesicht der Völker auf Erden und im Himmel mit wohlklingender Stimme den Lobgesang des Gedenkens dessen an, der der König der Namen und Eigenschaften Gottes ist. So haben Wir Dein Schicksal bestimmt, und wohl sind Wir imstande, Unsere Absicht auszuführen.

Hüte Dich, die Du das innerste Wesen der Reinheit bist, daß Du Dich nicht Deines Kleides strahlender Herrlichkeit entäußerst. Nein, schmücke Dich im Reiche der Schöpfung mehr und mehr mit den unzerstörbaren Gewändern Deines Gottes, damit sich durch Dich das berückende Abbild des Allmächtigen in allem Erschaffenen spiegele und sich die Gnade Deines Herrn in der Fülle ihrer Macht über die ganze Schöpfung ergieße.

Wenn Du bei jemandem den Duft der Liebe Deines Herrn verspürst, so opfere Dich für ihn, denn dafür haben Wir Dich erschaffen, und mit diesem Ziel haben Wir seit unvordenklichen Zeiten in Gegenwart der Schar Unserer Wohlbegünstigten einen Bund mit Dir geschlossen. Sei nicht ungeduldig, wenn die Blinden im Herzen die Pfeile ihres eitlen Wahns auf Dich schießen. Überlasse sie sich selbst, denn sie folgen den Einflüsterungen der Bösen.

11 Rufe laut vor den Blicken der Bewohner von Himmel und Erde: Ich bin die Himmelsdienerin, das Reis, das vom Geiste Bahás gezeugt ward. Mein Heim ist die Wohnstatt Seines Namens, der Allherrliche. Vor den Scharen der Höhe wurde Ich mit dem Schmuck Seiner Namen geschmückt. Ich war in den Schleier unverletzlicher Sicherheit gehüllt und verborgen vor den Augen der Menschen. Mich dünkt, Ich hörte eine Stimme von göttlicher, unvergleichlicher Lieblichkeit rechts des Gottes der Barmherzigkeit hervorgehen, und siehe, das ganze Paradies ward erregt und bebte vor Mir aus Sehnsucht, ihre Laute zu vernehmen und die Schönheit dessen zu erblicken, der sie vernehmen ließ. So haben Wir auf dieser leuchtenden Tafel in der wohlklingendsten Sprache die Verse offenbart, die die Zunge der Ewigkeit im Qayyúmu'l-Asmá' zu äußern bewegt wurde.

12 Sprich: Er verordnet kraft Seiner Herrschaft, was Ihm gefällt, und Er tut nach Seinem eigenen Befehl, was Er will. Er darf nicht nach dem gefragt werden, was Ihm zu verordnen beliebt. Er ist in Wahrheit der Unbeschränkte, der Allmachtvolle, der Allweise.

13 Die nicht an Gott glauben und sich gegen Seine Herrschaft auflehnen, sind hilflose Opfer ihrer verderbten Neigungen und Begierden. Sie werden zu ihrer Wohnstatt im Höllenfeuer zurückkehren: Elend ist die Wohnstatt der Verneiner!

130

Sei freigebig im Glück und dankbar im Unglück. Sei des Vertrauens deines Nächsten wert und schaue hellen und freundlichen

Auges auf ihn. Sei ein Schatz dem Armen, ein Mahner dem Reichen, eine Antwort auf den Schrei des Bedürftigen, und halte dein Versprechen heilig. Sei gerecht in deinem Urteil und behutsam in deiner Rede. Sei zu keinem Menschen ungerecht und erweise allen Sanftmut. Sei wie eine Lampe für die, so im Dunkeln gehen, eine Freude den Betrübten, ein Meer für die Dürstenden, ein schützender Port für die Bedrängten, Stütze und Verteidiger für das Opfer der Unterdrückung. Laß Lauterkeit und Redlichkeit all dein Handeln auszeichnen. Sei ein Heim dem Fremdling, ein Balsam dem Leidenden, dem Flüchtling ein starker Turm. Sei dem Blinden Auge und ein Licht der Führung für den Fuß des Irrenden. Sei ein Schmuck für das Antlitz der Wahrheit, eine Krone für die Stirn der Treue, ein Pfeiler im Tempel der Rechtschaffenheit, Lebenshauch dem Körper der Menschheit, ein Banner für die Heerscharen der Gerechtigkeit, ein Himmelslicht am Horizont der Tugend, Tau für den Urgrund des Menschenherzens, eine Arche auf dem Meer der Erkenntnis, eine Sonne am Himmel der Großmut, ein Stein im Diadem der Weisheit, ein strahlendes Licht am Firmament deiner Zeitgenossen, eine Frucht am Baume der Demut.

131

Die Feder des Altehrwürdigen Königs gedenkt unaufhörlich der Geliebten Gottes. Einmal entströmen Seiner Feder Fluten der Gnade, ein andermal ward durch ihre Bewegung Gottes klares Buch offenbart. Er ist es, mit dem sich niemand vergleichen, mit dessen Rede der sterbliche Mensch niemals wetteifern kann. Seit Ewigkeit nimmt Er den Thron der Überlegenheit und Macht ein, Er, von dessen Lippen Ratschläge kamen, die die Bedürfnisse der ganzen Menschheit befriedigen können, Ermahnungen, die ihr Nutzen bringen.

2. Der eine, wahre Gott ist Mein Zeuge, und Seine Geschöpfe werden es bestätigen, daß Ich Mir keinen Augenblick gestattet habe, vor den Augen der Menschen verborgen zu sein, noch willens war, Mich vor ihrem Unrecht zu schützen. Vor den Augen aller Menschen habe Ich Mich erhoben und ihnen geboten, Meinen Willen zu tun. Mein einziges Ziel ist die Besserung der Welt und die Ruhe ihrer Völker. Die Wohlfahrt der Menschheit, ihr Friede und ihre Sicherheit sind unerreichbar, ehe nicht ihre Einheit fest gegründet ist. Diese Einheit kann so lange nicht zustande kommen, als die Ratschläge, die die Feder des Höchsten offenbart hat, unbeachtet bleiben.

3. Die Macht Seines Wortes kann das ganze Menschengeschlecht mit dem Lichte der Einheit erleuchten. Seines Namens zu gedenken, kann die Herzen aller Menschen entflammen und die Schleier zwischen ihnen und Seiner Herrlichkeit verbrennen. Jede gerechte Tat ist mit einer Kraft versehen, die den Staub über den Himmel der Himmel emporheben kann. Sie kann jede Fessel sprengen und hat die Macht, die Kraft zu erneuern, die sich verbraucht hat und dahinschwand...

4. Sei rein, o Volk Gottes, sei rein; sei rechtschaffen, sei rechtschaffen... Sprich: O Volk Gottes! Was den Sieg der ewigen Wahrheit verbürgt – Gottes Heerscharen und Helfer auf Erden –, ist in den heiligen Büchern und Schriften verzeichnet und so klar, so offenkundig wie die Sonne. Diese Scharen sind gerechte Taten, ein Verhalten und ein Charakter, wie sie in Seinen Augen annehmbar sind. Wer sich an diesem Tage erhebt, um Unserer Sache beizustehen und die Heerscharen eines rühmlichen Charakters und aufrechten Verhaltens zu seiner Hilfe herbeiruft, wird mit dieser Tat sicherlich die ganze Welt beeinflussen.

132

Wenn der eine, wahre Gott – gepriesen sei Seine Herrlichkeit – sich den Menschen offenbart, verfolgt Er das Ziel, die Edelsteine ans Licht zu bringen, die in den Gesteinsadern ihres wahren inneren Selbstes verborgen liegen... Daß den verschiedenen Gemeinschaften der Erde und den mannigfaltigen religiösen Glaubenssystemen niemals erlaubt sein sollte, feindselige Gefühle unter den Menschen zu nähren, gehört an diesem Tage zum Wesen des Gottesglaubens und Seiner Religion. Diese Grundsätze und Gesetze, diese fest begründeten, machtvollen Systeme entspringen einer einzigen Quelle und sind die Strahlen desselben Lichtes. Daß sie voneinander abweichen, ist den unterschiedlichen Erfordernissen der Zeitalter zuzuschreiben, in denen sie verkündet wurden.

Rüste dich, o Volk Bahás, in dem Bemühen, den Sturm religiösen Haders, der die Völker der Erde erregt, zum Schweigen zu bringen und jede Spur davon zu tilgen. Erhebe dich aus Liebe zu Gott und zu denen, die Ihm dienen, um dieser höchst erhabenen und bedeutungsvollen Offenbarung beizustehen. Religiöser Fanatismus und Haß sind ein weltverzehrendes Feuer, dessen Gewalt niemand löschen kann. Nur die Hand göttlicher Macht kann die Menschen von dieser verheerenden Plage erlösen...

Das Wort Gottes ist eine Lampe, deren Licht der Satz ist: ihr seid die Früchte eines Baumes und die Blätter eines Zweiges. Verkehrt miteinander in inniger Liebe und Eintracht, in Freundschaft und Verbundenheit. Er, die Sonne der Wahrheit, bezeugt Mir: So machtvoll ist das Licht der Einheit, daß es die ganze Erde erleuchten kann. Der eine, wahre Gott, der alle Dinge kennt, bezeugt die Wahrheit dieser Worte.

Bemüht euch, daß ihr diese überragende, diese höchst erhabene Stufe erreicht, die Stufe, welche der ganzen

Menschheit die Gewähr für Schutz und Sicherheit bieten kann. Dieses Ziel überragt jedes andere Ziel, dieses Streben ist der Fürst allen Strebens. Solange jedoch die dichten Wolken der Unterdrückung, die die Sonne der Gerechtigkeit verdunkeln, nicht vertrieben sind, kann man die Herrlichkeit dieser Stufe schwerlich vor den Augen der Menschen enthüllen...

O Volk Bahás! Verkehrt mit allen Menschen im Geiste der Freundlichkeit und Verbundenheit. Wenn ihr um eine bestimmte Wahrheit wißt, wenn ihr ein Juwel besitzt, das anderen versagt ist, so teilt es ihnen mit in einer Sprache höchster Liebenswürdigkeit und besten Willens. Wenn es angenommen wird und seinen Zweck erfüllt, ist euer Ziel erreicht. Wenn jemand es zurückweist, überlaßt ihn sich selbst und bittet Gott, ihn zu führen. Hütet euch, daß ihr ihn nicht unfreundlich behandelt. Eine freundliche Zunge ist ein Magnet für die Menschenherzen. Sie ist das Brot des Geistes, sie kleidet die Worte in Bedeutung, sie ist der Lichtquell der Weisheit und des Verstehens...

133 Die Gesetze Gottes wurden vom Himmel Seiner erhabensten Offenbarung herabgesandt. Alle müssen sie sorgfältig befolgen. Die höchste Auszeichnung des Menschen, sein wahrer Fortschritt und die Erfüllung seiner Bestimmung waren immer von den Gesetzen Gottes abhängig und werden es weiter sein. Wer die Gebote Gottes befolgt, wird ewige Glückseligkeit erlangen.

Eine zweifache Verpflichtung ruht auf dem, der den Tagesanbruch der Einheit Gottes erkannt und die Wahrheit dessen, der die Manifestation Seiner Einzigkeit ist, anerkannt hat. Die erste ist Festigkeit in Seiner Liebe, solche Festigkeit, daß ihn weder das Geschrei des Feindes noch die Anmaßung des Anmaßenden davon abbringen können, sich an Ihn, die Ewige Wahrheit, zu halten – eine Festigkeit, die jenen keinerlei Beachtung schenkt. Die zweite ist die genaue Befolgung der Gesetze, die Er vorgeschrieben hat – Gesetze, die Er den Menschen immer gegeben hat und weiterhin geben wird, Gesetze, durch die Wahrheit von Falschheit unterschieden und gesondert werden kann.

134 Die erste, vornehmste den Menschen vorgeschriebene Pflicht nächst der Anerkennung dessen, der die Ewige Wahrheit ist, ist die Pflicht der Standhaftigkeit in Seiner Sache. Halte dich daran und gehöre zu denen, deren Sinn fest auf Gott gerichtet und gegründet ist. Keine Tat, wie verdienstvoll sie auch sei, läßt sich jemals mit der Standhaftigkeit vergleichen. Sie ist der König aller Taten, und dein Herr, der Allerhöchste, der Machtvollste, wird dies bezeugen...

Die göttlichen Tugenden und Eigenschaften sind alle klar und offenbar; sie wurden in allen heiligen Büchern erwähnt und beschrieben. Unter ihnen sind Vertrauenswürdigkeit, Wahrhaftigkeit, Reinheit des Herzens in der Zwiesprache mit Gott, Langmut, Ergebenheit in alles, was der Allmächtige verordnet, Zufriedenheit mit allem, was sein Wille bestimmt, Geduld, ja Dankbarkeit inmitten von Leiderfahrungen und vollkommenes Vertrauen auf Ihn in allen Lebenslagen. Nach Gottes Werturteil zählen diese Tugenden zu den höchsten und lobenswertesten aller Taten. Alle anderen Taten sind zweitrangig, diesen nachgeordnet, und werden es immer bleiben. ...

Der Geist, der des Menschen Herz belebt, ist die Erkenntnis Gottes, und sein wahrer Schmuck ist die Anerkennung der Wahrheit, daß »Er tut, was Er will, und verordnet, was Ihm gefällt.«[1] Sein Gewand ist die Gottesfurcht und seine Vollkommenheit die Standhaftigkeit in Seinem Glauben. So unterweist Gott jeden, der Ihn sucht. Er, wahrlich, liebt den, der sich Ihm zuwendet. Es ist kein Gott außer Ihm, dem Vergebenden, dem Großmütigsten. Aller Lobpreis sei Gott, dem Herrn aller Welten.

135

O Buchstabe des Lebendigen! Gottes Ohr hat deinen Ruf vernommen, und seine Augen haben dein geschriebenes Bittgesuch gesehen. Er ruft dich von seinem Thron der Herrlichkeit und offenbart dir die Verse, die von Ihm, dem Helfer in Gefahr, dem Selbstbestehenden, herabgesandt wurden.

2 Selig bist du, weil du den Götzen des Selbstes und des leeren Trugs vernichtet und den Schleier eitlen Wahns durch die Kraft und Macht deines Herrn, des höchsten Beschirmers, des Allmächtigen, des einzig Geliebten, zerrissen hast. Du bist in Wahrheit zu den Buchstaben zu zählen, die jeden anderen Buchstaben übertreffen. Darum hat Gott dich auserwählt durch die Zunge deines Herrn, des Báb, dessen Antlitz mit seinem Glanz die ganze Schöpfung umhüllt und weiterhin umhüllen wird. Danke dem Allmächtigen und verherrliche Seinen Namen, weil Er dir geholfen hat, eine Sache zu erkennen, die die Herzen aller in den Himmeln und auf Erden erzittern ließ, die die Bewohner der Reiche der Schöpfung und der Offenbarung aufschreien ließ, durch welche die verborgenen Geheimnisse in der Menschen Brust erforscht und geprüft worden sind.

3 Dein Herr, der Höchste,[2] richtet aus Seinem Reiche der Herrlichkeit diese Worte an dich: Groß ist die Seligkeit, die

---

1. Qur'án 2:254, 14:28, 22:15, 22:19
2. der Báb

deiner harrt, o Buchstabe des Lebendigen, denn du hast wahrhaft an Mich geglaubt, du hast dich geweigert, Mir vor den himmlischen Heerscharen Schande zu bereiten, hast dein Versprechen erfüllt, den Schleier leeren Trugs von dir geworfen und deinen Blick fest auf den Herrn, deinen Gott, gerichtet, den Herrn des Unsichtbaren und des Sichtbaren, den Herrn des vielbesuchten Tempels. Ich bin sehr zufrieden mit dir, weil Ich dein Angesicht lichtstrahlend fand an dem Tage, da die Gesichter trüb und finster wurden.

Sprich: O Volk des Bayán! Haben Wir euch nicht in allen Unseren Sendschreiben und in allen Unseren verborgenen Schriften ermahnt, nicht euren üblen Leidenschaften und verderbten Neigungen zu folgen, sondern euere Augen auf den Schauplatz höchster Herrlichkeit zu richten an dem Tage, da die Mächtigste Waage aufgestellt wird, dem Tage, da die süßen Weisen des Geistes Gottes von der Rechten des Thrones eueres Herrn erklingen, des allmächtigen Beschützers, des Allmachtvollen, des Heiligen der Heiligen? Haben Wir euch nicht verboten, euch an das zu halten, was euch ausschlösse von der Manifestation Unserer Schönheit in ihrer nachfolgenden Offenbarung, seien es die Verkörperungen der Namen Gottes und all ihrer Herrlichkeit oder die Enthüllungen Seiner Eigenschaften und ihrer Herrschaft? Seht, wie ihr, sobald Ich Mich offenbarte, Meine Wahrheit zurückwiest, euch von Mir abwandtet und unter denen wart, die die Zeichen Gottes als Tand und Zeitvertreib betrachten! 4

Bei Meiner Schönheit! An diesem Tage wird nichts von euch angenommen werden, auch wenn ihr fortfahrt, zu beten und euch vor Gott niederzuwerfen, solange die Ewigkeit seiner Herrschaft dauert, denn alle Dinge hängen von Seinem Willen ab, und der Wert aller Taten ist durch Seine Annahme und Sein Wohlgefallen bedingt. Das ganze Weltall ist nur eine Handvoll Lehm in Seinem Griff. Nur wenn 5 der Mensch Gott erkennt und liebt, wird sein Anruf an diesem Tage von Ihm erhört. Dies gehört zum Wesen Seines Glaubens, so ihr es nur wüßtet!

6 Wollt ihr euch mit dem zufrieden geben, was wie Dunst in der Ebene ist, und auf das Meer verzichten, dessen Wasser nach dem Willen Gottes die Menschenseelen erquicken? Wehe euch, weil ihr die Großmut Gottes mit so Nichtigem und Verächtlichem vergolten habt! Ihr gehört wirklich zu denen, die Mich in Meiner früheren Offenbarung abgelehnt haben. Könnte euer Herz es doch begreifen!

7 Erhebt euch und sühnt unter den Augen Gottes für euere Pflichtvergessenheit gegen Ihn. Dies ist Mein Gebot an euch – würdet ihr doch auf Mein Gebot hören! Bei Meinem Selbst! Weder das Volk des Qur'án noch die Anhänger der Thora oder des Evangeliums noch die irgendeines anderen Buches haben begangen, was euere Hände verübt haben. Ich selbst habe Mein ganzes Leben dafür eingesetzt, die Wahrheit dieses Glaubens zu verteidigen. Ich habe in allen Meinen Sendschreiben das Kommen Seiner Offenbarung verkündet. Dennoch, kaum hatte Er sich in Seiner Ihm folgenden Offenbarung enthüllt, angetan mit der Herrlichkeit Bahás und in das Gewand Seiner Größe gekleidet, da empörtet ihr euch gegen Ihn, den höchsten Beschirmer, den Selbstbestehenden. Hütet euch, o ihr Menschen! Schämt euch dessen, was Mir von eueren Händen auf dem Pfade Gottes widerfahren ist. Habt acht, daß ihr nicht zu denen gehört, die zurückwiesen, was aus dem Himmel von Gottes höchster Herrlichkeit auf sie herabgesandt wurde.

8 Dies, o Buchstabe des Lebendigen, sind die Worte, die dein Herr spricht und aus den Reichen der Höhe an dich richtet. Verkünde die Worte deines Herrn Seinen Dienern, damit sie ihren Schlaf abschütteln und Vergebung erbitten

von Gott, der sie geformt und gebildet und diese strahlendste, heiligste, deutlichste Offenbarung Seiner Schönheit auf sie herabgesandt hat.

136

Sprich: Befreit euere Seelen, o Menschen, von der Knechtschaft des Selbstes, und läutert sie von aller Bindung an anderes als Mich. Meiner zu gedenken macht alle Dinge rein von Befleckung, könntet ihr es doch erkennen! Sprich: Wären alle erschaffenen Dinge völlig des Schleiers weltlicher Nichtigkeit und Begierde entkleidet, würde sie die Hand Gottes an diesem Tage allesamt mit dem Prachtgewand des »Er tut, was Er will, im Reiche der Schöpfung« schmücken und so das Zeichen Seiner Herrschaft in allen Dingen offenbaren. Gepriesen sei darum Er, der höchste Herr über alles, der Allmächtige, der höchste Beschützer, der Allherrliche, der Machtvollste!

Singe die Verse Gottes, o Mein Diener, die du empfangen hast, wie jene sie singen, die Ihm nahe sind, damit die Süße deiner Weise deine eigene Seele entflamme und die Herzen aller Menschen anziehe. Wer zurückgezogen in seiner Kammer die von Gott offenbarten Verse spricht, wird erfahren, wie die Engel des Allmächtigen den Duft der Worte, die sein Mund ausspricht, überallhin verbreiten und das Herz jedes rechtschaffenen Menschen höher schlagen lassen. Mag er sich auch zunächst dieser Wirkung nicht bewußt werden, muß doch die Kraft der ihm gewährten Gnade früher oder später ihren Einfluß auf seine Seele üben. So sind die Geheimnisse der Offenbarung Gottes durch den Willen dessen, der Urquell aller Macht und Weisheit ist, verfügt worden.

O Khalíl! Gott ist Mein Zeuge! Obwohl Meine Feder sich ruhig über Meine Tafel bewegt, weint sie doch im Innersten und ist tief unglücklich. Auch die vor dem Throne brennende Lampe weint und seufzt um der Dinge willen, die die Altehrwürdige Schönheit von den Händen derer erlitt, die nur eine Schöpfung Seines Willens sind. Gott selbst kennt und bezeugt die Wahrheit Meiner Worte. Kein Mensch, der sein Ohr von dem lauten Geschrei der Ungläubigen gereinigt hat und es allem Erschaffenen zuneigt, kann umhin, die Stimme ihres Klagens und Weinens über die Leiden zu hören, die Uns von den Händen Unserer Diener befallen haben, die nicht an Uns glauben und sich gegen Uns auflehnen. So haben Wir dir einen Schimmer des Leides enthüllt, das über Uns gekommen ist, damit du um Unsere Leiden weißt und geduldig deine Trübsale erträgst.

4 Erhebe dich, deinem Herrn zu allen Zeiten und unter allen Umständen beizustehen, und sei einer Seiner Helfer. Ermahne sodann die Menschen, den Worten Gehör zu schenken, die der Geist Gottes auf dieser erleuchtenden, strahlenden Tafel geäußert hat. Sprich: Säet nicht die Saat der Zwietracht unter den Menschen, o Volk, und streitet nicht mit euerem Nächsten. Seid unter allen Umständen geduldig und setzt euer ganzes Vertrauen, euere Zuversicht auf Gott. Helft euerem Herrn mit dem Schwerte der Weisheit und der Rede. Dies, wahrlich, steht der Stufe des Menschen an. Davon abzugehen wäre Gottes, des höchsten Herrn aller, des Verherrlichten, unwürdig. Aber das Volk wurde irregeleitet und gehört wahrlich zu den Achtlosen.

5 O Menschen, öffnet die Tore der Menschenherzen mit den Schlüsseln des Gedenkens an den, der das Gedenken Gottes und Urquell der Weisheit unter euch ist. Er hat auf der ganzen Welt die Herzen Seiner Diener auserwählt und jedes zu einem Thron für die Offenbarung Seiner Herrlichkeit gemacht. So heiligt sie denn von jeder Befleckung, damit ihnen das eingeprägt werde, wofür sie erschaffen wurden. Dies ist wahrlich ein Beweis der gütigen Gunst Gottes.

Veredelt euere Zunge durch Wahrhaftigkeit, o Menschen, und ziert euere Seele mit dem Schmuck der Ehrlichkeit. Hütet euch, o Menschen, daß ihr nicht gegen jemanden falsch seid. Seid Gottes Treuhänder unter Seinen Geschöpfen und die Wahrzeichen Seiner Großmut unter Seinem Volke. Wer seinen Lüsten und verderbten Neigungen folgt, geht in die Irre und vergeudet seine Mühe. Er gehört wahrlich zu den Verlorenen. Strebt danach, o Menschen, daß euere Augen auf Gottes Barmherzigkeit gerichtet, daß euere Herzen auf Sein wunderbares Gedenken eingestellt sind, daß euere Seelen zuversichtlich in Seiner Gnade und Großmut ruhen und euere Füße den Pfad Seines Wohlgefallens beschreiten. Das sind die Ratschläge, die Ich euch als Vermächtnis gebe. Wolltet ihr doch Meinen Ratschlägen folgen!

137

Manche haben es als rechtmäßig betrachtet, das unverletzliche Eigentum ihres Nächsten anzutasten, und haben den ausdrücklichen, in Gottes Buch niedergelegten Befehl auf die leichte Schulter genommen. Unheil komme über sie und die Strafe Gottes, des Allmachtvollen, des Allmächtigen, suche sie heim! Bei Ihm, der über den Morgen der Heiligkeit leuchtet! Würde die ganze Erde in Silber und Gold verwandelt, so würde keiner, von dem man sagen kann, er sei wirklich in den Himmel des Glaubens und der Gewißheit aufgestiegen, sich dazu herablassen, dieses zu beachten oder gar danach zu greifen und es zu behalten. Wir haben schon früher auf diesen Gegenstand hingewiesen in Texten, die auf arabisch, in einer Sprache von erlesener Schönheit, offenbart sind. Gott ist Unser, Zeuge! Wer die Süße dieser Worte gekostet hat, wird niemals billigen, daß die von Gott gesetzten Grenzen überschritten werden, noch wird er seinen

Blick auf irgendeinen außer seinem Vielgeliebten richten. Ein solcher Mensch wird mit seinem inneren Auge rasch erkennen, wie nichtig und verächtlich die Dinge dieser Welt allesamt sind, und wird seinen Sinn auf Höheres richten.

2 Sprich: Schämt euch, o ihr, die ihr euch die Liebenden der Altehrwürdigen Schönheit nennt! Seid ermahnt durch die Trübsale, die Er erlitten hat, und durch die Bürde der Qualen, die Er um Gottes willen ertrug. Laßt euch die Augen öffnen! Zu welchem Zweck hätte Er sich abgemüht, wenn die mannigfachen Prüfungen, die Er ertrug, schließlich in so verächtlichen Bekenntnissen und solch üblem Betragen enden sollten? Jeder Räuber, jeder Missetäter hat in den Tagen, die Meiner Offenbarung vorangingen, die gleichen Worte geäußert und die gleichen Taten begangen.

3 Wahrlich, Ich sage: Neigt euer Ohr Meiner süßen Stimme und heiligt euch von der Befleckung durch euere üblen Leidenschaften und verderbten Wünsche. Wer im Heiligtum Gottes wohnt und den Ehrensitz ewiger Herrlichkeit einnimmt, wird sich weigern, selbst wenn er Hungers stürbe, die Hand widerrechtlich nach dem Eigentum seines Nächsten auszustrecken, wie niedrig und unwürdig dieser auch sei.

4 Die Absicht des einen, wahren Gottes bei Seiner Selbstoffenbarung ist, die ganze Menschheit zu Wahrhaftigkeit und Aufrichtigkeit, zu Frömmigkeit und Vertrauenswürdigkeit, zu Entsagung und Ergebenheit in den Willen Gottes, zu Nachsicht und Güte, zu Ehrlichkeit und Weisheit aufzurufen. Sein Ziel ist es, jeden Menschen in den Mantel eines geheiligten Charakters zu kleiden und ihn mit der Zier heiliger, edler Taten zu schmücken.

5 Sprich: Habt Erbarmen mit euch selbst und eueren Mitmenschen, und laßt es nicht zu, daß die Sache Gottes – eine Sache, die unendlich erhaben ist über das innerste Wesen

der Heiligkeit – durch den Makel euerer leeren Grillen, euerer unziemlichen und verderbten Einbildungen befleckt werde.

138

Du siehst, o Gott des Erbarmens, Du, dessen Macht alles Erschaffene durchdringt, diese Deine Diener, Deine Knechte, wie sie des Tags nach dem Wohlgefallen Deines Willens das von Dir verordnete Fasten halten, sich beim ersten Morgengrauen erheben, Deinen Namen anzurufen und Dein Lob zu verherrlichen, voll Hoffnung, ihren Anteil an den guten Dingen zu erhalten, die in den Schatzkammern Deiner Gnade und Großmut verwahrt sind. Ich flehe zu Dir, o Du, der Du in Deinen Händen die Zügel der ganzen Schöpfung hältst, der Du das ganze Reich Deiner Namen und Eigenschaften im Griffe hast, vorenthalte Deinen Dienern an Deinem Tage nicht die belebenden Regenschauer aus den Wolken Deiner Barmherzigkeit und hindere sie nicht, ihren Teil aus dem Meere Deines Wohlgefallens zu nehmen.

Alle Atome der Erde bezeugen die Größe Deiner Kraft und Herrschaft, o mein Herr; und alle Zeichen des Universums beweisen die Herrlichkeit Deiner Würde und Macht. So hab Erbarmen, o Du höchster Herr über alles, Du König ewiger Tage, Du Herrscher über alle Völker, mit diesen Deinen Dienern, die sich an das Seil Deiner Gebote klammern und ihren Nacken beugen vor den Verkündungen Deiner Gesetze, die aus dem Himmel Deines Willens herabgesandt sind.

Sieh, o mein Herr, wie sie ihre Augen zum Morgen Deiner Güte heben, wie sie ihre Herzen auf die Meere Deiner Gunst richten, wie sie ihre Stimme senken vor den Tönen Deiner lieblichsten Stimme, die von der allerhöchsten Stufe in Deinem Namen, der Allherrliche, ruft. Hilf Du Deinen

Geliebten, o mein Herr, die alles aufgaben, um zu erhalten, was Du besitzest, ihnen, die von Prüfungen und Leiden umgeben sind, weil sie der Welt entsagt und ihre Liebe auf Dein Reich der Herrlichkeit gerichtet haben. Ich flehe Dich an, o mein Herr, beschütze sie vor den Angriffen ihrer üblen Leidenschaften und Begierden, und hilf ihnen, das zu erlangen, was ihnen in dieser und der nächsten Welt nützen wird.

4 Ich bitte Dich, o mein Herr, bei Deinem verborgenen, Deinem kostbaren Namen, der laut durch das Reich der Schöpfung ruft und alle Völker zu dem Baume lädt, über den es kein Hinausgehen gibt, zum Thron allüberragender Herrlichkeit, überschütte uns und Deine Diener mit den Regenströmen Deiner Barmherzigkeit, damit sie uns von allem Gedenken außer an Dich reinigen und uns den Küsten des Meeres Deiner Gnade nahebringen. Verordne, o Herr, durch Deine erhabenste Feder, was unsere Seelen unsterblich macht im Reiche der Herrlichkeit, was unsere Namen fortbestehen läßt in Deinem Königreiche, was unser Leben in den Schatzkammern Deines Schutzes, unsere Körper in der Burg Deiner unverletzlichen Beständigkeit bewahren wird. Mächtig bist Du über alle Dinge, seien sie vergangen oder zukünftig. Es ist kein Gott außer Dir, dem allmächtigen Beschirmer, dem Selbstbestehenden.

5 Du siehst, o mein Herr, unsere flehenden Hände zu Deiner Gunst und Großmut erhoben. Gewähre, daß sie mit den Schätzen Deiner Güte und Freigebigkeit gefüllt werden. Vergib uns, unseren Vätern und unseren Müttern, und erfülle, was wir vom Meere Deiner Gnade und göttlichen Freigebigkeit ersehnen. Nimm, o Geliebter unserer Herzen, alle unsere Werke auf Deinem Pfade an. Du bist wahrlich der Machtvollste, der Erhabenste, der Unvergleichliche, der Eine, der Vergebende, der Gnädige.

139

O Nabíl-i-A'ẓam,[1] schenke der Stimme des Altehrwürdigen der Tage, die dich aus dem Reich seines allherrlichen Namens ruft, ein aufmerksames Ohr. Er ist es, der nun aus den Reichen der Höhe und im innersten Wesen alles Erschaffenen verkündet: »Wahrlich, Ich bin Gott, es ist kein Gott außer Mir. Ich bin es, der von Ewigkeit her Quell aller Herrschaft und Macht war, der durch alle Ewigkeit fortfahren wird, Sein Königtum zu besitzen und Seinen Schutz allem Erschaffenen zu gewähren. Mein Beweis ist die Größe Meiner Macht und Meiner Herrschaft, die die ganze Schöpfung umfaßt.« ...

Gesegnet bist du, o Mein Name, weil du Meine Arche betreten hast, durch die Kraft Meiner erhabensten Macht und Herrschaft auf dem Meere der Herrlichkeit dahinfliegst und zu Meinen Begünstigten zählst, deren Namen der Finger Gottes niedergeschrieben hat. Du hast den Kelch, der in Wahrheit Leben ist, geleert, den Kelch aus den Händen dieses Jünglings, den die Manifestationen des Allherrlichen umkreisen und dessen strahlende Gegenwart die Morgenröten der Barmherzigkeit am Tage und zur Nachtzeit preisen.

Seine Herrlichkeit sei mit dir, denn du bist von Gott her zu Gott hingewandert und in die Mauern des Hofes unvergänglicher Pracht eingetreten – des Ortes, den der sterbliche niemals beschreiben kann. Dort hat der Hauch der Heiligkeit, erfüllt von der Liebe deines Herrn, deinen Geist in dir aufgerührt, und die Wasser des Verstehens haben den Makel des Fernseins und der Gottlosigkeit von dir abgewaschen. Du hast Einlaß gefunden in das Paradies des Gedenkens Gottes durch die Anerkennung dessen, der die Verkörperung dieses Gedenkens unter den Menschen ist.

---

1. Beiname Mullá Muḥammad-i-Zarandís, des Verfassers eines Buches über die frühen Tage der Bahá'í-Offenbarung: »Nabíls Bericht«

4 Sei Gott dankbar dafür, daß Er dir die Kraft gab, Seiner Sache zu helfen, daß Er die Blumen des Wissens und Verstehens im Garten deines Herzens aufblühen ließ. So hat Seine Gnade dich umgeben und die ganze Schöpfung umschlossen. Hüte dich davor, daß du dich durch irgend etwas betrüben lässest. Mache dich frei von aller Bindung an die eitlen Anspielungen der Menschen und wirf die zwecklosen und spitzfindigen Wortstreitereien derer von dir, die vor Gott wie von Schleiern verhüllt sind. Verkünde sodann, was der Größte Geist dir im Dienst an der Sache deines Herrn zu äußern eingeben wird, damit du die Seelen aller Menschen aufrüttelst und ihre Herzen diesem gesegnetsten, allherrlichen Hofe zuführest...

5 Wisse, daß Wir die Herrschaft des Schwertes als Hilfe für Unsere Sache abgeschafft und an seiner Stelle die Macht eingesetzt haben, die aus der Rede des Menschen geboren ist. So haben Wir es kraft Unserer Gnade unwiderruflich bestimmt. Sprich: O Volk! Säe nicht die Saat der Zwietracht unter den Menschen, und stehe ab vom Streit mit deinem Nächsten; denn dein Herr hat die Welt und ihre Städte den Königen der Erde in Obhut gegeben und diese kraft der Herrschaft, die Er ihnen zu verleihen beliebte, zu Sinnbildern Seiner eigenen Macht erkoren. Er hat es verschmäht, einen Anteil an der Herrschaft dieser Welt sich selbst vorzubehalten. Dies wird Er, die Ewige Wahrheit, bezeugen. Was Er sich vorbehielt, sind die Städte der Menschenherzen, damit Er sie von aller irdischen Befleckung rein mache und sie befähige, dem geheiligten Orte zu nahen, den die Hände der Ungläubigen niemals entweihen können. Öffne, o Volk, die Stadt des Menschenherzens mit dem Schlüssel deiner Rede. so haben Wir dir in vorbestimmtem Maße deine Pflicht verordnet.

6 Bei der Gerechtigkeit Gottes! Die Welt und ihre Nichtigkeiten, ihr Ruhm und alles, was sie an Freuden bieten

kann, ist vor Gott so wertlos wie Staub und Asche, nein, noch viel verächtlicher. Könnten es die Menschenherzen doch begreifen! Reinige dich gründlich, o Volk Bahás, von der Verderbnis der Welt und allem, was ihr zugehört! Gott selbst ist Mein Zeuge! Die Dinge der Erde stehen euch schlecht an. Werft sie weg für jene, die nach ihnen verlangen, und richtet euere Augen fest auf diese heiligste, diese strahlendste Schau.

Was euch geziemt, ist die Liebe zu Ihm, der Manifestation Seines Wesens, und die Befolgung all dessen, was Ihm beliebt, euch vorzuschreiben, wenn ihr es doch wüßtet! 7

Sprich: Laßt Wahrhaftigkeit und Höflichkeit euer Schmuck sein. Duldet nicht, daß ihr des Gewandes der Langmut und der Gerechtigkeit beraubt werdet, damit aus eueren Herzen die süßen Düfte der Heiligkeit über alles Erschaffene wehen. Sprich: Sei achtsam, o Volk Bahás, daß du nicht auf den Wegen jener wandelst, deren Worte sich von ihren Taten unterscheiden. Strebt, daß ihr fähig werdet, den Völkern der Erde Gottes Zeichen zu offenbaren und Seine Gebote widerzuspiegeln. Laßt euere Taten Führung für die ganze Menschheit sein, denn bei den meisten Menschen, ob hoch oder niedrig, unterscheidet sich das Bekenntnis vom Verhalten. Durch euere Taten aber könnt ihr euch vor anderen auszeichnen. Durch sie kann der Glanz eueres Lichtes über die ganze Erde verbreitet werden. Glücklich ist der Mensch, der Meinen Rat beachtet und die Gebote hält, die Er, der Allwissende, der Allweise, gegeben hat. 8

140

O Muḥammad-ʿAlí! Groß ist die Glückseligkeit, die deiner harrt, weil du dein Herz mit der Liebe zu deinem Herrn, dem Allherrlichen, dem Allgepriesenen, geschmückt hast. Wer heute diese Stufe erreicht, dem wird alles Gute zuteil. 1

2 Schenke der Demütigung, der die Geliebten Gottes an diesem Tage unterworfen sind, keine Beachtung. Diese Demütigung ist der Stolz und der Ruhm aller zeitlichen Ehre und weltlichen Würde. Welche größere Ehre ist vorstellbar als die Ehre, die die Zunge des Altehrwürdigen der Tage verleiht, wenn Er Seiner Geliebten in Seinem Größten Gefängnis gedenkt? Der Tag naht, da die trennenden Wolken völlig verschwunden sein werden und das Licht der Worte: »Alle Ehre ist Gottes und derer, die Ihn lieben«, klar wie die Sonne am Horizont des Willens des Allmächtigen erscheinen wird.

3 Alle Menschen, hoch oder niedrig, haben diese große Ehre gesucht und suchen noch immer nach ihr. Alle sind jedoch, als die Sonne der Wahrheit ihre Strahlen über die Welt ergoß, ihrer Wohltaten beraubt und wie durch einen Schleier von ihrer Herrlichkeit ausgeschlossen geblieben, außer denen, die sich am Seil der unfehlbaren Vorsehung des einen, wahren Gottes festhalten und in völliger Loslösung von allem außer Ihm ihr Angesicht Seinem heiligen Hofe zuwenden.

4 Danke Ihm, der Sehnsucht aller Welten, daß Er dir diese hohe Ehre verliehen hat. Bald wird die Welt und alles, was in ihr ist, vergessen sein, und alle Ehre wird den Geliebten deines Herrn, des Allherrlichen, des Großmütigsten, gehören.

141

Ein Buch ist in Wahrheit den Einsichtigen herabgesandt! Es gebietet den Menschen, Gerechtigkeit zu üben und rechtschaffen zu handeln, und verbietet ihnen, ihren verderbten Neigungen und sinnlichen Wünschen zu folgen – so die Menschenkinder aus ihrem tiefen Schlafe erweckt werden.

2 Sprich: O Menschen, befolgt, was euch auf Unseren Tafeln vorgeschrieben ist, und geht nicht den Trugbildern

nach, die die Unheilstifter ersinnen, die Schlechtigkeiten begehen und sie Gott zuschreiben, dem Heiligsten, dem Allherrlichen, dem Erhabensten. Sprich: Wir haben es hingenommen, von Leiden und Kummer geprüft zu werden, damit ihr euch von allen irdischen Befleckungen heiligt. Warum weigert ihr euch dann, über Unsere Absicht in euerem Herzen nachzudenken? Bei der Gerechtigkeit Gottes! Wer über die Trübsale nachdenkt, die Wir erleiden, dessen Seele wird wahrlich vor Kummer vergehen. Dein Herr selbst bezeugt die Wahrheit Meiner Worte. Wir haben die Last aller Trübsale ertragen, um euch von aller irdischen Verderbnis zu heiligen, und dennoch seid ihr gleichgültig.

Sprich: Es geziemt sich für jeden, der sich an den Saum Unseres Gewandes hält, unbefleckt zu sein von allem, was die himmlischen Heerscharen verabscheuen. So wurde es von deinem Herrn, dem Allherrlichen, in diesem Seinem deutlichen Sendschreiben bestimmt. Sprich: Wollt ihr Meine Liebe verschmähen und begehen, was Mein Herz grämt? Was ist es, das euch zu verstehen hindert, was euch von Ihm, dem Allwissenden, dem Allweisen, offenbart ist?

Wahrlich, Wir sehen euere Taten. Wenn Wir von ihnen den süßen Duft der Reinheit und Heiligkeit verspüren, werden Wir euch ganz gewiß segnen. Dann werden die Paradiesbewohner euch Lob zollen und euere Namen verherrlichen unter denen, die Gott nahe gekommen sind.

Halte dich fest am Saum des Gewandes Gottes, und erfasse mit festem Griff Sein Seil, ein Seil, das niemand zerreißen kann. Hüte dich, daß dich nicht der Lärm derer, die diese Größte Verkündigung zurückweisen, davon abhalte, deinen Vorsatz auszuführen. Verkünde, was dir in diesem Sendschreiben vorgeschrieben wurde, und sollten auch alle Menschen wider dich aufstehen. Dein Herr ist wahrlich der Allbezwingende, der unfehlbare Beschützer.

⁶ Meine Herrlichkeit sei mit dir und mit denen Meiner Geliebten, die sich dir zugesellen. Dies sind wahrlich die, um die es gut stehen wird.

142

Ich schwöre bei der Schönheit des Vielgeliebten! Dies ist die Barmherzigkeit, die die ganze Schöpfung umschlossen hat, der Tag, da Gottes Gnade alle Dinge durchdrungen und erfüllt hat. O ʿAlí! Die Lebenswasser Meiner Barmherzigkeit stürzen in Strömen hernieder, und Mein Herz schmilzt dahin in der Glut Meiner zarten Liebe. Noch nie habe Ich Mich mit den Leiden abfinden können, die Meine Geliebten befallen, oder mit einer Sorge, die ihre Herzensfreude trüben könnte.

² Wann immer Mein Name »der Allbarmherzige« erfuhr, daß einer Meiner Geliebten ein Wort hauchte, das Meinem Willen zuwider ist, kehrte er kummervoll und untröstlich zu seiner Wohnstatt zurück, und wann immer Mein Name »der Verbergende« entdeckte, daß einer Meiner Anhänger Schmach oder Demütigung über seinen Nächsten brachte, ging er gleichermaßen bekümmert und traurig heim in seine Gemächer der Herrlichkeit, um dort in schmerzlicher Klage zu weinen und zu trauern. Und wenn Mein Name »der Immervergebende« bemerkte, daß einer Meiner Freunde eine Übertretung beging, wehklagte er in großer Pein, fiel von Schmerz überwältigt nieder in den Staub und ward von einer Schar unsichtbarer Engel zu seinem Wohnsitz in den Reichen der Höhe getragen.

³ Bei Meinem Selbst, dem Wahren, o ʿAlí! Das Feuer, welches das Herz Bahás entflammt, ist stärker als das Feuer, das in deinem Herzen glüht, und Seine Klage ist lauter als deine Klage. Wann immer jemand im Hofe Seiner Gegenwart die Sünde eines anderen erwähnte, war Er, die Ewige

Schönheit, so von Scham erfüllt, daß Er wünschte, Er könnte die Herrlichkeit Seines Angesichts vor den Augen aller Menschen verbergen; denn Er hat zu allen Zeiten Seinen Blick auf die Treue der Gläubigen gerichtet und selbst deren wesentliche Erfordernisse beobachtet.

Als die Worte, die du geschrieben hast, in Meiner Gegenwart gelesen wurden, haben sie das Meer Meiner Treue in Mir wogen lassen, den Hauch Meiner Vergebung über deine Seele wehen, den Baum Meiner Güte dich überschatten und die Wolken Meiner Großmut ihre Gaben auf dich herabregnen lassen. Ich schwöre bei der Sonne, die über dem Horizonte der Ewigkeit strahlt. Ich trauere um dich in deinem Kummer und wehklage mit dir in deiner Trübsal. ... Ich bezeuge die Dienste, die du Mir geleistet, und die mannigfachen Leiden, die du um Meinetwillen ertragen hast. Alle Atome der Erde erklären Meine Liebe zu dir.

Der Ruf, den du erhoben hast, o 'Alí, ist in Meinen Augen höchst willkommen. Verkünde Meine Sache mit deiner Feder wie mit deiner Zunge. Rufe laut und lade die Menschen vor Ihn, den höchsten Herrn aller Welten, mit solchem Eifer und solcher Inbrunst, daß alle Menschen durch dich entflammt werden.

Sprich: O mein Herr, mein über alles Geliebter, Du Triebkraft meiner Taten, Du Leitstern meiner Seele, Du Stimme, die in meinem innersten Sein ruft, Du Ziel der Anbetung meines Herzens! Preis sei Dir, daß Du mich befähigtest, Dir mein Angesicht zuzuwenden, daß Du meine Seele durch das Gedenken Deiner entflammtest und mir halfst, Deinen Namen zu verkünden und Dein Lob anzustimmen.

Mein Gott, mein Gott! Wäre niemand zu finden, der von Deinem Pfade abirrt, wie könnte dann das Banner Deiner Barmherzigkeit entfaltet oder die Fahne Deiner Gunst und Güte gehißt werden? Und würde kein Frevel verübt, was könnte Dich dann als den Verberger menschlicher Sünden, den Immervergebenden, den Allwissenden, den Allweisen, verkünden? Möge meine Seele ein Opfer für die Verfehlungen derer sein, die wider Dich fehlen, denn über solche Verfehlungen wehen die süßen Düfte der zarten Barmherzigkeit Deines Namens, der Mitleidige, der Allbarmherzige. Möge mein Leben für die Vergehen derer hingegeben sein, die sich wider Dich vergehen, denn durch sie wird der Hauch Deiner Gunst und der Duft Deiner Gnade den Menschen bewußt gemacht und unter ihnen verbreitet. Möge mein innerstes Sein für die Sünden derer dargeboten sein, die wider Dich sündigen, denn durch solche Sünden wird bewirkt, daß sich die Sonne Deiner mannigfaltigen Gunstbeweise über dem Horizont Deiner Güte offenbart und die Wolken Deiner nieversagenden Vorsehung ihre Gaben auf die Wirklichkeit alles Erschaffenen herabregnen.

8   Ich bin der, o mein Herr, der Dir die Menge seiner Übeltaten eingestand, der bekannte, was noch kein Mensch bekannt hat. Ich eilte, zu dem Meere Deiner Vergebung zu gelangen, und suchte Zuflucht unter dem Schatten Deiner Gnade und Gunst. Ich flehe zu Dir, o Du ewiger König, Du höchster Beschützer aller Menschen, gewähre, daß ich fähig werde zu verkünden, was die Herzen und Seelen der Menschen veranlaßt, sich in die grenzenlose Unermeßlichkeit Deiner Liebe aufzuschwingen und sich Deinem Geiste zu verbinden. Stärke mich durch die Macht Deiner Herrschaft, damit ich alles Erschaffene dem Tagesanbruch Deiner Erklärung, dem Quell Deiner Offenbarung zuwende. Hilf mir, o mein Herr, mich Deinem Willen völlig zu ergeben und mich aufzumachen, Dir zu dienen, denn ich schätze dieses irdische Leben nur wegen des einen Zieles, das Heiligtum Deiner Offenbarung und den Thron Deiner Herrlichkeit zu umkreisen. Du siehst mich, o mein Gott,

losgelöst von allem außer Dir, demütig und Deinem Willen ergeben. Verfahre mit mir, wie es Dir gefällt, und wie es Deiner Erhabenheit und großen Herrlichkeit entspricht.

O 'Alí! Die Güte dessen, der der Herr aller Welten ist, wurde dir gewährt und wird dir weiterhin zuteil. Wappne dich mit Seiner Kraft und Stärke und erhebe dich, Seiner Sache zu helfen und Seinen heiligen Namen zu preisen. Lasse deinen Mangel an menschlicher Gelehrsamkeit und dein Unvermögen, zu lesen und zu schreiben, dein Herz nicht betrüben. Der eine, wahre Gott hält die Tore Seiner mannigfaltigen Gnade im mächtigen Griff Seiner Gewalt. Er hat sie vor allen, die Ihm dienen, geöffnet und wird sie weiterhin vor ihnen auftun. Ich hoffe sehr, daß der Hauch göttlicher Süße zu allen Zeiten von den Auen deines Herzens derart über die ganze Welt getragen wird, daß seine Wirkungen sich in jedem Land zeigen. Er hat Macht über alle Dinge. Er ist wahrlich der Machtvollste, der Allherrliche, der Allmächtige.

143

Gesegnet bist du, o Mein Diener, denn du hast die Wahrheit erkannt und dich von dem zurückgezogen, der den Allbarmherzigen zurückwies und im Mutterbuch als Gottloser verdammt wurde. Du aber wandle standhaft in der Liebe zu Gott, halte unerschütterlich an seinem Glauben fest und stehe Ihm bei durch die Kraft deiner Rede. So gebietet dir der Allbarmherzige, der in den Händen Seiner Unterdrücker Gefangenschaft leidet.

Wenn Trübsal um Meinetwillen über dich kommt, so rufe dir Meine Leiden und Nöte ins Bewußtsein und gedenke Meiner Verbannung und Gefangenschaft. So übertragen Wir auf dich, was auf Uns herniedergekommen ist von Ihm, dem Allherrlichen, dem Allweisen.

3   Bei Meinem Selbst! Der Tag naht, da Wir die Welt und alles, was in ihr ist, aufgerollt und eine neue Ordnung an ihrer Statt ausgebreitet haben werden. Er, wahrlich, ist mächtig über alle Dinge.

4   Heilige dein Herz, damit du Meiner gedenkest, und reinige dein Ohr, damit du Meine Worte hörest. Wende dann dein Angesicht dem heiligen Orte zu, an dem der Thron deines Herrn, des Gottes der Barmherzigkeit, errichtet ist, und sprich: Preis sei Dir, o mein Herr, daß Du mich befähigst, die Manifestation Deiner Selbst anzuerkennen, und mir hilfst, mein Herz dem Hofe Deiner Gegenwart, dem Ziel der Anbetung meiner Seele, zuzuwenden. Ich flehe zu Dir bei Deinem Namen, der die Himmel spaltete und die Erde bersten ließ, bestimme für mich, was Du für die bestimmt hast, die sich von allem außer Dir abgewandt und ihr Herz fest auf Dich gegründet haben. Gewähre, daß ich in Deiner Gegenwart auf dem Sitze der Wahrheit im Heiligtum der Herrlichkeit sitze. Mächtig bist Du zu tun, was Du willst. Es ist kein Gott außer Dir, dem Allherrlichen, dem Allweisen.

144

Die Feder des Höchsten hat jedem die Pflicht auferlegt und vorgeschrieben, diese Sache zu lehren... Gott wird zweifellos jeden begeistern, der sich von allem außer Ihm loslöst, und Er wird die klaren Wasser der Weisheit und des Ausdrucks aus seinem Herzen quellen und überreich strömen lassen. Wahrlich, dein Herr, der Allbarmherzige, ist mächtig zu tun, was Er will, und Er verordnet, was Ihm gefällt.

2   Würdest du über diese Welt nachdenken und erkennen, wie vergänglich die Dinge sind, die ihr zugehören, so würdest du keinen anderen Weg dem Weg des Dienstes für die Sache deines Herrn vorziehen. Niemand hätte die

Macht, dich zu hindern, feierlich Seinen Lobpreis anzustimmen, selbst wenn alle Menschen wider dich aufstünden.

Gehe stets voran und sei beharrlich in Seinem Dienst. Sprich: O ihr Menschen! Der Tag, der euch in allen Schriften verheißen ward, ist nun gekommen. Fürchtet Gott und entzieht euch nicht der Erkenntnis dessen, der der Sinn eueres Lebens ist. Eilt zu Ihm! Dies ist besser für euch als die Welt und alles, was in ihr ist. Könntet ihr es doch begreifen!

145

Wenn ihr den Erniedrigten und Unterdrückten begegnet, wendet euch nicht verächtlich von ihnen ab, denn der König der Herrlichkeit wacht allezeit über ihnen und umgibt sie mit einer Zärtlichkeit, wie niemand sie ermessen kann außer jenen, die ihr Wünschen und Wollen im Willen eueres Herrn, des Gnädigen, des Allweisen, aufgehen ließen. O ihr Reichen auf Erden! Flieht nicht das Angesicht des Armen, der im Staube liegt, nein, handelt vielmehr wie ein Freund an ihm, und laßt euch von ihm die Geschichte des Leides berichten, mit dem Gottes unerforschlicher Ratschluß ihn heimgesucht hat. Bei der Gerechtigkeit Gottes! Während ihr euch ihm zugesellt, werden die himmlischen Heerscharen auf euch niederschauen. Sie werden Fürbitte für euch tun, eueren Namen loben und euere Tat preisen. Gesegnet sind die Gebildeten, die sich nicht mit ihren Errungenschaften brüsten, und wohl steht es um die Rechtschaffenen, die die Sünder nicht verhöhnen, sondern deren Missetaten verschweigen, damit ihre eigenen Mängel vor den Augen der Menschen verborgen bleiben.

146 Es ist Unser Wunsch und Verlangen, daß jeder von euch zu einem Quell alles Guten unter den Menschen und zu einem Beispiel der Aufrichtigkeit für die Menschheit werde. Hütet euch, daß ihr euch selbst nicht euerem Nächsten vorzieht. Richtet eueren Blick auf Ihn, den Tempel Gottes unter den Menschen. Er hat in Wahrheit Sein Leben als Lösegeld für die Erlösung der Welt dargebracht. Er ist wahrlich der Allgütige, der Gnädige, der Höchste. Wenn es unter euch zu Meinungsverschiedenheiten kommt, seht Mich vor euerem Angesicht stehen und übersehet gegenseitig euere Fehler um Meines Namens willen und als ein Zeichen euerer Liebe zu Meiner offenbaren, strahlenden Sache. Wir wünschen, euch allezeit in Freundschaft und Eintracht im Paradiese Meines Wohlgefallens miteinander verkehren zu sehen und aus eueren Taten den Duft der Freundlichkeit und Einigkeit, der Güte und Gemeinschaft zu verspüren. So rät euch der Allwissende, der Getreue. Wir werden immer mit euch sein. Wenn Wir den Duft euerer Gemeinschaft verspüren, wird sich Unser Herz gewiß freuen, denn nichts anderes kann Uns genügen. Dies bezeugt jeder wahrhaft Verstehende.

147 Der Größte Name ist Mein Zeuge! Wie traurig, wenn an diesem Tage ein Mensch sein Herz an die vergänglichen Dinge dieser Welt hängte! Erhebt euch und haltet euch fest an die Sache Gottes. Seid besonders liebevoll zueinander. Verbrennt, ganz um des Vielgeliebten willen, den Schleier des Selbstes mit der Flamme des unverlöschlichen Feuers, und frohen, lichtstrahlenden Angesichts gesellt euch zu euerem Nächsten. Ihr habt in jeder Hinsicht das Verhalten dessen, der das Wort der Wahrheit unter euch ist, beobachtet. Ihr wißt sehr wohl, wie schwer es für diesen Jüngling ist zuzulassen, daß durch Ihn das Herz eines der Geliebten Gottes auch nur eine Nacht lang betrübt werde.

Das Wort Gottes hat das Herz der Welt in Brand gesetzt; wie bedauerlich, wenn ihr versäumt, euch an seiner Flamme zu entzünden! So Gott will, werdet ihr in dieser gesegneten Nacht die Nacht der Einheit sehen, euere Seelen miteinander verbinden und beschließen, euch mit dem Schmuck eines guten und lobenswerten Charakters zu schmücken. Laßt es euere Hauptsorge sein, den Gefallenen aus dem Sumpfe drohender Vernichtung zu retten und ihm zu helfen, den altehrwürdigen Glauben Gottes anzunehmen. Euer Betragen euerem Nächsten gegenüber sollte so sein, daß es deutlich die Zeichen des einen, wahren Gottes offenbart, denn ihr seid die ersten unter den Menschen, die durch Seinen Geist erfrischt werden, die ersten, die Ihn anbeten und das Knie vor Ihm beugen, die ersten, die Seinen Thron der Herrlichkeit umschreiten. Ich schwöre bei Ihm, der Mich offenbaren hieß, was Ihm gefiel! Die Bewohner der Reiche der Höhe kennen euch besser, als ihr euch selbst kennt. Wähnt ihr, diese Worte seien unnütz und leer? Hättet ihr doch die Fähigkeit, die Dinge wahrzunehmen, die euer Herr, der Allbarmherzige, sieht – Dinge, die eueren überragenden Rang beweisen, die Zeugnis für die Größe eueres Wertes ablegen, die die Erhabenheit euerer Stufe verkünden! Gott gewähre, daß euere Begierden und ungezügelten Leidenschaften euch nicht von dem fernhalten, was für euch verordnet wurde.

148

O Salmán! Alles, was die Weisen und Mystiker gesagt und geschrieben haben, ist noch nie über die Grenzen hinausgegangen, den der endliche Verstand des Menschen unterworfen ist, n können sie je hoffen, diese Grenzen zu überschreiten. Zu welchen Höhen sich der Verstand der erhabensten Menschen auch emporschwingen mag, wie groß die Tiefen auch seien, in die das gelöste, verstehende Herz einzudringen vermag – Verstand und Herz können niemals das Erzeugnis ihrer eigenen Vorstellungen, das Ergebnis ihrer eigenen Gedanken übersteigen. Die Meditationen des tiefsinnigsten Denkers, die Andachten des Heiligsten der Heiligen, die höchsten Äußerungen des Lobpreises durch menschliche Feder oder Zunge sind nur Abglanz dessen, was durch die Offenbarung des Herrn, ihres Gottes, in ihnen selbst erschaffen wurde. Wer in seinem Herzen über diese Wahrheit nachdenkt, wird bereitwillig zugeben, daß es Grenzen gibt, die kein menschliches Wesen je überschreiten kann. Jeder Versuch, der vom Anfang an, der keinen Anfang hat, gemacht wurde, sich von Gott ein Bild zu machen und Ihn zu erkennen, ist begrenzt durch die Gegebenheiten Seiner eigenen Schöpfung – einer Schöpfung, die Er durch das Wirken Seines Willens zu keinem anderen Ziel als für sich selbst ins Dasein gerufen hat. Unermeßlich erhaben ist Er über die Anstrengungen des Menschengeistes, Sein Wesen zu erfassen, oder der menschlichen Zunge, Sein Geheimnis zu beschreiben. Kein Band unmittelbaren Umgangs kann Ihn jemals an die Dinge binden, die Er erschaffen hat, noch können die dunkelsten, verhülltesten Andeutungen Seiner Geschöpfe Seinem Wesen gerecht werden. Durch Seinen die ganze Welt durchdringenden Willen hat Er alles Erschaffene ins Dasein gerufen. Er ist und Er war immer in der altehrwürdigen Ewigkeit Seines erhabenen, unteilbaren Wesens verhüllt und wird ewig in Seiner unerreichbaren Majestät und Herrlichkeit verborgen bleiben. Alles, was im Himmel und auf Erden ist, kam durch Sein Gebot ins Dasein, alles trat durch Seinen Willen aus völligem Nichtsein in das Reich des Seins. Wie also kann das Geschöpf, das vom Worte Gottes gebildet wurde, die Wesensart dessen begreifen, der der Altehrwürdige der Tage ist?

149

Wenn sich ein Mensch an diesem Tage erhebt und in völliger Loslösung von allem, was in den Himmeln und auf Erden ist, Ihm, dem Tagesanbruch der heiligen Offenbarung Gottes, seine Liebe zuwendet, wird er wahrlich befähigt, durch die Kraft eines der Namen des Herrn, seines Gottes, alle erschaffenen Dinge zu unterwerfen. Wisse und sei gewiß, daß die Sonne der Wahrheit an diesem Tage einen Glanz über die Welt verbreitet hat, wie ihn vergangene Zeiten niemals sahen. O Menschen, laßt das Licht Seiner Herrlichkeit auf euch scheinen und gehört nicht zu den Nachlässigen!

150

Wenn der Sieg naht, wird sich jeder als Gläubiger bekennen und unter den Schutz des Gottesglaubens eilen. Glücklich sind die, welche in den Tagen weltumfassender Prüfungen fest in der Sache Gottes stehen und sich weigern, von ihrer Wahrheit abzuweichen.

151

O Ihr Nachtigallen Gottes! Befreit euch aus dem Dorngestrüpp des Elends und der Not und nehmt eueren Flug zum Rosengarten nie verblassender Pracht. O Meine Freunde, die ihr im Staube wohnt! Eilt hin zu euerer himmlischen Wohnstatt. Verkündet euch selbst die freudige Botschaft: »Er, der über alles Geliebte, ist gekommen! Er hat sich mit der Herrlichkeit der Offenbarung Gottes gekrönt und die Tore Seines altehrwürdigen Paradieses vor den Augen der Menschen geöffnet.« Laßt alle Augen froh, laßt jedes Ohr beglückt sein, denn nun ist die Zeit, auf Seine Schönheit zu blicken. Nun ist die rechte Zeit, auf Seine Stimme zu hören. Verkündet jedem sehnsüchtig Liebenden: »Siehe, dein Vielgeliebter ist zu den Menschen gekommen!« Und den Boten des Königs der Liebe gebt die Kunde: »Seht, der Angebetete ist in der Fülle Seiner Herrlichkeit erschienen!« O ihr Liebenden Seiner Schönheit! Wandelt die Qual euerer Trennung von Ihm in die Freude ewiger Vereinigung und laßt die Süße Seiner Gegenwart die Bitternis eueres Fernseins von Seinem Hofe vertreiben.

2   Seht, wie die mannigfaltige Gnade Gottes, die aus den Wolken göttlicher Herrlichkeit herabströmt, an diesem Tage die Welt umfängt! Denn wo in vergangenen Tagen jeder Liebende nach seinem Geliebten flehte und suchte, ist es nun der Geliebte selbst, der alle ruft, die Ihn lieben, und sie einlädt, in Seine Gegenwart zu kommen. Habt acht, daß ihr eine so kostbare Gunst nicht verliert, hütet euch, daß ihr ein so einzigartiges Zeichen Seiner Gnade nicht herabwürdigt! Gebt die unzerstörbaren Wohltaten nicht preis und begnügt euch nicht mit Vergänglichem. Nehmt den Schleier hinweg, der eueren Blick trübt, und vertreibt die Dunkelheit, die euch umhüllt, damit ihr des Geliebten Antlitz in seiner reinen Schönheit erblickt, damit ihr schauet, was kein Auge je sah, und höret, was kein Ohr je vernahm.

3   Höret auf Mich, ihr sterblichen Vögel! Im Rosengarten unvergänglicher Pracht begann eine Blume zu blühen, mit der verglichen jede andere Blume nur ein Dorn ist und vor deren strahlender Herrlichkeit das wahre Wesen der Schönheit verblassen und vergehen muß. So erhebet euch und trachtet mit aller Begeisterung eueres Herzens, mit allem Verlangen euerer Seele, mit der ganzen Inbrunst eueres Willens und mit dem gesamten Bemühen eueres ganzen

Seins danach, zum Paradiese Seiner Gegenwart zu gelangen, und strebet danach, den Duft der nie verwelkenden Blume zu spüren, die süßen Düfte der Heiligkeit zu atmen und euer Teil an diesem Dufthauch himmlischer Herrlichkeit zu erlangen. Wer diesem Rate folgt, wird seine Ketten sprengen, wird die Hingabe seliger Liebe kosten, seines Herzens Sehnsucht erreichen und seine Seele in die Hand seines Geliebten geben. Er wird aus seinem Käfig ausbrechen und, dem Vogel des Geistes gleich, den Flug zu seinem heiligen, ewigen Neste nehmen.

Die Nacht folgt dem Tag und der Tag folgt der Nacht, und die Stunden und Augenblicke eueres Lebens kommen und gehen, aber keiner von euch ist bereit, sich nur einen Augenblick lang vom Vergänglichen zu lösen. Regt euch, damit die kurzen Augenblicke, die euch noch verbleiben, nicht zerrinnen und verloren gehen. Blitzschnell werden euere Tage vorüber sein, und euere Leiber werden in einem Bett von Staub zur Ruhe gelegt. Was könnt ihr dann noch vollbringen? Wie könnt ihr dann euer früheres Versagen sühnen?

Das ewige Licht leuchtet in seiner reinen Herrlichkeit. seht, wie es jeden vergänglichen Schleier verbrennt. O ihr Liebenden Seines Lichtes, die ihr den Nachtfaltern gleicht! Trotzet jeder Gefahr, weiht euere Seele seiner verzehrenden Flamme. O ihr, die ihr nach Ihm dürstet! Legt jede irdische Neigung ab und eilt, eueren Geliebten zu umarmen. Eilt euch mit unvergleichlicher Freude, zu Ihm zu gelangen. Die Blume, die den Blicken der Menschen bisher verborgen war, ist eueren Augen enthüllt. Im offenen Glanze Seiner Herrlichkeit steht Er vor euch. Seine Stimme fordert alle heiligen, geläuterten Wesen auf, zu kommen und mit Ihm vereint zu werden. Glücklich ist, wer sich dorthin wendet, und gut steht es um den, der das Licht eines so wunderbaren Antlitzes erreicht und schaut.

152 Dein Auge ist Mein Pfand, laß den Staub eitler Lüste seine Klarheit nicht umwölken. Dein Ohr ist Zeichen Meiner Großmut, laß den Lärm unziemlicher Beweggründe es nicht von Meinem Worte, das die ganze Schöpfung umfaßt, abkehren. Dein Herz ist Meine Schatzkammer, laß die betrügerische Hand des Selbstes dir nicht die Perlen rauben, die Ich darin verwahre. Deine Hand ist Sinnbild Meiner Güte, hindere sie nicht, sich an Meine verwahrten, verborgenen Tafeln zu halten... Unverlangt habe Ich Meine Gnade auf dich herabströmen lassen, ungebeten habe Ich deinen Wunsch erfüllt. Obwohl du es nicht verdienst, habe Ich dich für Meine reichsten, Meine unschätzbaren Gunstbeweise ausersehen. ... O Meine Diener! Seid so ergeben und fügsam wie die Erde, damit aus dem Boden eures Seins die duftenden, heiligen, vielfarbenen Hyazinthen Meiner Erkenntnis aufblühen. Seid lodernd wie das Feuer, damit ihr die Schleier der Nachlässigkeit verbrennet und durch die belebende Kraft der Liebe Gottes die erstarrten, widerspenstigen Herzen zum Glühen bringt. Seid leicht und ungehindert wie der Wind, damit ihr Zutritt zu den Bereichen Meines Hofes, Meines unverletzlichen Heiligtums, erlangt.

153 O verbannter und getreuer Freund! Lösche den Durst der Achtlosigkeit mit den geheiligten Wassern Meiner Gnade und vertreibe das Dunkel des Fernseins mit dem Morgenlichte Meiner göttlichen Gegenwart. Dulde nicht, daß die Stätte, in der Meine unsterbliche Liebe zu dir wohnt, durch die Tyrannei lüsterner Wünsche zerstört werde, und verdunkle die Schönheit des himmlischen Jünglings nicht mit dem Staub des Selbstes und der Leidenschaft. Kleide dich mit dem Wesen der Gerechtigkeit und lasse dein Herz niemanden fürchten außer Gott. Verdecke nicht den klaren Quell deiner Seele mit dem Dorngestrüpp eitler, zügelloser Neigungen, und halte den Strom des lebendigen Wassers nicht auf, der aus dem Born deines Herzens fließt. Setze alle Hoffnung auf Gott und halte beharrlich fest an Seiner unerschöpflichen Barmherzigkeit. Wer außer Ihm kann den Elenden reich machen, wer den Gefallenen aus seiner Erniedrigung befreien?

O Meine Diener! Würdet ihr die verborgenen, unermeßlichen Meere Meines unzerstörbaren Reichtums entdecken, so würdet ihr gewiß die Welt, ja, die ganze Schöpfung als ein Nichts ansehen. Laßt die Flamme des Suchens mit solchem Ungestüm in euerem Herzen brennen, daß ihr fähig werdet, euer höchstes, euer erhabenstes Ziel zu erreichen: die Stufe, auf der ihr euerem Meistgeliebten nahen und euch mit Ihm vereinen könnt... 2

O Meine Diener! Laßt euere eitlen Hoffnungen, euere leeren Einbildungen nicht die Grundlagen eueres Glaubens an den allherrlichen Gott untergraben, denn solche Einbildungen sind den Menschen völlig unnütz und können ihre Schritte nicht auf den geraden Pfad lenken. Wähnt ihr, o Meine Diener, die Hand Meiner allumfassenden, Meiner schützenden, alles überragenden Herrschaft sei gefesselt, die Flut Meiner ewigen, unaufhörlichen, alles durchdringenden Barmherzigkeit sei gehemmt oder die Wolken Meiner erhabenen, unübertroffenen Gunstbeweise hätten aufgehört, ihre Gaben auf die Menschen niederzusenden? Könnt ihr euch einbilden, die wunderbaren Werke, die Meine göttliche, unwiderstehliche Macht verkünden, wären zurückgezogen oder die Kraft Meines Willens und Meiner Absicht wäre davon abgehalten, die Geschicke der Menschheit zu lenken? Wenn es nicht so ist, warum habt ihr dann zu verhindern getrachtet, daß die unsterbliche Schönheit Meines heiligen, gütigen Antlitzes vor den Au- 3 gen der Menschen enthüllt werde? Warum habt ihr euch bemüht, die Manifestation des allmächtigen, allherrlichen Seins zu hindern, den Glanz Ihrer Offenbarung über die Erde zu verbreiten? Wärt ihr gerecht in euerem Urteil, so würdet ihr bereitwillig anerkennen, daß die Wirklichkeiten aller erschaffenen Dinge trunken sind vor Freude über diese neue, diese wundersame Offenbarung, daß alle Atome der Erde leuchten im Glanz ihrer Herrlichkeit. Eitel und erbärmlich ist, was ihr euch eingebildet habt und noch einbildet!

4 Geht eueren Weg zurück, o Meine Diener, und neigt euer Herz Ihm zu, der der Urquell euerer Erschaffung ist. Macht euch frei von eueren üblen, verderbten Neigungen und eilt euch, das Licht des unauslöschlichen Feuers, das auf dem Sinai dieser geheimnisvollen, alles überragenden Offenbarung strahlt, in euch aufzunehmen. Verfälscht nicht das heilige, das allumfassende Urwort Gottes und versucht nicht, seine Heiligkeit zu entweihen oder seinen erhabenen Charakter herabzuwürdigen. O ihr Achtlosen! Obwohl die Wunder Meiner Barmherzigkeit alles Erschaffene, sichtbar und unsichtbar, umschließen, obwohl die Offenbarungen Meiner Gnade und Güte jedes Atom des Weltalls durchdringen, ist doch die Rute, mit der Ich die Bösen züchtigen kann, schrecklich, und die Heftigkeit Meines Zornes gegen sie ist furchtbar. Höret mit Ohren, die von Hoffart und irdischen Wünschen geheiligt sind, auf die Ratschläge, die Ich euch in Meiner Güte und Barmherzigkeit offenbare, und betrachtet mit eueren äußeren und inneren Augen die Beweise Meiner wunderbaren Offenbarung...

5 O Meine Diener, beraubt euch nicht selbst des unvergänglichen, strahlenden Lichtes, das in der Lampe göttlicher Herrlichkeit leuchtet. Laßt die Flamme der Liebe Gottes hell in eueren strahlenden Herzen brennen. Speist

sie mit dem Öle göttlicher Führung, behütet sie im Schutze euerer Beständigkeit. Bewahrt sie unter der Glocke des Vertrauens und der Loslösung von allem außer Gott, damit das böse Geflüster der Gottlosen ihr Licht nicht verlösche. O Meine Diener! Meine heilige, Meine von Gott verordnete Offenbarung mag mit einem Meere verglichen werden, in dessen Tiefen zahllose Perlen von hohem Wert und unübertrefflichem Glanz verborgen sind. Es ist die Pflicht eines jeden Suchers, sich zu mühen und danach zu streben, die Küsten dieses Meeres zu erreichen, auf daß er entsprechend dem Eifer seines Suchens und seiner Anstrengungen an solchen Wohltaten teilhabe, wie sie in Gottes unabänderlichen, verborgenen Tafeln vorherbestimmt sind. Wenn niemand seine Schritte zu diesen Ufern lenken will, wenn alle säumen, keiner sich erhebt, keiner Ihn findet – kann man dann sagen, daß solches Versäumnis diesem Meere seine Macht raube oder seinen Reichtum im geringsten vermindere? Wie sinnlos, wie unwürdig sind die Einbildungen, die euer Herz erfunden hat und noch erfindet! O Meine Diener! Der eine, wahre Gott ist Mein Zeuge! Dieses größte, dieses unergründliche, wogende Meer ist euch nahe, erstaunlich nahe. Seht, es ist euch näher als euere Lebensader! Schnell wie mit einem Augenaufschlag könnt ihr, wenn ihr nur wollt, hingelangen und teilhaben an dieser unvergänglichen Gunst, dieser gottgegebenen Gnade, diesem unzerstörbaren Geschenk, dieser mächtigsten, unaussprechlich herrlichen Gnadengabe.

O Meine Diener, könntet ihr begreifen, mit welchen Wundern Meiner Großmut und Freigebigkeit Ich euere Seelen betrauen will, ihr würdet euch in Wahrheit von der Bindung an alles Erschaffene lösen und wahre Erkenntnis eurer selbst gewinnen – eine Erkenntnis, die das gleiche ist wie das Begreifen Meines eigenen Seins. Ihr würdet euch von allem außer Mir unabhängig finden und würdet mit euerem inneren und äußeren Auge, klar wie die Offenbarung Meines strahlenden Namens, die Meere Meiner Güte und Freigebigkeit in euch wogen sehen. Laßt nicht zu, daß euere nichtigen Einbildungen, euere bösen Leidenschaften, euere Unaufrichtigkeit und Herzensblindheit den Glanz einer so erhabenen Stufe trüben oder ihre Heiligkeit beflecken. Ihr gleicht dem Vogel, der sich mit der Kraft seiner mächtigen Schwingen, mit rückhaltlosem, freudigem Vertrauen in die Unendlichkeit der Himmel aufschwingt, bis er unter dem Drang, seinen Hunger zu stillen, gierig zum Wasser und Staub der Erde unter ihm zurückkehrt und, in den Schlingen seines Verlangens verstrickt, sich außerstande sieht, seinen Flug zu den Reichen, aus denen er kam, wieder aufzunehmen. Machtlos, die Bürde abzuschütteln, die auf seinen beschmutzten Schwingen lastet, ist dieser Vogel, der bisher ein Himmelsbewohner war, nun gezwungen, eine Wohnstatt im Staube zu suchen. Darum, o Meine Diener, verunreinigt euere Schwingen nicht mit dem Lehm der Widerspenstigkeit und der eitlen Begier. Laßt nicht zu, daß der Staub des Neides und Hasses sie beflecke, damit ihr nicht gehindert werdet, euch in die Himmel Meiner göttlichen Erkenntnis aufzuschwingen.

7 O Meine Diener! Durch Gottes Macht und Kraft, aus den Schätzen Seiner Erkenntnis und Weisheit habe Ich die Perlen, die in den Tiefen Seines ewigen Meeres verborgen lagen, ans Licht gebracht und euch offenbart. Ich habe die Himmelsdienerinnen geheißen, unter dem Schleier der Verborgenheit hervorzutreten, und habe sie mit Meinen Worten bekleidet, Worten von vollendeter Kraft und Weisheit. Ich habe überdies mit der Hand göttlicher Macht den erlesenen Wein Meiner Offenbarung entsiegelt und seinen heiligen, seinen verborgenen Moschusduft über alles Erschaffene verbreitet. Wer außer euch selbst ist schuld, wenn ihr es verschmäht, von einem so breiten Strom der höchsten, all-

umfassenden Gnade Gottes, von einer so hellen Offenbarung Seiner strahlenden Barmherzigkeit beschenkt zu werden? ...

O Meine Diener! In Meinem Herzen leuchtet nichts als das unvergängliche Morgenlicht göttlicher Führung. Aus Meinem Munde geht nichts hervor als das Wesen der Wahrheit, die der Herr, euer Gott, offenbart. Folgt darum nicht eueren irdischen Wünschen, verletzt nicht den Bund Gottes und brecht nicht euer Gelübde für Ihn. Mit fester Entschlossenheit, mit der ganzen Liebe euerer Herzen, mit der vollen Kraft euerer Worte wendet euch Ihm zu und wandelt nicht auf den Wegen der Toren. Die Welt ist nur Schein, eitel und leer, ein bloßes Nichts, das der Wirklichkeit ähnelt. Hängt euere Liebe nicht an sie. Zerreißt nicht das Band, das euch mit euerem Schöpfer verbindet, und gehört nicht zu denen, die in die Irre gehen und von Seinen Wegen abirren. Wahrlich, Ich sage, die Welt ist wie die Luftspiegelung in der Wüste, von der der Durstige wähnt, sie sei Wasser, und zu der er mit aller Kraft hinstrebt, bis er sie im Näherkommen als reine Sinnestäuschung erkennt. Sie mag ferner mit dem leblosen Bild der Geliebten verglichen werden, das der Liebende sucht und findet, bis er es nach langem Suchen zu seinem größten Leidwesen als etwas erkennen muß, das ihn weder »nähren noch seinen Hunger stillen«[1] kann.

O Meine Diener! Grämt euch nicht, wenn Gott in diesen Tagen und auf diesem Erdenrund Dinge verordnet und verkündet, die eueren Wünschen zuwiderlaufen, denn Tage seliger Freude und himmlischen Entzückens stehen euch sicherlich bevor. Welten, heilig und voll geistiger Herrlichkeit, werden vor eueren Augen enthüllt werden. Ihr seid von Ihm ausersehen, in dieser Welt und in der

---

1. Qur'án 88:8

kommenden ihre Wohltaten und Freuden zu genießen und einen Anteil von ihrer stärkenden Gnade zu empfangen. Dies alles werdet ihr zweifellos erreichen.

154 Warne, o Salmán, die Geliebten des einen, wahren Gottes davor, die Reden und Schriften der Menschen mit einem zu kritischen Auge zu betrachten. Sie sollen sich diesen Reden und Schriften lieber im Geiste der Aufgeschlossenheit und liebevollen Wohlgesonnenheit zuwenden. Jene Menschen aber, die sich an diesem Tage dazu verleiten lassen, in ihren Hetzschriften die Lehrsätze der Sache Gottes anzugreifen, sind anders zu behandeln. Es ist aller Menschen Pflicht, eines jeden nach seiner Fähigkeit, die Argumente derer zu widerlegen, die den Gottesglauben angreifen. So wurde es von Ihm, dem Allmachtvollen, dem Allmächtigen, verfügt. Wer die Sache des einen, wahren Gottes verbreiten will, der soll dies durch seine Feder und seine Zunge tun, anstatt zum Schwert zu greifen oder Gewalt zu üben. Wir haben dieses Gebot aus einem früheren Anlaß offenbart und bestätigen es jetzt – so ihr zu denen gehört, die begreifen! Bei der Gerechtigkeit dessen, der an diesem Tage im innersten Herzen alles Erschaffenen ausruft: »Gott, es ist kein Gott außer Mir!« Wenn ein Mensch sich erhebt, um in seinen Schriften die Sache Gottes gegen ihre Angreifer zu verteidigen, so wird dieser Mensch, wie unbedeutend sein Beitrag auch sei, in der künftigen Welt so geehrt werden, daß die himmlische Versammlung ihn um seinen Ruhm beneidet. Keine Feder kann die Erhabenheit seiner Stufe schildern, keine Zunge kann deren Herrlichkeit beschreiben. Denn wer fest und standhaft ist in dieser heiligen, dieser herrlichen, erhabenen Offenbarung, dem wird solche Kraft gegeben, daß er allem im Himmel und auf Erden entgegentreten und widerstehen kann. Dies bezeugt Gott selbst.

O ihr Geliebten Gottes! Legt euch nicht auf euerem Lager zur Ruhe nieder, nein, regt euch vielmehr, sobald ihr euren Herrn, den Schöpfer, erkennt. Hört, was Ihm widerfahren ist, und eilt, Ihm beizustehen. Löst euere Zunge und verkündet unaufhörlich Seine Sache. Dies wird besser für euch sein als alle Schätze der Vergangenheit und der Zukunft – gehörtet ihr doch zu denen, die diese Wahrheit begreifen.

155 Die erste Pflicht, die Gott Seinen Dienern auferlegt, ist die Anerkennung dessen, der der Tagesanbruch Seiner Offenbarung, der Urquell Seiner Gesetze ist und Gott im Reiche Seiner Sache und in der Welt der Schöpfung vertritt. Wer diese Pflicht erfüllt, hat alles Gute erreicht, und wer dessen beraubt ist, geht in die Irre, hätte er auch alle gerechten Werke vollbracht. Wer diese höchst erhabene Stufe, diesen Gipfel überragender Herrlichkeit erreicht, muß jedem Gebot dessen folgen, der der Ersehnte der Welt ist. Beide Pflichten sind untrennbar, und nur die Erfüllung beider wird angenommen. So wurde es von Ihm, dem Quell göttlicher Eingebung, verfügt.

Wem Gott Einsicht gegeben, der wird leicht erkennen, daß Gottes Gesetz das beste Mittel ist, die Ordnung in der Welt zu erhalten und die Sicherheit ihrer Völker zu bewahren. Wer sich von ihm abwendet, zählt zu den Niedriggesinnten und Toren. Wir haben euch wahrlich geboten, euren üblen Leidenschaften und verderbten Neigungen den Befehl zu verweigern und nicht die Grenzen zu überschreiten, die die Feder des Höchsten gesetzt hat, denn diese Grenzen sind der Lebensodem für alles Erschaffene. Die Meere göttlicher Weisheit und göttlicher Rede wogen hoch im Windhauch des Allbarmherzigen. Eilt, euch satt zu trinken, o ihr Verständigen! Wer Gottes Bund verletzt, indem er Seine Gebote übertritt, wer auf dem Absatz kehrtmacht, hat sich vor Gott, dem Allbesitzenden, dem Höchsten, schmerzlich geirrt.

3 O ihr Völker der Welt! Wisset mit Gewißheit, daß Meine Gebote die Lampen Meiner liebevollen Vorsehung unter Meinen Dienern und die Schlüssel Meiner Gnade für Meine Geschöpfe sind. So ist es aus dem Himmel des Willens eures Herrn, des Herrn der Offenbarung, herabgesandt. Sollte ein Mensch die Süße der Worte kosten, welche die Lippen des Allbarmherzigen zu äußern beliebten, und wären die Schätze der Erde in seinem Besitz, so würde er sie allesamt aufgeben, um die Wahrheit auch nur eines Seiner Gebote zu verteidigen, die über dem Morgen Seiner gnädigen Fürsorge und Güte leuchten.

4 Sprich: Aus Meinen Gesetzen strömt der süße Duft Meines Gewandes, und mit ihrer Hilfe werden die Banner des Sieges auf den höchsten Höhen gehißt. Die Zunge Meiner Macht hat aus dem Himmel Meiner allmächtigen Herrlichkeit diese Worte an Meine Schöpfung gerichtet: »Haltet Meine Gebote aus Liebe zu Meiner Schönheit!« Glücklich der Liebende, der den göttlichen Duft seines Höchstgeliebten einatmet aus diesen Worten, erfüllt mit dem Wohlgeruch einer Gnade, die keine Zunge beschreiben kann. Bei Meinem Leben! Wer den erlesenen Wein der Gerechtigkeit aus den Händen Meiner großmütigen Gunst trinkt, wird Meine Gebote, die vom Morgen Meiner Schöpfung leuchten, umkreisen.

5 Wähnt nicht, Wir hätten euch nur ein Gesetzbuch offenbart. Nein, Wir haben den erlesenen Wein mit den Fingern der Macht und Kraft entsiegelt. Dafür zeugt, was die Feder der Offenbarung enthüllt hat. Denkt darüber nach, o ihr Einsichtsvollen! ...

6 Wenn Meine Gesetze wie die Sonne am Himmel Meiner Rede erscheinen, so müssen sie alle getreulich befolgen,

selbst wenn Mein Gebot den Himmel einer jeden Religion spaltete. Er tut, was Ihm beliebt. Er wählt, und niemand darf Seine Wahl in Zweifel ziehen. Was Er, der Vielgeliebte, bestimmt, ist wahrlich geliebt. Dafür ist der Herr der ganzen Schöpfung Mein Zeuge. Wer den süßen Duft des Allbarmherzigen verspürt und den Quell dieser Rede erkennt, wird sehenden Auges die Pfeile des Feindes willkommen heißen, um die Wahrheit des Gottesgesetzes unter den Menschen aufzurichten. Wohl dem, der sich dorthin wendet und die Bedeutung Seines entscheidenden Gebotes erfaßt.

156

Er, die Ewige Wahrheit, richtet vom Morgen der Herrlichkeit Seine Augen auf das Volk Bahás und spricht es an mit den Worten: »Fördert Wohlfahrt und Ruhe unter den Menschenkindern und richtet all euer Sinnen und Trachten auf die Erziehung der Völker auf Erden, damit die Zwietracht, die diese Erde spaltet, durch die Macht des Größten Namens von ihrem Angesicht getilgt und alle Menschen zu Verfechtern *einer* Ordnung und zu Bewohnern *einer* Stadt werden. Erleuchtet und heiligt euere Herzen. Entweiht sie nicht mit den Dornen des Hasses und den Disteln der Bosheit. Ihr wohnt in *einer* Welt und seid durch das Wirken *eines* Willens erschaffen. Selig ist, wer sich mit allen Menschen im Geiste größter Freundlichkeit und Liebe vereinigt.«

157

Die ihr Land verlassen haben, um Unsere Sache zu lehren, wird der Geist des Glaubens durch seine Macht stärken. Eine Schar Unserer erwählten Engel wird mit ihnen gehen, wie Er, der Allmächtige, der Allweise, es gebietet. Wie groß ist der Segen, der den erwartet, der die Ehre erringt, dem Allmächtigen zu dienen! Bei Meinem Leben! Keine Tat, wie groß sie auch sei, ist mit dieser vergleichbar, außer solchen Taten, die Gott, der Allmachtvolle, der Mächtigste, verordnet hat. Ein solcher Dienst ist wahrlich der Fürst aller guten Taten und der Schmuck alles edlen Handelns. So ist es von Ihm, dem höchsten Offenbarer, dem Altehrwürdigen der Tage, verordnet.

2   Wer sich erhebt, Unsere Sache zu lehren, muß sich unbedingt von allem Irdischen lösen und allezeit im Triumph Unseres Glaubens sein höchstes Ziel sehen. Dies wurde wahrlich auf der verwahrten Tafel verfügt. Und wenn er sich entschließt, sein Heim um der Sache seines Herrn willen zu verlassen, setze er sein ganzes Vertrauen auf Gott als der besten Vorsorge für seine Reise, und kleide sich mit dem Gewande der Tugend. So ist es von Gott, dem Allmächtigen, dem Allgepriesenen, verfügt.

3   Wenn er vom Feuer Seiner Liebe entbrannt ist und alles Erschaffene aufgibt, werden die Worte, die er spricht, seine Hörer entflammen. Wahrlich, dein Herr ist der Allwissende, der Allunterrichtete. Glücklich der Mensch, der Unsere Stimme hört und auf Unseren Ruf antwortet. Er gehört in Wahrheit zu denen, die Uns nahegebracht werden.

158

Gott hat jedem zur Pflicht gemacht, Seine Sache zu lehren. Wer sich erhebt, diese Pflicht zu erfüllen, muß, ehe er Seine Botschaft verkündet, unbedingt den Schmuck eines aufrechten, lobenswerten Charakters anlegen, damit seine Worte die Herzen derer anziehen, die für seinen Ruf empfänglich sind. Anders kann er niemals hoffen, seine Hörer zu beeinflussen.

159 Seht die Kleingeistigkeit der Menschen! Sie verlangen nach dem, was ihnen schadet, und verwerfen, was ihnen nützt. Sie gehören fürwahr zu denen, die weit abgeirrt sind. Wir sehen Menschen, die Freiheit begehren und stolz darauf sind. Sie befinden sich in den Tiefen der Unwissenheit.

Freiheit muß letzten Endes zu Aufruhr führen, dessen Flammen niemand löschen kann. So warnt euch Er, der Rechnende, der Allwissende. Wißt, daß die Verkörperung der Freiheit und ihr Sinnbild das Tier ist. Was dem Menschen ziemt, ist, daß er sich in Schranken fügt, die ihn vor seiner eigenen Unwissenheit beschützen und vor dem Schaden des Unheilstifters bewahren. Freiheit läßt den Menschen die Grenzen des Schicklichen überschreiten und die Würde seiner Stufe verletzen. Sie erniedrigt ihn auf die Ebene tiefster Verderbtheit und Schlechtigkeit.

Seht die Menschen an als eine Herde Schafe, die zu ihrem Schutze eines Hirten bedarf. Dies ist gewiß die Wahrheit, die unumstößliche Wahrheit. Wir billigen die Freiheit unter bestimmten Bedingungen, unter anderen verwerfen Wir sie. Wir sind wahrlich der Allwissende.

Sprich: Wahre Freiheit besteht in der Unterwerfung des Menschen unter Meine Gebote, so wenig ihr dies auch versteht. Würden die Menschen befolgen, was Wir aus dem Himmel der Offenbarung auf sie herabsandten, so erlangten sie sicherlich vollkommene Freiheit. Glücklich der Mensch, der die Absicht Gottes in allem erfaßt, was Er aus dem Himmel Seines Willens, der alles Erschaffene durchdringt, offenbart! Sprich: Die Freiheit, die euch nützt, ist nirgendwo zu finden außer in vollkommener Dienstbarkeit vor Gott, der Ewigen Wahrheit. Wer ihre Süße kostet, wird es verschmähen, sie gegen alle Herrschaft der Erde und des Himmels zu tauschen.

160 Der ist ein wahrer Gläubiger an die Einheit Gottes, der Ihn an diesem Tage als den Einen ansieht, der unermeßlich erhaben über alle Gleichnisse und Abbilder ist, mit denen die Menschen Ihn vergleichen. Schmerzlich irrt, wer diese Gleichnisse und Abbilder für Gott selbst hält. Denke an die Beziehung zwischen dem Handwerker und seinem Werk, zwischen dem Maler und seinem Gemälde. Kann man je behaupten, die von ihren Händen geschaffenen Werke seien dasselbe wie sie selbst? Bei Ihm, dem Herrn des Thrones droben und hienieden auf Erden! Man kann sie in keinem anderen Lichte sehen denn als Beweise für die Vortrefflichkeit und Vollkommenheit ihrer Urheber.

2   O Shaykh, o du, der du deinen Willen Gott ergeben hast! Selbsthingabe und dauernde Verbindung mit Gott bedeuten, daß die Menschen ihren Willen völlig im Willen Gottes aufgehen lassen und neben Seiner Absicht ihre Wünsche als reines Nichts ansehen sollten. Was immer der Schöpfer Seinen Geschöpfen zu beachten befiehlt, dafür müssen sie sich erheben, um es sorgsam, mit größter Freude und größtem Eifer zu vollbringen. Sie sollten keinesfalls ihrer Phantasie erlauben, ihre Urteilskraft zu trüben, noch sollten sie ihre eigenen Vorstellungen für die Stimme des Ewigen halten. Im Fastengebet haben Wir offenbart: »Sollte Dein Wille verfügen, daß diese Worte aus Deinem Munde hervorgehen und an sie gerichtet werden: ›Haltet das Fasten um Meiner Schönheit willen, o Menschen, und setzt seiner Dauer keine Grenze‹, so schwöre Ich bei der Majestät Deiner Herrlichkeit, daß es jeder von ihnen getreulich befolgen und von allem absehen wird, was gegen Dein Gesetz verstößt, und daß sie damit fortfahren werden, bis sie ihre Seelen zu Dir aufgeben.« Hierin besteht die völlige Ergebung des eigenen Willens in den Willen Gottes. Denke darüber nach, damit du die Wasser

ewigen Lebens, die den Worten des Herrn der ganzen Menschheit entströmen, in dich aufnehmest und bezeugest, daß der eine, wahre Gott immer unermeßlich erhaben über Seine Geschöpfe gewesen ist. Er ist wahrlich der Unvergleichliche, der Ewigwährende, der Allwissende, der Allweise. Die Stufe vollkommener Selbsthingabe überragt jede andere Stufe und wird immer über sie erhaben bleiben.

Es geziemt dir, dich dem Willen Gottes zu weihen. Was immer in Seinen Sendschreiben offenbart wurde, ist nur eine Widerspiegelung Seines Willens. So vollkommen muß deine Hingabe sein, daß jede Spur weltlichen Verlangens von deinem Herzen hinweggewaschen wird. Dies ist die Bedeutung wahrer Einheit.

Flehe zu Gott, daß Er dich befähige, standhaft zu bleiben auf diesem Pfade, und daß Er dir helfe, die Völker der Welt zu Ihm zu führen, dem offenbaren, höchsten Herrscher, der sich in eindeutiger Gestalt offenbart hat, der eine bestimmte göttliche Botschaft verkündet. Dies ist das Wesen des Glaubens und der Gewißheit. Die den Götzen anbeten, den ihre Einbildung schuf, und ihn die innere Wirklichkeit nennen, zählen in Wahrheit zu den Heiden. Dies bezeugt der Allbarmherzige auf Seinen Tafeln. Er ist wahrlich der Allwissende, der Allweise.

161

Wappne dich mit deinem Bemühen, damit du vielleicht deinen Nächsten zum Gesetze Gottes, des Barmherzigsten, führen mögest. Wahrlich, eine solche Tat übertrifft vor Gott, dem Allbesitzenden, dem Höchsten, alle anderen Taten. Du mußt so standhaft in der Sache Gottes sein, daß nichts Irdisches, was es auch sei, dich von deiner Pflicht abzubringen ve mag. Sollten sich auch die Mächte der Erde gegen dich v bünden, sollten alle Menschen mit dir streiten, mußt du dennoch unerschütterlich bleiben.

2 Sei unbeschwert wie der Wind, wenn du die Botschaft dessen trägst, der den Morgen göttlicher Führung anbrechen ließ. Bedenke, wie der Wind, treu dem Gebote Gottes, über alle Lande der Erde weht, seien sie bewohnt oder öde. Weder der Anblick der Öde noch die Zeichen des Gedeihens können ihn betrüben oder erfreuen. Er weht in jeder Richtung, wie sein Schöpfer es gebietet. So sollte jeder sein, der behauptet, den einen, wahren Gott zu lieben. Es ziemt ihm, den Blick auf die Grundlagen Seines Glaubens zu richten und eifrig für dessen Verbreitung zu wirken. Allein um Gottes willen sollte er Gottes Botschaft verkünden und in gleichem Geiste jede Antwort annehmen, die sein Wort bei seinem Hörer hervorruft. Wer annimmt und glaubt, wird seinen Lohn empfangen, und wer sich abwendet, wird nur seine eigene Strafe erhalten.

3 Am Vorabend Unserer Abreise aus dem 'Iráq haben Wir die Getreuen ermahnt, sich darauf gefaßt zu machen, daß die Vögel der Finsternis erscheinen. Es kann keinen Zweifel darüber geben, daß sich das Krächzen der Raben in bestimmten Ländern erheben wird, wie es in den letzten Jahren zu hören war. Was auch geschehen mag – suche Zuflucht bei dem einen, wahren Gott, damit Er dich vor den Ränken des Betrügers schütze.

4 Wahrlich, Ich sage, in dieser mächtigsten Offenbarung haben alle Sendungen der Vergangenheit ihre höchste, ihr letzte Vollendung erreicht. Also rät euch euer Herr, der Allwissende, der Allweise. Preis sei Gott, dem Herrn aller Welten.

162

Der Allbarmherzige hat dem Menschen die Fähigkeit des Sehens verliehen und ihn mit der Kraft des Hörens begabt. Manche haben ihn als die »kleinere Welt« bezeichnet, während er in Wirklichkeit als die »größere Welt« angesehen werden sollte. Die Möglichkeiten, die der Stufe des Menschen innewohnen, das volle Maß seiner Bestimmung auf Erden, der angeborene Vorzug seiner Wirklichkeit – all dies muß an diesem verheißenen Tage Gottes offenbar werden.

Die Feder des Höchsten gedenkt zu allen Zeiten und unter allen Umständen mit zarter Freude Seiner Geliebten und rät ihnen, Seinem Weg zu folgen. Wohl ist es um den bestellt, den der Wechsel und Wandel dieser Welt nicht davon abhalten können, den Tagesanbruch der Einheit Gottes zu erkennen, und der mit unerschütterlicher Entschlossenheit im Namen des Selbstbestehenden den versiegelten Wein Seiner Offenbarung trinkt. Ein solcher Mensch wird im Buche Gottes, des Herrn aller Welten, zu den Bewohnern des Paradieses gezählt werden.

163

Aller Lobpreis sei Gott, der die Welt mit einem Schmuck geziert und in ein Gewand gekleidet hat, das ihr keine irdische Macht rauben kann, wie gewaltig ihr Heer, wie unermeßlich ihr Reichtum und wie weitreichend ihr Einfluß auch sein mag. Sprich: Das Wesen aller Macht ist Gottes, des höchsten und letzten Endes aller Schöpfung. Der Urquell aller Majestät ist Gottes, des Zieles der Anbetung von allem, was in den Himmeln und auf Erden ist. Gewalten, die ihren Ursprung in dieser Welt des Staubes haben, sind ihrer wahren Natur nach keiner Beachtung wert.

Sprich: Die Quellen, die diese Vögel am Leben erhalten, sind nicht von dieser Welt. Ihr Ursprung liegt hoch über der Reichweite und dem Gesichtskreis menschlicher Fassungskraft. Wer könnte das Licht auslöschen, das die schneeweiße Hand Gottes entzündet hat? Wo fände sich der, der die Macht besäße, das Feuer zu ersticken, das die Hand deines Herrn, des Allgewaltigen, des Allbezwingenden, des Allmächtigen, entfacht hat? Die Hand göttlicher Macht ist es, die die Flammen der Zwietracht gelöscht hat. Er ist mächtig zu tun, was Ihm gefällt. Er spricht: Sei! und es ist. Sprich: Die wütenden Stürme und Wirbelwinde der Welt und ihrer Völker können niemals die Grundlage erschüttern, auf der die felsengleiche Standhaftigkeit Meiner Erwählten ruht. Gnädiger Gott! Was kann diese Leute veranlaßt haben, die Geliebten dessen, der die Ewige Wahrheit ist, zu unterjochen und einzukerkern? ... Dennoch naht der Tag, da die Getreuen die Sonne der Gerechtigkeit in ihrem vollen Glanze vom Tagesanbruch der Herrlichkeit leuchten sehen werden. Also unterrichtet dich der Herr allen Seins in diesem Seinem schrecklichen Gefängnis.

164

O ihr Glieder des Menschengeschlechts! Ergreift das Seil, das kein Mensch zerreißen kann. Dies wird euch wahrlich alle Tage eueres Lebens nützen, denn seine Festigkeit ist von Gott, dem Herrn aller Welten. Haltet euch an Gerechtigkeit und Redlichkeit, und wendet euch ab vom Geflüster der Toren, die Gott entfremdet sind, die ihr Haupt mit dem Schmuck der Gelehrten bedecken und Ihn, den Urquell der Weisheit, zum Tode verurteilt haben. Mein Name hat sie zu hohem Rang erhoben, und doch, kaum hatte Ich Mich ihren Augen offenbart, da fällten sie in offenkundiger Ungerechtigkeit das Todesurteil über Mich. So hat Unsere Feder die Wahrheit offenbart, und dennoch sind die Menschen in Achtlosigkeit versunken.

Wer sich an die Gerechtigkeit hält, kann auf keinen Fall die Grenzen der Mäßigung überschreiten. Durch die Führung des Allsehenden erkennt er die Wahrheit in allen Dingen. Die von den gelehrten Größen der Kunst und der Wissenschaft so oft gepriesene Zivilisation wird, wenn man ihr gestattet, die Grenzen der Mäßigung zu überschreiten, großes Unheil über die Menschen bringen. So warnt euch der Allwissende. Ins Übermaß gesteigert, wird sich die Zivilisation als eine ebenso ergiebige Quelle des Übels erweisen, wie sie, in den Schranken der Mäßigung gehalten, eine Quelle des Guten war. Denkt darüber nach, o Menschen, und gehört nicht zu denen, die verwirrt durch die Öden des Irrtums streifen. Es naht der Tag, da ihre Flamme die Städte verschlingt, da die Zunge der Größe verkündet: »Das Reich ist Gottes, des Allmächtigen, des Allgepriesenen!«

3 Alles andere ist dem gleichen Grundsatz der Mäßigung unterworfen. Danke deinem Herrn, der deiner in diesem wundersamen Sendschreiben gedenkt. Aller Ruhm sei Gott, dem Herrn des ruhmreichen Thrones.

4 Würde ein Mensch in seinem Herzen darüber nachdenken, was die Feder des Höchsten offenbart hat, und von der Süße dieser Offenbarung kosten, so würde er sich gewißlich seiner eigenen Wünsche ledig und befreit fühlen, völlig dem Willen des Allmächtigen ergeben. Glücklich der Mensch, der eine so hohe Stufe erreicht und sich nicht selbst einer so reichen Gnade beraubt!

5 An diesem Tage können Wir weder das Verhalten des Furchtsamen billigen, der seinen Glauben zu verbergen sucht, noch das Benehmen des erklärten Gläubigen gutheißen, der lärmend seine Treue zu dieser Sache bekundet. Beide sollten dem Gebot der Weisheit folgen und mit Eifer danach streben, dem Wohle des Glaubens zu dienen.

6 Jeder möge auf das Verhalten dieses Unterdrückten achten und darüber nachdenken. Wir haben Uns seit dem Beginn dieser Offenbarung bis heute immer geweigert, Uns vor Unseren Feinden zu verbergen oder von der Gesell-

schaft Unserer Freunde zurückzuziehen. Obwohl Uns eine Unzahl von Kümmernissen und Leiden umgibt, haben Wir mit machtvollem Vertrauen die Völker der Erde zum Tagesanbruch der Herrlichkeit gerufen. Die Feder des Höchsten ist nicht geneigt, in diesem Zusammenhang von den Trübsalen zu berichten, die sie erduldet hat. Deren Enthüllung würde zweifellos die Begünstigten unter den Getreuen in Trauer stürzen, sie, die wahrhaft die Einheit Gottes hochhalten und Seiner Sache völlig ergeben sind. Er, wahrlich, spricht die Wahrheit, und Er ist der Allhörende, der Allwissende. Wir verbrachten Unser Leben zum größten Teil inmitten Unserer Feinde. Sieh, wie Wir gegenwärtig in einem Nest von Schlangen leben.

7 In allen heiligen Schriften wurde dieses Heilige Land erwähnt und gepriesen. Hier sind die Propheten Gottes und Seine Auserwählten erschienen. Dies ist die Wüste, durch die alle Gottesboten gewandert sind, aus der ihr Ruf erscholl: »Hier bin ich, hier bin ich, o mein Gott!« Dies ist das verheißene Land, in dem Ihm, der die Verkündigung Gottes ist, sich zu offenbaren bestimmt war. Dies ist das Tal des unerforschlichen Ratschlusses Gottes, der schneeweiße Ort, das Land unvergänglicher Pracht. Was an diesem Tage geschah, ist seit alters in den Schriften geweissagt. Eben diese Schriften verdammen jedoch einmütig die Menschen, die dieses Land bewohnen. Einmal sind sie als »Otterngezücht«[1] gebrandmarkt worden. Sieh, wie dieser Unterdrückte jetzt, von »Otterngezücht« umgeben, laut ruft und alle Menschen zu dem lädt, der die höchste Sehnsucht der Welt, der Gipfel und Tagesanbruch der Herrlichkeit ist. Glücklich der Mensch, der auf die Stimme des Herrn im Reiche der Äußerung hört, und wehe den Achtlosen, die weit von Seiner Wahrheit in die Irre gehen.

1. Matth. 3:7

165

Wisse, daß jedes hörende Ohr, wenn es sich rein und unbefleckt erhält, zu allen Zeiten und aus jeder Richtung die Stimme hören muß, die diese heiligen Worte spricht: »Wahrlich, wir sind Gottes, und zu Ihm werden wir zurückkehren.«[1] Die Geheimnisse des körperlichen Todes des Menschen und seiner Rückkehr sind nicht enthüllt und bleiben weiterhin ungedeutet. Bei der Gerechtigkeit Gottes! Würden sie offenbart, so würden sie solche Furcht und Trauer hervorrufen, daß manch einer zugrunde ginge, während andere so von Freude erfüllt wären, daß sie den Tod wünschten und mit unstillbarer Sehnsucht den einen, wahren Gott – gepriesen sei Seine Herrlichkeit – anflehten, ihr Ende zu beschleunigen.

Der Tod bietet jedem vertrauenden Gläubigen den Kelch dar, der in Wahrheit Leben ist. Er schenkt Freude und ist ein Bote des Frohsinns. Er verleiht die Gabe ewigen Lebens.

Was die Menschen betrifft, die von der Frucht des irdischen Daseins gekostet haben, welche die Anerkennung des einen, wahren Gottes ist – gepriesen sei Seine Herrlichkeit – so wird ihr Leben nach dem Tode dergestalt sein, daß Wir es unmöglich beschreiben können. Das Wissen darüber ist allein bei Gott, dem Herrn aller Welten.

166

Wer vor Ablauf eines vollen Jahrtausends den Anspruch auf eine unmittelbare Gottesoffenbarung erhebt, ist gewiß ein Lügner und Betrüger. Wir beten zu Gott, daß Er ihm gnädig beistehe, einen solchen Anspruch zu widerrufen. So er bereut, wird Gott ihm zweifellos vergeben. Verharrt er jedoch in seinem Irrtum, so wird Gott sicherlich einen herabsenden,

---

1. Qur'án 2:157

der erbarmungslos mit ihm verfährt. Gott ist fürwahr schrecklich, wenn Er straft. Wer immer diesen Vers anders deutet als nach seinem klaren Sinn, ist des Geistes Gottes und Seiner Barmherzigkeit, die alles Erschaffene umfaßt, beraubt. Fürchtet Gott und folgt nicht euren eitlen Einbildungen. Nein, folgt vielmehr dem Gebot eures Herrn, des Allmächtigen, des Allweisen.

Erläuterungen

Die folgenden Erläuterungen sollen das Verständnis der Texte erleichtern. Es liegt jedoch im Wesen des göttlichen Wortes, daß Erläuterungen keinesfalls alle Aspekte und Bedeutungen behandeln können: »*Wir sprechen ein Wort und meinen damit einundsiebzig Bedeutungen*« (Bahá'u'lláh, Kitáb-i-Íqán 283).

'Abdu'l-'Azíz
Sulṭán des Osmanischen Reiches 1861–1876, geb. 1830; gemeinsam mit Náṣiri'd-Dín Sháh verantwortlich für die Verbannung Bahá'u'lláhs nach →Baghdád, Adrianopel und →'Akká; einer der Adressaten der Súriy-i-Mulúk Bahá'u'lláhs.

'Abdu'l-Bahá
der »Diener →Bahás«, Abbás Effendi (1844–1921), der älteste Sohn und ernannte Nachfolger Bahá'u'lláhs, Mittelpunkt des von Ihm gestifteten Bundes, autorisierter Ausleger Seiner Schriften und vollkommenes Beispiel Seines Glaubens (Literatur: Hasan Balyuzi, *'Abdu'l-Bahá*, 2 Bde., Hofheim 1983/84)

'Abdu'lláh-i-Ubayy
mächtiger Stammesfürst in Medina und Gegner →Muḥammads. Nachdem die Bevölkerung Medinas sich für Muḥammad als Führer entschieden hatte, wurde er zur Führergestalt der »Heuchler« (*Al-Munáfiqún*: jene, die sich zwar zum Islam bekannten, insgeheim aber gegen den Propheten agierten); daher sein Beiname »der Fürst der Heuchler«.

Abú 'Ámir

Gegner →Muḥammads. Er sagte das Erscheinen Muḥammads voraus und trat zum Islám über, wurde wegen Meinungsverschiedenheiten mit Muḥammad jedoch abtrünnig. Er starb einsam in der Byzanz, wo er versuchte, den Kaiser zum Kampf gegen Muḥammad bzw. den Islám zu bewegen. Sein Beiname *Ráhib* (Mönch, Eremit, Klausner, Einsiedler) wurde in *Fásiq* (Abtrünniger) abgeändert.

Afnán

arabisch »Zweig«, bezeichnet einen Verwandten des →Báb. Nicht zu verwechseln mit *Ghuṣn* (Mehrzahl *Aghṣán*), das auch mit »Zweig« übersetzt wird und die Nachkommen Bahá'u'lláhs bezeichnet.

'Akká

Stadt im Heiligen Land, am Nordende der Bucht von Haifa gelegen. Seit dem zweiten Jahrtausend v.Chr., bezeugt, vielfach in Schriften der Bibel erwähnt, im →Qur'án angedeutet und in islámischen Traditionen (→Überlieferung) im Zusammenhang mit dem Erscheinen Bahá'u'lláhs genannt (vgl. Shoghi Effendi, *Gott geht vorüber* 11:3-4,8; Bahá'u'lláh, *Brief an den Sohn des Wolfes*, S. 151f), war in phönizischer und römischer Zeit Handelszentrum, im 13. Jh. Hauptstadt des Königreichs Jerusalem der Kreuzfahrer, im 18. Jh. zu einer türkischen Gefängniskolonie herabgesunken. Bahá'u'lláh, vom türkischen Sulṭán nach 'Akká verbannt und in der Zitadelle eingekerkert, traf dort am 31. August 1868 ein (→Größtes Gefängnis).

'Alí

'Alí-Ibn-Abí-Ṭálib, der Vetter und Schwiegersohn →Muḥammads und sein rechtmäßiger Nachfolger; er war der erste →Imám und der vierte Kalif und fand im Jahre 661 n.Chr. (im Jahre 40 nach der Hedschra [n.d.H.], d.h. der Auswanderung Muḥammads von Mekka nach Medina) den Märtyrertod. Kein Mensch wurde im schiitischen Islám mehr verehrt als ʿAlí. Als Nachfolger Muḥammads hat ʿAlí in der Schia eine Stellung, die der von →ʿAbduʾl-Bahá im Baháʾítum sehr nahe kommt. Für viele Schiiten ist er das vollkommene Beispiel des Glaubens Muḥammads.

ʿAlí-Muḥammad
  der →Báb

Arche
  →Rote Arche

Ashraf
  Áqá Siyyid Ashraf, als Sohn des Bábí-Märtyrers Mír Jalíl zur Zeit des →Zanján-Aufstands geboren, von der Mutter zu standhaftem Glauben erzogen, reiste zweimal nach Adrianopel, dem Verbannungsort Baháʾuʾlláhs; nach seiner zweiten Reise als Bábí zum Tode verurteilt, starb er 1870 den Märtyrertod. Vor seinem Märtyrertod brachte man seine Mutter, Umm-i-Ashraf, zu ihm, damit sie ihn überrede, seinem Glauben abzuschwören. Sie ermutigte ihren Sohn jedoch, lieber sein Leben als seinen Glauben zu opfern.

Báb
  wörtlich: »Das Tor«, Würdenamen des Stifters der Bábí-Religion, ʿAlí-Muḥammad aus Shíráz (20. Oktober 1819 – 9. Juli 1850). Der Báb, ein Siyyid (Nachkomme des Propheten), war der Vorläufer und Herold

Bahá'u'lláhs, in dessen Religion die Bábí-Religion später aufging.

Ba<u>gh</u>dád

Bagdad, Hauptstadt des heutigen Irak ('Iráq), am Tigris gelegen. Die Stadt wurde zwischen 762 und 766 n.Chr. von dem Abassiden-Kalifen Al-Mansúr erbaut und von ihm *Madínatu's-Salám*, »Stadt des Friedens« genannt. Bahá'u'lláh, nach Ba<u>gh</u>dád verbannt, erreichte die Stadt am 8. April 1853. Er erklärte dort Seine Sendung am 22. April 1863 vor Seiner Abreise am 3. Mai 1863 nach Konstantinopel und schließlich →'Akká. Im →Kitáb-i-Aqdas bestimmte Bahá'u'lláh das »*Größte Haus*« in Ba<u>gh</u>dád zur Pilgerstätte (Q32). *Ährenlese* Kap. 57 ist ein Besuchsgebet für dieses Haus.

Bahá

arab. »Herrlichkeit«, »Ruhm«, »Glanz«, »Licht«, Titel Bahá'u'lláhs seit der Konferenz von Bada<u>sh</u>t (vgl. *Nabíls Bericht*, Bd. 2, S. 323; Shoghi Effendi, *Gott geht vorüber* 2:28). Der →Báb nennt Bahá im Persischen →Bayán »*den besten Namen*«; von Seiner Hand stammt eine Zusammenstellung von dreihundertsechzig Ableitungen des Wortes Bahá, die Er in Form eines Pentagramms angeordnet hat (Shoghi Effendi, *Gott geht vorüber* 5:10).

Balál

ein äthiopischer Sklave und einer der ersten Gläubigen des Islám. Er wurde von den Gegnern →Muḥammads in Mekka grausam gefoltert, widerrief aber nicht seinen Glauben. Später wurde er freigelassen. Der Prophet übertrug ihm die Aufgabe, die Gläubigen zum Gebet zu rufen; er wurde damit der erste *Mu'a<u>dh</u><u>dh</u>in* (Muezzin) des Islám. Da er stotterte und den arabischen Mitlaut »s͟hín« wie »sin« aussprach, war sein Gebetsruf fehlerhaft; aber die Vollkommenheit seines Herzens übertönte den falschen Zungenschlag. Es wird berichtet, daß er vor Trauer nach dem Hinscheiden →Muḥammads nie mehr den Ruf zum Gebet gesungen habe und im Jahre 20 n.d.H. (642 n.Chr.) in Damaskus starb.

Bayán
arabisch, »Darlegung«, »Erklärung«, »Erläuterung«. Der →Báb hat zwei Werke mit dem Namen Bayán offenbart, den persischen und den arabischen Bayán. Das wichtigere Werk ist der persische. Es enthält neben Gesetzen zahllose Hinweise auf das Kommen des Verheißenen. Das Wort wurde vom Báb auch als Bezeichnung für Seine Sendung, vor allem Seine Bücher benutzt.

Buchstaben des Lebendigen (Ḥurúf-i-Ḥayy)
Ehrentitel für die ersten 18 Anhänger des →Báb.

D͟habíḥ
»das Opfer«, Ehrenname des Áqá Siyyid Ismá'il-i-Zavari'í, Gelehrter und Kalligraph. Er suchte Bahá'u'lláh in →Bag͟hdád auf und wurde von Ihm »*der Geliebte und der Stolz der Märtyrer*« genannt, nachdem er sich im Schmerz der Trennung von Bahá'u'lláh den Tod gegeben hatte (vgl. Balyuzi, *Bahá'u'lláh*, S. 164ff).

Größtes Gefängnis
die Zitadelle von →'Akká (vgl. Shoghi Effendi, *Gott geht vorüber* 11:6). Bahá'u'lláh war etwas über zwei Jahre dort eingekerkert. 'Akká bzw. das Größte Gefängnis werden in den Schriften Bahá'u'lláhs mit verschiedenen Namen bezeichnet. Vergl. hierzu folgende

Texte: »... *an diesem Ort, der ›der Höchste Horizont‹ im Buche der Namen, ›das Letzte Ziel‹ auf der grünen Insel, ›der Himmel dieses Himmels‹ von Meiner Herrlichsten Feder und ›das Größte Gefängnis‹ im Reiche der Schöpfung genannt wurde.*« »*Dies ist ein Ort, der mit den schönsten Namen im Buche Gottes, dem Schöpfer des Himmels, erwähnt wurde. Einmal wurde er ›das Größte Gefängnis‹, ein andermal ›der Höchste Ort‹, ›das Höchste Paradies‹ und an einer anderen Stelle ›Himmel dieses Himmels‹ genannt.*« »*Diese Erde, die ›der Rote Ort‹ unter dem Volk der Namen und ›Himmel dieses Himmels‹ von Meiner Höchsten Feder genannt wurde*« (Ishráq Khavárí, *Má'idiy-i-Asamání*, Bd. 8, S. 149-155).

Ḥadíth
 →Überlieferung

Ḥakím
 arabisch: »Arzt«, »Weiser«. Beiname berühmter Gelehrter, z.B. Ḥakím Abú-Alí-Síná (respektvolle Bezeichnung von Avicenna im heutigen Irán).

Hannas
 jüdischer Hohepriester (6-15 n.Chr.), war neben seinem Schwiegersohn Kaiphas im Prozeß gegen Jesus beteiligt.

Herrscher der Gläubigen (*Amír-ul-Mú'minín*)
 Ehrentitel →'Alís

Imám
 arab. »Meister«, »Führer«, die von Gott erwählten Nachfolger aus der Nachkommenschaft des Propheten →Muḥammad. Der hier verwandte Begriff »Imám« ist

nicht zu verwechseln mit dem des ebenso genannten Vorbeters im sunnitischen Islám. Bahá'u'lláh nennt die Imáme »*die Offenbarungen der Macht Gottes, die Quellen Seiner Befehlsgewalt, die Schatzkammern Seines Wissens und die Aufgangsorte Seiner Gebote*« (*Brief an den Sohn des Wolfes*, S. 86). Shoghi Effendi nennt das Imamat eine »göttlich verordnete Einrichtung«, den »Verwahrungsort eines der beiden kostbarsten Vermächtnisse des Islám« (*Weltordnung*, S. 155). Die Zeit göttlicher Führung des Imamats gibt Shoghi Effendi mit 260 Jahren an (*Weltordnung*, S. 155). Der erste Imám war →'Alí, der Vetter und Schwiegersohn des Propheten und vierte Kalif. Im Jahre 260 islamischer Zeitrechnung ist der elfte Imám, Ḥassan al-'Askarí, gestorben. Auf das Erscheinen des zwölften Imám, der danach durch vier Personen, »Tore« genannt, wirkte (»kleine Verborgenheit«, an die sich die »große Verborgenheit« anschloß), warten die Anhänger des schiitischen Islám noch heute. Als der →Báb im Jahr 1260 d.H. den Titel »das Tor« annahm, glaubten viele, Er beanspruche, das fünfte Tor zu dem verborgenen Imám zu sein, während Er sich selbst als das »Tor« zu Bahá'u'lláh verstand. Er erklärte, daß er der →Qá'im sei und daß die Verheißungen über den erwarteten zwölften Imám in Seiner Sendung ihre Erfüllung finden (vgl. Shoghi Effendi, *Gott geht vorüber* 4:17). Zugleich erhob Er den Anspruch, der Stifter einer neuen, unabhängigen Religion und darüber hinaus der Herold Dessen zu sein, »*den Gott offenbaren wird*«.

Imám 'Alí
 →'Alí

Imám Ḥusayn
 Sohn des →Imám →'Alí und der Reinen Fáṭimih, Enkel

→Muḥammads, der dritte Imám. Er fand 61 n.d.H. oder 680 n.Chr. den Märtyrertod, zu dessen Gedenken Bahá'u'lláh ein Besuchsgebet offenbarte. Die Schiiten erwarten am Ende der Zeit nach dem Erscheinen des Mahdí (der →Báb) das Erscheinen Ḥusayns (Bahá'u'lláh). Darauf spielt Bahá'u'lláh in Seinen Schriften an (→Karbilá). Der Märtyrertod Ḥusayns hat im schiitischen Islám eine zentrale Bedeutung (ähnlich dem Kreuzestod im Christentum). Darauf geht Kapitel 32 der *Ährenlese* ein.

Javád

Siyyid Javád-i-Karbilá'í, ein Schüler von Siyyid Kázim-i-Rashtí. In Karbilá aufgewachsen, begegnete er dem →Báb, als dieser noch ein Kind war. Später wurde er durch Mullá 'Alíy-i-Basṭámí (ein →Buchstabe des Lebendigen) ein Bábí. Er anerkannte Bahá'u'lláh in →Baghdád vor dessen öffentlicher Erklärung, war wegen seiner heiligen Lebensführung unter dem Namen »Siyyid-i-Núr« bekannt und starb in Kirmán.

Júk

das Buch Júk ist eine Sammlung früher geschichtlicher Berichte, möglicherweise Yogi-Überlieferungen, wie sie sich auch im Dabistánu'l-Madhábib, einer in Indien um die Mitte des 17. Jahrhunderts zusammengestellten Abhandlung finden.

Ka'b-Ibn-i-Ashraf

Dichter und jüdischer Priester in Medina, verschwor sich mit Abú Ṣufyán, dem Erzfeind des Propheten, mit dem Ziel, →Muḥammad umzubringen (vgl. Qur'án 59:2).

Kaaba

pers. *Ka'bih*, uraltes Heiligtum in Mekka, dem sich der

Muslim im Gebet zuwendet. Nach islámischem Glauben wurde die Kaaba von Abraham und Ismael erbaut (Qur'án 3:96). Bei der Pilgerfahrt wird die Kaaba von den Muslimen sieben mal umschritten.

Kaiphas
→Hannas

Kamál
Ḥájí Mírzá Kamál-i-Dín, der Bahá'u'lláh bat, den →Qur'ánvers 3:87 auszulegen.

Karbilá
Stadt im 'Iráq, wo →Imám Ḥusayn 680 n.Chr. den Märtyrertod fand und bestattet wurde; bedeutender Wallfahrtsort der Schiiten. Den Ortsnamen versteht man daher auch als zusammengesetzt aus den arabischen Worten *Karb* (Trübsal) und *Balá'* (Heimsuchung). Wenn Bahá'u'lláh über die in Karbilá auf ihn gehäuften Demütigungen spricht (Kapitel 39), spielt Er auf Seine Stufe als Wiederkunft →Ḥusayns an.

Karmel
Berg bei Haifa. Schon seit alters her auch außerhalb des Heiligen Landes als heiliger Berg angesehen. Vielfach erwähnt in der Bibel. Bedeutet wörtlich »der Weinberg Gottes«. Das Lawḥ-i-Karmil (»Die Tafel vom Karmel«, *Ährenlese* Kap. 11) wurde von Bahá'u'lláh dort offenbart. Bahá'u'lláh besuchte den Berg 1890 und bestimmte den Platz für das Grabmal des Báb, das heute inmitten ausgedehnter Parkanlagen den Mittelpunkt des Bahá'í-Weltzentrums bildet.

Kawthar

arabisch: »die Fülle« (vgl. Qur'án 108). Im →Qur'án und in den Traditionen als Begriff in der symbolischen Beschreibung des Paradieses verwandt. Man verstand darunter einen Fluß bzw. den anderen Paradies-Begriff Ḥawḍ, ein »Wasserbecken«, das am Tage der Auferstehung nur für die wahrhaft Gläubigen bereitgehalten wird, um ihren Durst zu stillen. Die anderen werden von ihm fortgetrieben. →'Abdu'l-Bahá erklärt Kawthar etymologisch als Begriff der Fülle. An »*diesem Tag*« sind die »*heiligen Winde, die die Geister erquicken*«, der göttliche Kawthar (zit. in Má'idiyi-Ásemání, Bd. 2, S. 95). In den Schriften Bahá'u'lláhs kommt das Wort »Kawthar« im Zusammenhang mit mehreren Begriffen vor, z.B. *Kawthar der Begegnung mit Gott*, *Kawthar der Bedeutungen und Äußerung*, *Kawthar der Erkenntnis Gottes*, *Kawthar der Standhaftigkeit*, *Kawthar des ewigen Lebens*.

Kitáb-i-Aqdas

das »Heiligste Buch«, ein Hauptwerk Bahá'u'lláhs, das Seine Gesetze und die Charta Seiner neuen Weltordnung enthält; es wurde 1873 in →'Akká offenbart.

Kitáb-i-Íqán

das »Buch der Gewißheit«, das wichtigste theologische Werk Bahá'u'lláhs, 1862 in →Baghdád offenbart, es ist auch die vom →Báb verheißene Ergänzung zu Seinem Persischen →Bayán. (Vgl. Shoghi Effendi, *Gott geht vorüber* 8:25-26)

Kumayl

Kumayl-Ibn-Ziyád an-Nakha'í, einer der wichtigen vertrauten des →Imám →'Alí, der durch den berüchtigten, blutrünstigen Ḥaj-jáj den Märtyrertod erlitt. Die hier im Kapitel 90 der *Ährenlese* (aus dem →Kitáb-i-Íqán) erwähnte Tradition ist eine sehr berühmte, die die Erklärung des Imám ʿAlí zu der Frage Kumayls nach der »Wahrheit« enthält. Mystiker und Philosophen beschäftigten sich mit dieser Tradition, S͟hayk͟h Aḥmad-i-Aḥsáʾí, aber auch der →Báb und Baháʾuʾlláh haben sich dazu geäußert.

Muḥammad
1. der Prophet und Gesandte Gottes, Stifter des Islám, 570-632 n. Chr. Er offenbarte das Heilige Buch des Islám, den →Qurʾán. 2. Personenname verschiedener Adressaten von Briefen Baháʾuʾlláhs (z.B. *Ährenlese*, Kap. 28, Kap. 77). 3. S͟hayk͟h Muḥammad-i-Arab, ein Anhänger Baháʾuʾlláhs, wird im Besuchsgebet zum Heiligen Haus in →Bag͟hdád (*Ährenlese*, Kap. 57) genannt.

Muṣṭafá
Mírzá Muṣṭafá-i-Naráqí, genannt Abú-Hurayrih, ein Baháʾí-Märtyrer (vgl. Baháʾuʾlláh, *Brief an den Sohn des Wolfes*, S. 74; Balyuzi, *Baháʾuʾlláh*, S. 282f).

Mustag͟hát͟h
wörtlich: »Der um Hilfe Angeflehte«, bezieht sich auf das Kommen Baháʾuʾlláhs zu der Zeit, die vom Báb vorausgesagt worden war (vgl. Baháʾuʾlláh, *Kitáb-i-Íqán* 256).

Mutterbuch
arab. *Ummuʾl-Kitáb*, das Buch göttlichen Wissens, die Quelle der Offenbarung für alle Heiligen Schriften. Von dem »Mutterbuch« ist in →Qurʾán 43:3 die Rede. Rodwell übersetzt als das »urbildliche Buch« und kommen-

tiert: »Die Mutter des Buches, d.h. das Original des Koran, verwahrt bei Gott« (vgl. auch Qur'án 13:40; 3:4; 85:22). Sale nennt es »die verwahrte Tafel, die das Original sämtlicher heiliger Schriften ist«. Für die Bahá'í bedeutet das »*Mutterbuch*«, die »*verwahrte Tafel*« oder die »*behütete Tafel*« das Wort Gottes, die Manifestation Gottes in jedem Zeitalter oder Sein Buch. Das Mutterbuch der Sendung des →Báb ist der Persische →Bayán, das der Bahá'í-Religion der →Kitáb-i-Aqdas.

Nabíl-i-A'ẓam

arabisch: »der größte Edle«, Ehrenname für Mullá Muḥammad-i-Zarandí, Poeta laureatus Bahá'u'lláhs, Autor eines zeitgenössischen Berichtes über die frühe Geschichte der Bábí- und Bahá'í-Offenbarung, *Nabils Bericht*, neben *Gott geht vorüber* von Shoghi Effendi das bislang größte Bahá'í-Geschichtswerk und eine bedeutende Quelle zur Vor- und Frühgeschichte des Bahá'ítums.

Naḍr-Ibn-i-Ḥárith

ein Gegner →Muḥammads

Naṣír

das Lawḥ-i-Naṣír wurde von Bahá'u'lláh in Adrianopel für Hájí Muḥammad Naṣir aus Qazvín offenbart. *Ährenlese* Kap. 53 und 75 sind Teile dieses Schreibens. Naṣír wurde durch den →Buchstaben des Lebendigen Mullá Jalíl-i-Urúmí zum Glauben an den Báb geführt und wurde später ein glühender Anhänger Bahá'u'lláhs. Er nahm an der Konferenz zu Badasht teil, gehörte zu den Belagerten in der Festung Ṭabarsí und gelangte in 'Akká in die Gegenwart Bahá'u'lláhs. Angegriffen, ausgeplündert, beraubt und ins Gefängnis geworfen, starb er 1300 n.d.H. (1888 n.Chr.) im Kerker von Ra<u>sh</u>t, seinem letzten Wohnsitz (dazu ausführlich: Taherzadeh, *Die Offenbarung Bahá'u'lláhs*, Bd. 2, S. 297 ff).

Nimrod
im Alten Testament (1.Mos, 10:8f) ein gewaltiger Städtebauer und »großer Jäger vor dem Herrn«; im Islám gilt er als der Verfolger Abrahams.

Párán
arab. *Fárán*; ein Bergzug nördlich des Sinai, wie dieser ein heiliger Ort der Offenbarung. Párán ist auch ein Berg in Mekka, sonst Abú Qubays genannt. Es werden auch drei Berge in Mekka als Párán-Berge bezeichnet: Abú Qubays, Qayqu'án und Ḥirá', die im Besitz der Baní Há<u>sh</u>im, der Sippe →Muḥammads, des Propheten, waren. In einer Höhle des Berges Ḥirá' meditierte Muḥammad vor Seiner Erklärung. Genesis 21:21 berichtet, daß Ismael und seine Mutter in der Wüste von Párán lebten. Im Deut. 33,2 gibt Mose als letztes Vermächtnis vor Seinem Tode: »*Der Herr ist vom Sinai (= Mose) gekommen und ist ihnen aufgeleuchtet von Seir her (= Jesus). Er ist erschienen vom Berge Párán (= Muḥammad) her und ist gezogen nach Meribath-Kadesch (= Bahá'u'lláh).*«

Pentateuch
alexandrinische Bezeichnung der fünf Bücher Mose.

Qá'im
arabisch: »Er, der sich erheben wird«, der Verheißene des schiitischen Islám: der →Báb.

Qayyúmu'l-Asmá'
: arabisch: »Ewiger der Namen«, Kommentar zur Sure Joseph (Qur'án 12), die erste Offenbarungsschrift des →Báb, in der die Leiden vorausgesagt werden, die Bahá'u'lláh von Seinem ungläubigen Bruder zu erdulden haben werde. Das erste Kapitel wurde in Gegenwart von Mullá Ḥusayn offenbart, als der Báb in der Nacht des 23. Mai 1844 in S̲h̲iráz Seine Sendung erklärte, Bahá'u'lláh bezeichnet es im →Kitáb-i-Íqán (258) als »*das erste, größte und mächtigste aller Bücher*« der Offenbarung des Báb. Auszüge aus dem Qayyúmu'l-Asmá' finden sich im zweiten Kapitel von *Der Báb. Eine Auswahl aus Seinen Schriften* (Hofheim 1991, S. 39-75)

Qur'án
: das Heilige Buch des Islám, das von →Muḥammad offenbart wurde; Bahá'u'lláh nennt es das »*nicht irrende Buch*« (Ährenlese 113:4).

Riḍván
: der Name des Wächters im Paradies, auch der Paradiesgarten; Riḍván ist etymologisch verwandt mit dem Begriff »Zufriedenheit Gottes«. Bahá'u'lláh bezeichnet damit den Najíbíyyih-Garten bei →Bag̲h̲dád, wo Er 1863 Seine Sendung erklärte. Im Gedenken an dieses Ereignis feiern die Bahá'í das Riḍván-Fest, eine Zeit, die zwölf Tage (21. April bis 2. Mai) umfaßt. Das 14. Kapitel der *Ährenlese* ist eine Tafel zum Riḍván-Fest. Der Riḍván-Garten ist nicht zu verwechseln mit dem Garten Na'mayn, der schmalen Insel inmitten eines Flusses im Osten von →'Akká, der von Bahá'u'lláh mit dem Namen »*Garten Riḍván*«, »*das Neue Jerusalem*« und »*Unsere Grüne Insel*« bezeichnet wurde (siehe auch *Gott geht vorüber* 11:24, *Brief an den Sohn des Wolfes*,

S. 121). Bahá'u'lláh verwendet Riḍván in Verbindung mit mehreren Begriffen: *Riḍván der göttlichen Gegenwart*, *Riḍván des Ewigen*, *Riḍván des Allherrlichen*, *Riḍván des Unsichtbaren*, *Riḍván ewiger Vereinigung*, *Riḍván göttlicher Weisheit*, *Riḍván der Unsterblichkeit*.

Rote Arche

jede der vorausgegangenen Offenbarungen wird als »Arche« bezeichnet. »Rote Arche« bezieht sich auf die Sendung Bahá'u'lláhs. Allerdings ist mit der Arche in der Tafel vom Karmel (*Ährenlese* 11) die Arche der Gesetze, das administrative Weltzentrum, gemeint, deren »*Insassen*« die Mitglieder des Universalen Hauses der Gerechtigkeit sind (siehe Taherzadeh, *Die Offenbarung Bahá'u'lláhs*, Bd. 4, Kap. 23).

Sadratu'l-Muntahá

Name eines Baumes, den die Araber von alters her an das Ende der Wege als Markierung pflanzten; symbolisch der »göttliche Lotosbaum«, der »Baum, über den hinaus keiner gehen kann«. Auf ihn wird mittelbar in Qur'án 53:9 und direkt in Qur'án 53:14 Bezug genommen. In den Bahá'í-Schriften symbolisiert dieser Baum stets die Manifestation Gottes, d.h. in diesem Zeitalter Bahá'u'lláh. Das spielt darauf an, daß der Mensch als Geschöpf Gott nur über die Manifestation erkennen kann, daß er mit seiner Erkenntnisfähigkeit nicht an der Manifestation, dem Baum am Ende des Weges, vorbeiziehen kann.

Salmán

S͟hayk͟h Salmán, Bábí aus Hindíyán, gelangte als erster Bote der Bábí zu Bahá'u'lláh nach →Bag͟hdád und diente seitdem als Kurier zwischen Bahá'u'lláh und den

Gläubigen; gestorben in S̲h̲íráz (vgl. Taherzadeh, *Die Offenbarung Bahá'u'lláhs*, Bd. 2, S. 341ff). Die Kapitel 21, 148 und 154 der *Ährenlese* sind Teile eines an ihn gerichteten Schreibens.

Salsabíl

in der symbolischen Beschreibung des Paradieses im →Qur'án (76:18) ist Salsabíl der Name einer Paradiesesquelle. Der Name soll sich auf die feine Beschaffenheit und die Bekömmlichkeit beziehen. In den Schriften Bahá'u'lláhs erscheint Salsabíl im Zusammenhang mit mehreren Begriffen, so z.B. *Salsabíl der liebenden Güte Gottes*, *Salsabíl des Beweises*, *Salsabíl der Erkenntnis Gottes*. Siehe auch →Kawt̲h̲ar.

Sulṭán 'Abdu'l-'Azíz

→'Abdu'l-'Azíz.

Súriy-i-Ra'ís

Sendschreiben Bahá'u'lláhs, offenbart auf dem Wege nach Gallipoli im August 1869 (vgl. *Gott geht vorüber*; Taherzadeh, *Die Offenbarung Bahá'u'lláhs*, Bd. 2, S. 489ff) für Hájí Muḥammad Ismá'íl-i-Ká<u>sh</u>ání, genannt →D̲h̲abíḥ oder Anís, in arabischer Sprache (nicht zu verwechseln mit dem Lawḥ-i-Ra'ís, auf persisch offenbart in →'Akká und ebenfalls an 'Alí Pás̲h̲á gerichtet). Im ersten Teil wird 'Alí Pás̲h̲á, der Großwesir der Türkei, angesprochen.

Ṭá

Buchstabe Ṭ, steht für Ṭihrán (Teheran), Hauptstadt Persiens, Geburtsort Bahá'u'lláhs.

Tafel
arabisch: *Lawḥ*, englisch: *Tablet* = Tafel, Schreibtafel (auch aus Metall oder Knochen), bisweilen auch als »Sendschreiben« oder »Sendbrief« übersetzt. Bezeichnung der Bahá'í für eine heilige Schrift, die eine Offenbarung enthält; in Anlehnung an die Gesetzestafeln von Moses werden damit vor allem die offenbarten Werke Bahá'u'lláhs bezeichnet.

Talisman
Zwei Eigenschaften, die einem Talisman zugeschrieben werden besitzt bzw. bewirkt der Mensch, wenn er – durch die Erziehung des vollkommenen Erziehers, der göttlichen Manifestation – seiner Bestimmung entspricht: Segen bringen und Böses abwenden. Er zieht Gutes an und bewirkt Gutes, er wendet Böses ab sowohl für sich als auch für die Menschheit. So erzogen ist der Mensch wahrlich die »*Krone der Schöpfung*« und entspricht dem Bibelvers »*Lasset Uns Menschen schaffen nach Unserem Bild und Gleichnis!*« (1. Mose 1:26).

Überlieferung
Die heilige Literatur des Islám teilt sich in 1. den →Qur'án, in dem Gott selbst und direkt spricht, und 2. die Überlieferungen oder Traditionen →Muḥammads (arab. *Ḥadíth* = Rede, Unterhaltung, Bericht), das Korpus der überlieferten und gesammelten Sprüche, Reden und Äußerungen Muḥammads. Beide sind die Basis für alle Lehren und Gesetze des Islám. Ein Teil dieser Traditionen wird »Heilige Traditionen« (*Ḥadíth qudsí*) genannt. Heilige Traditionen haben eine Sonderstellung, da sie im Islám als außerqur'ánisches, geoffenbartes Wort Gottes gelten (Beispiel, zitiert im *Buch der Gewißheit* 80: »Ich hätte nicht all dies im Himmel und auf Er-

den erschaffen, wenn nicht für Dich«). Die Überlieferungen der zwölf Imáme sind analog das Korpus der von diesen überlieferten und gesammelten Sprüche, Reden und Äußerungen. Die Überlieferungen der Imáme haben besonders für den schiitischen Islám elementare Bedeutung.

Unterdrückte, dieser
> Bahá'u'lláh nennt sich »*Dieser Unterdrückte*« (*Mazlúm*), weil Er während des größten Teils Seines Lebens unterdrückt war, nach Seinem eigenen Zeugnis so, wie kein anderer je unterdrückt wurde. Shoghi Effendi übersetzt *Mazlúm* im Lawḥ-i-Dunyá (»Sendschreiben über die Welt«, *Ährenlese* 43) und im Besuchsgebet (*Gebete und Meditationen* 180) mit *the Wronged One*; wörtliche Bedeutung von *Mazlúm*: »der Unterdrückte«, »der ungerecht Behandelte«, »der, dem Unrecht getan wurde«.

Zá, das Land Zá
> Zanján, eine Stadt im westlichen Irán, in der 1800 Bábí unter der Führung von Mullá Muḥammad Alí, bekannt unter dem Beinamen Ḥujjat, den Märtyrertod starben (Mai 1850 – Januar 1851).

Literatur

Bahá'u'lláh, *Brief an den Sohn des Wolfes*, Frankfurt 1966

Bahá'u'lláh, *Gebete und Meditationen*, 3. revidierte Auflage, Hofheim 1992

Bahá'u'lláh, *Kitáb-i-Aqdas*, 2. Auflage, Hofheim 2008

Bahá'u'lláh, *Kitáb-i-Íqán, Das Buch der Gewißheit*, 4. revidierte Auflage, Hofheim 2000

Balyuzi, *Bahá'u'lláh, Der Herr der Herrlichkeit*, Hofheim 1991

Riaz Ghadimi, *His Holiness Muḥammad, Islam and Its Branches*, 2. Auflage, Toronto 1994

Isḥráq Kḥávarí, *Má'idiy-i-Asamání* (mehrbändiges Werk mit Auszügen aus den Schriften Bahá'u'lláhs, 'Abdu'l-Bahás und Shoghi Effendis); Bd. 2 erschienen im Irán o.O. 129 (1972/73); Bd. 8 ebenso

Isḥráq-Kḥávarí, *Muḥáḍirát*, 3. Auflage, Hofheim 1994

Mullá Muḥammad-i-Zarandí, *Nabíls Bericht*, 3 Bde., Hofheim 1975, 1982 und 1991

Shoghi Effendi, *Gott geht vorüber*, 3. revidierte Auflage Hofheim 2001

Shoghi Effendi, *Die Weltordnung Bahá'u'lláhs*, Hofheim 1977

Stichwortverzeichnis

Das Stichwortverzeichnis wurde unverändert aus der 3. Auflage 1980 übernommen, die Textänderungen der vorliegenden Ausgabe sind deshalb nicht berücksichtigt.

Die Fundstellen sind nach Kapitel und Absatz zitiert. Diese Einteilung blieb bestehen. Lediglich für die letzten Seiten des Buches ist – aufgrund einer Korrektur der Forschungsabteilung – folgende Änderung in der Kapiteleinteilung zu beachten: In der vorliegenden Neuausgabe endet das Kapitel 161 nach dem 4. Abschnitt. Der frühere 5. Abschnitt des Kap. 161 ist jetzt der erste Abschnitt des neuen Kapitels 162. Das frühere Kapitel 162 ist jetzt das Kapitel 163 und so fort. Das frühere Schlußkapitel 165 ist jetzt Kapitel 166.

Beispiel: Eine im Stichwortverzeichnis als 164:3 ausgewiesene Textstelle findet sich im neuen Text unter 165:3.

Abbild
  durch Dich das Abbild des Allmächtigen in allem Erschaffenen spiegele 129:9
— Gott erhaben über Gleichnisse und Abbilder 160:1

'Abdu'l-'Azíz
  Sendschreiben an Sulṭán 'Abdu'l-'Azíz 114, S. 303

'Abdu'lláh-i-Ubayy 13:8, 35:4, S. 303

Abgründe 82:1

Abhandlung
  Wir haben weder eine Schule besucht, noch eure Abhandlungen gelesen 98:6

Abhá-Reich
  der Herrlichkeit 103:1

Ablehnung
  glaubt ihr, daß euere Ablehnung Ihm irgendwelchen Schaden bringen kann? 121:7

Abraham 23:2, 32:1
— der Freund Gottes 87:4

Abrechnung 114:12

Absicht, Absicht Gottes
  nichts kann Seine Absicht durchkreuzen 129:6
— Er und Seine Absicht sind eins 113:11
— Gottes, eine zweifache 34:5
— die Absicht des einen, wahren Gottes bei Seiner Selbstoffenbarung 137:4
— Gottes, der Sucher von den Eigensinnigen zu unterscheiden 29:2
— Gottes, bei der Erschaffung des Menschen 29:1
— weiterzureichen, was Gott befohlen hat, damit es die Menschen von allem, was dieser Welt angehört, loslöse 54
— einzige Absicht, die Irrenden zu führen 34:6
— glücklich der Mensch, der die Absicht Gottes erfaßt 159:4
— nichts in der ganzen Schöpfung kann Seine Absicht vereiteln 113:2

Absolutes 27:4
— Dasein 81

Absolutheit Gottes 14:4, 14:5, 15:1, 26:4, 78:2

Abstufungen 93:4

Abú 'Amír 13:8, S. 303

Achtlose 100:8, 114:12, 136:4, 163:7

Achtlosigkeit 16:2, 66:13, 113:10, 114:4, 121:1, 125:6, 153:1, 163:1
— stecken die Finger der Achtlosigkeit in die Ohren 103:2
— du wirst bis zur Stunde deines Todes in Achtlosigkeit verharren 113:16

Adam 22:2, 31, 87:2, 87:3, 121:8
— Sprache, Ausdruck und Schrift haben sich seit Adams Zeit tiefgehend gewandelt 87:5
— der Vater der Menschheit 87:1

Adrianopel
  Land des Geheimnisses 58:1

Äthiopier, Balál 35:4

Äußerung s. nach Ausspruch

Afnán 43:1, S. 303

Aggressor
  sollte einer die Waffen ergreifen, erhebt euch alle gegen ihn 119:5

'Akká 45, S. 303

'Alí (Imám) 55:3, 100:6, S. 304

'Alí
  Sendschreiben an 'Alí 142

'Alí-Muḥammad der Báb 76:3

All 93:11, 94:1, 115:7
— wäre wüst und leer 93:1
— alles Erschaffene im ganzen All ist nur ein Tor zu Seiner Erkenntnis 82:5

Allein
  sei nicht bekümmert, wenn du dies allein vollbringst 129:2

Allgewalt 37:2

Almosenempfänger
  alle sind nur Almosenempfänger am Tore Seiner Barmherzigkeit 114:8

Alterwürdige Schönheit 57:1
  hat eingewilligt, in Ketten gelegt zu werden, damit die Menschheit aus ihrer Knechtschaft erlöst werde 45

Alterwürdige der Tage, der 11:1, 14:3, 14:12, 14:19, 15:1, 19:2, 30, 67:2, 76:3, 83:4, 105:3, 113:23, 115:2, 115:6

Alterwürdiger Stamm 43:1

Alter
  der Erde 87:7

Amtsgewalt
  verwarfen die Amtsgewalt Bahá'u'lláhs 127:3
— niemand hat das Recht, Unsere Amtsgewalt zu bezweifeln 100:2
— niemand hat das Recht, den wohlerwogenen Absichten derer, die Amtsgewalt besitzen, entgegenzuwirken 115:3
— wer versucht ist, die Amtsgewalt des Vertreters Gottes zu bestreiten, gleicht einem Toten 89:1

Amtsträger
  dich zum Amtsträger gemacht unter denen, die deinen Glauben bekennen 113:2
— die dich im 'Iráq vertraten 114:20

Anbetung 59:3, 69:4, 82:1, 105:3, 162:1
— Ziel der Anbetung für alle Welten 115:11

Andacht 148

anerkennen
  wer will, der mag die Wahrheit Meiner Worte anerkennen 66:13

Anerkennung 37:1, 139:3
— Seiner Botschaft 82:2
— Gottes, die Frucht des irdischen Daseins 164:3
— Dessen, der die Gottheit im Reiche Seiner Sache und in der Welt der Schöpfung vertritt 155:1
— der Ewigen Wahrheit 134:1

Anfang 2, 26:1, 52:5, 53:2, 78:1, 78:2, 79, 82:8, 82:10, 85:3
— der keinen Anfang hat 73, 102, 121:7
Angebeteter 94:4
Angesicht s. auch Antlitz
14:5, 116:1, 121:6, 121:10, 128:2,
— dein Angesicht lichtstrahlend an dem Tage, da die Gesichter trüb und finster 135:3
Angreifer
in seinen Schriften die Sache Gottes gegen ihre Angreifer verteidigen 154:1
Angst
Ängste zerstreut 125:6
Anhänger
Es geziemt den Anhängern Bahás, der Welt und allem, was in ihr ist, zu sterben 46:4
— Bahá'u'lláhs 60:2, 142:2
— Muḥammads 47
— verkehret mit den Anhängern aller Religionen 43:6
— erhob sich, Seinen (des Báb) Tod zu rächen 113:8
— Verhalten jener Meiner Anhänger 60:1
— den Anhängern der Ewigen Wahrheit obliegt es, alle Menschen zu rufen 100:3
Anklage
der Manifestationen Gottes durch die Gelehrten ihres Zeitalters 23:3
Anlage
Frucht als Anlage im Baume 80:5
— im Menschen sind alle Namen und Eigenschaften Gottes der Anlage nach offenbart 90:1
Anlagen
was ihr an Anlagen besitzt, kann nur als Ergebnis eueres eigenen Wollens offenbar werden 77
Anmaßung 113:24, 127:3
Anschlag
so hohe Stellung, daß kein Anschlag dir schaden könnte 114:5
Anschläge
gegen Bahá'u'lláh 113:17
Ansehen
irdisches 35:6, 91:6
Anspruch
Seinen Anspruch zurückweisen 112
— Beweis Unseres Anspruches 121:9
— Gott zu sein 113:18
— wer nach Ihm den Anspruch einer Offenbarung erhebt 115:10
— einer unmittelbaren Offenbarung vor Ablauf des Jahrtausends 165
— Sein Anspruch, das Sprachrohr Gottes zu sein 76:3
Anstrengungen 124:3
Anteil
der Gnadenfülle 5:4
— jeder wird seinen Anteil von deinem Herrn empfangen 86:2

Antrieb
höchster belebender Antrieb der Welt des Daseins 81
Antlitz s. auch Angesicht 11:1, 13:12, 19:3, 22:6, 26:4, 69:5, 82:12, 86:2, 104, 125:1, 135:2
— flieht nicht vor Seinem Antlitz 52:1
— der Erde völlig verwandelt, wenn die Sonne der Gerechtigkeit ihr Licht über die Menschen ergösse 112
— des Allbarmherzigen 17:4
— des Geliebten 151:2
— dies ist das Antlitz eueres Herrn 98:3
— Dessen Antlitz über alle in den Himmeln und auf Erden Erleuchtung verbreitet 115:12
— des Verheißenen 7:1, 9, 14:11, 15:3, 31
— Gottes 13:1, 13:4, 13:12, 14:2, 14:3, 14:4, 18:3, 22:9
Antwort 161:2
— auf den Schrei des Bedürftigen 130
Apostel 27:4
Arabisch
Sprache der Offenbarung 87:4
— Sprache von erlesener Schönheit 137:1
Arbeit 16:1
— für den Lebensunterhalt gilt als gutes Werk 100:5
Arche
Meine Arche 139:2
— dir ist widerfahren, was der Arche widerfuhr 57:4
— Rote Arche 86:1
— die Rote Arche, die Arche, die Gott dem Volke Bahás bereitet hat 105:7
— Gottes 11:4, 86:2
— auf dem Meer der Erkenntnis 130
Argumente
es ist die Pflicht aller Menschen, die Argumente derer zu widerlegen, die den Gottesglauben angreifen 154:1
Arme
groß ist die Ehre der Armen, die standhaft in der Geduld 100:4
— versagt den Armen nicht die Gaben 128:9
— die Gottes bedürfen 68:7
— die Armen das Pfand Gottes in euerer Mitte 118:5
— haben die Pflicht, sich die Mittel zum Lebensunterhalt zu verdienen 100:5
— ihr Reichen, flieht nicht das Angesicht der Armen 145
— Ruhe und Frieden finden 119:1
— sei ein Schatz dem Armen 130
— fürchte die Seufzer der Armen 114:11
— diese Wahrheit bereichert die Armen 70:3
Armer 92:2
Armut 22:7, 68:7, 114:10
Arznei
heilende 34:6, 99
— gegen alle Leiden 92:1

319

Arzt
  Göttlicher 34:6
  — der allwissende Arzt legt Seinen Finger an den Puls der Menschheit 106:1
  — der wahre Arzt wird gehindert, Heilmittel zu reichen 16:3
  — durch die Macht eines befähigten, allgewaltigen Arztes 120:3
Ärzte 34:6
  — unwissende Ärzte 120:1
Asche
  verfinstert euch die Augen 103:4
As̲h̲raf 69:1, S. 304
Asmá'
  Qayyúmu'l-Asmá' 129:11
Atemzug
  beim letzten Atemzug 86:3
Atom 26:3, 90:1, 94:1, 113:16, 125:6, 153:4
  — alle Atome der Erde 138:2
  — alle Atome der Erde leuchten 153:3
  — Atome der Erde in Schwingung versetzt 11:5
Attribut
  Mein Attribut »Der Allwissende« 74
Auferstehung 14:10, 17:4
  — aller Menschen 43:8
  — Tag der Auferstehung 28:1
Aufgabe
  Unsere Aufgabe ist, die Herzen der Menschen zu ergreifen 105:6
Aufgaben
  Keiner kann deine Aufgaben besser erfüllen als du selbst 114:14
Aufgeschlossenheit 154:1
Auflösung
  der Bestandteile 80:1
Aufnahmefähigkeit
  für eine solche Offenbarung 109:1
aufrecht
  kein Mensch die Kraft haben wird, aufrecht zu stehen 114:12
aufrichtig
  seid aufrichtig gegen euch selbst und gegen andere 128:9
Aufrichtige 67:5
Aufrichtigkeit 65:4, 115:4, 137:4, 146
Aufruhr 16:3, 112, 129:4
  — Freiheit muß letzten Endes zu Aufruhr führen 159:2
  — durch geistliche und weltliche Mächte 82:2
  — die Seele der Menschheit in Aufruhr 72:2
  — die Welt in Aufruhr 43:11
Aufstieg 82:7
  — der Böse ist es, der den Aufstiege hemmt 43:5
  — Stunde des Aufstieges 125:3
  — ihrer Völker 81
Aufzeichnung
  über die Propheten vor Adam 87:1
Augapfel 115:13
Auge 90:2
  — das innere Auge 125:8
  — mit dem inneren wie äußeren Auge 75:2, 153:6
  — das menschliche Auge 82:5
  — schauet, was kein Auge je sah 151:2
  — reinigt euren Blick, auf daß ihr mit eigenen Augen Seine Herrlichkeit wahrnehmet und nicht von der Sehkraft eines anderen als euch selbst abhängt 52:4
  — sei dem Blinden Auge 130
  — mit dem Auge Gottes schauen 125:6
  — der Himmel Meines Heiligtums vor eueren Augen verhüllt 71:1
  — schaue freundlichen Auges auf deinen Nächsten 130
  — dein Auge ist Mein Pfand 152
  — mit äußeren und inneren Augen 153:4
  — schaut auf Mich mit Meinen eigenen Augen 127:1
  — Asche verfinstert euch die Augen 103:4
  — Nägel und Augen sind beides Teile eueres Körpers 93:9
Augenblick 151:4
Ausdruck
  Sprache und Ausdruck haben sich seit Adams Zeit tiefgehend gewandelt 87:5
  — Wahrheiten, die kein Ausdruck beschreiben 89:3
Auserwählte
  bereit für den Dienst Gottes, lagert eine Schar Seiner Auserwählten 129:4
Ausflucht 75:1
Ausgaben
  vermehrt und die Lasten eueren Untertanen aufbürdet 118:3, 119:2
Ausleger
  berufener Ausleger des Wortes 89:1
Auslegung
  Auslegungen der Worte Gottes, die der Wahrheit entbehren 86:5
Ausmaß
  siehe Maß
Aussatz 36:2
  — mag als Schleier gedeutet werden, zwischen den Menschen und der Erkenntnis des Herrn 36:3
Ausspruch
  alle Aussprüche der Gottesboten sind ohne Zweifel wahr 22:10
Äußerung 93:5, 128:11, 163:7
  — göttliche 18:1
  — nicht jede zeitgemäße Äußerung kann als tauglich für die Fassungskraft der Hörer erachtet werden 89:3
  — besiege die Herzen der Menschen durch die Macht deiner Äußerung 43:1
  — wenn das Meer Meiner Äußerung verebbt sein wird 72:1
  — an Äußerung oder Weisheit ebenbürtig 98:3
Austritt 82:8
Ausweisung 65:6

Auswurf
keiner ist Euch gefolgt außer dem Auswurf unter uns 91:1
Auszeichnung
zweifache 34:1
— die höchste Auszeichnung des Menschen war immer von den Gesetzen Gottes abhängig 133:1
— Tage der Manifestation Gottes eine einzigartige Auszeichnung 124:3
Autorität 23:4, 35:1
— Gehorsam gegenüber der Autorität 115:3
— der Regierung 113:19
Báb ('Alí-Muḥammad) 30, 31, 33:2, 43:8, 76:3, 76:4, 76:5, 76:6, 76:7, 113:6, 135:3, S. 304
— Anhänger erhob sich, Seinen Tod zu rächen 113:8
— dessen Antlitz mit seinem Glanz die ganze Schöpfung umhüllt und weiterhin umhüllen wird 135:2
— Hinweis auf Bahá'u'lláh 6:2, 76:6
— Ich habe Mich für Seine Manifestation (Bahá'u'lláh) offenbart 76:6
— als die Schönheit des Báb in neuem Gewande in den Wolken der Namen Gottes erschien 76:7
— Identität mit Bahá'u'lláh 76:7, 135:7
— Verse so zahlreich, wie die auf den Báb herabgesandten 121:9
— Ich bin Sein Vielgeliebter, die Offenbarung Seines Selbst 47
— einziges Ziel dessen, was Er offenbarte, die Verkündigung Meiner Sache 115:11
— Zitate aus Seinen Schriften 6:2
Babel
Ort der Sprachverwirrung 87:3
Bábí
Ansprüche, die das Volk des Bayán täglich erhebt 115:9
Baghdád 15:3, 113:20, S. 304
Bahá 128:11, 135:7
— die Augen Bahás 105:6
— das Feuer, welches das Herz Bahás entflammt, ist stärker als das Feuer, das in deinem Herzen glüht 142:3
— würde alles, was im Herzen Bahás verwahrt liegt, enthüllt 89:2
— das Reis, das vom Geiste Bahás gezeugt ward 129:11
— Volk Bahás 11:4, 14:13, 14:19, 18:8, 43:4, 56:1, 59:4, 60:3, 86:1, 86:2, 105:7
Bahá'u'lláh
nichts außer Ihm kann euch nützen 76:6
— Meine Absicht war, den Menschen weiterzureichen, was Gott befohlen hat, damit es sie von allem, was dieser Welt angehört, loslöse 54
— der Allunterrichtete 16:3
— der Altehrwürdige König 57:1

— die Altehrwürdige Schönheit 57:1, 62:1, 62:2
— das Altehrwürdige Sein 78:3
— der Altehrwürdige der Tage 11:1, 14:3, 14:12, 14:19, 15:1, 60:3
— Seine Anhänger 60:1, 60:2
— dem äußeren Anschein nach von allen Reichtümern dieser Welt entblößt 100:2
— Meine Äste (Söhne) 115:9
— Aufgabe und Verheißung 116:5
— schaut auf Mich mit Meinen eigenen Augen 127:1
— keinen Augenblick verborgen 131:2
— eine menschlichen Begrenzungen unterworfene Gestalt angenommen 100:7
— Beweise Seiner Sendung 7:1
— Beziehung zu den Manifestationen vor Ihm 47
— Sein Buch überragend und erhaben 125:11
— das Buch Gottes ist in Gestalt dieses Jünglings herabgesandt 52:1
— dieser Diener 66:5
— Erzieher aller sichtbaren und unsichtbaren Wesen 115:7
— die Feder des Altehrwürdigen Königs gedenkt des Geliebten Gottes 131:1
— Erhabenste Feder 8,14
— Feder der Offenbarung 15:1
— Fehlverhalten Seiner Anhänger 46:3, 60:1, 60:2
— Seinen Feinden auf Gnade und Ungnade ausgeliefert 100:6
— nichts getan, was euere Feindschaft rechtfertigen könnte 113:10
— Ich habe niemals nach weltlicher Führerschaft gestrebt 54
— Gebete 1, 23:5, 26, 39, 57, 68:5-7, 127:4
— das Gedenken Gottes und der Urquell der Weisheit unter euch 136:5
— in Meiner Gegenwart liegt eine Weisheit, in Meinem Fernsein eine andere 72:1
— Ich spreche nur auf Sein Geheiß und folge nur Seiner Wahrheit 66:2
— ungeschult und unerfahren in den unter Geistlichen üblichen Disputationen 23:4
— Geliebter aller Welten 14:18
— bildest du dir ein, o Gesandter des Sháh, Ich hätte das Schicksal der Sache Gottes in der Hand 113:1
— nie euch widersetzt noch Mich gegen euere Gesetze aufgelehnt 113:13
— unwissend bin Ich in allem außer in dem, worin es Gott gefiel, Mich zu lehren 65:1
— von dem, der Gott nach dem Maß seines eigenen Selbstes zu messen versuchte, verurteilt 127:3

321

- von Gott auserwählt und der ganzen Schöpfung als Sein eigenes Zeugnis verkündet 121:8
- Läge des Gottesglaubens letzte Bestimmung in Meinen Händen 41
- ein Haar von Ihm übertrifft alles 15:5
- Hände eines jeden küssen, der sich anschickte, Mein Blut zu vergießen 48
- Sein Haus in Baghdád 57:1
- seid nicht verstört, wenn die Herrlichkeit Meiner Gegenwart entschwunden 72:1
- mit überirdischer Herrschaft ausgestattet 121:8
- Hinweis des Báb im Bayán 6:2
- Identität mit dem Báb 76:7, 135:7
- durch Sein Kommen wurde die Welt zur Empfängerin der verheißenen Herrlichkeit 43:8
- Sein Kommen der Tagesanbruch der Offenbarung Gottes 14:16
- war Ich dir, o König, jemals ungehorsam? 114:20
- König der Namen und Eigenschaften Gottes 129:8
- Wir haben die Last aller Trübsale ertragen, um euch von aller irdischen Verderbnis zu heiligen 141:2
- zuletzt beschlossen sie, Ihm das Leben zu nehmen 76:7
- Wir verbrachten Unser Leben zum größten Teil inmitten Unserer Feinde 163:6
- Lehensherr aller 105:1
- Seine Leiden 15:2, 17:4, 23:4, 45, 46:1-3, 59:2-3, 60:1, 62:1-3, 66:10, 66:12, 79, 100:2, 100:6, 113:1, 113:10, 113:12, 114:16-19, 115:6, 115:9, 116:2, 127:3, 127:4, 131:2, 136:3, 137:2, 141:2, 142:2, 143:1, 143:2, 163:6
- Leiden und Nöte, die Uns prüfen 116:4
- Hätte es in meiner Macht gelegen, ich hätte unter keinen Umständen eingewilligt, mich unter den Menschen hervorzutun 50
- den die Manifestationen des Allherrlichen umkreisen 139:2
- das Meer, aus dem alle Meere hervorgegangen sind 51
- der Meistgeliebte 14:17, 43:5
- lädt die ganze Menschheit vor Gott 44:3
- Namen s. Namen Gottes
- der Offenbarer der Beweise Seiner Herrlichkeit, sich unverschleiert und unverhüllt mit den Völkern der Erde verbindet und mit ihnen spricht 126:3
- Offenbarer der Namen Gottes 14:13
- Offenbarer der Zeichen Gottes 14:17
- Quell göttlicher Eingebung 155:1
- der Reine, der Verborgene unverhüllt erschienen 85:3

- Wir haben weder eine Schule besucht noch eure Abhandlungen gelesen 98:6
- Seine Schwester 55:2
- Sehnsucht aller Völker 14:14, 16:1
- nur Seinem eigenen Selbst enthüllt 71:2
- Sein Selbst hält Er für das Unbedeutendste 49
- Mein eigenes Selbst und Meine Verwandtschaft geopfert 127:2
- was Ich gewünscht habe, ist der Sieg Gottes und der Triumph Seiner Sache 121:3
- wenn die Sonne Meiner Schönheit untergegangen 71:1
- gezwungen, in der trostlosesten aller Städte zu wohnen 45
- die Tage, da Wir im Staube zu leben gezwungen sind, werden bald zu Ende sein 114:17
- euere bösen Taten können Uns niemals schaden noch euere guten Werke Uns nützen 72:5
- der Tempel Gottes unter den Menschen 146
- wird Gott gewiß einen erwecken, der den durch Meinen Tod leergewordenen Platz einnehmen wird 113:13
- Träger des Vertrauens Gottes 100:12
- Trübsal, die Mich traf, geduldig getragen 127:4
- für dessen Türhüter die ganze Welt erschafft 59:2
- der Urewige 82:2
- wie fälltest du dein Urteil über Mich, wenn du Mein Zeugnis nicht von Mir selbst gehört hast 113:14
- Seine Vaterstadt 63:1
- Verbannung, Märtyrertod und Demütigung können Ihm keinen Schmerz zufügen, aber die Missetaten der Geliebten Gottes 115:9
- der Verborgene Name 63:1
- die Große Verkündigung 17:1
- die Verkündigung Gottes 163:7
- Verse so zahlreich, wie die auf den Báb herabgesandten 121:9
- die allbeherrschende Wahrheit 115:9
- die ewige Wahrheit 59:1
- Wir haben weder ihm noch anderen jemals Widerstand geleistet 113:21
- bei dem das Wissen um Verborgenes ist 71:2
- das Wort der Wahrheit unter euch 147:1
- Mein eigenes Wort, das die Wahrheit spricht und alle Dinge erfaßt und umschließt 121:6
- Mein größter Wunsch, Mein glühendstes Verlangen 113:18
- nur den Wunsch, die ganze Welt zu erneuern, die Einheit ihrer Völker zu begründen und alle zu retten, die in ihr leben 115:7
- höchstes und letztes Ziel aller 14:15

— euer grimmer Zorn gegen Mich lasse euch zuschanden werden 121:1
— Zunge der Größe 115:10
— Zunge der Macht 15:1
— Zwiesprache mit Gott 40

Balál 35:4, S. 305

Band
zwischen Gott und Schöpfung 27:4
— zerreißt nicht das Band, das euch mit euerem Schöpfer verbindet 153:8
— kein Band unmittelbaren Umgangs kann Ihn jemals an Erschaffenes binden 148

Banner 61, 64:1

Barmherzigkeit 13:2, 13:7, 14:15, 21, 26:3, 27:1, 27:6, 45, 52:1, 52:2, 72:5, 95:3, 114:8, 122, 127:4, 142:1
— Seine Barmherzigkeit hat den Grimm Seines Zorns zurückgehalten 100:8

Baum
wirf den faulen, verdorrten Baum ins Feuer 93:11
— Frucht als Anlage im Baum 80:5
— der du die Frucht und das Blatt Meines Baumes bist! 68:1
— ihr seid die Früchte eines Baumes, die Blätter eines Zweiges 112
— über den es kein Hinausgehen gibt 75:2
— alle Völker zu dem Baume lädt, über den es kein Hinausgehen gibt 138:4

Bauten
Erlaubnis, überall in diesem Land prächtige Bauten zu errichten 59:3

Bauwerk
aus reinem Gold oder Silber 59:3

Bayán 6:2, 18:4, 18:8, 47, 76:3, 76:6, 77, 125:11, S. 305
— Ansprüche, die das Volk des Bayán täglich erhebt 115:9
— Volk des Bayán 52:3, 76:7, 115:11, 135:4
— Volk des Bayán auserwählt, damit es unser Selbst erkennt und anerkennt 52:4
— Volk des Bayán Mich verleugnet und bekämpft 127:3

Becher
Freude sei dir, der du den Becher Seiner Liebe leerst 76:10
— des ewigen Lebens 14:12
— des Paradieses 14:13

Bedeutung
göttlicher Einheit 28:1-2
— der Worte über die Zeichen der Offenbarung 13:4, 13:5

Bedingtes 27:4, 93:8

bedingte Welt
Dasein einer bedingten Welt 82:8

Bedrücker 58:2, 65:7
— die Glieder eben machte 68:6

Bedürfnisse 57:8
— Ratschläge, die die Bedürfnisse der ganzen Menschheit befriedigen können 131:1
— gib ihnen nach ihren Bedürfnissen, aber nicht so, daß sie Reichtümer sammeln 114:9
— legt den Schwerpunkt eurer Überlegungen auf die Bedürfnisse der Zeit 106:1
— wechselnde Bedürfnisse der Zeitalter 111

Bedürftige
Reichtum den Bedürftigen spenden 100:4

Bedürftiger
Antwort auf den Schrei des Bedürftigen 130

beeinflussen
durch die Worte Gottes 128:7

befaßt
euch nicht rastlos mit eueren eigenen Belangen 43:4

Befehl Gottes 14:3, 14:18, 22:2, 137:1
— alle anderen durch Seinen Befehl erschaffen 113:18

Befehlsgewalt 75:1

befragen
dies ist nicht der Tag, da ein Mensch seinen Herrn zu befragen hat 82:12

Begehren
ungehöriges 125:3

Begehrlichkeit 85:4

Begeisterung 35:4, 125:6, 151:3

Begier, Begierde 65:6, 113:3, 136:1, 147:2, 153:6
— selbstsüchtige Begierden 91:4
— Bitte um Schutz vor Leidenschaften und Begierden 138:3
— Opfer verderbter Neigungen und Begierden 129:13
— im Rausch ihrer bösen Begierden sind sie so irre 71:2

Begreifen 38
— die Erde menschlichen Begreifens klafft auseinander 18:6

Begrenzung 74, 82:10
— Gott über Begrenzungen von Nähe und Ferne erhaben 93:4
— übersteigt alle Begrenzungen durch Zahlen 84:3

Behagen
trink mit gesundem Behagen 76:10
— strebt nicht nach leiblichem Behagen 85:2

Beisammensein
die bloße Tat eures Beisammenseins genügt 43:2

Beispiel
der anderen 75:1

Beistand
o Volk Bahás, opfert euere Habe, ja euer Leben zum Beistand dieses Königs 105:7

Bekenntnis 66:9
— bei den meisten Menschen unterscheidet sich das Bekenntnis vom Verhalten 139:8

— wenn euer Betragen eueren
Bekenntnissen widerspricht 128:3
Belange
Befaßt euch nicht rastlos mit eueren
eigenen Belangen 43:4
belasten
Gott hat niemals eine Seele über ihr
Vermögen belastet 52:4
— Er wird keine Seele über ihr Vermögen
belasten 52:2
Belohnung 81
Bemühen 27:3, 43:1, 151:3
— Erfolg oder Fehlschlag, Gewinn oder
Verlust hängen vom Bemühen des
Menschen ab 34:8
Benehmen
das Benehmen des erklärten
Gläubigen 163:5
beraten
über die Nöte der Welt beraten 110
— beratet in größter Freundlichkeit und
verbringt die kostbaren Tage eueres
Lebens damit, die Welt zu
bessern 92:3
— beratet miteinander, was der
Menschheit nützt 120:1
Berater
Er hat keinen Berater 94:1
Beratungen
Herrscher und Könige müssen an den
Beratungen einer allumfassenden
Versammlung teilnehmen 117
bereuen 66:13
Berg
steht wie der Berg so fest begründet in
der Sache eueres Herrn 70:3
— zu Staub 16:2, 96:3
— Berge wie Wollflocken 18:5
Bergwerk
(Mensch) nur die Erziehung kann
bewirken, daß es seine Schätze
enthüllt 122
Berufung 96:3
berstende Stadt 16:2
Beschaffenheit 82:4
Beschränkung
aus Gottes Buch getilgt 43:6
Besitz
geplündert 116:2
— verwerten 98:4
— bald wird Er all eueren Besitz vergehen
lassen 66:6
— seht nicht auf das, was ihr
besitzet 76:4
— freut euch nicht der Dinge, die ihr
besitzt 71:3
— Herzen der Menschen Sein Besitz 102
— dies ist eine Offenbarung, mit der
niemals vergleichbar ist, was ihr
besitzet 105:1
— der Völker und Geschlechter der Erde
muß auf der Waage des Buches
gewogen werden 98:1

besitzen
nichts kann mehren oder mindern, was
Er besitzt 76:8
Besitzlose
den Besitzlosen beistehen 125:3
Besitztümer
Gott wird ihre Besitztümer
nehmen 103:5
Besserung
der Welt 126:1
— der Welt und Ruhe ihrer
Völker 131:2
Beständigkeit 153:5
Bestandteil
Auflösung der Bestandteile 80:1
Bestechung
untersagt 59:1
Besteuerung 118:3, 119:2
Bestimmung
versäumt nicht euere hohe
Bestimmung 96:3
— letzte des Gottesglaubens 41
— des Menschen 16:1, 101, 122, 161:5
Bestrafung 81
Bestrebungen
hohe 110
Bestürzung 86:4
Besudelung
von Besudelung reinigen 100:3
Betragen
s. auch Verhalten 126:4, 131:4,
137:2, 147:2
— edles Betragen 43:4
— tadelnswertes Betragen 115:1
— wenn euer Betragen eueren
Bekenntnissen widerspricht 128:3
betrüben
hüte dich davor, daß du dich durch
irgend etwas betrüben lassest 139:4
Betrübte
eine Freude den Betrübten 130
Betrüger 35:1, 115:10, 165
Betrug
Gott des Betruges bezichtigt 93:9
Beweggrund
Unwürdigkeit des Beweggrundes
beschränkt seine Heilkraft 120:3
Bewegung 83:1, 85:3
Beweis 14:18, 17:4, 18:7, 21, 22:10,
23:2, 26:1, 29:3, 31, 52:2, 59:5, 64:1,
139:1
— Unseres Anspruchs 121:9
— der Existenz Gottes 27:1
— Beweise Seiner Macht 26:3
— Beweise für die Wahrheit dieser Offenbarung 91:1
— Beweise für die Wahrheit Seiner
Sache 23:4
— der Wahrheit der Sendung 20
Bewertung
auf Gerechtigkeit beruht die Bewertung
aller Dinge 100:6

324

Bewohner
die Bewohner der Reiche der Höhe
kennen euch besser, als ihr euch selbst
kennt 147:2
— der Städte der Unsterblichkeit 76:10
Bewußtsein 80:1, 86:3
Bibel 13:4
Bibel-Zitate
Ich gehe hin und komme wieder zu
euch 13:5, 13:6, 116:1
— wenn aber jener, der Geist der
Wahrheit, kommt, wird Er euch in alle
Wahrheit leiten 116:1
— Geh in die Felsen und verbirg
dich 10:2
Bild
jeder Versuch, sich von Gott ein Bild
zu machen, ist begrenzt 148
Bildung 26:3, 91:2
Billigkeit 43:2
Bindung 153:6
— von aller Bindung läutern 136:1
— von aller Bindungen befreit 79
— von aller Bindung an die Dinge der
Erde heiligen 100:3
— macht euch frei von jeder
Bindung 128:3, 139:4
bis
hierher und nicht weiter! 42
Blatt
der du die Frucht und das Blatt Meines
Baumes bist! 68:1
— ihr seid die Früchte eines Baumes, die
Blätter eines Zweiges 112
Blick
laßt euren Blick weltumfassend
sein 43:5
— reinigt eueren Blick, auf daß ihr mit
eigenen Augen Seine Herrlichkeit
wahrnehmt und nicht von der Sehkraft
eines anderen als euch selbst
abhängt 52:4
blind, Blinder 16:2, 17:3, 50, 52:3,
129:10
— sei dem Blinden Auge 130
Blindheit 16:3
Blume
im Rosengarten unvergänglicher Pracht
begann eine Blume zu blühen 151:3
Blut
vergossen 116:2
— vergießt nicht das Blut eines
anderen 128:5
— Seiner Geliebten vergossen 59:1
— kein Land, das nicht das Blut dieser
Verkörperungen der Loslösung
getrunken 91:3
— deren Blut innerhalb deiner Tore
vergossen 55:1
böse
hütet euch, daß nicht Fleischeslust und
böse Neigung Zwietracht
entfachen 72:4

— euere bösen Taten können Uns niemals
schaden, noch euere guten Werke Uns
nützen 72:5
Böse, der, das 17:3, 59:5, 60:1, 66:1,
153:4
— der Böse ist es, der den Aufstieg hemmt
und den geistigen Fortschritt
aufhält 43:5
— Einflüsterungen der Bösen 129:10
— folget nicht den Fußstapfen des Bösen,
folget dem Glauben des
Allbarmherzigen 76:4
— alles Gute ist von Gott und alles Böse
von euch selbst 115:2
— der Böse liegt auf der Lauer 43:5
— der Böse liegt auf der Lauer, bereit,
euch zu überlisten 85:2
— nichts kann einen solchen Menschen
vom Bösen abhalten 114:3
— Taten des Bösen zu tun 128:1
Bosheit 112, 113:9, 156
— untersagt 59:1
Böswillige 121:4
Bote
der Geistlichen 67:3, 67:4
— der Bote der Geistlichen, der
Bahá'u'lláh über bestimmte
Wissenschaften befragte 67:2
— des Gerichts 18:2
Boten Gottes 35:2, 82:12
— Muḥammad 47
— ohne Ausnahme Träger Seiner
Namen 19:4
— in die Städte aller Völker hat Er Seine
Boten gesandt 76:1
— wurden zu dem einzigen Zweck
herabgesandt, die Menschheit auf den
geraden Pfad der Wahrheit zu
führen 81
— unterscheiden sich in der Stärke ihrer
Offenbarung 19:4
— der göttliche Bote 85:3
Botschaft 14:10, 43:2, 82:2
— sollte niemals nur ein Land oder Volk
erreichen 43:8
— keinerlei Unterschied zwischen den
Trägern Meiner Botschaft 34:3
— an die ganze Menschheit 49
— sei unbeschwert wie der Wind, wenn
du die Botschaft trägst 161:2
Brennender Busch 11:4, 13:8, 43:7,
98:5, 125:9, 126:3
Brot 62:2, 95:3
Bruder, Brüderlichkeit 57:8, 92:3
— verkehrt mit den Anhängern aller
Religionen im Geiste des Wohlwollens
und der Brüderlichkeit 43:6
Buch (Gottes) 18:4, 28:1, 29:1, 31, 35:4,
43:6, 55:3, 56:3, 59:5, 64:3, 66:9,
82:2, 95:1, 101, 113:16, 114:5,
128:8, 131:1, 135:7, 137:1, 161:6
— das Verborgene Buch 97
— Sein Buch, auf das alle Bücher bezogen
werden müssen 125:11
— Gottes ist weit aufgeschlagen 92:1

325

- das Buch Gottes ist in der Gestalt dieses Jünglings herabgesandt 52:1
- wäget das Buch Gottes nicht mit solchen Gewichten und Wissenschaften 98:1
- aus Gottes Heiligem Buche gelöscht, was Ursache von Streit 43:10
- gebietet den Menschen, Gerechtigkeit zu üben 141:1
- das keines Menschen Werk unerwähnt läßt 65:2
- ist die untrügliche Waage 98:1
- das die Werke aller verzeichnet 113:16
- Buch des Lebens 68:1
- Buch der Namen 11:4
- Bücher Gottes, ihre Sprachen 87:4
- offenbart, was in den Büchern Gottes verborgen 82:12
- himmlische Bücher 75:2
- heilige Bücher 131:4, 134:2
- alte Bücher 82:3, 82:11

Buchstabe 42, 51, 135:2
- der aus dem Munde Gottes hervorgeht, ist ein Urbuchstabe 74

Buchstabe des Lebendigen 135:1, 135:3, 135:8, s. a. S. 306

Bund, Bündnis 11:4, 13:2, 14:13, 14:15, 27:6, 46:3, 46:4, 66:6, 81:1, 86:2, 129:10
- sie brachen Sein Bündnis 76:7
- wer das Bündnis Gottes verletzt, indem er Seine Gebote übertritt 155:2
- verletzt nicht das Bündnis Gottes und brecht nicht euer Gelübde für Ihn 153:8
- Leid aus den Händen derer, die das Bündnis Gottes gebrochen 23:2

Bündnistreue 23:4

bürdet
keiner Seele eine Last auf, die ihr selber nicht tragen wolltet 66:8

Bürger
die Erde ist nur ein Land und alle Menschen sind seine Bürger 117
- einer Stadt 111

Burg
damit du eine feste Burg seiest 114:19

Chaos
und Verwirrung 110

Charakter 147:2, 158
- Ziel, jeden Menschen in den Mantel eines geheiligten Charakters zu kleiden 137:4

Christenheit
Könige der Christenheit 116:1

Chrysolith
Tafeln von Chrysolith 104

Dank 39

dankbar, Dankbare 18:1, 76:6, 129:2
- dafür, Seiner Sache zu helfen 139:4
- sei dankbar im Unglück 130

Dankbarkeit 134:2

danken
Wir danken Gott für alles, was Uns befallen 114:18

Dasein
bedingtes und absolutes 81
- alles Dasein hängt von Ihm ab 84:1
- Anerkennung Gottes, die Frucht des irdischen Daseins 164:3
- Geschöpfe ins Dasein gerufen, damit sie Ihn erkennen 76:1

Dauer
nichts ist von Dauer außer dem Reich Gottes 65:7

Demokratie 120

Demut 5:2, 5:3, 5:6, 66:7, 130

demütig 142:8

demütigen
sie werden sich vor Gott demütigen 86:3

Demütigung 58:2, 142:2
- der Geliebten Gottes 140:2
- Demütigungen können Ihm keinen Schmerz zufügen 115:9

Denker 148

Deut 65:3

Dhabíh 115:1f, S. 306

diamanten 115:13

Dichterwort 93:3

Dienen 22:8, 55:3, 142:8
- Rang derer, die Gott dienen 96:4

Diener 15:2, 66:11, 78:1, 128:9
- Bahá'u'lláh 116:5
- Gottes 22:7, 22:8, 35:6, 63:2, 129:8
- Ich bin nur ein Diener Gottes 113:18
- die wahren Diener Gottes 14:15
- Gott prüft durch dich die Herzen Seiner Diener 57:6
- erste Pflicht, die Gott Seinen Dienern auferlegt 155:1

Dienst 43:1, 139:4
- Ich bezeuge die Dienste, die du Mir geleistet 142:4
- solcher Dienst ist der Fürst aller guten Taten 157:1
- bereit für den Dienst Gottes, lagert eine Schar Seiner Auserwählten 129:4
- der ist wirklich ein Mensch, der sich heute dem Dienst am ganzen Menschengeschlecht hingibt 117
- für die Sache deines Herrn 144:2

Dienstbarkeit 22:7
- Band der Dienstbarkeit zwischen Anbetenden und Angebetetem 94:4
- Freiheit, die euch nützt, ist zu finden in vollkommener Dienstbarkeit 159:4

Diesseits
Jenseits so verschieden vom Diesseits 81

Ding
jedes erschaffene Ding ist im Lichte der Stufe zu betrachten, die ihm zugewiesen wurde 93:10
- jedes erschaffene Ding ein Zeichen der Offenbarung Gottes 93:1

- Kein Ding, es sei denn, Gott in ihm, Gott vor ihm oder Gott hinter ihm 90:2
- freut euch nicht der Dinge, die ihr besitzt 71:3
- was nützen irdische Dinge? 71:3
- Geheimnis aller Dinge 63:1
- Seine Gewalt umfaßt alle Dinge 56:3
- Er sieht von dieser mächtigen Stufe alle Dinge 103:2
- alle Dinge haben zwangsläufig eine Ursache 81
- flüchtigen Dingen der Welt nachjagen 91:4
- gräme dich nicht über die, die sich mit den Dingen dieser Welt beschäftigen 103:3
- alle Dinge in ihrem Wesenskern Offenbarungen der Namen und Eigenschaften Gottes 90:2
- Wirklichkeit der Dinge 27:2
- Mein Wort, das alle Dinge erfaßt und umschließt 121:6

Doktoren
von reifer Weisheit 91:2

Donner 26:3

Dorngestrüpp
befreit euch aus dem Dorngestrüpp des Elends 151:1

Drangsal 100:6
- Menschengeschlecht von großen Drangsalen umgeben 106:2

Dünkel 125:2

Duft 14:6, 17:7, 52:5, 55:1, 57:1, 64:2, 67:5, 136:2
- Gottes tausend Meilen weit verspüren 125:7
- der Heiligkeit 60:3
- des Tages Gottes 14:14
- des Vielgeliebten 64:1

Dunkel 85:2
- Lampe für die, so im Dunkeln 130

Dunkelheit 43:5

Dunst
in der Ebene 135:6

Ebenbürtige
Gottes 93:7

Edelstein 14:7, 122, 125:7, 132:1
- himmlischer 82:1
- Edelsteine himmlischen Wissens 75:1

Edle
erlaube den Verworfenen nicht, über die Edlen und Ehrenwerten zu bestimmen 114:10

edles Betragen 43:4

Ehe 13:4

ehern 115:13

Ehre 34:3, 37:3, 81, 91:2, 100:4, 114:15, 116:2, 140:3, 140:4
- dem Allmächtigen zu dienen 157:1
- der getreuen Anhänger Bahá'u'lláhs 6:3
- Demütigung ist der Stolz und der Ruhm aller zeitlichen Ehre und weltlichen Würde 140:2
- alle Ehre ist Gottes und derer, die Ihn lieben 140:2
- und Herrlichkeit aller schönen Namen und Stufen 82:3

Ehrenplätze 114:17

Ehrensitze
ihr erschlagt den Sproß aus dem Hause eueres Propheten, und freut euch und sitzt behaglich auf eueren Ehrensitzen 113:6

Ehrfurcht
vergeßt nicht die Ehrfurcht vor Gott, ihr Gelehrten der Welt 44:1

Ehrgeiz
die Welt zu erneuern 126:2

ehrlich 121:8

Ehrlichkeit 136:6, 137:4

Eifer 115:7, 124:2, 142:5, 160:2, 163:5
- Würden sie aus ihrem Schlaf erwachen, sie würden mit Eifer zu Gott eilen 71:2

Eigenart 80:1

Eigendünkel 106:2

Eigenschaften
Gottes 3:1, 27:2, 73, 81, 90:1
- Gottes nicht bestimmten Propheten verliehen 19:4
- der Hochstehenden 125:5
- Namen und Eigenschaften 83:1, 83:3, 93:2, 93:11
- Reich der Namen und Eigenschaften 93:1
- göttliche Tugenden und Eigenschaften in allen heiligen Büchern beschrieben 134:2

Eigensinn 29:2, 61
- wie lange wird die Menschheit in ihrem Eigensinn verharren 110

Eigensinniger 54

Eigentum 137:1
- sich des Eigentums anderer zu bemächtigen 91:3
- sich weigern, selbst wenn er Hungers stürbe, die Hand nach dem Eigentum seines Nächsten auszustrecken 137:3
- hütet euch, das Eigentum eueres Nächsten anzutasten 128:9

Einbildungen
s. auch Wahn, Vorstellung
153:3, 153:5, 153:6, 160:4
- eitle, leere Einbildungen 91:4, 93:7, 96:3, 100:9, 165
- Verderbte Einbildungen 137:5
- schlagt die Götzen eurer leeren Einbildungen in Stücke 111

Einfluß 93:11
- auf die Hörer 100:1
- was die Grenzen der Mäßigung überschreitet, hört auf, wohltätigen Einfluß auszuüben 110
- auf seine Seele 136:2
- auf die stoffliche Welt 82:11
- der Worte Gottes 128:7

Einflüsterungen
der Bösen 129:10

— böser, verderbter Neigungen/Wünsche 113:23, 128:2, 128:5
Eingebung
(ein Zustand in der Entwicklung der Seele) 82:3
— göttliche 129:3
Eingeständnis
der Hilflosigkeit, Gipfel menschlicher Entwicklung 83:4
Einheit 1:2, 34:6, 43:10, 72:4
— wendet euer Angesicht der Einheit zu 111
— wahre Bedeutung göttlicher Einheit 24, 84:1
— Bedeutung wahrer Einheit 160:3
— Brennpunkt göttlicher Einheit 28:1
— Glaube an die göttliche Einheit besteht darin, die Manifestation Gottes und Ihn als einen und denselben zu betrachten 84:4
— der Gläubigen 96:3
— Gottes 14:15, 22:2, 23:2, 24, 27:1, 28:2, 84:2, 84:3, 93:7, 93:14, 93:16, 160:1
— wie wunderbar ist die Einheit des lebendigen, des immerwährenden Gottes 124:1
— der glaubt wirklich an die Einheit Gottes, der in jedem erschaffenen Ding das Zeichen der Offenbarung der Ewigen Wahrheit erkennt 93:13
— Hauptzweck der Religion, die Einheit des Menschengeschlechts zu fördern 110
— das Heiligtum der Einheit ist errichtet 112
— so machtvoll ist das Licht der Einheit, daß es die ganze Erde erleuchtet 12:3
— das Licht der Einheit die ganze Welt umleuchtet 7:3
— die Macht der Worte kann das ganze Menschengeschlecht mit dem Lichte der Einheit erleuchten 131:3
— der Manfestationen Gottes 22:1, 22:2, 22:3, 22:6
— der Menschheit 100:7
— Nacht der Einheit 147:2
— der Propheten Gottes absolut 34:3
— des Schöpfers 82:10
— Wohlfahrt der Menschheit, Friede und Sicherheit unerreichbar, wenn und ehe nicht ihre Einheit fest begründet 131:2
— Du nur den Wunsch hast, die ganze Welt zu erneuern, die Einheit ihrer Völker zu begründen und sie zu retten, die in ihr leben 115:7
— Zeichen Seiner Einheit 93:15
einig
haltet euch an das, was euch zusammenführt und einig macht 111

— keine zwei Menschen sind zu finden, von denen man sagen könnte, daß sie äußerlich und innerlich einig seien 112
Einigkeit 43:6, 112, 146
Einklang
Seele im Einklang mit dem Willen ihres Schöpfers 81
Einsamkeit 127:4
Einsicht 155:2
Einsichtige 141:1
Eintracht 43:10, 96:3, 132:3, 146
Einzigartigkeit
dieser höchsten Offenbarung 43:10
eitel 96:2, 153:3, 153:8
Eitelkeit 91:3
— die Welt und ihre Eitelkeiten 128:3
Elemente
Seiner Schöpfung 27:1
Elend 43:3, 112, 151:1
— die Absicht, unser Elend zu erleichtern 113:22
Elender
den Elenden reich machen 153:1
Elixier
das göttliche Elixier, das allein die Schlacken dieser Welt in lauteres Gold verwandeln kann 92:1
Eltern 57:8
Embryo 66:4
Empfänglichkeit
der Welt für das Wort der Offenbarung ungleich 34:5
Ende 52:5, 53:2, 73, 78:1, 79, 82:8, 82:10, 83:4, 85:3
— rasch naht euer Ende 66:6
Endsieg
die höchste Auszeichnung des Menschen, sein wahrer Fortschritt und sein Endsieg waren immer von den Gesetzen Gottes abhängig 133:1
Endzeit s. Eschatologie
Engel 11:4, 17:3, 18:6, 65:7, 69:5, 72:1, 128:6, 136:2, 142:2, 157:1
entdecken
Geheimnisse der Schöpfung entdecken 95:1
Entfaltung
die Offenbarung jedes Namens von einer Entfaltung göttlicher Macht 74
enthüllen
nicht alles, was ein Mensch weiß, kann enthült werden, noch kann alles, was er enthüllen kann, als zeitgemäß angesehen werden... 89:3
Enthüllung
des Wortes »Gestalter« 74
entsagen
der Welt entsagen 46:4, 72:3, 105:6, 125:3, 138:3
Entsagung 137:4
Entscheidung
jedes Menschen 70:2f
Entscheidungsfreiheit 66:13

328

Entschlossenheit 153:8, 161:6
— Mir mit Entschlossenheit dienen 71:1
— sie müssen Meine Sache mit fester Entschlossenheit über die ganze Erde verbreiten 100:1

Entschluß
nicht wanken im Entschluß, die Wahrheit dieser Sache anzunehmen 70:2

Entsetzen 15:5, 17:1

Entwicklung 34:2
— Eingeständnis der Hilflosigkeit Gipfel menschlicher Entwicklung 83:4
— der Seele 82:3

Entwicklungsstufe
verschiedene Entwicklungsstufen der Seele 82:8

Entzücken 91:5, 153:9

Erbarmen 109:2, 121:8
— die Größe Seines Erbarmens übertrifft den Grimm Seines Zornes 66:13
— habt Erbarmen mit euch selbst und unseren Mitmenschen 137:4

erbärmlich
erbärmlich ist, was ihr euch einbildet 153:3

erbarmungslos
wird Gott sicherlich einen herabsenden, der erbarmungslos mit ihm verfährt 165

Erbe
Er wird die Erde denen zum Erbe geben, die Ihm nahe sind 103:2

Erde
Alter und Geschichte 87:7
— erbebt mit gewaltigem Beben 18:5
— die Erde menschlichen Begreifens klafft auseinander 18:6
— Dinge der Erde stehen euch schlecht an 139:6
— bringt Früchte hervor 81
— müßte sich von Euch brüsten 118:7
— ihre Geduld und Demut 5:2
— Gelehrte haben das Leben dieser Erde auf einige Tausend Jahre anberaumt 82:11
— völlig verwandelt, wenn die Gerechtigkeit ihr Licht über die Menschen ergösse 112
— der Glanz des Feuers eurer Liebe wird die Völker und Geschlechter der Erde einen 43:7
— die ganze Erde leuchtet in der Herrlichkeit der Offenbarung Gottes 43:8
— und Himmel können Mich nicht fassen 93:5
— Könige der Erde 105:1, 119:1, 119:2
— die Erde ist nur ein Land 117
— so machtvoll ist das Licht der Einheit, daß es die ganze Erde erleuchtet 132:3
— aus ihr haben Wir euch erschaffen, und aus ihr werden Wir euch ein zweites Mal hervorbringen 113:24
— aus ihr schöpft ihr euren Reichtum 118:7
— Schätze der Erde 6:3
— Schemel Gottes 14:6
— Er wird die Erde vom Schmutz ihrer Verderbtheit reinigen 103:3
— du wirst auf ihr weder Tiefen noch Höhen sehen 122
— Die Übeltäter sind ihr zur Last 17:2
— hat seit Adam gewaltige Veränderungen erfahren 87:1
— Völker und Geschlechter der Erde 93:15
— Zustand der Erde 43:2

Erfolg 34:8
— wenn es gelingt, jemanden zu beeinflussen, so ist dieser Erfolg dem Worte Gottes zuzuschreiben 128:7

ergeben
seid so ergeben und fügsam wie die Erde 152

Ergebenheit 5:2, 5:6, 91:5, 134:2, 163:6
— glaubt ihr, daß euere Ergebenheit für Seine Sache Ihm jemals nützen oder euere Ablehnung 121:7
— in den Willen Gottes 137:4

Ergebung 66:11, 76:2, 125:2, 160:2
— leidenschaftliche 125:6

Erhabenster Geist 50

erhebe
dich, deinem Herrn zu allen Zeiten und unter allen Umständen beizustehen 136:4
— dich für den Triumph Meiner Sache 43:1

erkennen
nie werdet ihr sonst imstande sein, Mich zu erkennen 127:1
— strebe, Ihn durch Sein eigenes Selbst und nicht durch andere zu erkennen 76:9

Erkenntnis 34:6, 38, 67:3, 90:1, 124:1, 124:4, 152
— Arche der Erkenntnis 130
— Baum der Erkenntnis 34:2
— Wahre Bedeutung der Worte 13:4, 13:5
— **wahre Erkenntnis euerer selbst das gleiche wie das Begreifen Meines eigenen Seins 153:6**
— wer immer Mich erkennt, wird aufstehen und Mir dienen 71:1
— alles Erschaffene im All nur ein Tor zu Seiner Erkenntnis 82:5
— alles Erschaffene mit einem Zeichen Seiner Erkenntnis betraut 124:2
— Flut göttlicher Erkenntnis 35:5
— der Geist, der des Menschen Herz belebt, ist die Erkenntnis Gottes 134:3
— Geschöpfe ins Dasein gerufen, damit sie Ihn erkennen 76:1

329

— Gottes 2, 13:2, 13:11, 16:1, 19:3, 20, 26:4, 29:1, 34:1, 35:4, 36:3, 52:1, 52:4, 66:2, 67:5, 70:3, 75:1, 76:9, 90:2, 100:9, 127:1, 148
— wer Gott erkennt, soll keinen erkennen außer Ihm 66:2
— der hat Gott erkannt, der sich selbst erkannt hat 90:1
— Gottes erhabenste Stufe, die ein Mensch erstreben kann 35:6
— Grenzen der 1:1, 1:3, 1:4, 1:6, 19:1, 23:5, 26:1, 26:3, 26:4, 33:2, 34:6, 78:2, 82:1, 83:4, 94:3, 124:1, 148, 162:2
— des Grundes aus dem sie erschaffen wurden 109:2
— erweckt Herz, Seele und Geist aus dem Schlummer der Achtlosigkeit 125:6
— der Manifestationen von Gott 19:3
— der Manifestationen Gottes mit der Erkenntnis Gottes gleichbedeutend 21
— mich befähigst, die Manifestationen Deiner Selbst anzuerkennen 143:4
— Menschen mögen zur Erkenntnis Seiner und ihrer selbst gelangen 100:10
— was würde es einen Menschen nützen, nach Gelehrsamkeit zu streben, wenn er Ihn, das Ziel allen Wissens, schon gefunden und erkannt hat 89:4
— Pfad zur Erkenntnis 125:1
— abgeirrt vom Pfade der Erkenntnis 13:2, 13:7
— Quelle der Erkenntnis 34:5, 34:6, 74
— des Quells menschlicher Erziehung 122
— aus den Schätzen Seiner Erkenntnis und Weisheit habe Ich die Perlen ans Licht gebracht 153:7
— Schleier der Erkenntnis 13:11, 13:12
— Erkenntnis des eigenen Selbstes 1:5, 26:4
— Dessen, der der Sinn eures Lebens ist 144:3
— meiner Stufe 93:3
— soll in diesen Tagen kein Mensch auf seinen Nächsten angewiesen sein 124.4
— das Tor zur Erkenntnis des Alterwürdigen Seins verschlossen 21
— das Tor der Erkenntnis des Alterwürdigen der Tage verschlossen 19:2
— Verstand verliehen, um Gott zu erkennen und anzuerkennen 95:1
— Verstand und Herz können niemals das Erzeugnis ihrer eigenen Vorstellungen übersteigen 148
— Wanderer auf dem Pfade wirklicher Erkenntnis 125:5
— des Wesens selbst des unbedeutendsten Geschöpfs unmöglich 26:3
— Mein Wort, das die Wahrheit spricht, und alle Dinge erfaßt und umschließt 121:6

— höchster und letzter Zweck aller Gelehrsamkeit die Anerkennung Dessen, der das Ziel aller Erkenntnis 98:4
Erklärung
der Gottgesandten 22:10
Erlaubnis
überall in diesem Lande prächtige Bauten zu errichten 59:3
Erleuchtung
die Völker verdanken ihre Erleuchtung derselben himmlischen Quelle 111
Erlöser 85:3
Erlösung 27:3, 27:4, 32:1, 37:3, 45
— Er hat Sein Leben als Lösegeld für die Erlösung der Welt dargebracht 146
Ermahnungen 131:1
Erneuerung 43:2, 125:6
Erniedrigte
wenn ihr den Erniedrigten und Unterdrückten begegnet 145
Erniedrigung
und Drangsal sind Mein Ruhm 46:1
— Tiefen der Erniedrigung 101
— Zustand schmerzlicher Erniedrigung der Menschheit 43:3
Erregung
in Frieden verwandelt 56:3
— euer Geist wäre von Seinem Wort so hingerissen, daß er die Größere Welt in Erregung versetzte 72:3
— wächst von Tag zu Tag 61
Errungenschaften
alle wunderbaren Errungenschaften sind die Auswirkungen der Offenbarung 74
erschaffen
alle außer Ihm auf Sein Geheiß erschaffen 94:2
— jeder Name auf Sein Gebot erschaffen 121:7
— in der Vergangenheit oder Zukunft erschaffen 129:7
— ihr wohnt in **einer** Welt und seid durch das Wirken eines Willens erschaffen 156
Erschaffenes 84:2, 93:1
— durch dich das Abbild des Allmächtigen sich in allem Erschaffenen spiegele 129:9
— alles Erschaffene im ganzen All ist nur ein Tor zu Seiner Erkenntnis 82:5
— im Augenblick vor Seiner Offenbarung wird alles Erschaffene veranlaßt, seine Seele zu Gott aufzugeben 78:3
— in jedem erschaffenen Ding das Zeichen der Offenbarung der Ewigen Wahrheit 93:13
— neue Fähigkeit 36:1
— alles Erschaffene auf Sein Geheiß entstanden 94:3
— Gott anders als alles Erschaffene 84:1
— Gott unermeßlich erhaben über alles Erschaffene 93:2

- im Lichte der Stufe zu betrachten, die ihm zugewiesen wurde 93:10
- alles Erschaffene mit einem Zeichen Seiner Erkenntnis betraut 124:2

Erschaffung s. auch Schöpfung
des Menschen 77, 122
- Welt bei der Erschaffung vollkommen 120:1

Erschütterungen
Zeichen drohender Erschütterungen 110

Erwählte
Prüfungen und Heimsuchungen das Los der Erwählten Gottes 66:11

Erwähnung Gottes 125:3

erwecken 110

Erweckung
Geheimnisse der »Wiederkunft« und der «Erweckung« 125:8

erste
ihr seid die ersten unter den Menschen 147:2

Erzieher
göttlicher Erzieher 82:7
- Name Gottes 93:14
- aller sichtbaren und unsichtbaren Wesen 115:7

Erziehung 5:6, 122, 156
- ist zweifacher Art 93:14
- Wort Gottes führt dazu, den Quell der Erziehung zu erkennen 122
- aller Menschen ist Zweck der Offenbarung 81
- wirksames Mittel zur Erziehung des ganzen Menschengeschlechts 43:6
- der Völker 126:1

Eschatologie 3:1, 6:1, 7:2, 9, 10, 11:4, 12, 13:4, 14:6, 16:1, 29:6, 31, 71:3, 85:5, 100:8, 103:5, 122, 144:3
- Er, der den Augen der Menschen verborgen war, ist enthüllt 14:11
- Er wird die Erde vom Schmutz ihrer Verderbtheit reinigen und wird sie denen unter Seinen Dienern zum Erbe geben, die Ihm nahe sind 103:3
- bald wird die ganze Menschheit in seinem Schutze versammelt 43:1
- was in den heiligen Schriften aufgezeichnet, ist erfüllt 82:12
- zur festgesetzten Stunde wird erscheinen, was der Menschheit Glieder zittern macht, erst dann wird das göttliche Banner entfaltet 61
- wenn ihr versäumt, euch bis zur festgesetzten Stunde Gott zuzuwenden, wird Er wahrlich gewaltig Hand an euch legen 108
- der Tag naht, da die Welt aufgerollt und eine neue Ordnung an ihrer Statt ausgebreitet 143:3
- Wir haben gelobt, Deinen Triumph auf Erden zu sichern 116:5
- schmerzliche Vergeltung harrt der Völker der Welt 104
- der Verheißene aller Völker 3:2
- die Verheißung ist erfüllt 105:3
- nun ist die Ewige Wahrheit gekommen 25
- Zeitalter liefen ab, bis sie Vollendung fanden an diesem, dem Herrn der Tage 76:3

Essen
und Trinken 118:7

Evangelium 125:11, 135:7

Ewiges 27:4

Ewiges Leben 14:6, 14:17, 59:1, 73, 76:2, 85:4, 92:1, 160:2, 164:2
- Becher des Ewigen Lebens 14:12

Ewigkeit 27:6, 82:10
- Reich der Ewigkeit 13:3
- Schöpfung besteht von Ewigkeit her und wird immer bestehen 78:1

Fähigkeit 43:8, 74, 154:1,
- geistige Fähigkeiten 80:1
- der Erkenntnis Gottes 75:1
- Opfer Jesu hauchte allem Erschaffenen eine neue Fähigkeit ein 36:1
- jedes nach seiner Fähigkeit und nach seinem Rang 124:2
- jeder Seele hat Er die Fähigkeit verliehen, Gottes Zeichen zu erkennen 52:2

Falsches
Wahres von Falschem trennen 125:7

Falschheit 86:5, 91:1, 128:6, 133:2

Fanatismus
religiöser Fanatismus und Haß sind ein weltverzehrendes Feuer 132:2

Farben 96:1

Fassungskraft, geistige 33:2, 38
- menschliche 162:2
- nicht jede zeitgemäße Äußerung ist tauglich für die Fassungskraft der Hörer 89:3
- Stätte, wo das Wesen Gottes wohnt, über Reichweite und Fassungskraft erhaben 78:2

Fasten 138:1
- haltet das Fasten um Meiner Schönheit willen 160:2

Fastengebet 160:2

Feder 1:3, 1:4, 5:6, 11:2, 13:8, 14:1, 14:4, 14:8, 14:20, 15:1, 23:2, 29:2, 35:1, 43:2, 43:3, 43:8, 51, 59:3, 60:3, 72:3, 75:2, 81, 82:2, 82:7, 93:8, 94:3, 96:1, 115:1, 115:3, 115:4, 115:6, 136:3, 138:4
- wird bewegt 55:1
- des Altehrwürdigen der Tage 67:2
- durch die Bewegung Seiner Feder die Seele der Menschheit in Aufruhr 72:2
- Geschöpfe nur der Schriftzug Seiner Feder 93:8
- die Feder des Altehrwürdigen Königs gedenkt der Geliebten Gottes 131:1
- des Größten Namens 115:13
- der Offenbarung 72:4
- Paradies Seiner Feder 75:3

331

— wer die Sache Gottes verbreiten will,
der soll sie durch seine Feder und seine
Zunge verbreiten 154:1
— verkünde Meine Sache mit deiner Feder
wie mit deiner Zunge 142:5
— alle eure Taten hat Meine Feder auf
Tafeln von Chrysolith gemeißelt 104
— keine Feder kann Sein Wesen
beschreiben 78:1
Fehler
übergeht gegenseitig euere Fehler 146
Feind 155:6
— sie bilden sich ein, ihr Freund sei ihr
Feind 106:2
Feinde 39, 43:7, 58:2, 62:2, 68:6, 81, 91:3, 116:4, 163:6
— hätte die Welt einen Wert, so hätte Er
nie zugelassen, daß Seine Feinde sie
besitzen 103:6
Feindschaft 76:5
— nichts getan, was euere Feindschaft
rechtfertigen könnte 113:10
— und Haß führen zu Streit und
Untergang 43:7
— laßt Religion nicht zur Quelle der
Feindschaft werden 110
feindselig
religiösen Glaubenssystemen niemals
erlaubt, feindselige Gefühle unter den
Menschen zu nähren 132:1
Feinheiten
göttlicher Weisheit 75:2
Fels 98:5
Felsen
Ströme frischen Wassers aus dem
Felsen quellen 72:2
Fernsein
In Meiner Gegenwart ...liegt die
Weisheit, in Meinem Fernsein eine
andere 72:1
— Widerspenstigkeit des Herzens
verdammt zu Fernsein von Gott 93:5
— von Gott 26:4
— Inbegriff des niedersten Feuers 29:1
Fesseln
seiner Leidenschaften 85:3
Festigkeit
in Seiner Liebe 133:2
Feuchtigkeit
ein Hauch von Feuchtigkeit genügt, um
den verhärteten Lehm zu lösen 43:2
Feuer 13:5, 43:7, 162:2
— niedrigstes Feuer 29:1, 125:3
— wirf den faulen, verdorrten Baum ins
Feuer 93:11
— vermöchtet ihr das Feuer Gottes zu
ersticken? 113:11
— das Feuer, welches das Herz Bahás
entflammt, ist stärker als das Feuer,
das in deinem Herzen glüht 142:3
— im Herzen der Welt 15:6
— der Zunge 125:2
Finger
der Achtlosigkeit 103:2
— der Erhabenheit und Macht 14:2

— seid wie die Finger einer Hand 72:4
— der Heiligkeit 129:6
— Seines Willens 94:3
Fixstern
jeder Fixstern hat seine eigenen
Planeten 82:11
Fledermäuse
der Finsternis 91:4
Fleischeslust 72:4, 82:3, 91:4
Fleischwerdung
Gottes unmöglich 20
Fluch
Gottes 48
— der Fluch Gottes treffe die
Unterdrücker 76:5
Flüchtlinge 55:3, 130
Flügel
gesegnet, wer auf den Flügeln der
Gewißheit in den Himmel fliegt 115:4
Folgen
böse 68:4
— Mein Wunsch ist, sie vor den Folgen
ihrer Taten zu warnen 114:16
Folter
Menschheit verdient Folter 32:2
Forschen 26:4
Fortleben
die Seele des Menschen und ihr
Fortleben nach dem Tode 81
Fortschreitende Offenbarung 27:6, 30, 31, 38, 39, 47, 76:7, 85:1, 87:6, 113:12, 129:7
Fortschritt 34:8, 82:7
— der Böse hält ihn auf 43:5
— wahrer Fortschritt war immer von den
Gesetzen Gottes abhängig 133:1
— der Kultur 109:2, 82:7
— seine Triebkraft 43:3
— Voraussetzungen für Frieden und Ruhe
in der Welt und den Fortschritt ihrer
Völker 117
— der Welt 81
Frage
nach Aufzeichnungen über die
Propheten vor Adam 87:1
— nach der Erschaffung des
Menschen 77
— ob die Menschenseelen nach ihrer
Trennung vom Leibe einander
weiterhin erkennen 86:1
— über die Seele des Menschen und ihr
Fortleben nach dem Tode 81
— dies ist nicht der Tag, da ein Mensch
seinen Herrn zu befragen hat 82:12
— über den Ursprung der
Schöpfung 78:1
— über die Welten Gottes 79
Frau
wenn er der schönsten, anmutigsten
Frau begegnete 60:3
freigebig
sei freigebig 114:2
— sei freigebig im Glück 130
— sein wie die Sonne 114:13
Freigebigkeit 114:13

Freiheit 159:1, 159:3
— wahre 43:1, 43:8, 45, 122
— muß letzten Endes zu Aufruhr führen 159:2
— ins Übermaß gesteigert, wird verderblich 110
— wahre Freiheit besteht in der Unterwerfung des Menschen unter Meine Gebote 159:4
— Verkörperung der Freiheit und ihr Sinnbild das Tier 159:2

Fremde
betrachtet einander nicht als Fremde 112

Fremdling 114:15, 130

Freude 6:1, 11:4, 14:19, 17:5, 56:1, 57:3, 76:10, 86:4, 88, 151:5, 153:9, 160:2, 164:1, 164:2
— immerwährende 45
— in überschäumender Freude jubeln 80:2
— den Betrübten 130
— ewiger Vereinigung 151:1
— Wirklichkeiten aller Dinge trunken vor Freude über diese Offenbarung 153:5
— Ruhm und Freuden der Welt so wertlos wie Staub 139:6

Freund
— o verbannter und getreuer Freund 153:1
— sie bilden sich ein, ihr Freund sei ihr Feind 106:2
— Gottes (Abraham) 87:4
— Wir haben uns ... geweigert, Uns ... von der Gesellschaft Unserer Freunde zurückzuziehen 163:6
— Freunde, ergreift die Gelegenheit 101

Freundlichkeit 5:1, 132:5, 146, 156
— beratet in größter Freundlichkeit 92:3

Freundschaft 100:11, 132:3, 146
— Bande vertrauter Freundschaft 86:2

freut
euch nicht der Dinge, die ihr besitzt 71:3

Frevler 91:5
— Verzeichnis der Frevler 17:3

Frieden 16:3, 34:6, 43:1, 59:1, 101, 112, 119:1, 122
— unerreichbar, wenn und ehe nicht die Einheit der Menschheit fest begründet 131:2
— Erregung in Frieden verwandelt 56:3
— da ihr den Größten Frieden zurückgewiesen, haltet euch an den Geringeren Frieden 119:3
— Pflicht aller Völker 4:1
— und Ruhe der Menschheit zu sichern 34:5
— wollt ihr denn nicht aufhören, Unruhe zu stiften, und in Frieden mit euch selbst sein 113:11
— Voraussetzungen für Frieden und Ruhe in der Welt 117
— größter Weltfrieden 117

Frist 124:3
— euch eine Frist gesetzt, o Völker 108

Frömmigkeit 137:4

Frohe Botschaft 11:4

Frohsinn 164:2

Fromme 126:3

Frucht, Früchte 93:11, 124:3
— ihr seid die Früchte eines Baumes 112, 132:3
— Erde bringt Früchte hervor 81
— Anerkennung Gottes, die Frucht des irdischen Daseins 164:3
— als Anlage im Baum 80:5
— der du die Frucht und das Blatt Meines Baumes bist! 68:1

Frühling 125:7

Frühlingsherrlichkeit
einer solchen Gabe einzig in den Tagen Gottes offenbart 124:3

Frühlingszeit 14:1, 43:5, 85:1
— geistige 35:5

fügsam
seid so ergeben und fügsam wie die Erde 152

führe
Deine Diener 127:4

Führer
— wahrer 28:1
— der menschlichen Gesellschaft 102
— der Menschen 23:1, 23:2, 109:2, 115:2
— religiöse Führer sollen sich für die Neugestaltung erheben 110
— der Religion 98:1, 98:3

Führerschaft
Ich habe niemals nach weltlicher Führerschaft gestrebt 54

Führung 13:2, 16:2, 27:4, 27:6, 29:1, 34:6, 43:8, 50, 115:1, 125:7, 130, 153:5, 153:8, 161:2
— hütet euch, daß ihr euch nicht des Gewandes göttlicher Führung entäußert 121:8
— Lampe der Führung 66:9
— Pfad der Führung 125:7
— laßt eure Taten Führung für die ganze Menschheit sein 139:8
— Meine Worte eine Führung zu Meinen Taten 121:3

Führungsanspruch 91:6

Funktion
Änderung in den Funktionen muß äußeren Ursachen zugeschrieben werden 82:4

Fürbitte 68:3

Furcht 10:2, 17:2, 28:1, 86:4, 164:1
— ablegen 88
— vor Gott 114:12, 121:3
— vor dem göttlichen Mißfallen 44:1

Furchtsamer
an diesem Tage können Wir weder das Verhalten des Furchtsamen billigen 163:5

fürchtet
Gott s. auch Gottesfurcht 76:6, 118:2, 128:2, 128:5, 144:3, 165

333

Fußspuren
  folge den Fußspuren deines Herrn 17:7
Gabe 83:2, 95
— nur aus Gnade angenommen 100:2
— Gaben, mit denen der menschliche Körper ausgestattet ist 95:1
— Gaben ruhen im Menschen selbst 95:3
— sollte jemand deine Gabe (Verkündigung der Sache Gottes) zurückweisen 129:2
— des Verstandes 95:1, 95:1
— Glückseligkeit harrt des Menschen, der all seine Habe aufgibt aus Sehnsucht, die Gaben Gottes zu erlangen 107
Gabriel 50
Gebein 115:6
Gebet 57:7, 68:3
— nur wenn der Mensch Gott erkennt und liebt, wird sein Anruf an diesem Tage von Ihm erhört 135:5
Gebete Bahá'u'lláhs 1, 23:5, 26, 39, 57, 68:5-7, 127:4, 138, 142:6-8
— Schutz vor Leidenschaften und Begierden 138:3
— Verordne, was unsere Seelen unsterblich macht 183:4
— Vergib uns, unseren Vätern und unseren Müttern 138:5
Gebiete
— Schutz euerer Gebiete und Länder 119:4
Gebildete
  gesegnet die Gebildeten, die sich nicht brüsten 145:1
— diese Wahrheit erleuchtet die Gebildeten 70:3
Gebirge 17:3
Gebot, Gebote 1:3, 3:1, 3:2, 5:6, 28:1, 43:4, 59:5, 65:3, 84:4, 133:1, 139:8
— das Bündnis Gottes verletzt, indem er Seine Gebote übertritt 155:2
— wahre Freiheit besteht in der Unterwerfung des Menschen unter Meine Gebote 159:4
— Meine Gesetze müssen von allen getreulich befolgt werden, selbst wenn Mein Gebot den Himmel jeder Religion spaltete 155:6
— haltet euch fest an die Gebote Gottes 66:6
— von Gott erlassene Gebote das höchste Mittel für den Bestand der Ordnung in der Welt 155:2
— Wie? Ihr schlagt die Gebote Gottes in den Wind? 65:6
— Meine Gebote die Lampen Meiner liebevollen Vorsehung 155:3
— haltet Meine Gebote aus Liebe zu Meiner Schönheit 155:4
— Es geziemt euch, o Minister des Staates, die Gebote Gottes zu halten 65:3
— Quelle des Gebotes Gottes 14:16

— auf die Schätze der Erde verzichten, um auch nur eines der Gebote zu verteidigen 155:3
Gebrechen
  überwunden 36:3
— des menschlichen Leibes ein Hindernis für die Seele 80:2
Gebrechlichkeit
  Seele des Menschen über alle Gebrechlichkeit des Leibes und des Verstandes erhaben 80:2
Gedanke
  vereinigt euere Gedanken auf den Vielgeliebten 85:2
— jeden eigenwilligen Gedanken mit der Flamme Seiner liebevollen Erwähnung verbrennen 125:3
— geziemt es, Gedanken auf das zu richten, was den Sieg der Sache Gottes sichern wird 115:7
Gedenken
  Gottes 71:3, 136:5
Geduld 62:3, 66:10, 66:11, 109:2, 125:2, 134:2
— Er wird alle belohnen, die in Geduld ausharren 114:18
— standhaft in der Geduld 100:4
geduldig 136:4
Gefahr 151:5
Gefährte
  Gott Gefährten zugesellen 78:2, 93:7, 93:16, 94:1, 94:3, 129:5
— Haben diese Gefährten Macht oder Ruhm gesucht? 91:5
— Meines Paradieses 69:5
Gefallene 153:1
— euere Hauptsorge, den Gefallenen aus dem Sumpf drohender Vernichtung zu retten 147:2
gefällt
  Er tut, was Ihm gefällt 155:6
Gefangener 85:3, 100:6
Gefangenschaft 46:1, 62:1, 113:1, 143:2
— brachte Ihm keinen Schaden 115:9
— keine Schande 60:1
Gefängnis 17:5, 18:9, 23:4, 45, 59:2, 59:3, 100:1, 162:2
— Größtes 35:6, 140:2
Gefäß
  niemand soll seiner Größe achten 5:4
Gegenwart 57:1
— der Geliebte selbst lädt ein, in Seine Gegenwart zu kommen 151:2
— Gottes 14:13, 14:15, 26:4, 29:1, 29:2, 81
— bald werdet ihr in der Gegenwart Gottes versammelt und nach eueren Taten gefragt 113:15
— seid nicht verstört, wenn die Herrlichkeit Meiner Gegenwart entschwunden 72:1
— eile in die Gegenwart des Vielgeliebten 69:4, 72:3
— diese Wahrheit befähigt die Sucher zur Gegenwart Gottes 70:3

Gegnerschaft 13, 16:3, 17, 18, 29:4, 35:1-4, 35:6, 39, 66:11, 66:12, 67:1, 70:2, 76:3, 76:5-7, 91:1, 93:12, 113, 121, 127:3, 135:4, 135:6, 135:7, 136:3, 141:5, 153:3, 154:1, 162:2, 163:7
Geheimnis
das offenbare und verborgene Geheimnis 14:16
— aller Dinge 63:1
— Gottes 26:1, 26:3, 26:4, 94:3, 148
— Gottes unergründlich 26:1, 26:3
— vergeblich, das Geheimnis des lebendigen Gottes zu ergründen 83:4
— Kupfer in Gold verwandeln 97
— Land des Geheimnisses 58:1
— der Mensch ist Mein Geheimnis und Ich bin sein Geheimnis 90:1
— Seele ein Geheimnis 82:1, 82:6
Geheimnisse 14:19, 34:3, 59:5, 62:1, 89:1
— des Alls 14:4
— Mensch ist der Geheimnisse unkundig, die in ihm selbst ruhen 93:6
— der Offenbarung Gottes 136:2
— der Schöpfung entdecken 95:1
— verborgene Geheimnisse in der Menschen Brust 135:2
— verborgene Geheimnisse der Seele 125:6
— die Geheimnisse des körperlichen Todes des Menschen und seiner Rückkehr sind nicht enthüllt 164:1
— der »Wiederkunft« und der »Erweckung« 125:8
— Geheimnisse der Worte Gottes 70:2
— in diesen Worten sind die Geheimnisse göttlicher Weisheit verwahrt 79
Geheiß 66:2, 94:2, 94:3
— der wahre Gläubige ist offenbart und verborgen auf Gottes Geheiß 73
Gehör 83:1, 95:2
— deines Herzens 113:16
Gehorsam 2, 3:2, 68:5, 133:2
— hat Er euch jemals den Gehorsam verweigert? 65:6
— wer die Gebote Gottes befolgt, wird ewige Glückseligkeit gewinnen 133:1
— gegen die, welche die Gewalt in Händen haben 102
— in den frühesten Tagen 28:1
Gehörsinn 83:2
Geist
des wahren Gläubigen wird ewig den Willen Gottes umkreisen 73
— der des Menschen Herz belebt, ist die Erkenntnis Gottes 134:3
— euer Geist von Seinem Wort so hingerissen, daß er die Größere Welt in Erregung 72:3
Geist der Einheit
heilt Siechtum einer entzweiten Menschheit 34:6

Geist des Glaubens 13:4
— die ihr Land verlassen haben, um Unsere Sache zu lehren, wird der Geist des Glaubens durch seine Macht stärken 157:1
Geist Gottes 41, 47, 105:3, 116:1, 121:9,
— Jesus, der Geist Gottes 47
Geist
der Wahrheit 116:1
Geister
die größten Geister der Vergangenheit oder der Zukunft 83:4
Geistesfürsten 26:3
geistig
geistige Wahrnehmungen 83:1
geistige Fähigkeit
Schädigung der geistigen Fähigkeiten 80:1
Geistiggesinnte 125:5
Geistliche 13:2, 13:8, 23:2, 23:4, 35:3, 44:2, 66:9, 91:1, 98:3
— erleuchtete 91:2
— jüdische 13:7
— der Bote der Geistlichen Uns über bestimmte Wissenschaften befragte 67:2
— wägt das Buch Gottes nicht mit solchen Gewichten und Wissenschaften, wie sie bei euch im Schwange sind 98:1
— deren Lebenswandel und Bekenntnisse übereinstimmen 66:9
— aus dem Munde eines Geistlichen 76:3
— wenn diese Sache nicht von Gott ist, werden die Geistlichen zweifellos hinreichen, sie zu überwältigen 113:3
— wählt irgend etwas aus, was euch beliebt, o Versammlung der Geistlichen 67:3
— der Zeit Muhammads 13:8
Gelegenheit
ergreift die Gelegenheit 101
Gelegenheiten
bald vertan 66:4
Gelehrsamkeit 35:4, 36:1, 89:4
— Geliebte Gottes in den Tagen der Manifestationen über alle menschliche Gelehrsamkeit erhoben und unabhängig 124:4
— lasse deinen Mangel an menschlicher Gelehrsamkeit dein Herz nicht betrüben 142:9
— dem Quell Seines Wissens sind zahllose Leuchten der Gelehrsamkeit entstiegen 75:3
— verkündet Seine Sache in vollkommener Loslösung von aller Gelehrsamkeit der Menschen 35:5
— höchster und letzter Zweck aller Gelehrsamkeit 98:4
Gelehrte 1:3, 14:18, 23:4, 26:3, 35:3, 35:4, 44:2, 66:9, 82:1, 91:1, 122
— Anklage der Manifestationen Gottes durch die Gelehrten ihres Zeitalters 23:3

335

- vergeßt nicht die Ehrfurcht vor Gott, ihr Gelehrten der Welt   44:1
- deren Lebenswandel und Bekenntnisse übereinstimmen   66:9
- unter den Menschen   110
- Toren, die Gott entfremdet, ihr Haupt mit dem Schmuck der Gelehrten bedecken   163:1
- wahrhaft Weise und Gelehrte   81

Geliebte
Demütigung der Geliebten Gottes   140:2
- du kannst Ihn am besten preisen, wenn du Seine Geliebten liebst und Seine Diener vor dem Unheil der Treulosen schirmst, damit niemand sie länger unterdrücke   114:6
- die Feder des Altehrwürdigen Königs gedenkt der Geliebten Gottes   131:1
- der Geliebte selbst lädt in Seine Gegenwart   151:2
- von Gott für Seine Liebe auserkoren   86:7
- Gottes s. auch Gläubige   115:1, 161:6, 162:2
- wie sich die Geliebten Gottes zu verhalten haben   115:8
- Gottes sollten fest auf das blicken, was immer diese Manifestation zu verkünden beliebt   86:5
- geziemt es den Geliebten Gottes, mit ihren Mitmenschen nachsichtig zu sein   115:4
- Gottes in den Tagen der Manifestationen über alle menschliche Gelehrsamkeit erhoben und unabhängig   124:4
- nie habe Ich Mich mit den Leiden abfinden können, die Meine Geliebten befallen   142:1
- Ihn schmerzen die Missetaten der Geliebten Gottes   115:9
- sind wie die Schlüssel zu den Menschenherzen   115:3
- verdienstvolles Verhalten der Geliebten Gottes   86:6
- einer Meiner Geliebten ein Wort hauchte, das Meinem Willen zuwider   142:2

Gelübde
verletzt nicht das Bündnis Gottes und brecht nicht euer Gelübde für Ihn   153:8

Gemächer
himmlische   69:5

Gemälde   160:1
gemein   96:2
Gemeinschaft   5:1, 146
Gemeinschaften   132:1
genießen
Wohltaten der Erde genießen kann nicht schaden, sofern er nichts zwischen sich und Gott treten läßt   128:4

genießet
die guten Dinge, die Gott euch erlaubt   128:4

Genügsamkeit   82:3

Gepränge
die Welt wird mit ihrem Tand und Gepränge vergehen   65:7

Gerade
sie halten das Gerade für krumm   106:2

Gerechter
Wir haben den Gerechten und den Sünder gleich behandelt   126:3

gerechter Herrscher   56:1

Gerechtigkeit   6:3, 8, 15:5, 29:3, 34:7, 43:2, 43:11, 56:1, 59:5, 65:6, 113:23, 114:7, 114:11, 114:14, 116:3, 128:9, 130, 139:8, 153:1
- niemals wird Er ungerecht mit irgend jemandem verfahren   52:2
- Buch gebietet den Menschen Gerechtigkeit zu üben   141:1
- Erde völlig verwandelt, wenn die Gerechtigkeit ihr Licht über die Menschen ergösse   112
- wer sich an die Gerechtigkeit hält, kann auf keinen Fall die Grenzen der Mäßigung überschreiten   163:2
- Gottes   52:4, 103:2
- Herrschaft der Gerechtigkeit   112
- keine Macht kommt Gerechtigkeit und Weisheit gleich   112
- ist, daß keiner Mangel leide noch durch Überfluß verwöhnt werde   114:9
- Minister, von denen du den Duft des Glaubens und der Gerechtigkeit verspüren kannst   114:2
- -- ist der gerade Pfad   118:1
- haltet euch an Gerechtigkeit und Redlichkeit   163:1
- Sonne der Gerechtigkeit   46:2, 162:2
- erwarte die Tage göttlicher Gerechtigkeit   12
- Tag, da die Waage der Gerechtigkeit aufgestellt ist   115:8
- jede gerechte Tat mit einer Kraft versehen   131:3
- die grundlegende menschliche Tugend   100:6
- sei gerecht in deinem Urteil   130
- die Verkörperung der Gerechtigkeit   44:1
- sollte einer der Waffen ergreifen, erhebt euch alle gegen ihn, denn dies ist Gerechtigkeit   119:5
- Wesen der Gerechtigkeit in den Gesetzen der Manifestation verkörpert   88

Gerechtigkeitssinn   116:2
Gerede   34:8
- leeres   85:3
- von dem nichtigen Gerede früherer Zeiten läutern   86:6

Gericht 65:7
— Sein Gericht 113:2
— Bote des Gerichts 18:2
Geringerer Frieden
 da ihr den Größten Frieden
 zurückgewiesen, haltet euch an den
 Geringeren Frieden 119:3
Geringste
 Dir folgen nur unsere Geringsten mit
 voreiligem Urteil 91:1
Geruchsinn 83:1
Gesandter
 des Sháh 113
— der verderbt war und den 'Iráq
 verdarb 113:20
Geschäfte
 dieser Welt 16:1
Geschehnis
 im 'Iráq 67:4
Geschichte
 der Erde 87:7
— der Menschheit 87
— ein Volk wird die Geschichte Unserer
 Heimsuchungen erzählen 66:12
Geschichten 87:8
geschichtlich
 Unterschiede geschichtlicher
 Überlieferungen 87:7
Geschichtsschreibung 87:1, 87:7
Geschlechter
 wohin sind die Geschlechter vor
 euch 123:1
— Völker und Geschlechter der
 Erde 93:15, 98:1
Geschöpf(e) 14:15, 27:1, 78:2, 93:4,
 114:13
— Er, wahrlich, kann alle Geschöpfe
 entbehren 35:6, 72:5
— von Seinen Geschöpfen
 unabhängig 84:1
— Band der Dienstbarkeit zwischen
 Schöpfer und Geschöpf 94:4
— Seine Geschöpfe ins Dasein gerufen,
 damit sie Ihn erkennen 76:1
— Gott kann auf Geschöpfe wohl
 verzichten 76:8
— Gott weiß immer um Sein
 Geschöpf 93:6
— makelloser Keuschheit 60:3
— Seine große Langmut hat Seine
 Geschöpfe kühn gemacht 100:8
— Er ist erhaben über jede Not Seiner
 Geschöpfe 70:2
— jeder Planet hat seine eigenen
 Geschöpfe 82:11
— die Schöpfung Gottes umfaßt Welten
 neben dieser Welt und Geschöpfe außer
 diesen Schöpfen 79
— Geschöpfe nur der Schriftzug Seiner
 Feder 93:8
— Werke Seiner Geschöpfe 75:3
— vom Worte Gottes gebildet 148
Gesellschaft 99, 110
— Führer der menschlichen
 Gesellschaft 102

— derer schätzen, die der Welt
 entsagt 125:3
Gesetz
 Sein Gesetz gebrochen 77
— Größtes 105:4
— alle unterliegen Seinem Gesetz 94:2
— wohl dem, der Meine Gesetze
 hält 43:10
— Mich nie euch widersetzt noch gegen
 euere Gesetze aufgelehnt 113:12
— in Meinen Gesetzen ist der süße Duft
 Meines Gewandes
 wahrzunehmen 155:4
— Meine Gesetze müssen alle getreulich
 befolgt werden, selbst wenn Mein
 Gebot den Himmel jeder Religion
 spaltete 155:6
— Gottes 10:1
— Gesetze Gottes 132:1, 133, 155:1
— befolge das Gesetz Gottes 113:23
— die die Gesetze Gottes brechen, nicht
 vertrauenswürdig 114:4
— vergiß nicht das Gesetz Gottes bei
 allem, was du strebst 114:21
— du solltest dich erheben, das Gesetz
 Gottes unter ihnen
 durchzusetzen 114:6
— wäre Sein Gesetz so, daß es die Herzen
 aller nicht Schrecken erfüllte, so wäre es
 dennoch nur offenbare
 Gerechtigkeit 88
— Mose 13:4, 13:7
— den Nächsten zum Gesetz Gottes
 führen 161:1
— Ruhm im Befolgen Seiner
 Gesetze 118:8
— Verstöße gegen Sein Gesetz 18:1
— Offenbarung der Seele Gottes
 durchdringt alle Seine Gesetze 82:6
— Gesetze und Vorschriften 65:3
— wenn die Gesetze und Vorschriften von
 euch selber stammen, werden Wir sie
 keineswegs befolgen 65:2
— Wesen der Gerechtigkeit in den
 Gesetzen der Manifestation
 verkörpert 88
Gesetzbuch
 wähnt nicht, Wir hätten nur ein
 Gesetzbuch offenbart 155:5
gesetzeswidrige
 Taten 115:1
Gesicht 83:1, 95:2
Gesichter
 alle Gesichter sind schwarz 18:3
— die Stätte erreiche, wo Ich euere
 Gesichter nicht mehr sehen
 kann 113:18
Gesinnung 113:14
Gespaltene Erde 16:2
Gespräch 5:2, 5:3
Gestalt 81
— einer menschlichen Begrenzungen
 unterworfene Gestalt 100:7
— jeder menschlichen Gestalt neues
 Leben 74

337

- wahre Gestalt einer solchen
  Seele 82:2
Gestalter 74
Getretene 43:1
Getreue
die nicht reden, es sei denn mit Seiner
Erlaubnis 66:7
Gewalt 29:6, 58:1, 154:1
- nicht durch Gewalt lehren 128:10
- Seine Gewalt umfaßt alle Dinge 56:3
- Gehorsam gegen die, welche die
  Gewalt in Händen haben 102
- Herrschaft des Schwertes als Hilfe für
  Unsere Sache abgeschafft 139:5
- dichte Wolken der Gewalt haben das
  Antlitz der Erde verfinstert 43:2
Gewand
nie kann die Hand des Ungläubigen
den Saum Seines Gewandes
entheiligen 76:8
- mit dem Leib und Seele des Menschen
  geschmückt sind 34:2
- Schönheit des Báb in neuem
  Gewande 76:7
- Schönheit seines Meistgeliebten in
  Seinem neuen Gewande 85:1
Gewicht 76:9, 113:16
Gewichte 98:1
Gewinn 71:3
- eigener Gewinn 120:2
- weltlicher 91:4
Gewißheit 35:4, 52:1, 59:5, 93:3, 115:11, 125:6, 137:1
- Buch der Gewißheit s. Kitáb-i-'Íqán
- gesegnet, wer auf den Flügeln der
  Gewißheit in die Himmel fliegt 115:4
- Sinnbilder der Gewißheit 55:1
- Stadt der 9, 125:7
- die Völker der Welt zu Ihm führen ist
  das Wesen des Glaubens und der
  Gewißheit 160:4
Gift 93:11
- zuviel der Rede ist ein tödlich
  Gift 125:2
Gipfel
menschlicher Entwicklung 83:4
Glaube 35:4, 37:1, 73, 81, 137:1
- widerrufen 69:2
- hüte dich, deinen Glauben an Ihn zu
  verraten 69:4
- nichts kann Seinem Glauben
  widerstehen 113:2
- des Glaubens, durch den sie Ihm nahe
  kommen, beraubt 93:15
- zuversichtlich im Glauben 115:11
- folget dem Glauben des
  Allbarmherzigen 76:4
- an die göttliche Einheit 84:4
- Mein eigenes Selbst für die Erhaltung
  ihres Glaubens geopfert 127:2
- Freundschaft und rechtes Verhalten
  kennzeichnen den wahren
  Glauben 100:11
- Gewißheit Seines unwiderstehlichen
  Glaubens 52:1

- Gottes 70:2
- Glauben an Gottes Einheit 75:1, 84:4
- Grundlagen deines Glaubens 18:9
- Hauptzweck, der den Glauben Gottes
  beseelt 110
- Mich fassen kann nur das Herz dessen,
  der an Mich glaubt 93:5
- laßt euere eitlen Hoffnungen nicht die
  Grundlagen eueres Glaubens
  untergraben 153:3
- Kern des Glaubens an die Einheit und
  Einzigkeit Gottes 93:17
- sammelt euere Kräfte für die
  Verbreitung des Glaubens
  Gottes 96:3
- die Lebenskraft des Glaubens der
  Menschen an Gott stirbt aus in allen
  Landen 99
- Manifestationen Gottes verkünden
  denselben Glauben 22:3
- der Glaube eines Menschen kann nur
  von ihm selbst abhängen 75:1
- Minister, von denen du den Duft des
  Glaubens und der Gerechtigkeit
  verspüren 114:2
- für Nichtigkeiten verraten 91:3
- es ist die Pflicht aller Menschen, die
  Argumente derer zu widerlegen, die
  den Gottesglauben angreifen 154:1
- Triumph Unseres Glaubens als sein
  höchstes Ziel 157:2
- oder Unglaube für Meine Sache kann
  Mir weder nützen noch schaden 35:6
- es ziemt ihm für die Verbreitung Seines
  Glaubens zu wirken 161:2
- Vereinigung aller ihrer Völker in einem
  gemeinsamen Glauben 120:3
- die Völker der Welt zu Ihm führen ist
  das Wesen des Glaubens und der
  Gewißheit 160:4
- Vollkommenheit, die Standhaftigkeit in
  Seinem Glauben 134:3
- wenn ihr glaubt, so glaubt ihr zu
  euerem eigenen Vorteil 76:8
- Wein des Glaubens 86:4
- Wesen Seines Glaubens 135:5
Glaubenssysteme
religiösen Glaubenssystemen niemals
erlaubt, feindselige Gefühle unter den
Menschen zu nähren 132:1
Gläubige
s. auch Geliebte Gottes 6:3, 14:15,
17:2, 18:3, 26:4, 58:2, 86:1, 86:2,
86:4, 86:5, 86:6, 86:7, 91:4, 91:5,
93:14
- der wahre Gläubige 6:1, 73, 94:4,
  160:1
- der wahre Gläubige wird ewig
  leben 73
- das Benehmen des erklärten
  Gläubigen 163:5
- bemüht euch in inniger Eintracht und
  im Geiste vollkommener
  Verbundenheit 96:3

- geziemt es, ihre Gedanken auf das zu richten, was den Sieg der Sache Gottes sichern 115:7
- Herrscher der Gläubigen 55:3
- in Leben, Wünschen, Zielen so eng verwachsen, als wären sie eine Seele 86:1
- von ihnen hängt das wahre Leben aller Menschen ab 96:3
- Pflicht 16:1
- haben die Pflicht, jeden Herrscher zu unterstützen, der dem Volke Bahás beisteht 102
- kostbar der Preis, der dem zufallen wird, der glaubt 14:18
- ihr Rang, ihr Wert, ihre Stufe 147:2
- die fleischgewordene Sehnsucht 14:12
- Sein und Leben des wahren Gläubigen ursächlicher Zweck aller Schöpfung 73
- wenn der Sieg naht, wird sich jeder als Gläubiger bekennen 150
- in der Stunde des Aufstiegs oft gewandelt 125:3
- die bloße Tat eueres Beisammenseins genügt, um die Kräfte dieses eingebildeten und wertlosen Volkes zu zerstreuen 43:2
- Unversehrtheit der Stufe 3:2
- müssen sich durch ihr Verhalten unterscheiden 128:3
- zu Ihm kehren die Werke der Gläubigen zurück 114:7
- Widerspiegelung der Herrlichkeit in den Gläubigen 93:16

Gleichgewicht
die Welt ist aus dem Gleichgewicht geraten 70:1

gleichgültig 141:2

Gleichheit
nicht alle Menschen vor Gott gleich 93:7

Gleichnis
Gott erhaben über Gleichnisse und Abbilder 160:1

Glieder
seid wie die Glieder eines Körpers 72:4
- was der Menschheit Glieder zittern macht 61

Glück 43:3
- sei freigebig im Glück 130

Glückseligkeit 114:1, 133:1, 140:1
- des Menschen, der all seine Habe aufgibt 107

Gnade 1:5, 9, 10:1, 13:1, 13:2, 13:7, 14:17, 14:18, 15:1, 15:3, 17:4, 17:7, 18:3, 18:5, 19:2, 19:3, 21, 23:4, 26:2, 27:1, 27:4, 27:6, 29:3, 34:2, 35:2, 35:4, 35:5, 52:1, 53:1, 56:2, 64:2, 66:13, 68:6, 72:3, 81, 90:2, 93:15, 95:3, 107, 122, 125:6, 142:7
- verscherzt nicht Seine Gnade 101
- nimm dir deinen Anteil aus dem Meer Seiner Gnade 129:1

- Beweis der Gnade 31
- Seine Gnade umfaßt alle, die mit dem Gewande des Lebens bekleidet sind 66:13
- Gottes s. Gottes Gnade
- Gottes umfängt an diesem Tage die Welt 151:2
- Manifestation, Träger für die Übermittlung der Gnade 27:5
- der Strom göttlicher Gnade kann nie versiegen 30
- Tore Deiner Gnade seit Ewigkeit geöffnet 26:4
- kein Mensch kann das Wesen der Gnade Gottes begreifen 32:2
- die kein Segen übertreffen kann 124:3
- die Tore der Gnade stehen vor allen Menschen offen 126:3
- Vertrauen in die Gnade Gottes 114:8
- die Wolken Seiner grenzenlosen Gnade 43:5, 85:1

Gnadengaben 85:1
- die Er der Menschheit gewährt 95:1

Gold 15:5, 99, 137:1
- Bauwerke aus reinem Gold 59:3
- für Gold seinen Glauben aufgeben 91:6
- Kupfer in Gold verwandeln 97
- Reichtum ohne Gold 125:9
- die Schlacken dieser Welt in lauteres Gold verwandeln 92:1
- Tal aus reinem Gold 60:3

Goldschmied 125:7

Götter
Hinweis auf das Bestehen zweier Götter 94:1

Gott 26, 66:2, 84:3
- war allein 78:2, 93:17
- Er erhöht, wen Er will, und erniedrigt, wen Er will 114:18
- der hat Gott erkannt, der sich selbst erkannt hat 90:1
- eins und unteilbar 93:7
- Er darf nicht nach dem gefragt werden, was Ihm zu verordnen beliebt 129:12
- Es gibt keinen Gott außer Ihm 64:4, 71:2, 76:1, 139:1
- Wer Gott erkennt, soll keinen erkennen außer Ihm 66:2
- »Du sollst Mich niemals schauen!« 26:3
- nichts kann mehren oder mindern, was Er besitzt 76:8
- keiner außer Ihm kann dir jemals nützen 76:9
- hat für rechtmäßig erklärt, was Ihm gefiel 77
- ist schrecklich, wenn Er straft 165
- Er tut, was Er will 113:11, 134:3
- unvergleichbar 93:7
- wünscht nichts für sich selbst 122
- Absicht Gottes 1:2
- Er und Seine Absicht sind eins 113:11
- Absicht Gottes eine zweifache 34:5

339

- Absolutheit 14:4, 15:1, 26:4, 78:2, 94:3
- Allmacht Gottes 68:2, 71:1
- Anerkennung Dessen, der Gott im Reiche Seiner Sache und in der Welt der Schöpfung vertritt 155:1
- am Anfang war Gott 78:2
- Anfang und Ziel 2
- Antlitz Gottes 13:1, 13:4, 13:12, 14:2-5,18:3
- Barmherzigkeit Gottes 19:3, 27:1, 142:1
- Befehl Gottes 14:3, 14:18, 22:2, 65:5, 91:4, 109:1, 113:3, 115:4, 115:13, 129:12, 137:1
- alle anderen durch Seinen Befehl erschaffen 113:18
- des Betrugs bezichtigt 93:9
- Beweis Gottes 14:18, 46:4
- Beweis Seiner Existenz 27:1
- Beziehung zur Manifestation 40, 84:4
- alles Dasein hängt von Ihm ab 84:1
- kein Ding, es sei denn, Gott in ihm, Gott vor ihm oder Gott hinter ihm 90:2
- alle erschaffenen Dinge Zeichen der Offenbarung Gottes 93:7
- Ehre Gottes 5:2
- Eigenschaften 19:3, 27:2, 90:1, 90:2
- Einheit Gottes 39, 45, 66:7, 68:6, 75:1, 82:10, 84:1-4, 93:7, 93:13-17, 94:2, 114:15, 160:1
- wie wunderbar ist die Einheit des lebendigen, der immerwährenden Gottes 124:1
- Einzigkeit Gottes 1:6, 64:4, 66:7, 68:6, 84:3, 93:7, 93:15, 93:17, 114:15
- höchstes und letztes Ende aller Schöpfung 162:1
- Erkenntnis s. Erkenntnis Gottes
- anders als alles Erschaffene 84:1
- unermeßlich erhaben über alles Erschaffene 93:2, 148
- ist von Ewigkeit her 78:2, 82:10
- ist und war von Ewigkeit her einzig und allein 94:1
- erhaben über die Fassungskraft des menschlichen Verstandes 26:1
- Gefährten zugesellen 129:5
- der weder Gefährten noch Seinesgleichen hat 15:1
- Geheimnis Gottes 1:3, 1:6, 26:3, 26:4, 94:3
- vergeblich, das Geheimnis des lebendigen Gottes zu ergründen 83:4
- im Geheimnis Seines unerkennbaren Wesens verhüllt 26:3, 26:4
- Geheiß Gottes 73, 94:2, 94:3
- Geliebte Gottes s. auch Gläubige 5:2, 5:5, 10:1, 43:11, 59:1, 65:4, 66:11, 86:5, 86:6, 86:7
- Gerechtigkeit Gottes 52:2, 52:4, 54
- Gericht Gottes 113:2

- Er, wahrlich, kann alle Geschöpfe entbehren 35:6
- kann auf alle Geschöpfe wohl verzichten 76:8
- Seine Gewalt umfaßt alle Dinge 56:3
- Glaube an die Einheit Gottes bedeutet 84:4
- erhaben über Gleichnisse und Abbilder 160:1
- Gnade Gottes 4:1, 5:1, 19:2, 19:3, 23:4, 27:1, 43:5, 68:5
- du bist von Gott her zu Gott hin gewandert 139:3
- Güte Gottes 34:8, 56:3
- der beste der Helfer 116:4
- Herrlichkeit Gottes 1:3, 1:5, 11:4, 19:3, 23:5, 43:5, 53:2
- Herrschaft Gottes 1:3, 11:4, 13:3, 14:5, 14:6, 14:11, 19:3, 26:1, 84:1, 113:2
- Lob(preis) Gottes 1:1, 1:3, 1:5, 1:6, 5:2, 11:2, 19:1, 26:1
- in Seiner Losgelöstheit über die Reichweite und den Gesichtskreis der ganzen Schöpfung 115:5
- innerster Kern, reinstes Wesen und letztes Ziel des Weltalls 19:3
- Macht Gottes 5:5, 9, 11:5, 14:11, 18:7, 26:1, 26:4, 39, 43:3, 43:7, 94:3, 115:5, 129:9
- hat irgend etwas gegen Dir eine Macht der Offenbarung 90:2
- kann nie anders als durch Seine Manifestationen erkannt werden 20, 21
- dem Menschen näher als dessen eigenes Ich 93:6
- Mensch, Spiegel Gottes 27:2
- Seine Milde 115:5
- Sein Mund 74
- über Nähe und Ferne erhaben 93:7
- Gottes Namen s. Namen Gottes
- erhaben über jede Not Seiner Geschöpfe 70:2
- Pfad Gottes 5:6, 9, 13:3
- der grimmigste der Rächer 66:12
- Reich Gottes 7:3, 65:7
- das Reich ist Gottes 105:1
- der beste der Richter 113:17, 114:17
- Ruf Gottes 7:1, 7:3, 14:10, 14:16
- Ruhm Gottes 5:2, 14:1
- Schönheit Gottes 1:4, 13:12, 14:11, 22:6, 22:9
- Er, dessen Schönheit offenbar ist, ist die Widerspiegelung Seiner Herrlichkeit 50
- der Schöpfer, der Erwecker vom Tode, der Belebende, der Tötende 113:18
- die ganze Schöpfung und ihre Herrschaft sind Sein 114:7, 114:18
- Seele Gottes 82:6
- Segnungen Gottes 5:6
- Sehnsucht, Ihn zu erkennen 26:4

- Stätte, wo das Wesen Gottes wohnt über Reichweite und Fassungskraft erhaben 78:2
- Stimme Gottes 14:16
- auf Seiner Stufe über Lob und Begreifen erhaben 87:6
- Tag Gottes s. Tag
- Er darf nicht über Sein Tun befragt werden 68:5
- Er soll nicht befragt werden über Sein Tun 114:18
- Seine Unabhängigkeit 70:2, 76:8, 84:1, 121:7, 122, 124:1
- Unerreichbarkeit Gottes 26:3, 26:4, 78:2, 94:3
- Ursprung und Ziel alles Wissens 100:9
- Urwille Gottes 41
- Verhältnis zwischen Gott und Schöpfung 1:4, 26:4, 148
- jeder Versuch, sich von Gott ein Bild zu machen, ist begrenzt 148
- das ganze Weltall verkündet Seine Gegenwart 26:4
- Wesen Gottes 1:3, 20, 26:1, 26:4
- Wesen Gottes unteilbar und einzig 28:2
- läßt nicht Sein Wesen Fleisch werden 20
- »Mein Wesen sollst du niemals begreifen« 26:3
- unerforschliche Wesenheit 19:1
- Wille Gottes 1:2, 2, 3:1, 7:2, 13:3, 24, 26:2, 27:2, 30, 31, 39, 43:6, 73, 83:1, 84:4, 94:3, 103:6, 105:4, 111, 113:1, 113:2, 113:18, 114:8, 115:8, 115:13, 148
- Er darf nicht um Seinen Willen befragt werden 113:11
- Wissen Gottes 4:2, 5:6, 11:5, 26:4, 39
- Wort Gottes 14:3, 14:20, 29:7, 33:1, 33:2, 35:4, 43:8, 43:9, 51, 74, 78:2, 78:3, 85, 105:5, 132:3
- Zeugnis Gottes 13:2, 14:11, 14:18, 121:3
- Zorn Gottes 17:2, 121:5, 127:4, 153:4

Gottesbegriff
eingeengt und begrenzt 84:2
Gottesfreunde 69:3
Gottesfurcht s. auch Furcht vor Gott 15:5, 52:1, 59:5, 66:1, 66:2, 66:6, 76:6, 114:12, 118:4, 126:4, 134:3, 153:1
- vergiß nicht die Gottesfurcht 114:2
- verwerft nicht die Gottesfurcht 118:1

Gottesfürchtige 29:3
Gottesglaube 150
Gotteslästerung 13:2, 22:9
Gottesliebe 125:9
göttlicher Arzt 34:6
göttliches Wissen 34:6

Gottlose(r) 17:3, 39, 54, 143:1, 153:5
- weder die Pracht der Mächtigen, noch das Gut der Reichen oder gar die Überlegenheit der Gottlosen werden dauern 71:3

Gottlosigkeit
Rost der Gottlosigkeit 99
Gottsucher
wahre 91:5
Gottvertrauen 66:2, 100:1, 113:24, 114:18, 126:1, 127:4, 129:2, 134:2, 136:4, 157:2
- Meine Streitmacht ist Mein Gottvertrauen 75:2

Götzen 9, 17:3, 135:2, 160:4
- leerer Einbildungen 43:3
- schlagt die Götzen eurer leeren Einbildungen in Stücke 111
- zerschlagt die Götzen leerer Nachahmung 75:1

Götzendiener 23:2
Gouverneur
der Stadt (Baghdád) 113:20
Gräber
eilt hervor aus euren Gräbern 18:5
- die Menschen sind aus ihren Gräbern hervorgekommen 17:4

Gram 113:5, 113:16
- gräme dich nicht über die, die sich mit den Dingen dieser Welt beschäftigen 103:3

Grausamkeit 13:9, 23:3, 46:2, 62:2, 76:5, 113:5
Grenzen 78:2, 124:2
- hütet euch, die Grenzen zu überschreiten, die der Allmächtige gesetzt 118:1
- die die Feder des Höchsten gesetzt 155:2
- den Geschöpfen gesetzt 1:3, 1:4
- die Gott gesetzt hat 66:9
- die von Gott festgesetzten Grenzen 137:1
- überschreite nicht die Grenzen der Mäßigung 114:9
- keinesfalls erlaubt, die Grenzen der Stellung und Stufe zu überschreiten 93:10
- denen der endliche Verstand des Menschen unterworfen ist 148

Greuel
seid ihr euerer eigenen Greuel nicht gewahr 113:6
Grimm
Seines Zorns 66:13, 100:8
Größe 34:4
- der Sache Gottes 44:3
- dieser Sache ist so, daß der Vater den Sohn, der Sohn den Vater flieht 35:5

Größere Welt 72:3
Große Verkündigung 17:1, 59:2
Großmächte 117
Großmut 130, 136:6
Größte Glocke 14:12
Größte Offenbarung 87:8

341

Größter Frieden
    da ihr den Größten Frieden zurückgewiesen, haltet euch an den Geringeren Frieden 119:3
Größter Name 93:14, 100:7, 115:3, 115:13
— die Verkündigung des Größten Namens 63:2
Größter Weltfrieden 117
Größtes Gefängnis 35:6, 140:2
Größtes Gesetz 105:4
Größte Verkündigung 141:5
Grund
    erkennen, aus dem sie erschaffen wurden 109:2
Grundlagen
    deines Glaubens 18:9
Grundsatz, Grundsätze 65:6
— alles ist dem Grundsatz der Mäßigung unterworfen 163:3
Güte 5:1, 5:3, 137:4, 146
— für alle Völker und Geschlechter der Erde 109:2
Güter
    weltliche 48
Gunst 66:9, 66:10
Gutes
    Alles Gute ist von Gott und alles Böse von euch selbst 77
— alles Gute erreicht 155:1
— das Gute, das ihnen entgangen ist 86:3
— Gutes tun 66:13
Haar
    ein Haar von Ihm übertrifft alles 15:5
Habe
    bald werden andere euere Habe nehmen 123:2
— opfert eure Habe zum Beistand dieses Königs 105:7
— Glückseligkeit harrt des Menschen, der all seine Habe aufgibt 107
Habsucht
    Welt und ihre Eitelkeiten verleiten dazu, Gelüsten und Habsucht zu folgen 128.3
Hader 96:3
— der das Menschengeschlecht spaltet 110
— hadert nicht mit Ihm, wie das Volk des Qur'án mit Mir gehadert hat 76:6
Ḥadíth
    »Erde und Himmel können Mich nicht fassen« 93:5, S. 306
Hafen 76:1
Hakim 99, S. 306
Halsschlagader
    Wir sind dem Menschen näher als seine Halsschlagader 93:3
Haltung
    vor Gott 5:2
Hand
    seid wie die Finger einer Hand 72:4
— die schneeweiße Hand Gottes 162:2
— Gottes über eueren Händen 113:11
— deine Hand ist Sinnbild Meiner Güte 152
— was ihre Hände bewirkt 86:4
— Hände eines jeden küssen, der sich anschickte, Mein Blut zu vergießen 48
Handeln
    der Manifestationen Gottes in Einklang mit Seinem Willen 84:4
— mutiges Handeln wird den Sieg dieser Sache sichern 43:4
Handvoll
    nur eine Handvoll willens, Seiner Sache zu folgen 92:1
Handwerker 160:1
Hannas 35:3, S. 306
Harmonie 1
Haß 125:1, 129:8, 153:6
— religiöser 132:2
— untersagt 59:1
— Feindschaft und Haß führen zu Streit und Untergang 43:7
— laßt Religion nicht zur Quelle der Zwietracht, des Hasses werden 110
Hauptsorge
    den Gefallenen zu retten 147:2
Hauptzweck
    des Glaubens Gottes und Seiner Religion 110
Haus 59:3
— Bahá'u'lláhs in Baghdád 57:1, 58:1-2, 57:7
Haus Gottes 57:2, 57:7
— Leitstern einer anbetenden Welt 57:1
Häuser
    baut euch Häuser, die Regen und Flut niemals zerstören 123:4
Hebräisch
    ('Ibrání), »Sprache des Überschreitens« 87:4
Heere
    der Erde 115:7
Heerscharen
    s.a. himmlische Heerscharen
— Gottes Heerscharen und Helfer auf Erden 131:1
— rühmlicher Wesensart 131:4
Heiden 13:3, 160:4
Heilige 1:3, 5:2, 9, 23:5, 113:9, 148
heilige Bücher s. a. Buch
    Göttliche Tugenden und Eigenschaften in allen heiligen Büchern beschrieben 134:2
Heiliger Geist 15:3, 22:4, 44:3
— Seine Stimme rüttelte Mich auf 50
Heilige Schriften 7:2, 10:1, 10:2, 13:6, 16:2, 22:2, 105:3, 131:4, 163:7
— wer beim Lesen der Heiligen Schriften versucht ist, auszuwählen 89
— ihre Sprachen 87:4
— Ziel, daß alle Menschen als eine Seele betrachtet werden 122
Heiliges Land 64:3, 163:7
— der Brennende Busch auf dem Berge hoch über dem Heiligen Lande 98:5
— Schriften verdammen die Menschen, die dieses Land bewohnen 163:7

Heiligkeit 46:4, 60:3, 81, 139:8, 141:4
— die Rechtschaffenen sollen vom Weine der Heiligkeit trinken 53:2
Heilkraft
Unwürdigkeit des Beweggrundes beschränkt seine Heilkraft 120:2
Heilmittel 34:6, 106:1
— dessen die Welt bedarf 110
Heilsplan 31
Heiltrank
Seiner machtvollen Offenbarung 99
Heilung
höchstes Mittel für die Heilung der ganzen Welt 120:3
Heim
sein Heim um der Sache seines Herrn willen verlassen 157:2
Heimsuchung 39, 62:2, 66:10, 114:17, 114:19
— Prüfungen und Heimsuchungen das Los der Erwählten Gottes 66:11
helfen
helft dem einen, wahren Gott durch euere edlen Taten 126:4
— helft euerem Herrn mit dem Schwerte der Weisheit und der Rede 136:4
— was unter »dem einen, wahren Gott helfen« zu verstehen ist 115:3
Helfer
sei einer Seiner Helfer 136:4
— Gottes Heerscharen und Helfer auf Erden 131:4
— Mein Herr ist gewiß der beste der Helfer 116:4
— wer an diesem Tage ein Helfer Gottes zu sein sucht 126:4
Herbst 125:7
Herde Gottes 56:1
Herde
hüte dich, dem Wolf zu erlauben, Hirte der Herde Gottes zu werden 114:4
Herold 100:1
— mystischer Herold 125:6
— der die Wirklichkeit aller Welten Gottes verkündet 82:6
Herrlichkeit 34:1, 43:5
— seid nicht verstört, wenn die Herrlichkeit Meiner Gegenwart entschwunden 72:1
— Glanz, den sie über die Welt verbreitet 50
— Land der widerstrahlenden Herrlichkeit 64:4
— aller schönen Namen und Stufen 82:3
— euere Pracht und Herrlichkeit wird vergehen 71:3
— so groß ist die Herrlichkeit der Sache Gottes, daß die Blinden sie wahrnehmen 52:3
— der ganzen Schöpfung verliehen 46:2
Herrschaft
Seine Herrschaft 70:2, 113:2
— wähnt ihr, Meine Herrschaft sei gefesselt 153:3

— Er hat es verschmäht, einen Anteil an der Herrschaft dieser Welt sich selbst vorzubehalten 139:5
— hütet euch, daß euere Herrschaft die Gebote Gottes nicht verletze 119:2
— der Gerechtigkeit 112
— Gottes 14:5, 14:15, 15:1, 15:2, 17:1, 17:4, 18:6, 18:7, 26:1
— von Gott mit unüberwindlicher Herrschaft bekleidet 47
— Gottes auf Erden 14:6
— der eine, wahre Gott hat die Herrschaft auf Erden den Königen übertragen 115:3
— Gott hat euren Händen die Zügel der Herrschaft über die Menschen anvertraut 116:3
— dein Herr hat die Welt und ihre Städte den Königen der Erde in Obhut gegeben 139:5
— Könige, Sinnbilder Seiner Herrschaft 105:5
— die an der Macht sind, haben die Pflicht, Maßigung in allen Dingen zu üben 110
— irdische Herrschaft der Manifestationen Gottes 13:10
— Manifestationen Gottes weltlicher Herrschaft beraubt 29:3
— Richtlinien Bahá'u'lláhs zur Herrschaft 110-120
— die ganze Schöpfung und ihre Herrschaft sind Sein 114:7, 114:18
— des Schwertes als Hilfe für Unsere Sache abgeschafft 139:5
— des Volkes 56:3
— unbestrittene Herrschaft über die Welt des Seins 84:1
— irdische Winde können die Lampe ewiger Herrschaft nicht verlöschen 13:3
— die Zeichen Seiner Herrschaft werden die ganze Schöpfung umfassen 29:6
herrschen
unparteiisch über die Menschen herrschen 114:11
Herrscher 13:10, 14:15, 36:1, 102, 110
— wird sein Antlitz dem Volke Bahás zuwenden 56:1
— der Erde 119:1
— allen Herrschern verkündet, was Gott verkünden wollte 115:6
— alle Herrscher und Könige achten und ehren die Nachkommen ihrer Propheten und Heiligen 113:9
— und Könige, die Sinnbilder der Macht Gottes 112
— sollen sich für die Neugestaltung erheben 115
— Pflicht 114:11
— fürchte die Seufzer der Armen und sei ihnen ein gütiger Herrscher 114:11
— müssen einer allumfassenden Versammlung beiwohnen 117
Herrscher der Gläubigen 55:3, s.a. S. 306

343

Herz 1:1, 5:5, 5:6, 7:1, 10:1, 11:4, 13:5, 14:7, 14:16, 14:18, 15:3, 15:6, 16:2, 16:3, 17:3, 18:1, 18:3, 18:9, 19:1, 22:9, 23:4, 26:3, 26:4, 27:4, 29:2, 34:1, 35:5, 43:1, 43:4, 43:9, 50, 52:1, 52:5, 59:4, 62:3, 63:2, 65:4, 66:7, 72:1, 83:4, 86:6, 91:5, 94:3, 96:3, 136:6, 139:4, 143:4, 147:1
— Herzen anziehen 136:2, 158
— die Herzen beben 17:1
— Herzen entflammen 131:3
— sein Herz reinigen 126:4
— eins und ungeteilt 114:15
— haltet euer Herz rein und fleckenlos 85:2
— reinigt euere Herzen 105:2
— nicht verführt 60:3
— Unsere Aufgabe ist, die Herzen der Menschen zu ergreifen und zu besitzen 105:6
— Herzen verstockt und Augen verblendet 93:9
— die im Herzen Blinden 52:3
— Herzen, die von allen Dingen gelöst 100:1
— Dinge, mit denen Er die Herzen der Zweifler prüft 103:6
— Empfänger des Lichtes Gottes 93:5
— die Empfindungen des Herzens 95:1
— Mich fassen kann nur das Herz dessen, der an Mich glaubt 93:5
— Gehör deines Herzens 113:16
— der Geist, der des Menschen Herz belebt, ist die Erkenntnis Gottes 134:3
— wäre Sein Gesetz so, daß es die Herzen aller mit Schrecken erfüllte, so wäre es dennoch nur offenbare Gerechtigkeit 88
— Herzen zum Glühen bringen 152
— niemandem hat Gott mehr als ein Herz gegeben 114:15
— Gott prüft durch dich die Herzen Seiner Diener 57:6
— mit Herz, Leib und Seele den Nichtigkeiten der Welt ergeben 113:16
— macht euer Herz frei von Liebe zu weltlichen Dingen 128:2
— Herzen der Menschen, Sein Besitz 102
— denkt im Herzen über Seine Sache nach 52:2
— dein Herz ist Meine Schatzkammer 152
— der Schlüssel, der die Herzen der Menschen öffnet 100:11, 115:3
— seines Herzens Sehnsucht 151:3
— Sehnsucht jedes verstehenden Herzens 95:4
— der Sitz des Allbarmherzigen 93:3
— Sitz der Offenbarung der inneren Geheimnisse Gottes 125:1
— was Er sich vorbehalten hat, sind die Städte der Menschenherzen 115:3
— der Thron der Offenbarung Gottes 93:5
— Verstand und Herz können niemals das Erzeugnis ihrer eigenen Vorstellung übersteigen 148
— verboten, dem Wahn ihrer Herzen zu folgen 100:9
— Er hat auf der ganzen Welt die Herzen Seiner Diener auserwählt 136:5
— Sich selbst hat Er aus der ganzen Welt die Herzen der Menschen erwählt 128:11
— Widerspenstigkeit des Herzens führt weit von Gott weg 93:5
— bestätige in deinem innersten Herzen dieses Zeugnis 94:2
Herzensblindheit 153:6
Herzensfreude 142:1
Hetzschriften 154:1
Heuchelei 23:3
Hilfe 27:3, 100:5
hilflos 127:4
Hilflose 100:8
Hilflosigkeit 23:5
— Eingeständnis der Hilflosigkeit, zu dem reife Überlegung jeden Geist führen muß 83:4
Himmel 98:5, 131:3
— sind gespalten 17:4
— wurden zusammengefaltet 17:4, 18:6
— Bedeutung des Wortes 82:11
— Erde und Himmel können Mich nicht fassen 93:5
— Meines Heiligtums vor eueren Augen verhüllt 71:1
— Name, der die Himmel spaltete und die Erde bersten ließ 143:4
— göttlichen Ratschlusses gespalten 76:7
— der Religion 155:6
Himmelbewohner 129:6
Himmelsdienerin 14:12, 69:5, 81, 129:8, 153:7
— Ich bin die Himmelsdienerin, das Reis, das vom Geiste Bahás gezeugt ward 129:11
Himmlische Heerscharen 11:1, 42, 69:3, 72:1, 76:10, 125:3, 135:3, 141:3, 145:1, 154:1
— weinen über dich 57:3
Hindernis
Hindernisse, die sich zwischen Seele und Leib legen 80:2
Hingabe 151:3, 160:3
Hinweis
auf das Bestehen zweier Götter 94:1
Hirngespinste 84:2
Hirte 159:3
— hüte dich, dem Wolf zu erlauben, Hirte der Herde Gottes zu werden 114:4
hochgesinnt 121:8
Hochmut 13:2, 35:1, 120:2
— hütet euch, daß nicht Hochmut euch abhalte, die Quelle der Offenbarung zu erkennen 105:5
hochroter Ort 98:2

Hochstehende
Eigenschaften der Hochstehenden 125:5
Hoffart 153:4
Hoffnung 14:7, 26:3, 26:4, 43:3, 66:6, 68:5
— laßt euere eitlen Hoffnungen nicht die Grundlage eueres Glaubens untergraben 153:3
— daß sich einer der Könige für den Triumph dieses Volkes erhebe 102
Hoffnungslosigkeit 16:3
Höflichkeit
laßt Wahrhaftigkeit und Höflichkeit euer Schmuck sein 139:8
Höhen
wißt ihr, aus welchen Höhen euer Herr ruft? 72:3
— die der sterbliche Mensch erreichen kann 109:1
— du wirst auf ihr weder Tiefen noch Höhen sehen 122
Hohepriester 35:3
Höhepunkt
Eingeständnis der Hilflosigkeit Höhepunkt menschlichen Verstehens 83:4
Hölle 17:4
— Staub der Hölle wird euch einhüllen 103:5
Höllenfeuer 129:13
— Hinweis der Propheten auf Höllenfeuer 81
— das Höllenfeuer für Licht halten 17:4
Hörer
beeinflussen 100:1, 158
— entflammen 157:3
— nicht jede zeitgemäße Äußerung ist tauglich für die Fassungskraft der Hörer 89:3
Huldigungen
des Báb an Bahá'u'lláh 6:2
Hunger 153:6, 153:8
— sich weigern, selbst wenn er Hungers stürbe, die Hand nach dem Eigentum seines Nächsten auszustrecken 137:3
Ḥusayn 32:1
— Märtyrertod des Imám Ḥusayn 113:14, S. 306
Hyazinthe 125:10, 152
Hymnen
der Verherrlichung und des Lobpreises 125:8
Ich
wer sich erhebt, die Sache seines Herrn zu lehren, der lehre vor allem sein eigenes Ich 128:6
Idol 13:4
Imám
Imáme des muslimischen Glaubens 22:2
Imám 'Alí 22:2, S. 304
Imám-Ḥusayn 9, S. 306
Inbrunst 142:5, 151:3

Individualität
jeder Manifestation Gottes 22:4
Inkarnation 20
'Iráq 15:3, 60:2, 65:6, 67:2, 113:19, 161:3
— Amtsträger, die dich im 'Iráq vertraten 114:20
— der Gesandte, der den 'Iráq verdarb 113:20
irdisch
irdische Dinge 71:3
— irdische Wohltaten haben Wir nicht zurückgewiesen 59:3
— von allem Irdischen lösen 157:2
irren 93:15
Irrende 91:1
Irrtum 116:3, 125:1, 125:6, 165
— im Irrtum leben 86:4, 100:11
— der sterbliche Mensch neigt zum Irrtum 93:6
Islám 28:1
Ismael 32:1
Israel
wartet bis auf den heutigen Tag 13:4
Jagd
nach dem, was eitel und gemein ist 96:2
Jahre
alle tausend Jahre wird die Stadt erneuert 125:10
Jahreszeit 124:3
Jahrhunderte
verlorene Jahrhunderte 71:3
— zahllose Jahrhunderte können seinen Bau nicht untergraben 110
— Lauf der Zeiten und Jahrhunderte 81
Jahr sechzig 33:2, 43:8
Jahrtausend
Anspruch einer unmittelbaren Offenbarung vor Ablauf eines Jahrtausends 165
Jähzorn 82:3
Javád 103:2, S. 307
Jenseits
so verschieden vom Diesseits.... 81
Jerusalem 10:1
— breite den Rock aus, o Jerusalem 59:4
Jesaja 10:2
Jesus 13:4, 13:6, 22:2, 22:4, 23:2, 26:3, 32:1, 105:3, 125:11
— Geist Gottes 47, 105:3, 116:1
— verglichen mit Muḥammad 13:6
— Menschensohn 36:1
— ist euch in Meiner Person wieder offenbart worden 47
— Christus, Seine Sendung 35:3
Jordan 59:3
— Sprache Abrahams, als Er den Jordan überschritt 87:4
Josef
ihr habt den göttlichen Josef um ein Spottgeld verschachert 103:4
Jota 65:3

345

Juden 47
— ohne Verständnis ihr Urteil über die
  Juden gesprochen 13:7
jüdisches Volk 23:2
Júk 87:7, S. 307
Jünger
  wahrer Jünger 60:3
Jungfrau
  Offenbarung Bahá'u'lláhs mit einer
  Jungfrau verglichen 129:8
Jüngling 139:2
— verschachere nicht diesen
  Jüngling 15:5
Juwel 132:5
Kaaba 11:4, S. 307
Ka'b-Ibn-i-Ashraf 13:8, S. 307
Kaiphas 35:3, S. 307
Kamál 109:1, S. 307
Kanaan 35:5
Kanal 125:7
Karbilá 39, S. 308
Karmel 105:3, S. 308
— der Thron Gottes 11
Kawthar 13:11, 22:2, 91:3, S. 308
Kelch
  den die Jünglinge des Himmels über
  euere Häupter erhoben haben 121:8
— reinen Lichtes 129:3
— der Unsterblichkeit 53:1
— der in Wahrheit Leben ist 139:2,
  164:2
— ergreife den Kelch der
  Unsterblichkeit 76:10
Kerker 63:1
Kerkerhaft 62:1
Kerkerzelle 39
Kette
  der aufeinanderfolgenden
  Offenbarungen 31
Ketten
  sprengen 151:3
Keuschheit 59:5
— Geschöpf makelloser Keuschheit 60:3
Khalíl 136:3
Kitáb-i-Aqdas, Auszüge 37, 56, 70, 71,
  72, 98, 105, 155, 159, 165, s.a. S. 309
Kitáb-i-Íqán, Auszüge 13, 19, 22, 90, 91,
  125, s.a. S. 309
Klage 142:3
Klangfolgen 57:1
Kleingeistigkeit 13:2, 159:1
Knechtschaft 34:2
— Menschheit aus ihrer Knechtschaft
  erlöst 45
— des Selbstes 136:1
Kommen des Verheißenen 6:1
König
  der wahre König 29:6
— ein solcher König ist der Brunnquell
  des Segens für die ganze Welt 105:7
— wer treulos gegen Gott handelt, wird
  auch treulos gegen seinen König
  handeln 114:3

— danke Gott, daß Er dich zum König
  über die gemacht hat, die deinen
  Glauben bekennen 114:6
— Hoffnung, daß sich einer der Könige
  der Erde für den Triumph dieses
  Volkes erhebe 102
— hole dir Rat bei den Ministern, wähle,
  was in deinen Augen das Beste 114:2
— großer Segen harrt des Königs, der sich
  erhebt, Meiner Sache zu helfen 105:7
— es geziemt jedem König, freigebig zu
  sein wie die Sonne 114:13
— Sultan 'Abdu'l-'Azíz 114:1
— Wir haben gelobt, Deinen Triumph auf
  Erden zu sichern, selbst wenn kein
  König sich fände 116:5
Könige 13:10, 102
— der Christenheit 116:1
— der Erde 105:1, 119:1, 119:2, 119:5
— der Erde, hütet euch, die Grenzen zu
  überschreiten, die der Allmächtige
  gesetzt 118:1
— der eine, wahre Gott hat die Herrschaft
  auf Erden den Königen
  übertragen 115:3
— dein Herr hat die Welt und ihre Städte
  den Königen der Erde in Obhut
  gegeben 139:5
— Herrscher und Könige, die Sinnbilder
  der Macht Gottes 112
— alle Könige achten und ehren die
  Nachkommen ihrer Propheten und
  Heiligen 113:9
— Sinnbilder Seiner Herrschaft 105:5
— Sinnbilder Seiner eigenen
  Macht 139:5
— ihr seid nur Vasallen, o Könige der
  Erde 105:5
— müssen einer allumfassenden
  Versammlung beiwohnen 117
Königreich
  Wir haben nicht den Wunsch, Hand an
  euere Königreiche zu legen 105:6
Konstantinopel 65:1, 66:1, 113:1, 114:10
Körper
  menschlicher 83:1, 83:3, 95:2
— Gaben, mit denen der menschliche
  Körper ausgestattet ist 95:1
— seid wie die Glieder eines
  Körpers 72:4
— das ganze Menschengeschlecht als eine
  Seele und ein Körper 107
— der Menschheit muß mit dem Gewand
  der Gerechtigkeit und Weisheit
  geschmückt sein 34:7
— Nägel und Augen sind beides Teile
  eueres Körpers 93:9
— betrachtet die Welt wie einen
  menschlichen Körper 120:1
Kosmologie s.a. Schöpfung
  26:2, 27:4, 82:10, 82:11,
  84:1, 93:1, 93:14, 94:1
Kraft 5:2, 6:2, 74, 82:7, 92:2
Kräfte
  verborgene 38

Kranke 34:6
Krankheit 16:3, 34:6, 80:1, 106:1, 120:1
— jede Krankheit geheilt 36:3
— selig, wer in Krankheit und Not geduldig bleibt 66:11
Krieg 16:3
— durch Krieg verwüstet 112
Kriegsgerät 118:2
Kriegsrüstung 119:4
kritisch
  Reden und Schriften der Menschen nicht zu kritisch betrachten 154:1
Kultivierung
  aller Wesen hängt von Ihm ab 93:14
Kultur
  alle Menschen erschaffen, eine ständig fortschreitende Kultur voranzutragen 109:2
Kumayl 90:2, S. 309
Kunst 163:2
Künste 36:1, 74
— Künste und Wunder der Welt 81
— Künste und Wunderwerke der Welt 82:7
Kupfer
  Kupfer in Gold verwandeln 97
Lästerer 76:3
Lampe 13:3, 27:3, 80:2,
— Lampe für die, so im Dunkeln 130
— Lampe der Führung 14:3, 66:9
— Lampe Gottes 85:2
— Lampe die ihr Licht spendet und sich dabei selbst verzehrt 128:7
Land
  verheißenes 163:7
— kein Land, das nicht das Blut dieser Verkörperungen der Loslösung getrunken 91:3
— Land des Geheimnisses (Adrianopel) 58:1
— die ihr Land verlassen haben, um Unsere Sache zu lehren, wird der Geist des Glaubens durch seine Macht stärken 157:1
— die Lebenskraft des Glaubens der Menschen an Gott stirbt aus in allen Landen 99
— von Ṭá (= Ṭihrán) 63:1, 63:2, s.a. S. 315
— von Ṭá Mittelpunkt, um den sich Seine Geliebten sammeln 55:3
— von Ṭá Quell der Freude für die ganze Welt 56:1
— von Ṭá zum Sitz Seines Thrones gemacht 55:1
— Schutz eurer Gebiete und Länder 119:4
Langmut 134:2, 139:8
— Seine große Langmut hat Seine Geschöpfe kühn gemacht 100:8
— erweist einander Langmut, Wohlwollen und Liebe 5:3

lärmend
  seine Treue bekunden 163:5
Last
  bürdet keiner Seele eine Last auf, die ihr selber nicht tragen wollt 66:8
Lasten
  Wir sehen euch Ausgaben vermehren und deren Lasten euren Untertanen aufbürden 119:2
Laster
  die ihren Lastern und Begierden folgen 113:3
Lauterkeit 130
leben
  wer tot bleibt, soll niemals leben 106:3
Leben 17:1, 18:7, 63:2, 80:1, 151:4
— s. ewiges Leben
— ein keusches gottesfürchtiges Leben führen 59:5
— neues Leben 41, 125:6
— opfert euer Leben zum Beistand dieses Königs 105:7
— Gelehrte haben das Leben dieser Erde auf einige Tausend Jahre anberaumt 82:11
— jeder menschlichen Gestalt neues Leben einflößen 74
— Seine Gnade umfaßt alle, die mit dem Gewande des Lebens bekleidet sind 66:13
— wer Gott folgt, wird, wenn er aus diesem Leben scheidet, 86:4
— »das künftige Leben« ist alles, was euch sicher macht, daß ihr Gott nahe kommt 128:4
— neues Leben in jede menschliche Hülle 43:2
— das wahre Leben aller Menschen hängt von den Gläubigen ab 96:3
— der Menschheit ist aufgewühlt 70:1
— wenn ihr nach diesem Leben und seinen Nichtigkeiten trachtet 66:4
— so eng verwachsen, als wären sie eine Seele 86:1
— der Sucher sollte nicht zögern, sein Leben für seinen Geliebten hinzugeben 125:3
— die Tage eures Lebens werden ablaufen 65:7
— Tage eures Lebens sind fast dahin, o Volk 66:6
— verbringt die kostbaren Tage eures Lebens damit, die Welt zu bessern 92:3
— die Tage eures Lebens verfliegen wie ein Windhauch 71:3
— Tod, der Kelch, der in Wahrheit Leben ist 164:2
— nach dem Tode: elend ist die Wohnstatt der Übeltäter 113:15
— laßt euch von diesem Leben und seinem Trug nicht trügen 103:6
— Leben der Tugend 43:4
— Wasser des Lebens 106:3

347

- die Wasser ewigen Lebens, die den Worten des Herrn der ganzen Menschheit entströmen 160:2
- neues Leben durchpulst in dieser Zeit alle Völker der Erde 96:2
- ich schätze dieses irdische Leben nur wegen des einen Zieles 142:8

Lebensader
  näher als euere Lebensader 153:5

Lebenselixier 99

Lebenskraft 81
- des Glaubens der Menschen an Gott stirbt aus 99

Lebensodem 155:2

Lebensquell 84:1

Lebensunterhalt
  Pflicht, die Mittel zum Leben zu verdienen 100:5

Lebenswandel 66:9

Lebenswasser 142:1

Lebensziele
  schmutzige 91:3, 91:4

Legitimation
  bin aus Meinem eigenen Recht sein Herrscher 14:15

Lehensgewalt 53:1

Lehensherr 105:1

Lehm 125:1, 135:5
- ein Hauch von Feuchtigkeit, um den verhärteten Lehm zu lösen 43:2

Lehrauftrag 10:2, 14:10, 17:7

Lehre 37:3
- alle verborgenen Lehren 125:8
- Lehren der Manifestationen Gottes führen zu Fortschritt und Entwicklung der Menschen 27:5

Lehren
  5:1, 5:3, 10:2, 11:4, 15:6, 17:7, 46:4, 71:1, 92:1, 92:3, 100:3, 100:12, 109:2, 115:3, 126:4, 128:5, 128:7, 129:2, 129:3, 129:4, 129:5, 132:5, 139:4, 139:5, 139:8, 141:5, 142:5, 142:8, 142:9, 143:1, 154:1, 154:2, 157:2, 157:3, 161:2,
- die Feder des Höchsten hat jeden die Pflicht auferlegt, diese Sache zu lehren 144:1
- nicht durch Gewalt, sondern durch die Kraft des Wortes 128:10
- wir werden jedem, der sich für den Sieg Unserer Sache erhebt, mit den himmlischen Heerscharen und einer Schar Unserer begünstigten Engel beistehen 72:1
- wer sich erhebt, um Unserer Sache zu helfen, wird sicherlich die ganze Welt beeinflussen 131:4
- lehre die Sache Gottes 128:10
- die ihr Land verlassen haben, um Unsere Sache zu lehren, wird der Geist des Glaubens durch seine Macht stärken 157:1
- jedem zur Pflicht gemacht, Seine Sache zu lehren 158
- wer sich erhebt, die Sache seines Herrn zu lehren, der lehre vor allem sein eigenes Ich 128:6
- Voraussetzungen, um die Sache zu lehren 100:1

Lehrer 128:10

Leib 80:1, 80:3, 95:1
- mit Herz, Leib und Seele den Nichtigkeiten der Welt ergeben 113:16
- Hindernisse, die sich zwischen Seele und Leib legen 80:2
- Seele des Menschen über alle Gebrechlichkeit des Leibes und des Verstandes erhaben 80:2
- Trennung der Seele vom Leib 81, 86:1, 86:3
- euere Leiber werden in einem Bett von Staub zur Ruhe gelegt 151:4

Leid 68:1, 145:1
- davon abstehst, anderen das Leid zuzufügen, das du Uns zugefügt hast 113:22
- ist ein Horizont für Meine Offenbarung 17:6
- Mein Leid kommt von denen, die in verderbte Leidenschaften verstrickt sind und behaupten, dem Glauben Gottes anzugehören 46:3

Leiden 138:3, 141:2
- dulden Leiden, damit ihr blühet und gedeihet 45
- um Meinetwillen 142:4
- verbergen 100:4
- Arznei gegen alle Leiden 92:1
- unser Blut vergossen, unseren Besitz geplündert, unsere Ehre verletzt 116:2
- nie habe Ich Mich mit den Leiden abfinden können, die Meine Geliebten befallen 142:1
- der Manifestationen Gottes 13:8, 13:9, 15:2, 17:5, 23:2, 23:4, 35:6, 36:1, 39, 46:1, 46:2, 46:3, 47, 59:2, 62:1, 62:2, 66:10, 66:11, 66:12, 76:5, 81, 100:2, 100:6, 113:6, 113:7, 113:9, 113:10, 113:12, 114:16, 114:17, 114:18, 114:19
- und Nöte, die Uns prüfen 116:4
- Seele bleibt unberührt von jedem körperlichen Leiden 80:2
- schwere Leiden von allen Seiten über euch 108

Leidenschaft 46:3, 82:1, 85:3, 100:2, 153:1

Leidenschaften 126:4, 135:4, 137:3, 153:6, 155:2
- ungezügelte 147:2
- Bitte um Schutz vor Leidenschaften und Begierden 138:3

Leistung 86:2

Leitstern
  Haus Gottes Leitstern einer anbetenden Welt 57:1

Leuchte, göttliche 13:11

Leuchten
  Seiner gnädigsten Gunst 14:14
— der Gelehrsamkeit und Weisheit 75:3
Licht 17:4, 17:6, 19:4, 43:7, 52:3, 52:4, 80:2, 80:4, 90:2, 115:1, 153:5, 162:2
— hochrotes 129:7
— Sein Licht widerstrahlen 82:1
— wie töricht sind jene, die über die zu frühe Geburt Seines Lichtes murren 50
— Gottes 34:6, 34:7, 114:15
— Kelch reinen Lichtes 129:3
— göttlicher Offenbarung 38
— Offenbarung des Größten Lichtes 90:1
— das diese Seelen ausstrahlen 81
— dieses Tages 85:3
Lichtkörper
  Strahlen dieses mächtigen Lichtkörpers die ganze Erde umhüllen 111
Lichtquell
  für alle Völker 63:1
Liebe 5:1, 5:3, 43:6, 122, 125:6, 132:3, 142:1, 149, 151:3, 153:5, 156, 157:3
— Meine unsterbliche Liebe 153:1
— Meine Liebe ist Mein Banner 15:4
— Becher Seiner Liebe 76:10
— Festigkeit in Seiner Liebe 133:2
— zu einem Fremdling 114:15
— haltet Meine Gebote aus Liebe zu Meiner Schönheit 155:4
— den Geist der Liebe und Verbundenheit unter den Menschen zu pflegen 110
— der Glanz des Feuers eurer Liebe wird die Völker und Geschlechter der Erde einen 43:7
— Gottes 123:3
— von Gott für Seine Liebe auserkoren 86:7
— solche Liebe 114:15
— solche Liebe und solcher Haß 125:1
— wenn Du Liebe Deines Herrn verspürst 129:10
— wollt ihr Meine Liebe verschmähen und begehen, was Mein Herz grämt? 141:3
— macht euer Herz frei von Liebe zu weltlichen Dingen 128:2
— zu der Manifestation 139:7
— zum Vaterland ein Bestandteil des Gottesglaubens 43:6
Liebende
  des einen, wahren Gottes 3:2
Liebender
  sehnsüchtig Liebender 151:1
liebevoll
  seid liebevoll zueinander 147:1
Lieblichste
  des Landes 123:1
Lieder 34:3
List 85:2, 106:2, 114:4
— Sein unwiderruflicher Ratschluß übersteigt all eure List 113:11
Lobgesang 129:8

Lobpreis 34:1, 124:1, 144:2, 148, 162:1
— Hymnen der Verherrlichung und des Lobpreises 125:8
— selig die Stunden, die Seinem Lobpreis galten 71:3
Lockung
  Lockungen eurer bösen und verderbten Wünsche 100:1
Lohn 43:5, 59:5, 66:10, 121:8, 161:2
— weil du Ihn suchtest 15:2
— Er heischt keinen Lohn 66:5
— nicht verfehlt 85:1
— für den, der um der Offenbarung willen einen Tropfen Blut vergießt 3:2
— Ordnung dieser Welt auf Lohn und Strafe errichtet 112
Lösegeld
  Er hat Sein Leben als Lösegeld für die Erlösung der Welt dargebracht 146
— für die Sünden und Frevel aller Völker 32:1
Loslösung 14:18, 16:1, 17:1, 19:5, 22:6, 27:3, 27:4, 29:2, 32:1, 34:2, 46:4, 60:3, 66:11, 71:2, 72:3, 81, 91:2, 91:3, 91:14, 100:1, 100:10, 105:2, 105:6, 113:24, 115:2, 121:4, 121:6, 126:4, 140:3, 144:1, 149, 153:5, 157:2, 157:3
— einzige Absicht, den Menschen weiterzureichen, was Gott befohlen hat, damit es sie von allem, was dieser Welt angehört, loslöse 54
— kein Land, das nicht das Blut dieser Verkörperungen der Loslösung getrunken 91:3
— verkündet Seine Sache in vollkommener Loslösung von aller Gelehrsamkeit der Menschen 35:5
— erhebt euch auf den Schwingen der Loslösung über alles 72:2
— Seelen, Sinnbilder der Loslösung, sind der Sauerteig der Welt 82:7
— Sinnbilder wahrer Loslösung 76:10
Lüge
  stelltet Sein Zeugnis als Lüge hin 76:7
Lügner 115:10, 165
Lüste 152
— streift ihr voll Ergötzen durch das Tal euerer vergänglichen Lüste 116:1
Luftspiegelung
  die Welt ist wie die Luftspiegelung in der Wüste 153:8
Macht 6:2, 13:3, 14:1, 14:2, 14:18, 15:1, 15:3, 23:5, 25, 26:1, 26:4, 27:5, 29:3, 29:6, 30, 114:5
— belebende 36:1
— unumschränkte 49
— Seine Macht offenbart 70:2
— Beweise Seiner Macht 26:3
— Er hat Macht über alle Dinge 29:5, 142:9
— keine Macht kommt an sieghafter Gewalt der Macht der Gerechtigkeit und Weisheit gleich 112

349

- Herrscher und Könige, die Sinnbilder der Macht Gottes 112
- die an der Macht sind, haben die Pflicht, Mäßigung in allen Dingen zu üben 110
- jede geläuterte Seele mit gewaltiger Macht begabt 80:2
- Sinnbilder Seiner eigenen Macht 139:5
- das Wesen aller Macht ist Gottes 162:1
- des Wortes Gottes 36:3
- bald werden die Zügel der Macht in die Hände des Volkes übergehen 56:3

Mächtigste
Waage 135:4

Machtlosigkeit
die Wirklichkeit der Verstandeskraft hinreichend zu verstehen 83:4

Mächtige
weder die Pracht der Mächtigen noch das Gut der Reichen oder die Überlegenheit der Gottlosen werden dauern 71:3

Magd 68:5

Magnet
eine freundliche Zunge ist ein Magnet für die Menschenherzen 132:5

Mahner
sei ein Mahner dem Reichen 130

Mahnwort
wann immer der Wahre Ratgeber ein Mahnwort sprach, beschuldigten Ihn alle, Er sei ein Unheilstifter 112

Majestät 162:1

Makel
bösen Verlangens 35:6

Maler 160:1

Mangel
daß keiner unter ihnen Mangel leide oder durch Überfluß verwöhnt werde 114:9

Manifestation Gottes
s. auch Boten / Offenbarer / Propheten 13:2, 14:7, 30, 31, 76:6, 86:5, 93:12, 133:2, 143:4
- Er tut, was Ihm gefällt 155:6
- Er tut, was immer Er will 102
- Ablehnung der Manifestationen Gottes 13, 16:3, 17, 18, 29:4, 35:1, 35:2, 35:3, 35:4, 35:6, 39
- (Amtsgewalt) würde Er für rechtmäßig erklären, was verboten war 37:2
- dem äußeren Anschein nach aller irdischen Majestät beraubt 19:5
- durch ihr Antlitz die Schönheit Gottes enthüllt 22:6
- göttlicher Arzt 34:6
- mit einem Arzt verglichen 120:3
- Aufgangsorte der Eigenschaften Gottes 19:5
- Aufgabe 105:6
- Ihr Auftrag 27:4
- Bahá'u'lláh, den die Manifestationen des Allherrlichen umkreisen 139:2
- kann keinen größeren Beweis für die Wahrheit Ihrer Sendung erbringen als den Beweis Ihrer eigenen Person 20
- Beziehung zu Gott 40
- Edelsteine der Heiligkeit aus dem Reiche des Geistes 19:2
- Ihre Einheit 13:6, 19:4, 22:1, 22:2, 22:3, 22:6, 22:8, 24, 34:3
- Manifestationen der Einheit Gottes 13:5, 113:24
- Inbegriff der Einheit 1:2
- Ihre Erkenntnis, Macht und Herrschaft ist von Gott 19:3
- Erkenntnis Gottes nur durch die Manifestation Gottes 20
- Ihr Erscheinen zu allen Zeiten erwartet 13:1
- Geliebte Gottes in ihren Tagen über alle menschliche Gelehrsamkeit erhoben und unabhängig 124:4
- Manifestationen göttlicher Gerechtigkeit 29:3
- wir sehen keinen, der Dir folgt, bis auf unsere Geringsten 91:1
- in den von Ihr verordneten Gesetzen ist das Wesen der Gerechtigkeit verkörpert 88
- ohne irdische Gewalt und weltliche Herrschaft 29:3
- durch die Manifestationen haben die Gnadengaben Gottes allezeit die Erde umschlossen 13:2
- und Gott als einen und denselben betrachten 84:4
- aus Gottes eigener Substanz geboren 27:4
- wer sie erkennt, hat Gott erkannt 21
- erster Herr der ganzen Menschheit 91:6
- irdische Herrschaft der Manifestation 13:10
- Inbegriff des Wissens 1:2
- Ihre Leiden 13:8, 13:9, 15:2, 23:2, 23:4, 39, 46:1, 46:2, 46:3, 47, 59:2, 66:11, 76:5, 81, 113:6, 113:7, 113:9, 113:10, 113:12
- Liebe zu der Manifestation 139:7
- als Lügner bezeichnet 91:1
- Seine Macht aus dem allmächtigen Gott geboren 36:2
- Er befiehlt allen Menschen, was recht ist, und verbietet, was ihre Stufe herabsetzt 92:3
- unter allen Menschen sind die vollendetsten die Manifestationen 90:2
- Manifestationen herniedergesandt, die Menschheit zu dem einen, wahren Gott zu rufen 87:6
-- Mittelpunkt (der Schöpfung) 1:3
- aus ihrem Munde die Sprache Gottes 22:6

- Namen einiger Manifestationen vergessen 87:6
- Namen s. auch Namen Gottes
- — »Auge der Größe« 76:3
- — Meer der grenzenlosen Güte Gottes 23:1
- — Perlen der Loslösung 81
- — Das Altehrwürdige Sein 78:3
- — Tagesgestirn göttlicher Großmut 23:1
- — Sein Vielgeliebter 113:4
- Zweifache Natur 27:4
- haben sich wie ein Nichts angesehen 22:9
- Offenbarer Seiner Namen 53:1
- Person Seiner Manifestation 91:1
- der Pfad Gottes, der diese Welt mit den Reichen der Höhe verbindet 21
- Pflicht zur Offenbarung 41
- Quellen göttlicher Erkenntnis 22:5
- Quellen der Reinheit und Heiligkeit 13:4
- Quelle allen Wissens 89:4
- höchstes und unfehlbares Richtmaß der Gerechtigkeit 88
- Unserer Schönheit in ihrer nachfolgenden Offenbarung 135:4
- reine, unbefleckte Seele 27:4
- Seines eigenen Selbstes mit Seiner Botschaft an die ganze Menschheit betraut 49
- jede Sendung vorgezeichnet 22:4
- Sinnbilder göttlicher Einheit 21
- Sinnbild der Nähe Gottes 29:4
- Sonnen göttlicher Führung 21
- »Ich bin Sonne von gestern« 13:6
- Erste Spiegel 19:3
- Spiegel Gottes 19:3, 30
- sprechen dieselbe Sprache und verkünden denselben Glauben 22:3
- unterschiedliche Sprechweise 22:6
- Stimme Gottes 27:4
- Stufe der Auszeichnung, der Unterscheidung 22:7
- zweifache Stufe 22:2-10, 27:4
- Stunde, da die höchste Manifestation Gottes sich enthüllt 78:3
- Tage der Manifestation Gottes eine einzigartige Auszeichnung 124:3
- Tagesanbruch für Gottes trefflichste Namen 28:2
- Tagesanbruch der Zeichen der Offenbarung 20
- jede Träger einer besonderen Botschaft 31
- Träger für die Übermittlung der Gnade Gottes 27:5
- Treuhänder Gottes 22:1
- Ihr Tun und Handeln im Einklang mit Seinem Willen 84:4
- Unterschiede der Namen 13:6
- Urspiegel des göttlichen Seins 30
- Urquellen der Weisheit 1:2
- würde alles Verborgene offenbart, dann zweifelte niemand 29:3
- höchste Verkörperungen der Wahrnehmung 1:2
- Verleumdungen der Manifestationen Gottes 13:9
- Vermittler göttlicher Gnade 19:3
- Ihre Verschiedenheit 13:6, 19:4
- Verschiedenheit von Stufe und Sendung 22:5
- jeder Weg zum Verständnis der Manifestation verschlossen 1:4
- Vertreter und Sprachrohr Gottes 28:2
- einsam inmitten des Volkes 39
- Werkzeuge Gottes 1:2
- Wesen der Loslösung 19:5, 27:4
- Wesenseinheit 22:2
- alle außer diesen leben durch das Wirken ihres Willens 90:2
- innerste Wirklichkeit 27:4
- Zeichen der Manifestation Gottes 13:4
- sobald Wir die Zeichen Gottes auf Wunsch offenbarten, wurde Gottes Wahrheit zurückgewiesen 67:5
- Zeitpunkt des Erscheinens von Gott bestimmt 25
- Ziel alles Wissens 89:4

Maria 22:4, 32:1
Märtyrer 55:1, 59:1, 63:2, 69:2, 91:3, 91:5, 91:6
Märtyrertod
 des Imám Husayn 113:14
- kann Ihm keinen Schmerz zufügen 115:9

Märtyrertum
 das Zeugnis für die Wahrheit dieser Offenbarung 91:6

Maß 34:4, 38
- jedem ist ein vorbestimmtes Maß zugewiesen 77
- neues Maß an Gottes Licht 34:7
- er, der Gott nach dem Maß seines eigenen Selbstes zu messen versuchte 127:3
- niemand soll der Größe des Gefäßes achten 15
- der Offenbarung 31, 33:2, 34:4
- Tablet, worin Er allem und jedem sein festgesetztes Maß 118:6
- das Maß eigenen Wissens dem Zeugnis Gottes anlegen 13:2

Massenmord 29:5
Mäßigung
 wer sich an die Gerechtigkeit hält, kann auf keinen Fall die Grenzen der Mäßigung überschreiten 163:2
- überschreite nicht die Grenzen der Mäßigung 114:9, 118:2
- was die Grenzen der Mäßigung überschreitet, hört auf, wohltätigen Einfluß auszuüben 110
- in allen Dingen 110
- alles ist dem Grundsatz der Mäßigung unterworfen 163:3

Maßstäbe 22:7
Materialismus 96:2

Materialisten 81
Materie 99
Medina 35:4
Meditation 148
Meer 14:16
— das größte Meer 23:4, 29:2
— dieses größte Meer ist euch nahe 153:5
— nimm dir deinen Anteil aus dem Meer Seiner Gnade 129:1
— Meiner Äußerung verebbt sein wird 72:1
— das ewige Meer Gottes 93:8
— das Meer, aus dem alle Meere hervorgegangen sind 51
— Meine von Gott verordnete Offenbarung mag mit einem Meere verglichen werden 153:5
— versenkt euch in das Meer Meiner Worte 70:2
Mehl 82:7
Meistgeliebter 35:4, 43:5, 85:3
— Schönheit seines Meistgeliebten in Seinem neuen Gewande 85:1
Mekka 35:4
Melodie 52:5, 57:1
Mensch 3:2, 80:1, 161:5
— bedenke, wie oft ein Mensch sich selbst vergißt 93:6
— nichts außer Ihm kann euch nützen 76:6
— keine zwei Menschen äußerlich und innerlich einig 112
— Absicht, alle Menschen mit Rechtschaffenheit und Verstand zu begaben 101
— was ihr an Anlagen besitzt, kann nur als Ergebnis eueres eigenen Wollens offenbar werden 77
— Anstrengungen, die der Mensch bewußt unternimmt 124:3
— Unsere Aufgabe ist, die Herzen der Menschen zu ergreifen und zu besitzen 105:6
— Auszeichnung und Fähigkeit, Gott zu erkennen und zu lieben 27:2
— sein wahrer Fortschritt...immer von den Gesetzen Gottes abhängig 133:1
— Band der Dienstbarkeit vom Schöpfer ein Zeichen Seiner gütigen Huld 94:4
— Bestimmung 16:1, 122
— Brennpunkt Seiner Namen und Eigenschaften 27:2
— Der ist wirklich ein Mensch, der sich heute dem Dienst am ganzen Menschengeschlecht hingibt 117
— wird befähigt, alle erschaffenen Dinge zu unterwerfen 149
— das edelste und vollkommenste aller erschaffenen Dinge 90:2
— Entscheidungsfreiheit 66:13, 70:2, 70:3
— Erfolg oder Verlust hängen vom eigenen Bemühen ab 34:8
— Erschaffung des Menschen 77
— — auf Erziehung angewiesen 122
— seine Erziehung ist Zweck der Offenbarung 81
— Entfaltung seiner Fähigkeiten Hauptzweck der Schöpfung 27:2
— Fähigkeit, Gott zu erkennen und die Größe Seiner Herrlichkeit widerzuspiegeln 34:1
— mit Verstand begabt 83, 95:1
— der Geheimnisse unkundig, die in ihm selbst ruhen 93:6
— der Mensch ist Mein Geheimnis, und Ich bin sein Geheimnis 90:1
— der Geist, der des Menschen Herz belebt, ist die Erkenntnis Gottes 134:3
— kann tiefer sinken, als die niedrigsten Geschöpfe 101
— Gipfel menschlicher Entwicklung 83:4
— der Glaube eines Menschen kann nur von ihm selbst abhängen 75:1
— Glückseligkeit harrt des Menschen, der all seine Habe aufgibt 107
— nicht alle Menschen vor Gott gleich 93:7
— Gott ist dem Menschen näher als dessen eigenes Ich 93:6
— der hat Gott erkannt, der sich selbst erkannt hat 90:1
— Grenzen, die kein menschliches Wesen je überschreiten kann 148
— zur Harmonie und Einigkeit erschaffen 112
— Höhen, die der sterbliche Mensch an diesem Tage erreichen kann, noch nicht enthüllt 109:1
— neigt zum Irrtum 93:6
— alle Menschen erschaffen, eine ständig fortschreitende Kultur voranzutragen 109:2
— entwickelt sich durch die Lehren der Manifestationen Gottes 27:5
— unter allen Menschen sind die vollendetsten die Manifestationen 90:2
— fähig, die Manifestationen Gottes zu erkennen 13:2, 52:2
— Menschen lehnten zu allen Zeiten die Manifestationen Gottes ab 13, 35:1
— im Menschen sind alle Namen und Eigenschaften Gottes der Anlage nach offenbart 90:1
— jeder Mensch ist fähig, die Schönheit Gottes wahrzunehmen 75:1
— die Seele des Menschen und ihr Fortleben nach dem Tode s. auch Unsterblichkeit 81
— die Seele des Menschen ist die Sonne, die seinen Leib erleuchtet 80:4
— wahres Selbst 27:5
— Selbsterkenntnis 1:5
— Spiegel Gottes 27:2
— Spiegel der Manifestationen 30
— alle aus dem gleichen Stoff erschaffen 34:8

— Streit, Hader und was immer der Geist des Menschen verabscheut, sind seiner Stufe unwürdig 96:3
— Stufe des Menschen 1:5, 3:2, 4:1, 16:1, 27:5, 35:6, 100:8, 101, 136:4, 161:5
— selig der Mensch, der diese Stufe erreicht 84:4
— Er befiehlt allen Menschen, was recht ist, und verbietet, was ihre Stufe herabsetzt 92:3
— ist der höchste Talisman 122
— wie die Tiere auf dem Felde zu leben, ist des Menschen unwürdig 109:2
— alle Menschen werden nach ihrem leiblichen Tode den Wert ihrer Taten abschätzen 86:4
— Tugenden und Würde 109:2
— ihre Verderbtheit 32:2
— seine Verhaftung in der Tradition 13:11
— verlangen, was ihnen schadet, verwerfen was ihnen nützt 159:1
— wenn ihr glaubt, so glaubt ihr zu euerem eigenen Vorteil 76:8
— was nützte es dem Menschen, wenn er verfehlte, die Wahrheit Gottes anzuerkennen? 76:4
— Wesen des Menschen 1:5
— Wiedergeburt 74
— seine Wirklichkeit 27:2-4, 34:1
— durch ein Wort Gottes ins Dasein gerufen 122
— Zweck und Ziel seiner Erschaffung 29:1

Menschen
Notwendigkeit für allumfassende Versammlung der Menschen weltweit erkannt 117
— zu Verfechtern **einer** Ordnung und zu Bewohnern **einer** Stadt werden 156
— Ziel, daß alle Menschen als eine Seele betrachtet werden 122

Menschengeist 75:3

Menschengeschlecht
von großen Drangsalen umgeben 106:2
— Hauptzweck Seiner Religion, das Wohl des Menschengeschlechts zu sichern 110
— der ist wirklich ein Mensch, der sich heute dem Dienst am ganzen Menschengeschlecht hingibt 117
— das ganze Menschengeschlecht als eine Seele und ein Körper 107

Menschenherzen
was Er sich vorbehalten hat, sind die Städte der Menschenherzen 115:3

Menschenseelen 86:1

Menschensohn
die ganze Schöpfung weinte in großer Trauer, als der Menschensohn Seinen Geist zu Gott aufgab 36:1

Menschheit 5:1, 7:1, 43:8, 59:1, 115:2
— beraten miteinander, was der Menschheit nützt 120:1
— ohnmächtig ist die Menschheit vor Uns niedergesunken 18:2
— Er ruft die ganze Menschheit 109:1
— Absicht Gottes bei Seiner Selbstoffenbarung ist, die Menschheit zu Wahrhaftigkeit aufzurufen 137:4
— der allwissende Arzt legt Seinen Finger an den Puls der Menschheit 106:1
— Auferstehung der ganzen Menschheit 14:10
— durch die Bewegung Seiner Feder die Seele der Menschheit in Aufruhr 72:2
— wie lange wird die Menschheit in ihrem Eigensinn verharren 110
— Einheit der Menschheit 100:7
— Erlösung der Menschheit 45
— mit der Fähigkeit ausgestattet, auf Gottes Wort zu hören 43:8
— verdient Folter und Untergang 32:2
— plötzlich wird erscheinen, was der Menschheit Glieder zittern macht 61
— was ihr Glück wieder herstellt 43:4
— ihr Körper muß mit dem Mantel der Gerechtigkeit und Weisheit geschmuckt sein 34:7
— von mannigfachen Krankheiten befallen 34:6
— ihr Leben ist aufgewühlt 70:1
— Manifestationen gesandt, die Menschheit zu dem einen, wahren Gott zu rufen 87:6
— mit Seiner Botschaft an die ganze Menschheit betraut 49
— Mittel ihrer Erziehung 43:6
— Meine Offenbarung hüllte die ganze Menschheit in ihr Licht 121:1
— die Menschheit auf den geraden Pfad der Wahrheit zu führen 81
— Ratschläge, die die Bedürfnisse der ganzen Menschheit befriedigen können 131:1
— bald wird die ganze Menschheit in seinem Schutze versammelt 43:1
— Stufe, welche der ganzen Menschheit Gewähr für Schutz und Sicherheit bietet 132:4
— Stufe der Reife erreicht 33:2
— laßt euere Taten Führung für die ganze Menschheit sein 139:8
— der Menschheit zur Warnung dienen 66:3
— von ihrem Weg abgeirrt, hat sich ihrer eigenen Herrlichkeit verschlossen 3:1
— das höchste Wohl der ganzen Menschheit 112
— die Wohlfahrt der Menschheit, Friede und Sicherheit unerreichbar, wenn und ehe nicht ihre Einheit fest begründet 131:2
— Sein Wort ruft die Menschheit vor Ihn 92:1

353

— im Zustand schmerzlicher
    Erniedrigung 43:3
messianisch
    messianischer Geist 125:9
Messias 13:4
Mihdi
    Unser Diener 58:1
Milde 115:5
Mineral 97
Minister
    von denen du den Duft des Glaubens
    und der Gerechtigkeit
    verspüren 114:2
— geziemt es, die Gebote Gottes zu
    halten 65:3
— hüte dich, deine Minister auf Kosten
    deiner Untertanen zu erhöhen 114:11
Missetaten
    Ihn schmerzen die Missetaten der
    Geliebten Gottes 115:9
Mitleid 109:2
Mitmensch 137:5
— geziemt es den Geliebten Gottes, mit
    ihren Mitmenschen nachsichtig zu
    sein 115:4
Mittel 34:5, 74
— die am besten den Erfordernissen des
    Zeitalters entsprechen 34:6
— Pflicht, die Mittel zum Lebensunterhalt
    zu verdienen 100:5
— höchstes Mittel und mächtigstes
    Werkzeug für die Heilung der ganzen
    Welt 120:3
Mond
    Der, der den Mond spaltet 105:4
— göttlicher Führung 91:1
— der Mond eitlen Wahns ist
    gespalten 17:2
Mondschein 34:4
Morgengebet 125:3
Morgengrauen 138:1
Moschusduft 153:7
Mose 13:3, 13:4, 13:7, 22:2, 23:2, 26:3,
    105:3, 113:4, 125:11
Muḥammad 13:7, 22:2, 23:2, 27:4, 28:1,
    32:1 33:2, 35:4, 82:9, 125:11, s.a. S.
    309
— der Bote Gottes 47
— ist unser Erster 22:3
— der Gesandte Gottes 22:8
— verglichen mit Jesus 13:6
— Leiden Muḥammads 13:8
— Ich bin Er und Mein Selbst ist Sein
    Selbst 97
— Verleumdung Muḥammads 13:9
— »Wer unter euch erhöht ist« 35:4
— Tablet an Muḥammad 57:1
Muḥammad-'Alí 140:1
Mund
    Gottes 74
— Staub füllt euch den Mund 103:4
Muslime
    »die sich Ihm ergeben haben« 113:10
Musṭafá 62:1, s. a. S. 310
Mustagháth 30, S. 310

Mutter
    Ashrafs Mutter 69:1
— Leib euerer Mutter 66:4
— vergib unseren Vätern und unseren
    Müttern 138:5
— der Welt 63:1
Mutterbuch 14:16, 44:3, 98:5, 111,
    143:1, S. 310
Mutterleib
    Welt des Kindes, das noch im
    Mutterleib ist 81
Muttermilch
    Säugling, der der Muttermilch
    entwöhnt wird 88
Mysterium 19:1
Mystiker 26:3, 148
mystisch
    mystische Schriftrolle 129:6
— mystisches Tabernakel 90:1
mystischer Herold 125:6
Nabíl-i-A'ẓam 139:1, S. 310
Nachahmung
    blinde 84:2
— zerschlagt der Götzen leerer
    Nachahmung 75:1
Nachfolger
    der behauptet, Nachfolger seines Herrn
    zu sein 128:1
Nachkommen
    alle Herrscher und Könige der Erde
    achten und ehren die Nachkommen
    ihrer Propheten und Heiligen 113:9
Nachlässigkeit 50, 152
Nachrede
    üble 125:3
Nachsicht 137:4
— geziemt es den Geliebten Gottes, mit
    ihren Mitmenschen nachsichtig zu
    sein 115:4
Nacht
    der Einheit 147:2
— die Nacht folgt dem Tag und der Tag
    folgt der Nacht 151:4
Nachtfalter 151:5
Nachtigall 125:9
— ihr Nachtigallen Gottes 151:1
— des Paradieses 61
Naḍr-Ibn-i-Hárith 13:8, S. 311
Nagel
    Nägel und Augen sind beides Teile
    eueres Körpers 93:9
Nahrung
    geistige 93:14
Nächste 5:6, 125:3, 136:4, 137:1, 137:3,
    139:5, 142:2, 147:1, 147:2
— hütet euch, daß ihr euch selbst nicht
    euerem Nächsten vorziehet 146
— wappne dich, damit du deinen
    Nächsten zum Gesetze Gottes führen
    mögest 61
— soll in diesen Tagen kein Mensch auf
    seinen Nächsten angewiesen
    sein 124:4
— sei des Vertrauens deines Nächsten
    wert 130

Nähe
   Gott über Nähe und Ferne
   erhaben 93:4
Name 50, 82:2, 85:2, 131:3, 135:2, 139:2, 163:1
— Größter Name 63:2, 93:14, 100:7
— Verborgener Name 63:1
— wann immer Mein Name »der Allbarmherzige« erfuhr, daß einer Meiner Geliebten ein Wort hauchte, das Meinem Willen zuwider 142:2
— Ergebnis der Offenbarung dieses Namens, der Alldurchdringende 93:11
— auf dessen Gebot jeder einzelne Name erschaffen wurde 121:7
— der die Himmel spaltete und die Erde bersten ließ 143:4
— Mein Name ist nicht Sein Name 47
— kein Name ist mit Seinem Namen vergleichbar 78:2
— Rechtmäßigkeit Meines Namens, der Allbarmherzige 93:8
— zerreißet in Meinem Namen die Schleier 75:1
— der Schlüssel Meines Namens 105:7
— Sein Name »Schöpfer« setzt eine Schöpfung voraus 78:1
— Stimme aus dem Reich Seines allherrlichen Namens 139:1
— wer an diesem Tage den Namen seines Herrn erwähnt 129:3
— Verkündigung Seines Größten Namens 63:2
— Boten ohne Ausnahme Träger Seiner Namen 19:4
— Ehre und Herrlichkeit aller schönen Namen und Stufen 82:3
— und Eigenschaften 83:1, 83:3, 93:2, 93:11
— einiger Manifestationen vergessen 87:6
— Offenbarer Seiner Namen 53:1
— Reich der Namen 93:1, 105:6
— zerreißt die Schleier der Namen und spaltet ihr Reich 121:7
— Schmuck Seiner Namen 129:11
— Spiegel der Namen und Eigenschaften Gottes 124:2
— ihre Namen vor Seinem Thron genannt 71:3
— Wolken der Namen Gottes 76:7
Namen Gottes 1:1, 10:2, 14:14, 14:16-18, 57:3, 57:4, 73, 85:5, 86:7, 90:1, 90:2, 93:7, 93:14, 93:15, 96:4, 100:8, 100:11, 100:12, 109:2, 114:6, 135:4, 138:1, 138:4, 149

— der Allbarmherzige 3:2, 14:1, 14:6, 14:10, 14:16, 14:19, 17:1, 18:6, 18:7, 32:1, 35:1, 35:5, 46:4, 52:2, 52:4, 57:1, 57:7, 67:3, 67:5, 71:3, 75:3, 76:4, 93:3, 93:5, 93:8, 98:3, 100:2, 100:7, 115:1, 121:4, 127:4, 128:1, 129:7, 142:2, 142:7, 143:1, 144:1, 147:2, 155:2, 155:3, 155:6, 160:4, 161:5
— der Allbesitzende 14:13, 26:1, 43:6, 43:11, 48, 68:7, 85:5, 114:8, 115:11, 155:2, 161:1
— der Allbezwingende 15:1, 71:3, 116:3, 121:8, 141:5, 162:2
— der Alldurchdringende 15:1, 22:9, 93:11
— der Allerbarmer 75:1, 76:1, 86:2, 107, 115:4
— der Allerforschende 79
— der Allerhöchste 59:3, 91:3, 134:1
— der Allewige 127:1
— der Allgenügende 85:4
— der Allgepriesene 9, 18:3, 30, 36:3, 46:3, 58:2, 64:2, 67:3, 68:7, 71:3, 113:24, 114:8, 129:4, 140:1, 157:2, 163:2
— der Allgewaltige 11:5, 15:1, 15:4, 30, 33:2, 103:3, 121:7, 121:7, 162:2
— der Allgütige 52:1, 59:5, 60:3, 68:5, 113:16, 127:4, 146
— der Allherrliche 11:3, 14:12, 15:1, 15:4, 18:3, 18:6, 18:9, 29:2, 53:2, 57:1, 57:3, 65:7, 67:2, 67:3, 72:3, 76:3, 76:10, 91:3, 93:9, 100:1, 100:3, 113:16, 113:24, 114:4, 114:18, 115:8, 116:1, 121:2, 128:1, 128:4, 129:3, 129:4, 129:7, 129:8, 129:11, 136:1, 138:3, 139:2, 140:1, 140:4, 141:2, 141:3, 142:9, 143:2, 143:4
— der Allhöchste 15:1, 75:2
— der Allhörende 163:6
— der Allmächtige 1:6, 7:2, 14:19, 15:1, 16:3, 17:2, 17:4, 18:6, 23:2, 30, 33:2, 34:7, 36:3, 41, 43:11, 44:2, 46:4, 48, 52:1, 52:4, 57:4, 57:5, 58:2, 59:2, 60:3, 62:1, 65:5, 66:6, 66:7, 66:11, 69:1, 71:3, 74, 76:2, 76:3, 76:4, 76:9, 76:10, 82:6, 82:7, 85:3, 93:1, 93:8, 93:17, 95:1, 98:3, 103:3, 103:4, 105:3, 109:2, 113:11, 113:16, 114:13, 114:18, 115:4, 115:10, 116:1, 116:3, 118:1, 118:7, 121:8, 121:10, 123:3, 127:3, 128:7, 128:10, 129:1, 129:4, 129:6, 129:9, 134:2, 135:2, 136:1, 136:2, 137:1, 140:1, 142:9, 154:1, 157:1, 157:2, 162:2, 163:2, 163:4, 165
— der Allmachtvolle 71:3, 98:5, 129:12, 135:4, 137:1, 154:1, 157:1
— der Allsehende 15:1, 19:1, 163:2
— der Allüberwinder 15:1, 103:3
— der Allunterrichtete 14:3, 16:3, 20, 71:3, 100:8, 157:3
— der Allunterwerfende 121:7
— der All-Wahrnehmende 1:2

355

- der Allweise 5:5, 14:19, 15:1, 17:4, 20, 28:1, 33:1, 41, 46:4, 48, 58:2, 65:2, 68:7, 71:2, 71:3, 76:2, 76:4, 79, 86:1, 113:16, 116:1, 120:1, 121:2, 121:7, 127:1, 128:7, 128:10, 129:1, 129:3, 129:7, 129:12, 139:8, 141:3, 142:7, 143:2, 143:4, 145:1, 157:1, 160:2, 160:4, 161:4, 165
- der Allwissende 1:2, 1:6, 5:5, 14:3, 14:19, 14:20, 15:1, 17:4, 18:9, 20, 23:5, 33:1, 41, 52:1, 58:2, 65:2, 68:7, 71:2, 71:3, 72:1, 74, 76:4, 78:3, 79, 85:5, 86:1, 100:8, 109:1, 113:21, 114:13, 115:8, 119:4, 120:1, 128:11, 129:1, 129:3, 139:8, 141:3, 142:7, 146, 157:3, 159:2, 159:3, 160:2, 160:4, 161:4, 163:2, 163:6
- der Altehrwürdige der Tage 11:1, 14:3, 14:12, 14:19, 15:1, 19:2, 30, 68:5, 76:3, 83:4, 105:3, 113:23, 115:2, 115:6, 121:8, 125:1, 129:6, 139:1, 140:2, 148, 157:1
- der Angebetete 151:1
- der Barmherzige 57:5
- der Barmherzigste 45, 161:1
- der Belebende 113:18
- der allherrschende Beschirmer 121:2
- der allmächtige Beschirmer 14:14, 98:2, 138:4
- der höchste Beschirmer 14:3, 135:2, 135:7
- der Beschützer 44:1
- der allmächtige Beschützer 105:1, 105:7, 135:4
- der höchste Beschützer 68:7, 85:5, 127:3, 128:10, 136:1, 142:8
- der unfehlbare Beschützer 141:5
- Besitzer alles Erschaffenen 11:2
- der Bewahrer 77
- der Deutliche 14:3
- der Eine 138:5
- der Erbarmende 55:4
- der Erhabene 41, 116:3, 127:4
- der Erhabenste 52:1, 100:1, 103:4, 105:3, 113:6, 127:3, 128:10, 129:5, 138:5, 141:2
- der Erklärer 59:4
- der Erwecker vom Tode 113:18
- der Erzieher 113:18
- der Ewige 13:7, 27:5, 75:1, 93:8
- der Ewigbestehende 98:6
- der Ewigwährende 160:2
- der Freigebige 127:4
- der Freigebigste 114:4
- der Große Geber 59:5, 128:9
- der Geliebte 85:3, 91:3
- der einzig Geliebte 135:2
- der Gerechte 48
- der allmächtiger Gesetzgeber 43:2
- der Gestalter 74
- der Getreue 146
- der Gewaltigste 16:3
- Gipfel und Tagesanbruch der Herrlichkeit 163:7
- der Glaubwürdige 119:4

- der Gnadenvolle 30, 46:3, 52:1, 54, 64:2
- der Gnädige 14:5, 57:5, 128:10, 138:5, 145:1, 146
- der Gott der Barmherzigkeit 129:11, 143:4
- der Gott des Erbarmens 67:3, 76:8, 138:1
- der Großmütigste 17:7, 37:3, 57:8, 113:16, 128:9, 134:3, 140:4
- der Größte 66:6, 93:17, 103:4, 113:6, 127:3, 127:4, 129:5
- der Gütige 128:9
- der Gütigste 14:5
- der Heilige der Heiligen 1:6, 135:4
- der Heiligste 9, 141:2
- der Helfer in Gefahr 10:1, 17:3, 18:2, 30, 105:5, 113:16
- der Helfer in der Not 63:1, 65:5, 65:7
- dein Herr 140:1, 140:4
- euer Herr 129:5, 135:4, 145:1, 147:2
- der höchste Herr aller 136:4
- der höchste Herr über alle 127:1
- der höchste Herr über alles 83:1, 86:2, 92:3, 98:5, 136:1, 138:2
- der souveräne Herr über alle 65:7
- der höchste Herr von allem 113:21
- der unumschränkte Herr über alles 15:4, 93:1
- Herr der Geschöpfe 13:2
- Herr der Heerscharen 126:4
- Herr der Herren 125:2, 125:8
- Herr der Menschen 78:1, 82:2
- Herr der Menschheit 35:4
- Herr der ganzen Menschheit 11.5
- Herr aller Namen 14:3, 72:3, 82:12, 89:2, 105:1, 109:2
- Herr der Namen 9, 82:6
- Herr der Offenbarung 155:3
- Herr des Reiches der Höhe 105:6
- Herr des Reichtums 68:7
- Herr der Schöpfung 72:2
- Herr der ganzen Schöpfung 57:4, 115:7, 155:6
- Herr allen Seins 71:2
- Herr euerer Väter 129:5
- Herr aller Welten 5:6, 31, 44:3, 57:8, 59:3, 66:2, 69:2, 79, 86:7, 93:14, 113:22, 129:2, 141:4, 161:6, 164:3
- Herrscher über alles 11.5
- Herrscher über alle Namen 121:7
- Herrscher im Reich der Namen 11:1
- Herrscher aller Völker 138:2
- Herrscher des Weltalls 27:1
- der Höchste 11:5, 14:13, 43:11, 52:4, 76:10, 81, 121:7, 129:8, 144:1, 146, 155:2, 161:1, 163:6
- der Höchsterhabene 14:20, 66:6, 93:17
- der Immervergebende 17:7, 86:2, 142:2, 142:7
- der Immerwährende 43:6
- der alles Kennende 23:5

- Kenner der Unsichtbaren und des Sichtbaren 14:18
- der Altehrwürdige König 23:4, 53:1, 93:17, 115:13, 131:1
- der ewige König 90:1, 142:8
- der König der Herrlichkeit 145:1
- der König ewiger Herrlichkeit 13:7
- der König unvergleichlicher Herrlichkeit 26:1
- der König der Könige 30
- der König der Liebe 151:1
- der König der Namen 57:8
- der König der Namen und Eigenschaften 125:9
- der König ewiger Tage 138:2
- der Liebende 67:2, 70:3, 98:5
- der Mächtige 11:5, 70:3, 71:2
- der Mächtigste 18:2, 157:1
- der Machtvollste 14:20, 17:2, 62:1, 69:1, 76:2, 86:2, 103:3, 113:11, 114:13, 115:8, 115:10, 121:2, 121:8, 127:3, 129:3, 129:5, 134:1, 136:1, 138:5, 142:9
- der Meistgeliebte 14:17, 30, 35:4, 43:5, 85:1, 85:3, 105:3, 153:2
- der Mitleidige 52:2, 76:1, 142:7
- der Mitleidvolle 45
- der Offenbarste 59:4
- Quelle ewigen Lichtes 15:1
- Quintessenz der Herrlichkeit 15:1
- der Ratgeber 55:4
- der Rechnende 59:2
- der Scharfsinnige 19:1
- die Altehrwürdige Schönheit 136:3, 137:2
- die ewige Schönheit 29:4
- der Schöpfer 52:2, 78:1, 113:18
- der Schöpfer der Himmel 14:1, 14:3, 82:12
- der unumschränkte Schutzherr aller Menschen 15:1
- die höchste Sehnsucht der Welt 163:7
- der Selbstbestehende 10:1, 14:3, 17:3, 18:2, 44:1, 63:1, 77, 93:8, 98:2, 105:1, 135:7, 138:4, 161:6
- der Selbstgenügende 9
- der Selbstgenügsame 70:2
- der Selige 14:1
- Sonne unvergänglicher Herrlichkeit 83:4
- Sonne der Wahrheit 6:1, 26:3, 132:3, 140:3
- der Tötende 113:18
- der Unbedingte 15:4
- der Unbeschränkte 129:12
- der Unbestechliche 22:9
- der Unbezwungene 100:1
- der Unerreichbare 1:6, 76:10, 129:8
- der Unsichtbare 13:7, 100:5
- der Unsterbliche 42
- der Unübertreffliche 14:20
- der Unvergleichliche 1:2, 15:1, 20, 54, 93:15, 93:17, 109:1, 128:4, 138:5, 160:2

- der Unzugängliche 115:11, 116:3, 121:7
- der Urewige 82:2
- der Urheber 82:5
- Urquell göttlicher Offenbarung 74
- Ursprung aller Gnade 5:2
- der Verbergende 126:3, 142:2
- der Verberger der Sünden 15:1, 142:7
- der Vereiniger 5:5
- der Vergebende 37:3, 57:5, 57:7, 68:5, 134:3, 138:5
- der Verherrlichte 75:1, 136:4
- der Verordner 28:1, 35:1, 68:5
- der Höchste Verordner 68:2, 105:4, 114:13, 128:11
- der Verzeihende 127:4
- der Vielgeliebte 14:17, 22:9, 35:5, 48, 54, 67:3, 69:4, 72:3, 85:2, 91:3, 98:3, 137:1, 147:1, 151:1, 155:6
- die allbeherrschende Wahrheit 115:11
- die Ewige Wahrheit 5:5, 35:1, 53:1, 55:4, 63:1, 72:2, 93:13, 100:3, 103:3, 115:7, 115:13, 133:2, 134:1, 156
- das Erhabene Wesen 112
- das Erhabenste Wesen 110
- das unsichtbare, unerkennbare Wesen 26:3
- der Wissende um das Ungeschaute 63:1, 64:4, 67:2
- der Wohltätige 18:6, 100:12, 113:23
- Ziel aller Anbetung 125:4
- Ziel aller Erkenntnis 35:5
- Zunge der Größe 75:2, 76:10

Naṣir 53:1, 53:2, s.a. S. 311
Nationen 109:1
— der Welt 117
Natter 62:1
Natur 78:2
Neid 153:6
neidisch 121:1
Neider 121:4
Neigungen
verderbte 65:6, 86:5, 128:2, 135:4, 136:6, 141:1, 153:4
- den Lockungen der eigenen Neigungen folgen 65:5
- Opfer verderbter Neigungen und Begierden 129:13
Nest 151:3
— von Schlangen 163:6
neues
Leben 41, 125:6
Neugestaltung
dieses Zeitalters 110
Nichtgläubiger 93:14
Nichtigkeit 23:5, 114:15, 136:1
— wenn ihr nach diesem Leben und seinen Nichtigkeiten trachtet 66:4
— den Nichtigkeiten der Welt ergeben 113:16
Nichts 22:9, 26:2, 27:1, 83:3, 153:8, 160:2
— Schöpfung als ein Nichts ansehen 153:2

357

Nichtsein 27:1, 29:1, 29:3, 34:1, 129:8
— alles trat durch Seinen Willen aus völligem Nichtsein in das Reich des Seins 148

Niedergeschlagenen, die 5:1

Nimrod 39, S. 311

Noah 22:2, 35:5

Norm
auf der vollkommenen Waage des Buches Gottes muß alles gewogen werden 98:1

Not 81, 100:2, 112, 114:10, 151:1
— Er ist erhaben über jede Not Seiner Geschöpfe 70:2
— selig, wer in Krankheit und Not geduldig bleibt 66:11
— befaßt euch gründlich mit den Nöten der Zeit 106:1

Notleidende
den Notleidenden niemals die Gunst versagen 125:3

Nutzen
aus der geistigen Nahrung 93:14
— nichts außer Ihm kann euch nützen 76:6
— was nützte es dem Menschen, wenn er verfehlte, die Wahrheit Gottes anzuerkennen? 76:4
— in dieser und der nächsten Welt nützen 138:3
— Er auferlegt euch, was euch nützt 72:5

Odem 40:1
— aus dir ist der Odem des Allherrlichen hervorgegangen 57:3
— Gottes 41

Öde
weder der Anblick der Öde noch die Zeichen des Gedeihens können den Wind betrüben 161:2

Offenbarer
Gottes s. auch Manifestation
Gottes 1:2, 93:15
— alle Offenbarer Seiner Eigenschaften flehen Ihn an, Sein Geheimnis zu enthüllen 26:1
— Seiner Namen 53:1

offenbart
was in den Büchern Gottes verborgen 82:12

Offenbarung 3:2, 6:1-3, 7:2, 9, 10:1, 44:3, 52:2, 59:3, 60:2, 75:1, 91:3, 121:5, 125:6, 129:7, 133:1, 154:1, 161:6
— fortschreitende s. Fortschreitende Offenbarung
— Größte Offenbarung 87:7
— mit der niemals vergleichbar ist, was ihr besitzet 105:1
— würde diese Offenbarung zurückgenommen, würde alles zugrunde gehen 93:14
— zweifache Absicht 34:5

— Anspruch einer unmittelbaren Offenbarung vor Ablauf eines Jahrtausends 165
— Aufnahmefähigkeit für eine solche Offenbarung 109:1
— jedes Auge kann die Offenbarung Gottes wahrnehmen 126:3
— im Augenblick vor Seiner Offenbarung wird alles Erschaffene veranlaßt, seine Seele zu Gott aufzugeben 78:3
— unterschieden im Ausmaß 34:4
— Auswirkungen der Offenbarung der Namen 74
— Bahá'u'lláhs, die Schatztruhe für Gottes unabänderlichen Ratschluß 129:6
— in der Offenbarung Bahá'u'lláhs, das Schicksal aller Menschen auf Erden und aller Himmelsbewohner bestimmt, das Wissen um alle Dinge niedergeschrieben 129:6
— Beweise für ihre Wahrheit 91:1
— alle erschaffenen Dinge Zeichen der Offenbarung Gottes 93:1, 93:7
— ihre Einzigartigkeit 43:10
— die ganze Erde leuchtet in der strahlenden Herrlichkeit der Offenbarung Gottes 43:8
— Gabe der göttlichen Offenbarung überragt alle anderen Gaben 95:3
— Geheimnisse der Offenbarung Gottes 136:2
— der wahre Gläubige ist durch die Offenbarung Gottes offenbart und verborgen auf Sein Geheiß 73
— Meine von Gott verordnete Offenbarung mag mit einem Meere verglichen werden 153:5
— Heiltrank Seiner machtvollen Offenbarung 99
— Ich bin zu euch gekommen mit einer Offenbarung von dem Herrn 76:4
— Herz der Thron der Offenbarung Gottes 93:5
— das Kommen Seiner Offenbarung 135:7
— Licht göttlicher Offenbarung 38
— das Licht Seiner Offenbarung auslöschen 113:11
— des Größten Lichtes 90:1
— ohne die Macht dieser Offenbarung, könnte kein Wesen je bestehen 90:1
— Märtyrertum, das Zeugnis für die Wahrheit dieser Offenbarung 91:6
— Meine Offenbarung hüllte die ganze Menschheit in ihr Licht 121:1
— mit dem Mondschein verglichen 34:4
— Pflicht, jemanden zu bestimmen, der statt seiner diese Offenbarung verkünde 96:3
— Prachtgewand der Menschheit 34:7
— erhaben über die Schleier der Vielheit 22:2
— die ganze Schöpfung unter dem Schutze Seiner Offenbarung geborgen 121:4

358

- in allen heiligen Schriften angekündigt 3:1
- die dem Schwachen Kraft einflößt 92:2
- der Seele Gottes durchdringt alle Seine Gesetze 82:6
- in dieser Offenbarung finden alle Sendungen der Vergangenheit Erfüllung 115:10, 161:4
- schließt alles Sichtbare und Unsichtbare in sich 90:2
- Sinn und Zweck 88
- Tagesanbruch der Offenbarung 14:16, 86:6
- entspricht den Umständen des Zeitalters 34:7
- wenn ihr diese Offenbarung verwerft, werden euch alle Völker der Erde verlachen und verspotten 121:2
- Wein Meiner Offenbarung entsiegelt 153:7
- Wirklichkeiten aller Dinge trunken vor Freude über diese Offenbarung 153:3
- Wolken der Offenbarung 121:8
- Würde dem Wort erlaubt, alle Kräfte freizugeben, die Schwere einer so mächtigen Offenbarung wäre nicht zu ertragen 33:1
- Wunder dieser Offenbarung 15:2
- Zeichen der Offenbarung Gottes 93:9
- Ziel der Offenbarung 132:1
- Ziel und Verheißung aller Propheten Gottes enthüllt 3:1
- einziges Ziel dessen, was der Vorläufer Meiner Schönheit offenbarte, Meine Offenbarung 115:11
- wird erneuert, wenn sie ihren Zweck erfüllt hat 34:7
- Zweck der Offenbarung ist, alle Menschen zu erziehen 81

Offenbarungen 36:1, 73
Ohnmacht 80:1, 118:6
- erkannten, ihren Plan auszuführen 76:8

Ohr 153:4, 161:6
- höret, was kein Ohr je vernahm 151:2
- stecken die Finger der Achtlosigkeit in die Ohren 103:2
- neigt euer Ohr den Worten dieses Ungelehrten 98:6

Opfer 11:2, 14:6, 32:1, 35:5, 36:1, 55:1, 63:2, 66:2, 91:3, 91:5, 127:2
- dessen, was ihre eigenen Herzen ersonnen 91:6
- ihr Leben, ihr Vermögen, ihre Frauen, ihre Kinder, ihr Alles geopfert 91:6
- wenn Du bei jemandem die Liebe Deines Herrn verspürst, opfere Dich für ihn 129:10
- blinder Nachahmung 84:2
- verderbter Neigungen und Begierden 129:13
- säume nicht, dich auf dem Pfade deines Herrn zu opfern 69:4
- des Selbstes 82:1
- opfert euere Habe, ja euer Leben zum Beistand dieses Königs 105:7

Ordnung 68:2, 117, 156
- bald wird die heutige Ordnung aufgerollt 4:2
- die bestehende Ordnung erbärmlich mangelhaft 110
- von Gott erlassene Gebote das höchste Mittel für den Bestand der Ordnung in der Welt und für die Sicherheit ihrer Völker 155:2
- dieser Welt auf Lohn und Strafe errichtet 112
- die Welt aufgerollt und eine neue Ordnung an ihrer Statt ausgebreitet 143:3

Organ 95:2
Ort
schneeweißer Ort 163:7
- dem geheiligten Orte zu nahen, den die Hände der Ungläubigen niemals entweihen 139:5
- wo der ganzen Schöpfung die Glieder erbeben 65:7
- heiliger Ort, an dem der Thron Gottes errichtet ist 143:4

Osten 125:7
Otterngezücht 163:7
Paläste
gebt eure Paläste auf 105:6
- Beraubt euere Völker nicht, um Paläste für euch selbst aufzurichten 119:2

Paradies 14:10, 14:11, 15:1, 26:2, 29:1, 52:4, 53:1, 57:3, 59:2, 64:3, 81, 91:6, 96:4, 103:2, 129:8, 129:11, 146, 151:1, 151:3, 161:6
- verkünde ihnen die Botschaften Unseres heiligsten Paradieses 129:5
- Seiner Feder 75:3
- des Gedenkens Gottes 139:3
- Gefährten Meines Paradieses 69:5
- Hinweise der Propheten auf das Paradies 81
- nahegebracht, die Hölle entfacht 18:7
- tretet ein in das heilige Paradies des Wohlgefallens 75:1

Pārān 13:3, S. 311
Parlamentarier
o ihr gewählten Vertreter des Volkes in jedem Land 120:1

Pentateuch 125:11, S. 312
Perlen 153:5
- der Weisheit 14:16, 70:2, 129:2

Persien 96:2, 113:13, 113:21,
- gerechter Herrscher verheißen 56:1

Person
Seiner Manifestation 91:1
Persönlichkeit 80:1
Pfad 22:9, 82:7, 113:24, 136:6, 142:7, 153:3, 160:4
- der gerade 82:5, 110, 114:1, 116:3, 128:3
- von Seinem Pfad abgeirrt 93:3, 93:15

- Er führt, wen Er will, auf Seinen geraden Pfad 92:2
- zur Erkenntnis 125:1
- der Führung 125:7
- der Gerechtigkeit 118:1
- Gottes 129:4, 135:7
- Mein eigenes Selbst auf dem Pfad Gottes geopfert 127:2
- säume nicht, dich auf dem Pfade deines Herrn zu opfern 69:4
- des Irrtums 82:6
- den die Könige vor dir gegangen sind 114:14
- Propheten nur herabgesandt, die Menschheit auf den geraden Pfad der Wahrheit zu führen 81
- der Rechtschaffenheit 128:2
- Wanderer auf dem Pfade wirklicher Erkenntnis 125:5
- Wanderer auf dem Pfade Gottes 129:1
- Gottes, der diese Welt mit den Reichen der Höhe verbindet 21

Pfand
  Du hast mir ein Pfand von Dir anvertraut 68:5
- die Armen, das Pfand Gottes in euerer Mitte 118:5
- dein Auge ist Mein Pfand 152
- das von Gott anvertraute Pfand 27:4

Pfeile
  des Feindes 155:6
- eitlen Wahns 129:10

Pfeiler
  von Lohn und Strafe 112

Pflicht 43:6, 43:9, 52:1, 65:4, 116:3, 139:5, 153:5, 161:1
- höchste Pflicht zu wählen, was niemand entreißen kann 123:3
- Anerkennung der Ewigen Wahrheit 134:1
- eines jeden, Seine Botschaft zu verkünden 128:10
- zu Einigkeit und Frieden 4:1
- die Feder des Höchsten hat jedem die Pflicht auferlegt, diese Sache zu lehren 144:1
- der Gläubigen, jeden Herrscher zu unterstützen, der sich für den Triumph Seiner Sache erhebt 102
- die erste Pflicht, die Gott Seinen Dienern auferlegt 155:1
- der Herrschenden, Mäßigung in allen Dingen zu üben 110
- es ist die Pflicht aller Menschen, die Argumente derer zu widerlegen, die den Gottesglauben angreifen 154:1
- des Menschen, Gnadenfülle zu erlangen 5:4
- die Mittel zum Lebensunterhalt zu verdienen, jedem auferlegt 100:5
- jemanden zu bestimmen, der statt seiner diese Offenbarung verkündet 96:3
- jedem zur Pflicht gemacht, Seine Sache zu lehren 158
- Meine Pflicht ist, euch zu erinnern, wie pflichtvergessen ihr gegen die Sache Gottes wart 66:13
- eines jeden, in die Tat umzusetzen 117
- die Tyrannei des Unterdrückers zu verhindern und unparteiisch mit eueren Untertanen zu verfahren 116:2
- ein Zeichen der Gnade Gottes 1:5

Pflichtvergessenheit
  sühnt unter den Augen Gottes für euere Pflichtvergessenheit 135:7

Phantasie 160:2

Pharao 13:3, 39
- ein Gläubiger aus der Familie des Pharao 113:4

Phönix
  in den Reichen der Höhe 15:1

Pilgerreise 57

Plage 132:2

Plan
  Gottes 74
- Ohnmacht erkannten, ihren Plan auszuführen 76:8

Planet
  jeder Fixstern hat seine eigenen Planeten 82:11
- der Planeten Zahl und Alter 82:11

Plünderung 29:5, 58:1

Politur 100:11

Posaune 14:10

Posaunenruf 11:2, 17:1, 18:2, 18:5

Pracht 151:1
- euere Pracht und Herrlichkeit wird vergehen 71:3

Prädestination 68:2

Prahlsucht 103:2

Preis
  kostbar der Preis, der dem zufallen wird, der glaubt 14:18

Priester 23:2

Prinzip
  der Trennung und Unterscheidung 29:3

Problem
  jede Zeit hat ihr eigenes Problem 106:1

Propheten 9, 23:3, 27:5, 52:4, 80:1
- Gottes, als Ärzte anzusehen 34:6
- Aufzeichnung über die Propheten vor Adam 87:1
- Eigenschaften Gottes nicht bestimmten Propheten verliehen 19:4
- ihre Einheit ist absolut 34:3
- von Gott geprüft 8
- Propheten Gottes werden die Gesellschaft dieser Seele suchen 81
- Gottes, scheinen in ihrer Größe verschieden 34:4
- alle Herrscher und Könige der Erde achten und ehren die Nachkommen ihrer Propheten und Heiligen 113:9

- Gottes, ihre Offenbarung im Ausmaß unterscheiden 34:4
- werden sich im Schatten des Baumes des Verheißenen sammeln 9
- die Seele jedes Propheten hat nach dem Tag Gottes gedürstet 7:2
- Sprüche, den alten Propheten zugeschrieben 78:2
- offenbaren sich durch besondere Taten 34:4
- Tempel der Sache Gottes in verschiedener Tracht 22:3
- Träger einer Botschaft an die Geschöpfe Gottes in jeder der Welten 51
- Gottes, ihr Wesen dasselbe 34:3
- Gottes, zu jeder Zeit und Sendung heimgesucht 23:3
- Gottes, Zweck ihres Erscheinens in jedem Zeitalter 27:5
- ihr Zweck, die Menschheit auf den geraden Pfad der Wahrheit zu führen 81

Prophezeiungen 23:4, 59:3

prüfe
persönlich alle seine Belange 114:5
- Unsere Sache 118:7

prüfen
- die Herzen der Zweifler prüfen 103:2
- gehöre zu den Scharfsichtigen, die sorgfältig prüfen 115:11

Prüfung
setzt euch nach und wird plötzlich über euch kommen 85:5
- harrt derer, die Gott Gefährten beigesellen 8

Prüfungen 13:12, 62:1, 62:2, 114:19, 138:3
- weltumfassende 150
- und Heimsuchungen das Los der Erwählten Gottes 66:11
- der Propheten Gottes 32:2

Puls
der allwissende Arzt legt Seinen Finger an den Puls der Menschheit 106:1

Qá'im 9, S. 312

Qayyúmu'l-Asmá' 129:11, S. 312

Qual 17:3, 23:3, 68:1, 81, 127:4
- der Trennung von Ihm 151:1

Quell
ewigen Lebens 85:4
- die Quellen, die diese Vögel am Leben erhalten, nicht von dieser Welt 162:2
- dem Quell Seines Wissens sind zahllose Leuchten der Gelehrsamkeit und Weisheit entstiegen 75:3

Qur'án 13:7, 18:8, 22:2, 125:11, S. 312
- bestätigt die Sendung Jesu 13:6
- der gerade Pfad 18:4
- Volk des 76:6, 135:7

Qur'án-Zitate:
Er tut, was Er will, und verordnet, was Ihm gefällt 134:3
Ich bin der Diener Gottes 22:7
Wir sind die Diener Gottes 22:8

- aus ihr (der Erde) haben Wir euch erschaffen, und zu ihr werden Wir euch zurückbringen 113:24
- die Frevler werden bald erkennen, welches Los ihrer harrt 91:5
- Einige der Gesandten haben Wir die anderen überragen lassen 19:4
- Gottes Hand... gefesselt 13:7
- laß mich über Dich, o Gott, noch mehr erstaunt und verwundert sein! 82:9
- und seid nicht wie jene, die Gott vergessen 90:1
- Muḥammad ist nicht der Vater irgendeines Menschen 22:8
- da sprachen die Oberen Seines Volkes....wir halten euch für Lügner 91:1
- jene Pfeile 22:8
- Kein Prophet Gottes hat solches Unrecht erlitten 13:9
- Er tut, was Er will, im Reiche der Schöpfung 136:1
- Unsere Sache ist nur eine 22:2
- Einige der Sendboten haben Wir die anderen überragen lassen 22:4
- du wirst auf ihnen weder Tiefen noch Höhen sehen 122
- Wahrlich, die Dir Treue gelobten 22:8
- Er soll nicht über Sein Tun befragt werden 37:1
- Keinen Unterschied 22:2
- und als sie ihre eigenen Warnungen vergessen hatten, öffneten Wir ihnen die Tore zu allen Dingen 113:16
- wer nach Uns strebt, den werden Wir sicherlich auf Unseren Wegen geleiten 125:5
- und auch in euch selbst, wollt ihr da nicht die Zeichen Gottes schauen? 90:1
- Wir werden ihnen sicherlich Unsere Zeichen zeigen 90:1

Raben 161:3

Rächer
Gott, der grimmigste der Rächer 66:12

Raffgier 66:4

Rang 57:5, 66:10, 85:5, 86:2, 96:4, 147:2
- derer, die sich erheben, Ihm zu dienen 96:4
- jedes nach seiner Fähigkeit und nach seinem Rang 124:2
- die im Rang über euch, zum Staube zurückgekehrt 65:4
- erhaben ist Sein Rang über die Stufe, die ihr Ihm zugesteht 44:2

Ränke
euere Ränke bedecken euch mit Schande 76:8

Rasse 111

Rat 151:3
- Mein bester Rat für euch 66:8
- würdest du Meinen Rat befolgen 114:5

361

- lasse dir Meinen Rat willkommen
  sein 114:11
- habt acht, daß ihr nicht anderen guten
  Rat gebt 128:6

Ratgeber
  Wahrer 112

Ratschlag 43:3, 66:5
- neige dein Herz den Ratschlägen deines
  wahren Freundes 43:9
- göttliche Ratschläge 115:1, 118:6,
  131:2, 153:4
- Ratschläge, die die Bedürfnisse der
  ganzen Menschheit befriedigen
  können 131:1
- Ratschläge, die Ich euch als
  Vermächtnis gebe 136:6

Ratschluß
- jeden unwiderruflichen Ratschluß
  auslegt 105:4
- Gottes 15:2, 17:3, 39, 47, 62:1,
  62:3, 79, 102, 145:1
- Himmel göttlichen Ratschlusses
  gespalten 76:7
- Sein unwiderruflicher Ratschluß all
  euere List übersteigt 113:11
- Schatztruhe für Gottes unabänderlichen
  Ratschluß 129:6
- Ratschlüsse über Schicksal und
  Vorherbestimmung von zweierlei
  Art 68:2
- in der Schwebe 68:3
- Tal des unerforschlichen Ratschlusses
  Gottes 163:7

Rätsel 82:11
Räuber 119:2, 137:2
Rauch 17:2
Rausch
  im Rausch ihrer bösen Begierden sind
  sie so irre 71:2
- der Gegenwart Gottes 14:9

Rechenschaft 65:4
- ziehe dich selbst zur
  Rechenschaft 114:12
- ihr werdet ganz gewiß zu Gott
  zurückkehren und für euere Taten zur
  Rechenschaft gezogen 116:1
- an dem Tage, da die Waage der
  Gerechtigkeit aufgestellt ist 118:5
- könnte er dann für sein Versagen zur
  Rechenschaft gezogen werden? 75:1

Rechnende
  der Rechnende 159:2

Recht 14:15, 65:6
- Unser Recht 100:2
- Rechte von denen fordern, die Uns
  Unrecht angetan 66:12

Rechtgeleitete 65:3
Rechtmäßigkeit
- würde Er für rechtmäßig
  erklären 37:2
- Gott hat für rechtmäßig erklärt, was
  Ihm gefiel 77
- Rechtmäßigkeit Meines Namens, der
  Allbarmherzige 93:8

rechtschaffen
  Volk Gottes, sei rechtschaffen 131:4
Rechtschaffene
  wohl steht es um die Rechtschaffenen,
  die die Sünder nicht verhöhnen 145
- die Rechtschaffenen sollen vom Weine
  der Heiligkeit trinken 53:2

Rechtschaffenheit 43:4, 60:2, 85:3, 101,
  115:12, 125:7, 130, 141:1
- Pfad der Rechtschaffenheit 128:2

Rechtsprechung 118:6
Rede
  behutsam in deiner Rede 130
- zuviel der Rede ist ein tödlich
  Gift 125:2
- helft euerem Herrn mit dem Schwerte
  der Weisheit und der Rede 136:4
- die Herzen der Hörer anziehe 128:6
- stehe Ihm bei durch die Kraft deiner
  Rede 143:1
- Macht der Rede 139:5
- Reden und Schriften der
  Menschen 154:1
- ungebührliche 93:12

Redlichkeit 115:4, 130
- haltet euch an Gerechtigkeit und
  Redlichkeit 163:1

Regeln 65:2
- richtet nach den Regeln, die Gott in
  Seinem Tablet niedergelegt 118:6
- Ruhm liegt im entschiedenen Festhalten
  an den Regeln Gottes 118:8
- und Sitten 87:3
- Unterschiede der Regeln und
  Riten 111

Regen
  baut euch Häuser, die Regen und Flut
  niemals zerstören 123:4

Regenten
  kamen Uns vor wie Kinder 66:3

Regierung
  Autorität der Regierung 113:19
- Gehorsam gegen die Regierung 65:6,
  102
- was das Wohl aller...gerechten
  Regierungen fördert 43:6

Regierungskunst 114
Reich
  der Äußerung 122
- nichts ist von Dauer außer dem Reich
  Gottes 65:7
- Gottes, 7:3, 14:11, 14:15, 15:1,
  17:4, 18:2, 81, 115:2, 121:8
- das Reich ist Gottes 105:1
- der Herrlichkeit 72:2
- der Höhe 53:2, 94:1
- der Namen 14:4, 105:6
- Seines allherrlichen Namens 139:1
- der Namen und Eigenschaften 93:1,
  138:1
- Richtmaß Seines Reiches 58:2
- wessen soll das Reich an diesem Tage
  sein? 78:3
- in der Wirklichkeit dieser Welt
  verborgen 79

Reicher
Reiche schmähen und spotten 91:1
— wohl steht es um die Reichen, die ihren Reichtum den Bedürftigen spenden 100:4
— ihr Reichen, flieht nicht das Angesicht des Armen 145
— sei ein Mahner dem Reichen 130
— weder die Pracht der Mächtigen noch das Gut der Reichen oder gar die Überlegenheit der Gottlosen werden dauern 71:3

Reichtum 5:2, 91:5, 92:2, 102, 114:10
— Meines unzerstörbaren Reichtums 153:2
— meine Armut bekannt und Deinen Reichtum anerkannt 68:7
— den Bedürftigen spenden 100:4
— aus der Erde schöpft ihr eueren Reichtum 118:7
— ohne Gold 125:9
— Herr des Reichtums 68:7

Reichtümer 114:9
— dem äußeren Anschein nach von allen Reichtümern dieser Welt entblößt 100:2
— wer Reichtümer besitzt, muß den Armen größte Beachtung schenken 100:4
— keine niedrigere Tat als im Namen Gottes Reichtümer zu begehren 100:2

Reichweite
Stätte, wo das Wesen Gottes wohnt, über Reichweite und Fassungskraft erhaben 78:2

Reife 66:4
— manche Früchte erreichen ihre volle Reife erst, nachdem sie vom Baume gepflückt 80:5

rein 131:4, 164:1
— Meiner zu gedenken macht alle Dinge rein von Befleckung 136:1

Reinheit 27:3, 27:4, 29:2, 81, 129:9, 141:4, 155:4
— des Herzens 134:2
— Manifestationen, Quellen der Reinheit 13:4

reinigt
euere Herzen 105:2

Religion 111
— Führer der Religion 98:1
— Meine Gesetze müssen befolgt werden, selbst wenn Mein Gebot den Himmel jeder Religion spaltete 155:6
— religiösen Glaubenssystemen niemals erlaubt, feindselige Gefühle unter den Menschen zu nähren 132:1
— der Hauptzweck, der Seine Religion beseelt, ist, das Wohl des Menschengeschlechts zu sichern 110
— der Himmel jeder Religion wurde gespalten 18:6
— läßt sie nicht zur Quelle der Uneinigkeit werden 110
— Wesen der 34:7
— verkehrt mit den Anhängern aller Religionen 43:6
— entspringen einer Quelle 132:1
— die aus menschlicher Verderbtheit entstanden 111
— Wortführer vergangener Religionen 34:8
— religiöser Fanatismus, Hader 132:2

Religionsführer 98:1, 98:3

retten
euere Hauptsorge, den Gefallenen aus dem Sumpfe drohender Vernichtung zu retten 147:2

Richter
Gott ist der beste der Richter 113:17, 114:17

richtet
nach den Regeln, die Gott in Seinem Tablet niedergelegt 118:6

Richtmaß 91:4
— das höchste und unfehlbare Richtmaß der Gerechtigkeit 88
— Seines Reiches 58:2
— der Waage des Buches 98:1

Riḍván S. 312
— 'das Fest des Allbarmherzigen 14:1ff

Riten
Unterschiede der Regeln und Riten 111

Rock
breite den Rock aus, o Jerusalem 59:4

Rose 125:10

Rosengarten 151:1
— im Rosengarten unvergänglicher Pracht begann eine Blume zu blühen 151:3

Rosenstrauch 125:9

Rost 34:1
— der Gottlosigkeit 99

Rote Arche 86:1, S. 313
— die Arche, die Gott dem Volke Bahás bereitet hat 105:7

Rückkehr 82:8
— die Geheimnisse des körperlichen Todes des Menschen und seiner Rückkehr sind nicht enthüllt 164:1

Ruf 142:5, 163:7
— der prophetische Ruf 16:2
— Gottes 7:1, 7:3, 14:10, 14:16, 17:4, 22:8, 41, 82:12
— Wir rufen sie allein um Gottes willen 35:6
— dieses Unterdrückten 100:11

Ruhe 16:3, 34:2, 34:5, 75:1, 83:1, 101, 102, 156
— Besserung der Welt und Ruhe ihrer Völker 131:2
— und Bewegung 85:3
— Erregung in Ruhe verwandelt 56:3
— legt euch nicht auf euerem Lager zur Ruhe 154:2
— Voraussetzungen für Frieden und Ruhe in der Welt 117

Ruhestatt
letzte 115:13

363

Ruhm 28:1, 43:8, 60:1, 102, 154:1
— vergänglicher 100:2
— Demütigung ist der Stolz und der Ruhm aller zeitlichen Ehre und weltlichen Würde 140:2
— Erniedrigung und Drangsal sind Mein Ruhm 46:1
— liegt in euerem entschiedenen Festhalten an den Regeln Gottes 118:8
— und Freuden der Welt so wertlos wie Staub 139:6
Rüstung 118:2
Rute 153:4
Sabbat 13:4
Sache
    dankbar dafür, Seiner Sache zu helfen 139:4
— erhebt euch, um Meine Sache weiterzutragen 71:1
— hilf Seiner Sache 15:5
— prüfe Unsere Sache 118:7
— richte Unsere Sache gerecht 113:19
— verkündet unaufhörlich Seine Sache 154:2
— Seine Sache zu zerstören 109:1
— Anerkennung Dessen, der die Gottheit im Reiche Seiner Sache und in der Welt der Schöpfung vertritt 155:1
— Aufgangsort der Sache Gottes 14:16
— steht wie der Berg so fest begründet in der Sache eueres Herrn 70:3
— Beweise für Ihre Wahrheit 23:4
— Dienst für die Sache deines Herrn 144:2
— sie müssen Meine Sache mit fester Entschlossenheit über die ganze Erde verbreiten 100:1
— Erde und Himmel können Mich nicht fassen, nur das Herz dessen, der Meiner Sache treu ist 93:5
— glaubt ihr, daß euere Ergebenheit für Seine Sache Ihm jemals nützen 121:7
— Erhabenheit der Sache Gottes 18:5
— verkünde Meine Sache mit deiner Feder wie mit deiner Zunge 142:5
— Gedanken auf das richten, was den Sieg der Sache Gottes sichert 115:7
— durch welche Gott Seine Macht offenbart 70:2
— Gottes 10:1, 14:18, 17:7, 22:2, 23:2, 23:4, 31, 43:1, 44:2, 52:2, 65:4, 66:13, 76:6, 76:9, 82:7, 92:1, 126:1, 127:1, 127:3, 128:10, 131:4, 135:2, 142:9, 146, 147:1, 150, 157:2
— standhaft in der Sache Gottes sein 161:1
— urteilt gerecht über die Sache Gottes 52:1
— verdrehe die Sache Gottes nicht 113:23
— Gottes verletzen 76:8
— begehet nicht, was die Sache Gottes in den Augen der Menschen entehrt 128:8

— wer die Sache Gottes verbreiten will, der soll sie durch seine Feder und seine Zunge verbreiten 154:1
— wenn diese Sache nicht von Gott ist, werden die Geistlichen zweifellos hinreichen, sie zu überwältigen 113:3
— Größe der Sache Gottes 10:2, 44:3
— die Größe der Sache Gottes ist so, daß der Vater seinen Sohn und der Sohn seinen Vater flieht 35:5
— Meine Sache liegt allein in Gottes Hand 113:15
— mutiges Handeln wird den Sieg der Sache sichern 43:4
— Gottes unendlich erhaben über das innerste Wesen der Heiligkeit 137:5
— was die Hände der Ungläubigen bewirken, wird niemals die Sache Gottes wandeln 113:12
— verkünde die Sache deines Herrn allen 129:2
— wer sich erhebt, die Sache seines Herrn zu lehren, der lehre vor allem sein eigenes Ich 128:6
— Herrschaft des Schwertes als Hilfe für Unsere Sache abgeschafft 139:5
— die ihr Land verlassen haben, um Unsere Sache zu lehren, wird der Geist des Glaubens durch seine Macht stärken 157:1
— glücklich der Mensch, der sich erheben wird, Meiner Sache zu dienen 28:1
— Morgen der Sache Gottes 63:2
— den reinen Namen der Sache Gottes beflecken 46:4
— hoch steht die mit Seinem Namen verbundene Sache über den vergänglichen Dingen dieser Welt 35:6
— jedem zur Pflicht gemacht, Seine Sache zu lehren 158
— jedem die Pflicht auferlegt, diese Sache zu lehren 144:1
— Pflichten gegenüber der Sache Gottes versäumt 65:4
— bildest du dir ein, Ich hätte das Schicksal der Sache Gottes in der Hand 113:1
— in seinen Schriften die Sache Gottes gegen ihre Angreifer verteidigen 154:1
— großer Segen harrt des Königs, der sich erhebt, Meiner Sache zu helfen 105:7
— Sieg Unserer Sache 72:1
— Standhaftigkeit in Seiner Sache 134:1
— es naht der Tag, da Gott Seine Sache erhöht 116:5
— siehe, wie diese Toren Seine Sache als Spiel und Zeitvertreib behandeln 115:11
— Triumph Seiner Sache 121:3
— Erhebe dich für den Triumph Meiner Sache 43:1
— Voraussetzungen, um die Sache zu lehren 100:1

- Wohlfahrt eines jeden, der sich für den Triumph Meiner Sache erhebt 102
- einziges Ziel des Báb die Verkündigung Meiner Sache 115:11
- Zwietracht unter den Geliebten Gottes fügt der Sache Gottes Schaden zu 5:5

Sadratu'l-Muntahá 29:1, 42, 98:2, S. 313
Salmán 21, 148, 154:1, S. 314
Salsabíl 13:11, S. 314
Sämling
   Wort Gottes mit einem Sämling verglichen 43:9
Sanftmut
   erweise allen Sanftmut 130
Sauerteig 81, 82:7
Säugling
   Erregung der Menschen gleicht dem Schreien eines Säuglings 88
Schaden
   Bahá'u'lláh Schaden zufügen 113:15
- Menschen verlangen, was ihnen schadet, verwerfen, was ihnen nützt 159:1
Schädigung
   Schädigungen der geistigen Fähigkeiten 80:1
Schafherde
   betrachtet die Menschen als eine Schafherde 159:3
Schafhirte 35:4
Scham 44:1, 142:3
schämt
   euch, die ihr euch die Liebenden der Altehrwürdigen Schönheit nennt 137:2
Schande 28:1, 128:8
- Gefangenschaft keine Schande 60:1
- euere Ränke bedecken euch mit Schande 76:8
Scharen der Höhe 14:6
Scharfsichtige
   gehöre zu den Scharfsichtigen, die sorgfältig prüfen 115:11
Schatten
   du bist Gottes Schatten auf Erden 114:15
Schatz
   sei ein Schatz dem Armen 130
- der Verwahrte Schatz 63:1
- Schätze 114:11, 118:7
- besser als alle Schätze 98:6
- verlasse dich nicht auf deine Schätze 114:8
- der Erde 66:4
- alle Schätze der Erde wegwerfen 71:2
- auf die Schätze der Erde verzichten, um auch nur eines der Gebote zu verteidigen 155:3
- lasse mich nicht der Herrlichkeit Deiner Schätze beraubt sein 68:7
- euere Völker sind euere Schätze 119:2
- nie geneigt, auf das, was der Welt und ihren Schätzen zugehört, hinzuweisen 100:2

- die ihr sammelt, lenken euch weit von eurem letzten Ziel ab 105:2
Schatzkammer
   dein Herz ist Meine Schatzkammer 152
Schatztruhe 129:6
Schau 139:6
Schauder 15:5
Scheffel
   Lampe unter einem Scheffel verborgen 80:3
Schein
   die Welt ist nur Schein 153:8
Schemel
   Erde zum Schemel Gottes gemacht 14:6
- Sein 57:1
Schicksal 29:1
- wird danach bestimmt 70:3
- des wahren Gläubigen 73
- aller Menschen bestimmt 129:6
- der Offenbarung Bahá'u'lláhs 129:8
- Ratschlüsse über Schicksal und Vorherbestimmung von zweierlei Art 68:1
Schirmherr
   der allmächtige Schirmherr aller Welten 71:2
Schlacken
   dieser Welt in lauteres Gold verwandeln 92:1
Schlaf 71:3, 72:2, 82:4
- abschütteln 135:8
- würden sie aus ihrem Schlaf erwachen, sie würden mit Eifer zu Gott eilen 71:2
- denke an deinen Zustand im Schlafe 79
Schlafende
   tief Schlafende 106:3
Schlange
- Schlange der Macht 13:3
- Nest von Schlangen 163:6
Schleier 6:1, 7:3, 13:1, 13:5, 13:11, 13:12, 14:2, 14:3, 27:4, 31, 35:3, 36:3, 52:4, 53:2, 55:3, 58:2, 66:6, 76:10, 80:3, 93:14, 100:8, 126:2, 135:2, 151:5
- verbrennen 131:3
- zerrissen 73, 86:5
- vom heiligen Schleier verborgen, bereit für den Dienst Gottes 129:4
- Schleier der Herrlichkeit 14:11
- zerreißet in Meinem Namen die Schleier 75:1
- zerreißt die Schleier der Namen 121:7
- weltliche Nichtigkeit und Begierde 136:1
- verbrennt den Schleier des Selbstes 147:1
- unverletzlicher Sicherheit 129:11
- eitlen Trugs 35:1
- leeren Trugs 135:3
- erhaben über die Schleier der Vielheit 22:2

- hat die Völker der Erde ausgeschlossen 7:3
- der das Wort Gottes verbirgt, sei das Wort selbst 33:1

Schliche
Ihm zu schaden 76:8

Schlummer
der Nachlässigkeit 50

Schlüssel 115:3
- der die Herzen der Menschen öffnet 100:11, 136:5, 139:5
- helfen, mit dem Schlüssel Meines Namens die Städte aufzuschließen 105:7

Schmach 58:2, 142:2

Schmerzen 39

Schmerzenspein 62:1

Schmuck
stolz auf Schmuck 118:7
- wahrer 134:3
- möchte ein Mensch sich mit dem Schmuck dieser Erde schmücken 128:4
- Seiner Namen 129:11
- reiner, heiliger Taten 101
- Wahrhaftigkeit und Höflichkeit 139:8
- dieser Welt 113:16

Schmutz 115:1
- irdischer 105:2
- Er wird die Erde vom Schmutz ihrer Verderbtheit reinigen 103:3

schneeweiß
schneeweiße Schriftrolle 115:2

Schönheit
des Allherrlichen 76:3
- des Báb in neuem Gewande 76:7
- Gottes 1:4, 13:12, 14:11, 22:6, 22:9, 26:4, 29:2, 30
- seines Meistgeliebten in Seinem neuen Gewande 85:1
- jeder Mensch fähig, die Schönheit Gottes wahrzunehmen 75:1
- Meine Schönheit, die dieselbe ist wie Deine Schönheit 40:2
- Sonne Meiner Schönheit untergegangen 71:1
- nun ist die Zeit, auf Seine Schönheit zu blicken 151:1

Schöpfer 52:1, 82:10, 93:3, 95:3, 105:2, 154:2, 160:2
- Band der Dienstbarkeit zwischen Schöpfer und Geschöpf 94:4
- wie kann der Schöpfer mit Seinen Geschöpfen verglichen werden 93:8
- der Himmel 11:1
- hat alle Menschen aus dem gleichen Stoff erschaffen 34:8
- aller Namen und Eigenschaften 93:11
- Sein Name »Schöpfer« setzt eine Schöpfung voraus 78:1
- ohne Schöpfung 78:3
- Treuepflicht gegenüber ihrem Schöpfer 82:1

Schöpferkraft 82:9

Schöpfung s. auch Erschaffung 5:2, 11:2, 14:1, 14:4, 14:5, 14:6, 14:10, 14:11, 14:15, 14:18, 14:19, 22:4, 22:10, 26:2, 27:1, 77, 84:1, 85:3, 87:6, 93:14, 93:15, 93:17, 94:3, 120:1, 121:10, 129:9
- die ganze Schöpfung ist vergangen 14:4
- vollkommen und umfassend 26:3
- in jedem von euch habe Ich Meine Schöpfung vollendet 75:1
- hat keinen Anfang und kein Ende 82:10
- Antrieb und Hauptzweck 27:2
- unendlich in ihrer Ausdehnung und unvergänglich in ihrer Dauer 26:2
- kein Band unmittelbaren Umgangs kann Ihn jemals an sie binden 148
- alle durch Seinen Befehl erschaffen 113:18
- der allmächtige Beschirmer der ganzen Schöpfung 14:14
- Erneuerung der Schöpfung 26:3
- alles Erschaffene ruft: »Das Reich ist Gottes« 17:4
- besteht von Ewigkeit her und wird immer bestehen 26:2
- Geheimnisse der Schöpfung entdecken 95:1
- wahrer Gläubiger ursächlicher Zweck aller Schöpfung 73
- Gott höchstes und letztes Ende aller Schöpfung 162:1
- Gottes umfaßt Welten neben dieser Welt und Geschöpfe außer diesen Geschöpfen 79
- der der Gottheit im Reiche Seiner Sache und in der Welt der Schöpfung vertritt 155:1
- der Herr der Schöpfung 72:2
- der ganzen Schöpfung Herrlichkeit verliehen 46:2
- die ganze Schöpfung und ihre Herrschaft sind Sein 114:7, 114:18
- aus der Nacktheit des Nichtseins befreit und mit dem Mantel des Lebens bekleidet 34:1
- als ein Nichts ansehen 153:2
- aus völligem Nichts 26:2
- Ort, wo der ganzen Schöpfung die Glieder erbeben 65:7
- Er ist das höchste und unfehlbare Richtmaß für die ganze Schöpfung 88
- die ganze Schöpfung unter dem Schutz Seiner Offenbarung geborgen 121:4
- wisse, daß die ganze Schöpfung in großer Trauer weinte, als der Menschensohn Seinen Geist zu Gott aufgab 36:1
- Ursprung der Schöpfung 78:1
- Vergiß die Welt der Schöpfung 14:14
- das innerste Wesen alles Erschaffenen 15:1

- alles trat durch Seinen Willen aus völligem Nichtsein in das Reich des Seins 148
- zu keinem anderen Ziel als für sich selbst ins Dasein gerufen 148

Schöpfungsakt
hatte keinen Anfang und kann kein Ende haben 26:2

Schöpfungsgeschichte 27:1, 27:2, 93:1

Schranken 118:1
- dem Menschen ziemt es, daß er sich in Schranken fügt, die ihn vor seiner eigenen Unwissenheit beschützen 159:2

Schrecken
wäre Sein Gesetz so, daß es die Herzen aller mit Schrecken erfüllte, so wäre es dennoch nur offenbare Gerechtigkeit 88

Schreiben
diese Formen und Arten des Schreibens unbekannt 87:2

Schrein 58:2

Schrift
hat sich seit Adams Zeit tiefgehend gewandelt 87:5
- der Tag naht, da alle Völker der Welt eine einheitliche Schrift annehmen 117

Schriften 35:2, 52:4, 77, 82:12, 122
- heilige s. Heilige Schriften
- er hat niemals eure Schriften studiert 44:1
- des Báb 76:6
- der Menschen 154:1
- in seinen Schriften die Sache Gottes gegen ihre Angreifer zu verteidigen 154:1

Schriftrolle
mystische 129:6
- schneeweiße 115:2

Schriftzug
Geschöpfe nur der Schriftzug Seiner Feder 93:8

Schuld 128:8

Schule
Wir haben weder eine Schule besucht noch eure Abhandlungen gelesen 98:6

Schutz 43:1, 93:14, 102, 114:19
- Gebet um Schutz vor Leidenschaften und Begierden 138:3
- euerer Gebiete und Länder 119:4
- euerer Städte und Gebiete 118:2
- Stufe, welche der ganzen Menschheit Gewähr für Schutz und Sicherheit bietet 132:4

Schutzbefohlene 119:2

schwach 127:4

Schwache 92:2, 100:8

Schwäche 28:1, 80:2

Schwebe 68:2, 68:3

Schweigen
üben 125:2

Schwert 154:1
- helft euerem Herrn mit dem Schwerte der Weisheit und der Rede 136:4
- Herrschaft des Schwertes als Hilfe für Unsere Sache abgeschafft 139:5

Schwester
Bahá'u'lláhs 55:2
- wie oft hat eine Schwester, von Gram verzehrt, um ihren Bruder getrauert 113:5

Schwingen
verunreinigt euere Schwingen nicht mit dem Lehm der Widerspenstigkeit 153:6
- erhebt euch auf den Schwingen der Loslösung über alles 72:2

Schwungkraft
dieser neuen Weltordnung 70:1

Seele 15:5, 15:6, 22:9, 43:4, 43:5, 76:9, 80:3, 82:4, 85:1, 85:3, 86:2
- befreit euere Seelen 136:1
- heilige Seelen 91:3
- entflammen 136:2
- losgelöste Seelen 91:1
- verordne, was unsere Seelen unsterblich macht 138:4
- im Augenblick vor Seiner Offenbarung wird alles Erschaffene veranlaßt, seine Seele zu Gott aufzugeben 78:3
- durch die Bewegung Seiner Feder die Seele der Menschheit in Aufruhr 72:2
- Feuer der Zunge verzehrt Herz und Seele 125:2
- mit der Ehre und Herrlichkeit aller schönen Namen und Stufen begabt 82:3
- die im Einklang mit dem Willen ihres Schöpfers lebt 81
- aus dem Elend der Unwissenheit erretten 34:1
- verschiedene Entwicklungsstufen der Seele 82:8
- jeder Seele hat Er die Fähigkeit verliehen, Gottes Zeichen zu erkennen 52:2
- durch das Gedenken Deiner entflammt 142:6
- verborgene Geheimnisse der Seele 125:6
- wahre Gestalt einer solchen Seele 82:2
- Gott hat niemals eine Seele über ihr Vermögen belastet 52:2, 52:4
- heiligt euere Seelen von allem was nicht von Gott ist 75:1
- mit Herz, Leib und Seele den Nichtigkeiten der Welt ergeben 113:16
- gleich einem Kanal 125:7
- bürdet keiner Seele eine Last auf, die ihr selber nicht tragen wolltet 66:8
- die Seele des Menschen und ihr Fortleben nach dem Tode 81

- des Menschen über alle Gebrechlichkeit
  des Leibes und des Verstandes
  erhaben 80:2
- die Seele des Menschen ist die Sonne,
  die seinen Leib erleuchtet 80:4
- das ganze Menschengeschlecht als eine
  Seele und ein Körper 107
- Offenbarung der Seele Gottes
  durchdringt alle Seine Gesetze 82:6
- jede Seele hat ihre besondere
  Sehnsucht 106:1
- Seelen, Sinnbilder der Loslösung, sind
  der Sauerteig der Welt 82:7
- Seelen nach ihrer Trennung vom
  Leibe 82:7, 86:1, 86:3
- Seelen der Ungläubigen 86:3
- Wesen der Seele 82:1
- Wesen der Seele nach dem Tode 81
- ein Zeichen Gottes 82:6

Seelenruhe 122
Segen
  großer Segen harrt des Königs 105:7
Segnung 73
Sehkraft 74, 83:2
- reinigt eueren Blick, auf daß ihr nicht
  von der Sehkraft eines anderen als euch
  selbst abhängt 52:4
- Hauptwerkzeug, womit der Verstand
  wirken kann 95:1

Sehnsucht 14:12, 14:18, 16:1, 96:3,
  129:11, 164:1
- Gott zu erkennen 26:4
- seines Herzens Sehnsucht 151:3
- jedes verstehenden Herzens 95:4
- Mensch, der all seine Habe aufgibt aus
  Sehnsucht, die Gaben Gottes zu
  erlangen 107
- jede Seele hat ihre besondere
  Sehnsucht 106:1
- aller Völker 14:14

Sehvermögen 82:5
Seidenkleid
  schmücke Dich, wie immer es Dir
  gefällt, mit dem Seidenkleid der
  Unsterblichkeit 129:8
Seil
  das niemand zerreißen kann 141:5
- ergreift das Seil, das kein Mensch
  zerreißen kann 163:1
Sein
  Reich des 27:1
- alles trat durch Seinen Willen aus
  völligem Nichtsein in das Reich des
  Seins 148
Selbst 85:2, 90:1, 135:2, 153:1
  wahre Erkenntnis eurer Selbst das
  gleiche wie das Begreifen Meines
  eigenen Seins 153:6
- prüfe dein eigenes Selbst 83:1
- dem Selbst entsagen 35:5
- vergeßt euer eigenes Selbst und wendet
  eure Augen eurem Nächsten zu 5:6

- Bahá'u'lláh von dem, der Gott nach
  dem Maß seines eigenen Selbstes zu
  messen versuchte, verurteilt 127:3
- beschränkt eueren Blick nicht auf euer
  Selbst 43:5
- Opfer des Selbstes 82:1
- verbrennt den Schleier des
  Selbstes 147:1
- befreit euere Seelen von der
  Knechtschaft des Selbstes 136:1
- Sieg über das Selbst 43:3
- Traumziel liegt nach dem Ratschluß
  Gottes in deinem eigenen Selbst 79
- Sein Selbst hält Er für das
  Unbedeutendste 49
- Sein eigenes Selbst ist das Zeugnis, das
  Seine Wahrheit beweist 52:2

Selbstbetonung 22:9
Selbsterkenntnis 1:5, 26:4, 90:1
Selbsthingabe
  bedeutet, daß die Menschen ihren
  Willen völlig im Willen Gottes
  aufgehen lassen 160:2
Selbstoffenbarung
  Gottes 137:4
selig
  wer in Krankheit und Not geduldig
  bleibt 66:11
Selige 128:4
Seligkeit 64:1, 76:10
- die ihrer harrt, überragt die Seligkeit
  deren wir uns jetzt erfreuen 55:3
Sendboten
  einige der Sendboten haben Wir die
  anderen überragen lassen 64:1
Sendschreiben 115:1, 135:7, 163:3
- verkünde, was dir in diesem
  Sendschreiben vorgeschrieben wurde,
  und sollten auch alle Menschen wider
  dich aufstehen 141:5
- nur eine Widerspiegelung Seines
  Willens 160:3
- Sendschreiben (Tablets), Auszüge oder
  Anreden an:
- 'Abdu'l-'Aziz, Sulṭán 114
- Afnán 43
- 'Alí 100:6, 142
- die Bewohner von Konstantinopel 66
- die Buchstaben des Lebendigen 135
- Dhabíh (Siyyid Ismá'íl-i-Zavári'í) 115
- Ḥakím 99
- Ḥusayn 9
- Javád 103
- Kamál (Ḥájí Mírzá Kamál-i-Dín) 109
- über den Karmel 11
- Khalíl 136
- die Könige 105, 119
- die Könige der Christenheit 116
- Königin Viktoria 119, 120
- Shaykh Maḥmúd 89
- türkische Minister 65
- den Gesandten des Sháh 113
- Muḥammad 57
- Muḥammad 'Alí 140
- Muṣṭafá 62

— Nabíl-i-A'ẓam (Mullá Muḥammad-i-Zarandí) 139
— Naṣír 53
— Ra'ís (Verweis auf) 16:3
— Salmán 21, 148, 154
— den Shaykh 160
— das Land Ṭihrán (Ṭá) 55, 63, 64
Sendung 38, 91:1, 125:11
— Beweise Seiner Sendung 7:1
— vorgezeichnete Sendung jeder Manifestation Gottes 22:4
— Veränderungen in jeder Sendung 13:11
— in dieser Offenbarung haben alle Sendungen der Vergangenheit ihre Vollendung erreicht 161:4
Senfkorn 103:6, 118:1
Seufzer
— fürchte die Seufzer der Armen 114:11
— fürchtet die Seufzer und Tränen dieses Unterdrückten 119:2
Sháh
— Gesandter des Sháh 113:1
Shaykh
— der du deinen Willen Gott ergeben hast 160:2
Shi'itischer Islám 28:1
Sicherheit 59:1, 76:1, 102, 112, 129:11
— unerreichbar, wenn und ehe nicht die Einheit der Menschheit fest begründet 131:2
— von Gott erlassene Gebote das höchste Mittel für die Sicherheit der Völker 155:2
— Stufe, welche der ganzen Menschheit Gewähr für Schutz und Sicherheit bietet 132:4
— Unterpfand der Sicherheit 57:4
— Wahrung der Sicherheit 117
Siechtum 16:3
Sieg 17:7, 28:1, 155:4
— Gedanken an das richten, was den Sieg der Sache Gottes sichern 115:7
— wenn der Sieg naht, wird sich jeder als Gläubiger bekennen 150
— Gottes 121:3
— der Sache 43:4
— Unserer Sache 72:1
— über euer Selbst 43:3
— was den Sieg der ewigen Wahrheit verbürgt 131:4
Siegel der Propheten 22:8, 23:2, 25, 82:9
Silber 137:1
— Bauwerke aus reinem Gold oder Silber 59:3
Sinai 11:4, 13:3, 26:1, 105:3, 129:7, 153:4
singe
die Verse Gottes 136:2
Sinn 6:3, 13:4, 27:6
— Erkenntnis Dessen, der der Sinn eueres Lebens ist 144:3
— auf Höheres richten 137:1
— Verse, deren Sinn zu ergründen der Verstand unfähig 121:8

— Wahrheiten, deren Sinn nie enthüllt 89:3
— den Sinn der Worte verdreht 76:3
— und Zweck der Offenbarung 88
— des Wortes Gottes ist niemals auszuschöpfen 89:1
Sinnbild 40:2, 82:5, 95:3
— Sinnbilder der Gewißheit 55:1
— Sinnbilder der Loslösung 81
— Sinnbilder wahrer Loslösung 76:10
— Sinnbilder Seiner eigenen Macht 139:5
— der Namen und Eigenschaften des Allmächtigen 57:4
— Seelen, Sinnbilder der Loslösung, sind der Sauerteig der Welt 82:7
— Deiner Wirklichkeit 40:1
Sinne
leibliche 83:1
— diese Gaben ruhen im Menschen selbst 95:3
Sinnestäuschung 153:8
sinnlich
sinnliche Wahrnehmung hört sofort auf 83:1
Sintflut 87:7
Sitten
Regeln und Sitten 87:3
Sitz
ewiger Heiligkeit 76:1
Sklaven
alle sind nur Sklaven in Seinem Königreich 94:3
smaragdene Höhe der Treue 42
Sohn
(Ashraf) 69
— die Größe dieser Sache ist so, daß der Vater seinen Sohn und der Sohn seinen Vater flieht 35:5
— Väter verloren ihre Söhne 113:5
Sonne 38, 43:5, 52:3, 52:4, 93:9
— alle Sonnen erzeugt 51
— Sonnen göttlicher Führung 21
— der Gerechtigkeit 46:2, 162:2
— glaubt ihr, ihr hättet die Macht, das Licht der Sonne auszulöschen 121:3
— der Majestät und Macht 57:2
— Meiner Schönheit untergegangen 71:1
— der Wahrheit 26:3, 27:5, 38, 149
— hinter Wolken verborgen 80:4
— von Wolken verdunkelt 80:3
Sorge 142:1
Speer
ihre Köpfe schmückten die Speere der Ungläubigen 91:3
Spenden
doppelt vergelten 128:9
Sphäre
himmlische Sphären 82:11
Spiegel 27:2, 27:3
— gereinigt 124:3
— Seiner Herrlichkeit 53:1
— Manifestation Gottes 19:3, 30
— der Manifestationen 30

369

- der Namen und Eigenschaften Gottes 124:2
- der Spiegel Seines Wissens strahlt die Taten aller Menschen wider 100:8

spiegeln
durch dich das Abbild des Allmächtigen sich in allem Erschaffenen spiegele 129:9

Spiel 116:1
- siehe, wie diese Toren Seine Sache als Spiel und Zeitvertreib behandeln 115:11

Spottgeld
ihr habt den göttlichen Josef um ein Spottgeld verschachert 103:4

Sprache 22:3, 22:8, 23:4, 53:2, 75:2, 125:3, 129:11, 132:5, 137:1
- Abrahams, als Er den Jordan überschritt 87:4
- hat sich seit Adams Zeit tiefgehend gewandelt 87:5
- Sprache Gottes selbst 22:6
- der Tag naht, da alle Völker der Welt eine universale Sprache annehmen 117

Sprachen 87:3
- der heiligen Schriften 87:4

Sprachrohr
Gottes 53:2, 76:3, 81

Sprachvermögen 83:1

Sprachunterschiede
traten auf in Babel 87:3

Sprachverwirrung 87:3

Sprechweise 22:6

Spruch:
Erde und Himmel können Mich nicht fassen 93:5

Sprüche
den alten Propheten zugeschrieben 78:2

Staat
in den Angelegenheiten deines Staates die Zügel nicht den Händen anderer überlässest 114:4
- es geziemet euch, o Minister des Staates, die Gebote Gottes zu halten 65:3

Staatsamt
dessen Tage gezählt 113:22

Staatsangelegenheiten 114:14

Staatsausgaben 118:3

Staatsgebiet 117

Stadt
Bürger einer Stadt 111
- gezwungen, in der trostlosesten aller Städte zu wohnen 45
- Stadt der Gewißheit 9, 125:7
- Stadt Gottes 11:4, 125:6
- alle tausend Jahre einmal wird die Stadt erneuert 125:10
- die Stadt (Konstantinopel) 114:10
- Menschen zu Verfechtern einer Ordnung und zu Bewohnern einer Stadt werden 156
- diese Stadt ist das Wort Gottes 125:11

- Flamme der Zivilisation die Städte verschlingt 163:2
- Städte der Heiligkeit 69:5
- dein Herr hat die Welt und ihre Städte den Königen der Erde in Obhut gegeben 139:5
- Städte der Menschenherzen 115:3, 139:5
- Städte der Namen Gottes 57:3
- helfen, mit dem Schlüssel Meines Namens die Städte aufzuschließen 105:7
- Schutz euerer Städte und Gebiete 118:2
- in die Städte aller Völker hat Er Seine Boten gesandt 76:1

standhaft 115:11, 160:4
- in der Geduld 100:7
- im Glauben 84:4
- in der Sache Gottes sein 161:1
- erhaben wird deine Stufe sein, wenn du standhaft bleibst in der Sache deines Herrn 115:13

Standhaftigkeit 66:11, 69:4, 70:3, 162:2
- und körperliche Ausdauer 91:4
- in Seiner Sache 134:1
- in der Sache Gottes 10:1, 37:3
- keine Tat, wie verdienstvoll sie auch sei, läßt sich jemals mit der Standhaftigkeit vergleichen 134:2
- Vollkommenheit, die Standhaftigkeit in Seinem Glauben 134:3

Stätte 73
- die Stätte erreiche, wo Ich euere Gesichter nicht mehr sehen kann 113:18
- wo das Wesen Gottes wohnt, über Reichweite und Fassungskraft erhaben 78:2

Staub 52:1, 66:4, 113:24, 151:1, 153:6, 162:1
- zum Staube zurückgekehrt 65:4
- wirst du zum Staube zurückkehren 113:23
- über den Himmel der Himmel emporheben 131:3
- euere Leiber werden in einem Bett von Staub zur Ruhe gelegt 151:5
- füllt euch den Mund 103:4
- Welt und ihre Nichtigkeiten so wertlos wie Staub 139:6
- zum Staube werdet ihr zurückkehren, wie euere Vorväter 66:1
- erworbenen Wissens 125:1

Staubatom 5:2

Staunen 82:11

Stelle
die höchsten Stellen der Erde innehaben 29:1

Stellung
so hohe Stellung, daß kein Anschlag dir schaden könnte 114:5
- keinesfalls erlaubt, die Grenzen der eigenen Stellung und Stufe zu überschreiten 93:10

Sterben s. auch Tod
wenn Geheimnisse dieses Tages enthüllt würden 14:19
— wer an diesem Tage wiedergeboren wird, soll niemals sterben 106:3
Stiftshütte 64:1
Stimme
senken 138:3
— des Altehrwürdigen der Tage aus dem Reich Seines allherrlichen Namens 139:1
— Gottes 14:16, 22:8, 22:9, 22:10, 27:4, 32:1, 71:2, 85:4
— die Er in der Unendlichkeit erhob 52:5
Stoff
Menschen alle aus dem gleichen Stoff erschaffen 34:8
Stoffliche Welt 82:10, 82:11
Stolz 66:7, 113:2-4, 125:2
— Demütigung ist der Stolz und der Ruhm aller zeitlichen Ehre und weltlichen Würde 140:2
— Stolze 105:3
— Stolze am ganzen Leibe zittern ließ 68:6
Störungen 120:1
Strafe 32:2, 137:1, 161:2
— Ordnung dieser Welt auf Lohn und Strafe errichtet 112
strafen
Gott ist schrecklich, wenn Er straft 165
Streben
ernstes 125:6
Streit 16:3, 43:7, 43:10, 100:11, 139:5
— Hader und was immer der Geist des Menschen verabscheut, sind seiner Stufe unwürdig 96:3
— ausrotten, was die Quelle des Streites unter euch 111
streiten
hütet euch, mit jemandem zu streiten 128:10
— streitet mit niemanden über die Dinge dieser Welt 128:11
— streitet nicht mit euerem Nächsten 128:5, 136:4
Streitigkeiten
beilegen 118:2
Streitkräfte 109:1
Streitmacht
Meine Streitmacht ist Mein Gottvertrauen 15:4
Ströme
frischen Wassers aus den Felsen quellen 72:2
Stufe 1:5, 4:1, 14:18, 33:2, 37:3, 55:3, 66:10, 81, 82:7, 114:15, 125:7, 140:1, 154:1, 155:1, 163:4
— erhabene 105:6, 153:6
— Er verbietet, was ihre Stufe herabsetzt 92:3
— vollbringen, was ihrer Stufe würdig ist 110

— Bahá'u'lláhs 64:4
— Er sieht von dieser mächtigen Stufe alle Dinge 103:2
— jedes erschaffene Ding im Lichte der Stufe zu betrachten, die ihm zugewiesen wurde 93:10
— Ehre und Herrlichkeit aller schönen Namen und Stufen 82:3
— Dessen, der sich »in der Entfernung zweier Bogenlängen« befindet 29:1
— Erkenntnis meiner Stufe 93:3
— des Gläubigen 3:2, 6:1, 147:2
— derer, die sich gänzlich Gott zugewandt 87:6
— Gott auf Seiner Stufe über Lob und Begriffen erhaben 93:14
— keinesfalls erlaubt, die Grenzen der Stellung und Stufe zu überschreiten 93:10
— der Könige und Herrscher 118:3
— zweifache Stufe der Manifestationen Gottes 22:2-7
— auf der ihr euerem Meistgeliebten nahen und euch mit Ihm vereinen könnt 153:2
— des Menschen 1:5, 3:2, 4:1, 16:1, 27:5, 100:8, 122, 136:5, 159:2, 161:5
— erhabenste des Menschen 35:6
— der Menschen erhöhen 101
— selig der Mensch, der diese Stufe erreicht 84:4
— welche der ganzen Menschheit Gewähr für Schutz und Sicherheit bietet 132:4
— Menschheit hat die Stufe der Reife erreicht 33:2
— Möglichkeiten seiner vorherbestimmten Stufe offenbaren 124:2
— erhaben ist Sein Rang über die Stufe, die ihr Ihm zugesteht 44:2
— die von niedrigerem Rang unfähig, die Stufe der über ihnen Stehenden zu begreifen 86:2
— erhaben wird deine Stufe sein, wenn du standhaft bleibst in der Sache deines Herrn 115:13
— vollkommener Selbsthingabe 160:2
— Streit, Hader und was immer der Geist der Menschen verabscheut, sind seiner Stufe unwürdig 96:3
— und Tugenden der Seele 82:2
— Unversehrtheit der Stufe 3:2, 93:10
— Verlangen, diese Stufe zu erreichen 81
Stunde s. auch Tag Gottes/Zeit 9, 11:2, 18:1, 29:6
— die festgesetzte Stunde 61, 108
— die keiner aufschieben kann 65:7
— die letzte Stunde 105
— verheißene 12
— im voraus festgesetzt 50
— selig die Stunden, die Seinem Lobpreis galten 71:3
— da die höchste Manifestation Gottes sich enthüllt 78:3
— der Trennung der Seele vom Leibe 81
Stürme 162:2

371

Substanz
  Gottes eigene Substanz 27:4
Suchen
  laßt die Flamme des Suchens in eueren Herzen brennen 153:2
— selbstständiges Suchen nach Wahrheit 76:9
— Wildnis des Suchens 26:1
Sucher 70:2, 125:1, 125:5
— Herz des Suchers berühren 128:6
— Pflicht des Suchers 153:5
— Pflichten und Eigenschaften des wahren Suchers 125
— diese Wahrheit befähigt die Sucher zur Gegenwart Gottes 70:3
Sühne 69:2
Sultán 65:1
  'Abdu'l-'Aziz 114:1, S. 303
Sünde 13:4, 32:1, 66:12
— wann immer jemand die Sünde eines anderen erwähnte 142:3
— der Du die Sünden der Schwachen und Hilflosen verbirgst 100:8
— Verberger menschlicher Sünden 142:7
— um Vergebung ihrer Sünden beten 125:3
Sünder 36:2
— Wir haben den Gerechten und den Sünder gleich behandelt 126:3
— wohl steht es um die Rechtschaffenen, die die Sünder nicht verhöhnen 145
— dem Sünder verzeihen und niemals dessen niedrigen Zustand verachten 125:3
Súriy-i-Ra'ís 16:3, S. 314
Süße
  der Worte eueres Herrn 72:2
Syrisch 87:4
System 70:1
Tá s. Land von Tá
Tabernakel 19:5, 90:1
Tablet 18:9, s.a. S. 315
— das leuchtende 5:6
— worin Er allem und jedem sein festgesetztes Maß 118:6
— der Weisheit 81
Tadel 125:3, 129:4
Tafel 14:2, 37:3, 40:3, 71:2, 74, 75:2, 77, 103:1
— heilige 58:2
— Verborgene Tafel 105:2
— Tafeln von Chrysolith 104
— Tafeln Gottes 74, 141:2
— zieh aus mit der Tafel Gottes 129:5
Tag
  Tage gezählt 66:4
— der Tag, da jeder vor sich selbst flieht 18:2
— einzigartig und von den vorangegangenen unterschieden 25
— ein unvergleichlicher Tag 16:1
— der unvermeidlich über euch kommt 65:7
— vergangene Tage 71:3
— der Auferstehung 28:1
— da alle Augen vor Entsetzen erstarren 18:3
— bald werden sie die Folgen dessen spüren, was sie am Tage Gottes bewirkt haben 16:3
— da aus Furcht vor Gott kein Mensch die Kraft haben wird, aufrecht zu stehen 114:12
— Gottes, auch Stunde/Zeit 4:1, 5:1, 7:1, 8, 9, 10, 11:1, 11:4, 12, 14:3, 14:5, 14:13, 14:14, 14:15, 14:16, 14:19, 15:5, 16:1, 17, 18:6, 78:3, 100:7, 124:3, 161:5
— Gottes festgesetzter Tag 25
— vollbringen, was diesem Tage Gottes gemäß 96:3
— da Gott zwischen Uns und euch gerichtet haben wird 113:17
— da Gottes Gnade alle Dinge durchdrungen 142:1
— soll in diesen Tagen kein Mensch auf seinen Nächsten angewiesen sein 124:1
— es naht der Tag, da Gott Seine Sache erhöht 116:5
— da Gott ein Volk erweckt 66:12
— würde die Größe dieses Tages in ihrer Fülle offenbart 96:3
— Größe des »Tages Gottes« 7:2, 14:2
— höchsten Glücks 14:19
— Herr der Tage 76:3
— alle Herrschaft bei Gott 15:1
— die Tage eueres Lebens verfliegen wie ein Windhauch 71:3
— Licht dieses Tages 85:3
— da Menschen und Engel miteinander versammelt wurden 18:6
— dies ist nicht der Tag, da ein Mensch seinen Herrn zu befragen hat 82:12
— die Nacht folgt dem Tag und der Tag folgt der Nacht 151:4
— der euch in allen Schriften verheißen ward, ist nun gekommen 144:3
— dieser Tag, der alle erschaffenen Tage in den Schatten stellt 107
— da die Taten aller Menschen gewogen 118:2
— da alle Völker der Erde versammelt werden 75:1
— die Vortrefflichkeit dieses Tages ist unendlich erhaben über das Verständnis der Menschen 53:2
— da die Mächtigste Waage aufgestellt 135:4
— der Wehklage 58:2
— würdigt den Wert dieser Tage 55:4
— des Wohlergehens und Triumphes 34:6
Tal
  aus reinem Gold 60:3
— des unerforschlichen Ratschlusses Gottes 163:7
Talisman S. 315
— der Mensch ist der höchste Talisman 122

Tand 66:6, 116:1
— die Welt wird mit ihrem Tand und Gepränge vergehen 65:7
— die Tand und Zierrat angehäuft 103:5
Tastsinn 95:2
Tat 16:1, 157:1
— gute 37:1
— die bloße Tat eures Beisammenseins genügt 43:2
— jede gerechte Tat mit einer Kraft versehen 131:3
— jede Tat, die ihr im Sinne habt, ist Ihm offenbar 77
— keine Tat, wie verdienstvoll sie auch sei, läßt sich jemals mit der Standhaftigkeit vergleichen 134:1
— eine solche Tat übertrifft alle anderen Taten 161:1
Taten 5:6, 28:1, 43:8, 65:3, 77, 91:4, 91:5, 115:2, 128:9, 137:4, 146,
— besondere 34:4
— gerechte 131:4
— Wir sehen euere Taten 141:4
— euere Taten werden euch vergolten werden 65:7
— reine und heilige 43:4
— Lehren, die verdienstvollste aller Taten 128:10
— des Bösen zu tun, steht dem übel an, der behauptet Nachfolger seines Herrn zu sein 128:1
— verzeichnet in dem Buche 113:16
— solcher Dienst ist der Fürst aller guten Taten 157:1
— alle euere Taten hat Meine Feder mit klaren Lettern auf Tafeln von Chrysolith gemeißelt 104
— laßt euere Taten Führung für die ganze Menschheit sein 139:8
— bald werdet ihr in der Gegenwart Gottes versammelt und nach eueren Taten gefragt 113:15
— helfet dem einen, wahren Gott durch euere edlen Taten 126:4
— ihr werdet ganz gewiß zu Gott zurückkehren und für euere Taten zur Rechenschaft gezogen 116:1
— nach Gottes Werturteil zählen diese Tugenden zu den höchsten und lobenswertesten aller Taten 134:2
— o mein Herr, mein über alles Geliebter, Du Triebkraft meiner Taten 142:6
— aller Menschen gewogen 118:5
— alle Menschen werden nach ihrem leiblichen Tode den Wert ihrer Taten abschätzen 86:4
— Schmuck reiner, heiliger Taten 101
— der Spiegel Seines Wissens strahlt die Taten aller Menschen wider 100:8
— wäge deine Taten auf dieser Waage jeden Tag 114:12
— beweisen die Wahrheit der Worte 91:3, 126:2
— die Wahrheit Meiner Worte bezeugen 121:3
— sei achtsam, daß du nicht auf den Wegen jener wandelst, deren Worte sich von ihren Taten unterscheiden 139:8
— laßt euch in allen eueren Taten von Weisheit leiten 96:4
— euere bösen Taten können Uns niemals schaden, noch euere guten Werke Uns nützen 72:5
— der Wert aller Taten ist durch Seine Annahme und Sein Wohlgefallen bedingt 135:5
— mit Worten übereinstimmen 91:4
— Mein Wunsch ist, sie vor den Folgen ihrer Taten zu warnen 114:16

Taube
mystische 15:1
— Tauben der Heiligkeit 42
tausend
alle tausend Jahre einmal wird die Stadt erneuert 125:10
Teilhaber
Er hat keinen Teilhaber 94:1
Tempel
menschlicher 34:7
— Gottes unter den Menschen 146
Testament 23:2
teuflisch
teuflische Stärke in himmlische Kraft verwandeln 99
Texte 137:1
Thora 135:7
Thron 11:1, 14:10, 18:1, 53:1, 111
— Gottes 57:2, 129:1
— Gott hat an diesem Tage Seinen Thron errichtet 11:3
— Seiner Herrlichkeit 57:1
— Herz, der Thron der Offenbarung Gottes 93:5
— des Höchsten 81
— Land von Ṭá zum Sitz Seines Thrones gemacht 55:1
— ihre Namen vor Seinem Thron genannt 71:3
— für die Offenbarung Seiner Herrlichkeit 136:5
— heiliger Ort, an dem der Thron Gottes errichtet ist 143:4
— Wasser, worauf der Thron deines Herrn errichtet wurde 18:9
Tiefen
der Erniedrigung 101
— du wirst auf ihr weder Tiefen noch Höhen sehen 122
Tier
Verkörperung der Freiheit und ihr Sinnbild 159:2
— gütig sein zu den Tieren 125:3
— wie die Tiere auf dem Felde zu leben, ist des Menschen unwürdig 109:2
Ṭihrán
s. auch Land von Ṭá
55:1, 63:1, 64:1, 113:19

— Land der Herzenssehnsucht 64:3
— »Morgen Seines Lichtes« 56:2
Tod 17:2, 27:1, 66:6, 68:5, 73, 80:1, 86:1, 86:3, 86:4
— Seinen Tod zu rächen 113:8
— die Geheimnisse des körperlichen Todes des Menschen und seiner Rückkehr sind nicht enthüllt 164:1
— sterben, wenn Geheimnisse dieses Tages enthüllt würden 14:19
— wird Gott gewiß einen erwecken, der den durch Meinen Tod leergewordenen Platz einnehmen wird 113:13
— der Kelch, der in Wahrheit Leben ist 164:2
— alle Menschen werden nach ihrem leiblichen Tode den Wert ihrer Taten abschätzen 86:4
— die im Rang über euch, zum Staube zurückgekehrt 65:4
— die Seele des Menschen und ihr Fortleben nach dem Tode 81
— Wesen der Seele nach dem Tode 81
— du wirst bis zur Stunde deines Todes in Achtlosigkeit verharren 113:16
— Unsterblichkeit ohne Tod 125:9
— elend ist die Wohnstatt der Übeltäter 113:15
Todesstunde 81
— ein Sünder in der Todesstunde 125:3
Todesurteil 35:3, 59:1, 163:1
Tor
öffneten Wir ihnen die Tore zu allen Dingen 113:16
— alles Erschaffene nur ein Tor zu Seiner Erkenntnis 82:5
— Tore der Gnade Gottes seit Ewigkeit geöffnet 26:4
— der Gnade stehen vor allen Menschen weit offen 126:3
— der Liebe und Einigkeit erschlossen 43:6
Toren
Fehler des Toren 93:7
— die Gott entfremdet sind, ihr Haupt mit dem Schmuck der Gelehrten 163:1
Toter 85:3
— sie zählen wahrlich zu den Toten 71:3
— wer tot bleibt, soll niemals leben 106:3
— wer daraus zu trinken sich weigert, gleicht einem Toten 85:4
— wer die Amtsgewalt des Vertreters Gottes bestreitet, gleicht einem Toten 89:1
Trachten
der Erde tragen wollen 128:4
Träger
des Vertrauens Gottes 100:12

Trauer 164:1
— wisse, daß die ganze Schöpfung in großer Trauer weinte, als der Menschensohn Seinen Geist zu Gott aufgab 36:1
Traum 79, 82:8
Traumwelt
liegt nach dem Ratschluß Gottes in deinem eigenen Selbst 79
Trennung
von Dir 57:8
— von Gott 11:2, 26:4
— Qual der Trennung von Ihm 151:1
— der Seele vom Leibe 81, 86:1, 86:3
Treue 42, 82:1, 102, 130, 142:3, 142:4
— das Herz dessen, der an Mich glaubt und Meiner Sache treu ist 93:5
Treuepflicht
gegenüber ihrem Schöpfer 82:1
Treuhänder
Gottes 22:1
— seid Gottes Treuhänder unter Seinen Geschöpfen 136:6
— Gottes unter den Menschen 115:4
treulos
wer treulos gegen Gott handelt, wird auch treulos gegen seinen König handeln 114:3
Treulosigkeit 91:3
Triebe 60:2
Triebkraft
für den Fortschritt der Welt und die Erhöhung ihrer Völker 43:3
Trinken
Essen und Trinken 118:7
Triumph 28:1, 34:6
— Wir haben gelobt, Deinen Triumph auf Erden zu sichern, selbst wenn kein König sich fände 116:5
— Unseres Glaubens als sein höchstes Ziel 157:2
— Seiner Sache 121:3
— dieses Volkes 102
Trübsal 16:3, 62:2, 66:10, 100:6, 115:6, 116:2, 141:2, 143:2
— die Mich traf, geduldig getragen 127:4
— das Öl, das die Flamme dieser Lampe nährt 29:5
Trug 35:1, 35:2
— laßt euch von diesem Leben und seinem Trug nicht trügen 103:6
— leerer Trug kann niemals die Wahrheit ersetzen 113:2
Trugbilder 43:3, 141:2
Trunkenheit 17:3
Tücke 85:2, 114:4
Tugend(en) 93:11, 96:3, 130, 157:2
— göttliche Tugenden und Eigenschaften in allen heiligen Büchern beschrieben 134:2
— Gerechtigkeit, die grundlegende menschliche Tugend 100:6

- nach Gottes Werturteil zählen diese Tugenden zu den höchsten und lobenswertesten aller Taten 134:2
- ein Leben der Tugend 43:4
- Stufe und Tugenden der Seele 82:2
- ihr habt in jeder Hinsicht das Verhalten Dessen, der das Wort der Wahrheit unter euch ist, beobachtet 147:1
- jeder möge auf das Verhalten dieses Unterdrückten achten und darüber nachdenken 163:6
- s. auch Aufrichtigkeit, Barmherzigkeit, Beständigkeit, Brüderlichkeit, Dankbarkeit, Demut, Dienen (Dienst), Ehrlichkeit, Eifer, Einigkeit, Einsicht, Eintracht, Entsagung, Entschlossenheit, Erbarmen, Ergebenheit, Festigkeit, Freigebigkeit, Freude, Freundlichkeit, Freundschaft, Frömmigkeit, Geduld, Gehorsam, Gerechtigkeit, Gewißheit, Glaube, Gottesfurcht, Gottvertrauen, Großmut, Güte, Hoffnung, Höflichkeit, Keuschheit, Langmut, Lauterkeit, Liebe, Loslösung, Mäßigung, Mitleid, Nachsicht, Opfer(bereitschaft), Rechtschaffenheit, Redlichkeit, Reinheit, Sanftmut, Selbsterkenntnis, Selbsthingabe, Standhaftigkeit, Treue, unparteiisch (Unparteilichkeit), Verlangen, Vertrauenswürdigkeit, Wahrhaftigkeit, Weisheit, Wohlwollen, Zufriedenheit, Zuversicht

Tulpen 125:9

Tun
ihr werdet um euer Tun befragt werden 65:4

Türhüter
für Seinen Türhüter die ganze Welt erschaffen 59:2

Tyrannei 13:7, 17:5, 35:6, 59:1, 63:2, 112
- Menschheit vor dem Angriff der Tyrannei beschirmen 117
- Pflicht, die Tyrannei des Unterdrückers zu verhindern 116:2

Übeltäter 85:4, 113:5
- Gesellschaft der Übeltäter meiden 125:3
- damit der Übeltäter das Meer göttlicher Vergebung erreiche 126:3
- elend ist die Wohnstatt der Übeltäter 113:15

Übelwollende 113:17

Überfluß 114:10
- daß keiner unter ihnen Mangel leide oder durch Überfluß verwöhnt werde 114:9

Überheblichkeit 13:2, 113:24

überläßt
ihn sich selbst 132:5

Überlegenheit
die Überlegenheit der Gottlosen wird nicht dauern 71:3

Überlegung
reife Überlegung führt zum Eingeständnis der Hilflosigkeit 83:4
- sorgsame Überlegung über die Nöte der Welt 110
- legt den Schwerpunkt eurer Überlegungen auf die Bedürfnisse der Zeit 106:1

Überlieferungen 87:8, s. a. S. 315
- Unterschiede geschichtlicher Überlieferungen 87:7
- gewisse Überlieferungen vergangener Zeiten entbehren jeder Grundlage 86:5

Übermaß
ins Übermaß gesteigert, werden Freiheit und Zivilisation verderblich 110

Übertreter 121:1

Übertretung 142:2

üble Nachrede s. auch Verleumdung 125:3

Umwelt 82:4

Unabhängigkeit
von menschlicher Gelehrsamkeit 89:4

Unaufrichtigkeit 153:6

Uneinigkeit
läßt Religion nicht zur Quelle der Uneinigkeit werden 110

Unendlichkeit
in der Er Seine Stimme erhob 52:5

unfehlbar
der göttliche, unfehlbare Arzt 106:2

ungebeten
habe Ich deinen Wunsch erfüllt 152

Ungehorsam
war Ich dir, o König, jemals ungehorsam 114:20
- Winde eueres Ungehorsams 85:2

Ungerechtigkeit 163:1

Unglaube 35:6, 61

Ungläubige 13:8, 17:5, 37:3, 57:7, 59:3, 76:7, 129:5, 136:3
- murren 67:1
- werden mitgerissen durch das Erscheinen der ewigen Schönheit in der Gestalt eines sterblichen Menschen 29:4
- nie kann die Hand des Ungläubigen den Saum Seines Gewandes entheiligen 76:8
- was die Hände der Ungläubigen bewirken, wird niemals die Sache Gottes wandeln 113:12
- ihre Köpfe schmückten die Speere der Ungläubigen 91:3
- sind hilflose Opfer ihrer verderbten Neigungen und Begierden 129:13
- dem geheiligten Orte nahen, den die Hände der Ungläubigen niemals entweihen können 139:5
- Seelen der Ungläubigen 86:3

Unglück
sei dankbar im Unglück 130

Unheil 17:3, 112, 163:2
- unerwartetes Unheil verfolgt euch 104

375

— Welt täglich von neuem Unheil
heimgesucht 16:3
Unheilstifter
sie beschuldigten Ihn, Er sei ein
Unheilstifter 112
Universum
Zeichen des Universums 138:2
Unordnung 113:21
— hütet euch, daß ihr die Welt nicht in
Unordnung bringt 128:5
unparteiisch
über die Menschen herrschen 114:11
— mit ihrem Nächsten umgehen 118:7
— mit eueren Untertanen
verfahren 116:2
Unrecht 43:10, 65:6, 66:12, 113:5,
113:6, 113:12, 118:1, 118:3
— wird das Unrecht fortbestehen 110
— hütet euch, jemandem Unrecht zu
tun 118:4
— hüte dich, daß du nicht dazu verleitet
wirst, Unrecht stillschweigend zu
übersehen 113:23
— fliehen, was auch nur den Geruch eines
Unrechtes an sich hat 43:11
— sondere die, die Unrecht begehen, von
denen ab, die deinen Glauben
bekennen 114:19
Unruhe
wollt ihr denn nicht aufhören, Unruhe
zu stiften, und in Frieden mit euch
selbst sein 113:11
Unsterblichkeit 11:3, 14:15, 81, 113:11
— Bewohner der Städte der
Unsterblichkeit 76:10
— Kelch der Unsterblichkeit 53:1
— ergreife den Kelch der
Unsterblichkeit 76:10
— verordne, was unsere Seelen unsterblich
macht 138:4
— Seidenkleid der Unsterblichkeit 129:8
— ohne Tod 125:9
— um Vergängliches verschachert 91:3
— Wohnungen im Reiche der
Unsterblichkeit 73
Unterdrücker 23:3, 23:4, 143:2
— der Fluch Gottes treffe die
Unterdrücker! 76:5
— Pflicht, die Tyrannei des Unterdrückers
zu verhindern 116:2
— gebiete dem, daß er sich von seiner
Willkür abzulassen 114:19
Unterdrückter s. a. S. 316
— fürchtet die Seufzer und Tränen dieses
Unterdrückten 119:2
— Unterdrückte 145:1
— dieser Unterdrückte 100:11, 163:6,
163:7
Unterdrückung 43:2, 59:2, 114:14, 132:4
— untersagt 59:1
— Verteidiger für das Opfer der
Unterdrückung 130
Untergang 43:7
Unterpfand
der Sicherheit 57:4

unterscheiden
Gläubige müssen sich durch ihr
Verhalten unterscheiden 128:3
Unterscheidung
der Gottesfürchtigen von den
Eigensinnigen 29:3
Unterschied
kein Unterschied zwischen den Boten
Gottes 22:2, 24, 34:3
— kein Unterschied zwischen Gott und
Seinen Manifestationen 27:4
— zwischen Gott und den erschaffenen
Dingen 93:7
— der Regeln und Riten 111
Unterstützung
Wir sind immer mit euch 71:1
Untertanen
Wir sehen euch Ausgaben vermehren
und deren Lasten eueren Untertanen
aufbürden 119:2
— hüte dich, deine Minister auf Kosten
deiner Untertanen zu erhöhen 114:11
Untertanentreue
Ihm nützt weder die
Untertanentreue 122
Untreue 114:20
unverlangt
habe Ich Meine Gnade auf dich
herabströmen lassen 152
Unversehrtheit
der Stufe 93:10
unwissend
bin Ich in allem außer in dem, worin es
Gott gefiel, Mich zu lehren 65:1
Unwissenheit 34:5, 34:6, 36:2, 159:1
— dem Menschen ziemt es sich in
Schranken fügt, die ihn vor seiner
eigenen Unwissenheit
beschützen 159:2
— Seele aus dem Elend der Unwissenheit
erretten 34:1
Urbuchstabe
Buchstabe, der aus dem Munde Gottes
hervorgeht, ist ein Urbuchstabe 74
Urkunde
Urkunden über das Leben einiger
Manifestationen verloren 87:6
— keine Urkunden über die Propheten vor
Adam vorhanden 87:1
— Urkunden durch die Sintflut
zerstört 87:7
Urquell
göttlicher Offenbarung 74
Ursache
äußere 82:4
— was erschaffen ist, setzt eine Ursache
voraus 82:10
— alle Dinge haben zwangsläufig eine
Ursache 81
— Ursachen von denen jeder Wechsel und
Wandel in der Welt des Seins
abhängt 82:5
Urspiegel 30

Ursprung
  der Schöpfung 78:1
— und Ziel alles Wissens 100:9
Urtafel 74
Urteil
  seid gerecht in euerem Urteil 77, 100:8
— mit Seinem Geheiß übereinstimmt 66:9
— wie fälltest du dein Urteil über Mich, wenn du Mein Zeugnis nicht von Mir selbst gehört hast 113:14
Urteilskraft 125:7, 160:2
Urteilsspruch 118:6
Urwort 74
— verfälscht nicht das heilige, das allumfassende Urwort Gottes 153:4
Vasallen
  ihr seid nur Vasallen, o Könige der Erde 105:5
Vater
  die Größe dieser Sache ist so, daß der Vater seinen Sohn und der Sohn seinen Vater flieht 35:5
— der Herr eurer Väter 76:4, 129:5
— vergib unseren Vätern und unseren Müttern 138:5
— Väter verloren ihre Söhne 113:5
Vaterland
  es rühme sich nicht, wer sein Vaterland liebt 43:6, 117
— Liebe zu ihm ein Bestandteil des Gottesglaubens 43:6
Veränderung
  die Erde hat gewaltige Veränderungen erfahren 87:1
— in jeder Sendung 13:11
Verbannter 35:6
Verbannung 15:3, 29:5, 58:1, 65:6, 143:2
— kann Ihm keinen Schmerz zufügen 115:9
Verberger
  menschlicher Sünden 142:7
verblendet 93:9
Verblendung 17:4, 59:2
verborgen
  Bahá'u'lláh, keinen Augenblick verborgen 131:2
— Missetaten verschweigen, damit Mängel verborgen bleiben 145
Verborgener Name 63:1
Verborgenes
  alles Verborgene ist ans Licht gebracht durch den Willen des höchsten Verordners 105:4
— alles Verborgene offenbar 14:17, 98:4
— Er, bei dem das Wissen um Verborgenes ist 71:2
Verborgenes Buch 97
Verborgene Tafel 105:2
Verborgene Worte (pers.), Auszug 42
Verborgenheit 31
Verbot 26:3, 77, 84:4
verboten 37:2

Verbrechen 113:21
verbreiten
  sie müssen Meine Sache mit fester Entschlossenheit über die ganze Erde verbreiten 100:1
Verbreitung
  es ziemt ihm für die Verbreitung Seines Glaubens zu wirken 103:2
— sammelt euere Kräfte für die Verbreitung des Glaubens Gottes 96:3
Verbundenheit 96:3, 110, 132:3
Verderben
  unausweichlichem Verderben anheimgefallen 65:4
Verderbtheit 32:2, 122, 159:2
— Er wird die Erde vom Schmutz ihrer Verderbtheit reinigen 103:3
— Religionen, die aus menschlicher Verderbtheit entstanden 111
— der Welt 34:2, 61
Verdienst 86:2, 94:4
Vereinigung
  Freude ewiger Vereinigung 151:1
— aller ihrer Völker 120:3
verfälscht
  nicht das heilige, das allumfassende Urwort Gottes 153:4
Verfehlung
  möge meine Seele ein Opfer für die Verfehlungen derer sein, die sich wider Dich verfehlten 142:7
Verfolgung 23:3, 29:4
Verführer 17:3
Vergangenheit
  die größten Geister der Vergangenheit 83:4
— in der Vergangenheit oder Zukunft erschaffen 129:7
Vergängliches 27:4, 93:8, 118:7, 151:4
— begnügt euch mit Vergänglichem 151:2
— Unsterblichkeit um Vergängliches verschachert 91:3
Vergänglichkeit 66:4, 71:3, 96:1, 98:3, 113:23, 113:24, 123:1, 123:2
— bald wird Er all eueren Besitz vergehen lassen 66:6
— alles außer Gott vergänglich 125:4
— die im Rang über euch, zum Staube zurückgekehrt 65:4
— die Welt wird mit ihrem Tand und Gepränge vergehen 65:7
— ihr werdet mit allem, was ihr besitzet vergehen 116:1
Vergebung 52:1, 66:13, 127:4, 142:4, 142:8
— um Vergebung ihrer Sünden beten 125:3
— damit der Übeltäter das Meer göttlicher Vergebung erreiche 126:3
Vergeltung
  schmerzliche Vergeltung harrt euer 104

Vergessen
  alles andere fällt dem Vergessen
  anheim 83:3
— bedenke, wie oft ein Mensch sich selbst
  vergißt 93:6
Vergleich
  trifft nur Seine Geschöpfe 94:3
Vergnügen
  sie vergnügen sich sorglos 18:1
Verhaftungen
  von Verhaftungen gereinigt 125:7
Verhalten s. auch Betragen 34:6, 77, 110
— jener Meiner Anhänger 60:1
— wie sich die Geliebten Gottes zu
  verhalten haben 115:8
— rechtes Verhalten kennzeichnet den
  wahren Glauben 100:11
— deren äußeres Verhalten ihrem inneren
  Leben entspricht 91:4
— bei den meisten Menschen
  unterscheidet sich das Bekenntnis vom
  Verhalten 139:8
— gegen die Offenbarer 13:2
— jeder möge auf das Verhalten dieses
  Unterdrückten achten und darüber
  nachdenken 163:6
— ihr äußeres Verhalten ist nur die
  Widerspiegelung ihres inneren
  Lebens 126:2
— Dessen, der das Wort der Wahrheit
  unter euch ist, beobachtet 147:1
Verheißene, der 9, 35:3
Verheißenes Land 163:7
Verheißene Stunde 12
Verheißung
— die Verheißung ist erfüllt 105:3
— Verheißungen Gottes 10:1
— ihre wahre Bedeutung 13:4
verkehret
  miteinander in inniger Liebe und
  Eintracht 132:3
— mit allen Menschen 132:5
Verkörperung
  keiner eine Verkörperung Seiner
  selbst 94:3
verkünden
  verkünde ihnen die
  Botschaften 129:5
— Meine Sache mit deiner Feder wie mit
  deiner Zunge 142:5
— die Sache deines Herrn allen 129:2
— was dir in diesem Sendschreiben
  vorgeschrieben wurde, und sollten auch
  alle Menschen wider dich
  aufstehen 141:1
— sollte er Gottes Botschaft
  verkünden 161:2
— unaufhörlich Seine Sache 154:2
Verkündigung
  Größte 141:5
— Seines Größten Namens 63:2
Verlangen 14:12, 151:3
— sehnliches 125:6

— Menschen verlangen, was ihnen
  schadet, verwerfen, was ihnen
  nützt 159:1
— diese Stufe zu erreichen 81
Verleumdung 13:9, 17:3, 113:14, 113:18,
  113:19
Verlorener 60:1
Verlust 34:8, 52:1
— Ich selbst werde den Verlust ihres
  Sohnes sühnen 69:5
— beider Welten 103:5
Vermächtnis
  Ratschläge, die Ich euch als
  Vermächtnis gebe 136:6
Vermögen
  im Überfluß 114:10
— Gott belastet keine Seele über ihr
  Vermögen 52:2, 52:4
Verneiner
  elend ist die Wohnstatt der
  Verneiner 129:13
Verpflichtung
  zweifache 133:2, 155:1
Vers 43:6
— ein strahlendes Tor, das die
  Herrlichkeit eines heiligen Lebens
  erschließt 43:8
— so zahlreich wie die auf den Báb
  herabgesandten Verse 121:9
— singe die Verse Gottes 136:2
— deren Sinn zu ergründen der Verstand
  unfähig 121:8
Versagen 151:4
— könnte er dann für sein Versagen zur
  Rechenschaft gezogen werden 75:1
Versammlung
  Notwendigkeit für allumfassende
  Versammlung weltweit erkannt 117
Versäumnis 116:1
Verschiedenheit
  der Stufe und Sendung der
  Manifestationen Gottes 22:5
Verschwender 114:9
Verschwörung
  gegen Ihn 76:8
verspotten
  wenn ihr diese Offenbarung verwerft,
  werden euch alle Völker der Erde
  verlachen und verspotten 121:2
Versprechen
  halte dein Versprechen heilig 130
Verstand 11:4, 26:1, 26:3, 26:4, 27:6,
  53:2, 76:9, 80:1, 83:1ff, 101
— mit der Absicht verliehen, Gott zu
  erkennen und anzuerkennen 95:1
— erste und vornehmste Gabe des
  Menschen 95:1
— Grenzen, dessen der endliche Verstand
  des Menschen unterworfen ist 148
— und Herz können niemals das
  Erzeugnis ihrer eigenen Vorstellungen
  übersteigen 148

- gibt dem Menschen die Kraft, in allen Dingen die Wahrheit herauszufinden; führt ihn zu dem, was recht ist; hilft, die Geheimnisse der Schöpfung zu entdecken 95:1
- Seele ein Geheimnis, das kein Verstand je enträtseln kann 82:1
- Seele des Menschen über alle Gebrechlichkeit des Leibes und des Verstandes erhaben 80:2
- Verse, deren Sinn zu ergründen der Verstand unfähig 121:8

Verstandesgabe 83:1-3
- ihr Wert nicht zu ermessen 83:4

Verständige 86:1
Verständigung 43:10
Verständnis 34:6, 82:4, 93:16
- die Vortrefflichkeit dieses Tages ist unendlich erhaben über das Verständnis der Menschen 53:2

Verständnislose 85:5
Verstehen 18:1, 34:5, 34:8, 139:4
- Eingeständnis der Hilflosigkeit Höhepunkt menschlichen Verstehens 83:4
- der Morgen des Verstehens 67:3

Verstocktheit 13:2, 93:9
Verstöße
gegen Sein Gesetz 18:1
Versuchung 15:5
verteidigen
in seinen Schriften die Sache Gottes gegen ihre Angreifer verteidigen 154:1
Verteidiger
für das Opfer der Unterdrückung 130
Vertrauen 66:2, 113:24, 114:18, 126:1, 127:4, 129:2, 136:4, 153:5
- laßt euer Vertrauen im Gedenken Gottes ruhen 66:6
- in die Gnade Gottes 114:8
- in Gott 125:2, 134:2
- Gott wird gewißlich mit dem sein, der sich ganz Ihm hingibt 114:4
- Träger des Vertrauens Gottes 100:12

Vertrauenswürdigkeit 134:2, 134:4
- wer nicht an Gott glaubt, ist nicht vertrauenswürdig 114:3
- sei des Vertrauens wert 130
- erweist euch seines Vertrauens würdig 128:9

Vertreter
gewählte Vertreter des Volkes 120:1
verurteilt
den Urquell der Weisheit zum Tode verurteilt 163:1
Vervollkommnung 43:3
Verwahrter Schatz 63:1
Verwahrungsorte
des Lichtes Unseres Wissens 89:4
verwandeln
teuflische Stärke in himmlische Kraft verwandeln 99
Verwandte 57:8
Verwandtschaft 91:3
- Bahá'u'lláhs 113:18, 127:2

Verwirrung 43:11
- Chaos und Verwirrung 110
- Versuch, Gott zu verstehen, endet in Verwirrung 26:3
- die Völker ergriffen 112

Verworfene
erlaube den Verworfenen nicht, über die Edlen und Ehrenwerten zu bestimmen 114:10
Verzeichnis
der Frevler 17:3
Verzeihung
dem Sünder verzeihen 125:3
Verzicht 96:3, 129:1
- auf Leib und Gut, Ruhm und Namen, Ansehen und Ehre 91:4

Verzückung 125:6
Verzweiflung 85:3, 110
Vielgeliebter
vereinigt euere Gedanken auf den Vielgeliebten 72:3
- in Seine Gegenwart eilen 72:3

Vielheit 84:3
Vogel, Vögel 151:3
- des Throns 15:1
- ihr gleicht dem Vogel, der sich in die Unendlichkeit der Himmel aufschwingt 153:6
- Vögel der Finsternis 161:3
- Quellen, die diese Vögel am Leben erhalten, nicht von dieser Welt 162:2

Volk 3:2, 6:1, 7:3, 9, 10:1, 13, 16:3, 17:2, 17:3, 35:1, 35:6, 36:1, 39, 43:1, 43:2, 45, 67:3
- treuloses 91:6
- ein verächtliches Volk 67:4
- verworfenes 67:1
- ist völlig achtlos 103:2
- kaum hatte Er sich offenbart, da erhob sich alles Volk gegen Ihn 76:3
- ergreife die Angelegenheiten deines Volkes bei den Zügeln 114:5
- der Bosheit 113:3
- Botschaft sollte niemals nur ein Volk erreichen 43:8
- Volk der Gerechtigkeit 43:7
- ein Volk wird die Geschichte unserer Heimsuchungen erzählen 66:12
- hätte es Gott gefallen, Er hätte sicherlich alle Menschen zu einem Volk gemacht 29:2
- Mein Volk ist die Kraft Meiner Zuversicht in Ihn 15:4
- daß ein Mensch sich erhöbe und das Volk ermahne 15:2
- Obere des Volkes 91:1
- Persiens 113:13
- dieses Tages 91:3
- die Tage eueres Lebens sind fast dahin, o Volk 66:6
- Triumph dieses unterdrückten Volkes 102
- gewählte Vertreter des Volkes 120:1
- überlasse das Wohl deines Volkes nicht der Willkür 114:2

- bald werden die Zügel der Macht in die Hände des Volkes übergehen 56:3
- **Volk Bahás** 11:4, 14:13, 14:19, 18:8, 43:4, 56:1, 59:4, 86:2, 128:10, 132:5, 139:6, 156
- die Arche, die Gott dem Volke Bahás bereitet hat 105:7
- opfert euere Habe, ja euer Leben zum Beistand dieses Königs 105:7
- Seelen des Volkes Bahá 86:1
- rüste dich, o Volk Bahás, den Sturm religiösen Haders zum Schweigen zu bringen 132:2
- sei achtsam, o Volk Bahás, daß du nicht auf den Wegen jener wandelst, deren Worte sich von ihren Taten unterscheiden 139:8
- wer weltlichen Wünschen folgt oder sein Herz an irdische Dinge hängt, zählt nicht zum Volk Bahás 60:3
- **Volk des Bayán** 52:3, 76:7, 115:9, 115:11, 135:4
- Mich verleugnet und bekämpft 127:3
- auserwählt, damit es unser Selbst erkennt und anerkennt 52:4
- **Volk Gottes** 14:3, 43:4, 43:9, 126:1, 126:2, 131:4
- **Volk Mose** 13:7
- **Volk Muhammads** 13:10
- **Volk des Qur'án** 76:6, 135:7
- hadert nicht mit Ihm, wie das Volk des Qur'án mit Mir gehadert hat 76:6

Völker
beleben 126:2
- wehklagen ließ 105:2
- Aufstieg ihrer Völker 81
- alle Völker zu dem Baume lädt, über den es kein Hinausgehen gibt 138:4
- Besserung der Welt und Ruhe ihrer Völker 131:2
- Einheit der Völker 115:7
- der Erde 75:1, 87:3, 110, 111, 115:1
- den Völkern der Erde Gottes Zeichen offenbaren 139:8
- was die Völker der Erde besitzen, muß auf der Waage des Buches gewogen werden 98:1
- Erziehung ihrer Völker 126:1
- euch eine Frist gesetzt 108
- die verschiedenen Völker und Geschlechter der Erde bezeugen Seine Einheit 93:15
- der Glanz des Feuers eurer Liebe wird die Völker einen 43:7
- von Gott erlassene Gebote das höchste Mittel für die Sicherheit der Völker 155:2
- Güte für alle Völker und Geschlechter der Erde 109:2
- neues Leben durchpulst in dieser Zeit alle Völker der Erde 96:2
- ladet nicht übermäßige Lasten auf euere Völker 119:2
- Lösegeld für die Sünden aller Völker 32:1
- durch sie herrscht ihr, von ihren Mitteln lebt ihr, mit ihrer Hilfe siegt ihr 119:2
- Persiens 96:2
- die Sehnsucht aller Völker 14:14
- tiefster Sinn und der vollkommenste Ausdruck dessen, was die Völker früherer Zeiten gesagt und geschrieben haben 43:6
- in die Städte aller Völker hat Er Seine Boten gesandt 76:1
- der Tag naht, da alle Völker der Welt eine universale Sprache und einheitliche Schrift annehmen 117
- Triebkraft für den Fortschritt der Welt und die Erhöhung ihrer Völker 43:3
- Vereinigung aller ihrer Völker 120:3
- Verwirrung, die ihre Völker ergriffen 112
- Voraussetzungen für Frieden und Ruhe in der Welt und für den Fortschritt ihrer Völker 117
- der Welt 71:1, 104
- hütet euch, Völker der Welt, daß ihr nicht vor Seinem Antlitz flieht 52:1
- die Völker der Welt schlafen tief 71:2
- der Welt verdanken ihre Erleuchtung derselben himmlischen Quelle 111
- alle Völker der Welt ihre eigene Geschichtsschreibung 87:7
- der Welt zu Ihm führen, ist das Wesen des Glaubens und der Gewißheit 160:4
- der Welt mögen ihr wahres Wohl erkennen 110
- des Westens 96:2
- was das Wohl aller Völker und gerechten Regierungen fördert 43:6

Vollendung
in dieser Offenbarung haben alle Sendungen der Vergangenheit ihre Vollendung erreicht 161:4
- Zeitalter liefen ab, bis sie Vollendung fanden an diesem 76:3

Vollkommenheit
Seele verkündet die Vollkommenheit des Schöpfers 82:2
- die Standhaftigkeit in Seinem Glauben 134:3

Vorauswissen
Gottes bedeutet nicht, daß es die Taten der Menschen verursacht hätte 77

Vorherbestimmung
Ratschlüsse über Schicksal und Vorherbestimmung von zweierlei Art 68:2

Vorladung 43:8

Vorläufer
einziges Ziel dessen, was der Vorläufer Meiner Schönheit offenbarte, Meine Offenbarung 115:11

Vorschrift
  Gesetze und Vorschriften 65:3
— wenn die Gesetze und Vorschriften von euch selber stammen, werden Wir sie keineswegs befolgen 65:2
Vorsehung 13:2, 14:15, 32:2, 95:3
— Meine Gebote die Lampen Meiner liebevollen Vorsehung 155:3
Vorstellung s. auch Einbildung/Wahn 100:9
Vorteil
  wenn ihr glaubt, so glaubt ihr zu euerem eigenen Vorteil 76:8
Vortrefflichkeit
  dieses Tages ist unendlich erhaben über das Verständnis der Menschen 53:2
— Meines Werkes den Menschen offenbar werde 75:1
Vorurteilslosigkeit 7:1, 13:2
Waage 17:1
— Mächtigste Waage 135:4
— die unfehlbare Waage 70:3
— wägt es auf der rechten Waage, die ihr besitzet 129:5
— das Buch selbst ist die untrügliche Waage 98:1
— halte dir Gottes unfehlbare Waage vor Augen 114:12
— an dem Tage, da die Waage der Gerechtigkeit aufgestellt ist 118:5
wache
  über dich selbst 76:9
Wachstum 114:13
Waffen
  sollte einer die Waffen ergreifen, erhebt euch alle gegen ihn 119:5
— sollte ein König die Waffen gegen einen anderen ergreifen 117
Wahn s. auch Einbildung 3:2, 9, 13:2, 13:4, 13:7, 13:8, 17:2, 17:6, 18:3, 28:1, 29:5, 35:1, 35:2, 43:3, 71:2, 76:3, 82:2, 84:2, 91:4, 93:7, 93:8, 96:3, 100:6, 100:10, 103:4, 113:1, 115:11, 124:3, 125:1, 129:10, 135:2, 153:3
— den Menschen verboten, dem Wahn ihrer Herzen zu folgen 100:9
Wahnsinniger 76:3
Wahrer Ratgeber
  wann immer der Wahre Ratgeber ein Mahnwort sprach, beschuldigten Ihn alle, Er sei ein Unheilstifter 112
Wahres
  vom Falschen trennen 125:7
Wahrhaftigkeit 126:2, 134:2, 137:4
— laßt Wahrhaftigkeit und Höflichkeit euer Schmuck sein 139:8
— veredelt euere Zunge durch Wahrhaftigkeit 136:6
Wahrheit 4:2, 17:5, 18:4, 22:5, 22:10, 29:3, 37:3, 51, 60:2, 65:3, 66:2, 70:3, 82:2, 133:2, 143:1, 153:8, 163:2
— Er, wahrlich ist die Wahrheit 47
— Sollte jemand eine bestimmte Wahrheit nicht erfassen können 5:3

— wenn ihr um eine bestimmte Wahrheit wißt 132:5
— gehört nicht zu denen, die Seine Wahrheit verwerfen 67:3
— Beweis der Wahrheit der Sendung 20
— wenn der Geist der Wahrheit kommt 116:1
— die Macht der Wahrheit 15:3, 28:2, 58:2
— Wir werden euch durch die Macht der Wahrheit stärken 71:1
— was nützte es dem Menschen, wenn er verfehlte, die Wahrheit Gottes anzuerkennen? 76:4
— wer die Wahrheit ihrer Offenbarung bezeugt 21
— Propheten nur herabgesandt, die Menschheit auf den geraden Pfad der Wahrheit zu führen 81
— dieser Sache annehmen 70:2
— sei ein Schmuck für das Antlitz der Wahrheit 130
— selbständiges Suchen nach Wahrheit 76:9
— Meine Taten die Wahrheit Meiner Worte bezeugen 121:3
— das ganze Weltall bezeugt Deine Wahrheit 26:4
— wer will, der mag die Wahrheit Meiner Worte anerkennen 66:13
Wahrheiten 89:4
— die das Gewand der Worte nie fassen kann 89:3
Wahrnehmung
  geistige Wahrnehmungen 83:1
— sinnliche Wahrnehmung hört sofort auf 83:1
Wahrnehmungsvermögen 82:4
Waisen
  Kinder und Säuglinge zu Waisen gemacht 113:5
Wandel 57:8
— Ursachen des Wandels in der Welt des Seins 8:5
— Wechsel und Wandel dieses Lebens 123:4
— Wechsel und Wandel dieser Welt 81, 110, 161:6
Wanderer
  auf dem Pfade wirklicher Erkenntnis 125:5
— auf dem Pfade Gottes 129:1
— auf dem Pfade der Gottesliebe 15:5
— Selig dem Wanderer, der seine Schritte zu dieser Stadt lenkt 64:2
Wandlung
  allein das Wort Gottes hat die Fähigkeit zu einer so großen Wandlung 99
wanken
  hütet euch, daß ihr nicht wankend werdet, diese Sache anzunehmen 70:2
Warnung 66:3, 66:13, 113:13, 113:24

381

Wasser 125:1
— Ströme frischen Wassers aus den Felsen quellen 72:2
— des Lebens 106:3
— laßt in Meinem Namen andere an seinen Wassern teilhaben 109:2
— worauf der Thron deines Herrn errichtet wurde 18:9

Weg
Mein Weg 65:2
— der rechte Weg 65:2
— geht eueren Weg zurück 153:4

Wehen
die Welt liegt in Wehen 61

Wehklage
Tag der Wehklage 58:2

Weib
wie oft hat ein Weib um den Gatten und einzigen Ernährer geklagt 113:5
— jedes Weib, das eine Last im Leibe trug 18:6

weigern
sich weigern, selbst wenn er Hungers stürbe, die Hand nach dem Eigentum seines Nächsten auszustrecken 137:3

Wein
göttlicher Einheit 93:16
— mit den Fingern der Macht und Kraft entsiegelt 155:5
— Deiner Liebe 68:6
— der Offenbarung 153:7, 161:6
— die Rechtschaffenen sollen vom Weine der Heiligkeit trinken 53:2
— der Reinheit 155:4

Weise 34:7, 44:2, 81, 85:3, 110, 148

Weisheit 1:1, 1:2, 1:3, 14:16, 18:1, 22:5 33:2, 34:6, 34:7, 35:4, 36:1, 43:9, 70:2, 102, 130, 137:4, 144:1
— unfehlbare 106:1
— an Äußerung oder Weisheit ebenbürtig 98:3
— Feinheiten göttlicher Weisheit 75:2
— Gebot der Weisheit 163:5
— in Meiner Gegenwart liegt eine Weisheit 72:1
— helft euerem Herrn mit dem Schwerte der Weisheit und der Rede 136:4
— keine Macht kommt Gerechtigkeit und Weisheit gleich 112
— dem Quell Seines Wissens sind zahllose Leuchten der Weisheit entstiegen 75:3
— aus den Schätzen Seiner Erkenntnis und Weisheit habe Ich die Perlen ans Licht gebracht 153:7
— Tablet der Weisheit 81
— laßt euch in allen euren Taten von Weisheit leiten 96:4
— mit Weisheit die Wahrheit der Sache Gottes verbreiten 10:2
— kein irdisches Wasser kann die Flamme göttlicher Weisheit ersticken 13:3
— das innerste Wesen menschlicher Weisheit 124:4
— Worte der Weisheit 66:3, 114:14

— in diesen Worten sind die Geheimnisse göttlicher Weisheit verwahrt 79
— Wunder Seiner himmlischen Weisheit 35:5
— Wunder altehrwürdiger Weisheit 125:8

Welt 43:6, 50
— bedingte 78:2
— die ganze Welt beeinflussen 131:4
— der Welt entsagen 46:4, 72:3, 105:6, 125:3, 183:3
— erzittern ließ 105:2
— Größere und Kleine Welt 72:3
— und alles, was in ihr ist 85:3
— in dieser und der nächsten Welt nützen 138:3
— stoffliche 82:10, 82:11
— der Allwissende in einer Welt ohne Menschen 78:3
— die weder Anfang noch Ende hat 82:8
— laßt ab von den Angelegenheiten dieser Welt 115:2
— höchster belebender Antrieb der Welt des Daseins 81
— ist in Aufruhr 43:11
— Aufruhr, der die Welt heimsucht 112
— Besserung der Welt und die Ruhe ihrer Völker 131:2
— die Bewohner des Reiches der Namen haben sich mit dem bunten Kleid der Welt befaßt 96:1
— ein solcher König ist der Brunnquell des Segens für die ganze Welt 105:7
— Dasein einer bedingten Welt 82:8
— beschmutzt mit den Dingen der Welt 100:1
— flüchtigen Dingen der Welt nachjagen 91:4
— gräme dich nicht über die, die sich mit den Dingen dieser Welt beschäftigen 103:3
— streitet mit niemandem über die Dinge dieser Welt 128:11
— und ihre Eitelkeiten verleiten dazu, Gelüsten und Habsucht zu folgen 128:3
— wurde Empfängerin dieser verheißenen Herrlichkeit 43:8
— Erschaffung 27:2
— bei der Erschaffung vollkommen 120:1
— Fortschritt der Welt 81
— und alles was in ihr ist, liegt fest in der Gewalt Seines Willens 103:6
— aus dem Gleichgewicht geraten 70:1
— ginge zugrunde, würde Gott ihr Seine Gnade entziehen 27:6
— die sich von Gott abgewandt haben, haben diese und die kommende Welt verloren 103:5
— einer schwer leidenden Welt das Heilmittel darreichen 110
— unbestrittene Herrschaft über die Welt des Seins 84:1

- Hoffnung auf die Dinge der Welt 100:2
- betrachtet die Welt wie einen menschlichen Körper 120:1
- Künste und Wunderwerke der Welt 82:7
- Loslösung von der Welt 54
- Mensch als die »kleinere Welt« bezeichnet, in Wirklichkeit die »größere Welt« 161:5
- Mutter der Welt 63:1
- den Nichtigkeiten der Welt ergeben 113:16
- und ihre Nichtigkeiten vor Gott so wertlos wie Staub 139:6
- die Welt aufgerollt und eine neue Ordnung an ihrer Statt ausgebreitet 143:3
- nie geneigt, auf das, was der Welt und ihren Schätzen zugehört, hinzuweisen 100:2
- ist nur Schein 153:8
- der allmächtige Schirmherr aller Welten 71:2
- die Schlacken dieser Welt in lauteres Gold verwandeln 92:1
- die Schöpfung Gottes umfaßt Welten neben dieser Welt 79
- Seelen, Sinnbilder der Loslösung, sind der Sauerteig der Welt 82:7
- des Seins hat noch nie die Aufnahmefähigkeit für eine solche Offenbarung gehabt 109:1
- dein Herr hat die Welt und ihre Städte den Königen der Erde in Obhut gegeben 139:5
- verbringt die kostbaren Tage eueres Lebens damit, die Welt zu bessern 92:3
- wird mit ihrem Tand und Gepränge vergehen 65:7
- für dessen Türhüter erschaffen 59:2
- mit »Welt« Unachtsamkeit gegen eueren Schöpfer gemeint 128:4
- täglich von neuem Unheil heimgesucht 16:3
- hütet euch, daß ihr die Welt nicht in Unordnung bringt, nachdem sie wohl geordnet ist 128:5
- es rühme sich nicht der, welcher sein Vaterland liebt, sondern der, welcher die ganze Welt liebt 43:6
- Wechsel und Wandel dieser Welt 81, 110, 161:6
- liegt in Wehen 61
- mächtigstes Werkzeug für die Heilung der ganzen Welt
- hätte die Welt einen Wert 103:6
- ihr wohnt in einer Welt und seid durch das Wirken eines Willens erschaffen 156
- das Wort Gottes hat das Herz der Welt in Brand gesetzt 147:2

- Du nur den Wunsch hast, die ganze Welt zu erneuern, die Einheit ihrer Völker zu begründen und alle zu retten, die in ihr leben 115:7
- Zustand der Welt 3:2, 61, 110

Weltall 26:3, 84:1, 125:6, 135:5, 153:4
- im ganzen Weltall kein Ding, das Seinen Glanz nicht widerspiegelte 93:1

Weltbild 81

Welten
Gottes 81
- kann Gott allein zählen 51
- Gottes zahllos und unendlich weit 79
- heilig und voll geistiger Herrlichkeit werden enthüllt werden 153:9
- außer dieser Welt unbedingt andere Welten 81
- Wirklichkeit aller Welten Gottes 82:6

Weltfrieden
Größter Weltfrieden 117

weltlich
macht euer Herz frei von Liebe zu weltlichen Dingen 128:2

Weltordnung
ihre Schwungkraft 70:1

wer
unter euch erhöht ist, soll erniedrigt werden... 35:4

Werk
Buch, das keines Menschen Werk unerwähnt läßt 65:2
- Arbeit für den Lebensunterhalt gilt als gutes Werk 100:5

Werke 66:10, 115:5
- nimm unsere Werke an 138:5
- zunichte machen 52:1
- Buch, das die Werke aller verzeichnet 113:16
- Werke Seiner Geschöpfe 75:3
- zu Ihm kehren die Werke der Gläubigen zurück 114:7
- euere bösen Taten können Uns niemals schaden, noch euere guten Werke Uns nützen 72:5
- Vortrefflichkeit Meines Werkes den Menschen offenbar werde 75:1
- durch das Wirken Seines Willens offenbart 74

Werkzeuge 74, 80:1, 83:1

Wert 147:2
- alle Menschen werden nach ihrem leiblichen Tode den Wert ihrer Taten abschätzen 86:4
- aller Taten ist durch Seine Annahme und Sein Wohlgefallen bedingt 135:5
- der Verstandeskraft nicht zu ermessen 83:4
- hätte die Welt in Seinen Augen einen Wert 103:6

Werturteil
nach Gottes Werturteil zählen diese Tugenden zu den höchsten und lobenswertesten aller Taten 134:2

Wesen
 aller Propheten Gottes eines und
 dasselbe 34:3
— der Seele 81, 82:1
— keine Feder kann Sein Wesen
 beschreiben 78:2
— alles Sichtbaren und Unsichtbaren 49
— Stätte, wo das Wesen Gottes
 wohnt 78:2
Wesensart 43:4
Weseneinheit
 der Manifestationen Gottes 22:2
Westen 125:7
— Völker des Westens 96:2
Widersetzliche
 der Widersetzliche bildet sich ein, zu
 den Frommen gerechnet zu
 werden 126:3
Widerspenstigkeit
 Wie lange noch wollt ihr in euerer
 Widerspenstigkeit verharren? 113:10
— des Herzens führt weit von Gott
 weg 93:5
— verunreinigt euere Schwingen nicht mit
 dem Schlamm der
 Widerspenstigkeit 153:6
Widerspiegelung 124:2
— ihr äußeres Verhalten ist nur die
 Widerspiegelung ihres inneren
 Lebens 126:2
— Seines Willens und Zieles 111
Widerstand
 Wir haben weder ihm noch anderen
 jemals Widerstand geleistet 113:21
wiedergeboren
 wer an diesem Tage wiedergeboren
 wird, soll niemals sterben 106:3
Wiederkunft 116:1
— Geheimnisse der »Wiederkunft« und
 der »Erweckung« 125:8
— Ich bin die Wiederkunft aller
 Propheten 22:3
Wiedervereinigung 14:2, 14:13, 14:15,
 64:2, 105:3
Wildnis der Gottesferne 13:2
will
 Er tut, was Er will 102, 113:11,
 134:3
Wille
 guter Wille 126:2
— nichts kann Seinen Willen
 durchkreuzen 67:3
— hilf mir, mich Deinem Willen völlig zu
 ergeben 142:8
— Er darf nicht um Seinen Willen befragt
 werden 113:1
— Bahá'u'lláhs 43:4
— alle Dinge hängen von Seinem Willen
 ab 135:5
— Ergebenheit in den Willen
 Gottes 137:4
— Finger Seines Willens 94:3
— Gottes, s. Gottes Wille
— es geziemt dir, dich dem Willen Gottes
 zu weihen 160:3

— der Manifestation 90:2
— den Menschen geboten, Meinen Willen
 zu tun 131:2
— Seele, die im Einklang mit dem Willen
 ihres Schöpfers lebt 81
— Selbsthingabe bedeutet, daß die
 Menschen ihren Willen völlig im Willen
 Gottes aufgehen lassen 160:2
— die Welt und alles was in ihr ist, liegt
 fest in der Gewalt Seines
 Willens 103:6
— Widerspiegelung Seines Willens und
 Zieles 111
— durch das Wirken Seines Willens
 offenbart 74
— laß deinen Willen aufgehen in Seinem
 Wohlgefallen 62:3
— Züchtigung nach euerem eigenen
 Willen 103:2
Willensfreiheit s. auch Freiheit 29:2, 34:8,
 66:13, 77
Willkür 114:4, 114:10
— gebiete dem Unterdrücker, von seiner
 Willkür abzulassen 114:19
— Ich und Meine Verwandtschaft sind
 euerer Willkür ausgeliefert 113:18
— überlasse das Wohl deines Volkes nicht
 der Willkür 114:2
Wind
 seid leicht und ungehindert wie der
 Wind 152
— sei unbeschwert wie der Wind, wenn
 du die Botschaft trägst 161:2
— Winde eueres Ungehorsams 85:2
Windhauch
 die Tage eueres Lebens verfliegen wie
 ein Windhauch 71:3
Wirbelstürme 162:2
Wirklichkeit 34:8, 73, 84:3
— der Dinge 27:1, 27:2
— des Gottesoffenbarers 27:4
— des Menschen 27:2-4, 34:1
— ein Reich, in der Wirklichkeit dieser
 Welt verborgen 79
— aller Welten Gottes 82:6
Wissen 1:1, 1:2, 4:2, 11:2, 11:5, 16:3,
 23:4, 26:4, 34:6, 35:4, 51, 53:2, 97,
 139:4
— Sein Wissen 52:1
— das Wir angeboren besitzen 67:2
— Sein Wissen umfaßt alle Dinge 66:10
— um alle Dinge
 niedergeschrieben 129:6
— Edelsteine himmlischen Wissens 75:2
— dem Quell Seines Wissens sind zahllose
 Leuchten der Gelehrsamkeit
 entstiegen 75:3
— Quelle allen Wissens 89:4
— der Spiegel Seines Wissens strahlt die
 Taten aller Menschen wider 100:8
— Staub erworbenen Wissens 125:1
— Ursprung und Ziel alles
 Wissens 100:9
— bei dem das Wissen um Verborgenes
 ist 71:2

- Ziel alles Wissens 89:4

Wissenschaft(en) 74, 163:2
- wägt das Buch Gottes nicht mit solchen Wissenschaften 98:1

Wohl
  des Menschengeschlechts 110
- das höchste Wohl der ganzen Menschheit 112
- die Völker der Welt mögen ihr wahres Wohl erkennen 110
- überlasse das Wohl deines Volkes nicht der Willkür 114:2

Wohlergehen 34:2, 34:6
- der Welt und ihrer Völker 34:6

Wohlfahrt 43:1, 156
- der Menschheit, unerreichbar, wenn und ehe nicht ihre Einheit fest begründet 131:2
- eines jeden, der sich für den Triumph Meiner Sache erhebt 102
- Wiederherstellung der Wohlfahrt 110

Wohlgefallen
  göttliches Wohlgefallen 82:3
- tretet ein in das heilige Paradies des Wohlgefallens 75:1

Wohltaten 114:13
- irdische Wohltaten haben Wir nicht zurückgewiesen 59:3
- der Erde genießen 128:4

Wohltäter
  doppelt vergelten 128:9

Wohlunterrichtete 86:1

Wohlwollen 5:3, 82:3
- verkehret mit den Anhängern aller Religionen im Geiste des Wohlwollens und der Brüderlichkeit 43:6

Wolf
  hüte dich, dem Wolf zu erlauben, Hirte der Herde Gottes zu werden 114:4

Wölfe 56:1

Wolke 81, 114:13, 116:1
- darüber schwebend wie eine Wolke 60:3
- dichte Wolken der Gewalt haben das Antlitz der Erde verfinstert 43:2
- Wolken Seiner grenzenlosen Gnade 43:5
- Wolken vom Himmel gesandter Prüfungen 13:12
- der Name Gottes 76:7
- Wolken der Offenbarung 121:8
- Sonne von Wolken verdunkelt 80:3, 80:4
- Ich bin im Schatten der Wolken der Herrlichkeit gekommen 47
- Wolken, Veränderungen in jeder Sendung 13:11
- Wolken des Wissens 18:6

Wollen
  was ihr an Anlagen besitzt, kann nur als Ergebnis eueres eigenen Wollens offenbar werden 77

Wohnung
  Wohnungen im Reiche der Unsterblichkeit 73

Wort
  alles wird auf ein Wort von Ihm vergehen 71:3
- Absicht, bei der Offenbarung dieser Worte 87:6
- Worte des Allmächtigen gestohlen 76:3
- Einfluß der Worte Gottes 128:7
- wenn er vom Feuer Seiner Liebe entbrannt ist, werden die Worte seine Hörer entflammen 157:3
- vom Finger Seines Willens gelenkt 94:3
- in diesen Worten sind die Geheimnisse göttlicher Weisheit verwahrt 79
- euer Geist von Seinem Wort so hingerissen, daß er die Größere Welt in Erregung 72:3
- einer Meiner Geliebten ein Wort hauchte, das Meinem Willen zuwider 142:2
- Geschöpf, vom Worte Gottes gebildet 148
- Gottes 14:3, 14:20, 29:7, 33:1, 33:2, 35:4, 43:8, 43:9, 51, 74, 78:2, 78:3, 85:3, 105:5, 132:3, 136:2
- keines der Worte Gottes begriffen 86:5
- Gottes hat das Herz der Worte in Brand gesetzt 147:2
- durch ein Wort Gottes wurde der Mensch ins Dasein gerufen 122
- Gottes währt ewig und sein Sinn ist niemals auszuschöpfen 89:1
- Worte die Menschen anziehen 158
- Er hat bestimmt, daß durch die Kraft des menschlichen Wortes gelehrt werde, nicht durch die Anwendung von Gewalt 128:10
- Worte von vollendeter Kraft und Weisheit 153:7
- Macht des Wortes Gottes 36:3
- die Macht der Worte kann das ganze Menschengeschlecht mit dem Lichte der Einheit erleuchten 131:3
- versenkt euch in das Meer Meiner Worte 70:2
- Mein Wort unter den Menschen erhöhen 71:1
- verleiht den Menschenherzen frischen Schwung 43:6
- Sein Wort ruft die Menschheit vor Ihn 92:1
- aus dem Munde Gottes 74
- neigt euer Ohr den Worten dieses Ungelehrten 98:6
- kein Recht, ihre Worte in Frage zu stellen 34:6
- Gottes mit einem Samling verglichen 43:9
- deren Sinn der Mensch nicht begreift 27:6
- frische Kraft in jedes Wort 43:2
- diese Stadt ist das Wort Gottes 125:11

- Süße der Worte eueres Herrn 72:2
- Taten mit Worten übereinstimmen 91:4
- Taten beweisen die Wahrheit der Worte 91:3, 121:3, 126:2
- sei achtsam, o Volk Bahás, daß du nicht auf den Wegen jener wandelst, deren Worte sich von ihren Taten unterscheiden 139:8
- Mein eigenes Wort, das die Wahrheit spricht und alle Dinge erfaßt und umschließt 121:6
- Wahrheiten, die das Gewand der Worte nie fassen kann 89:3
- Wandlungskraft des Wortes Gottes 99
- die Wasser ewigen Lebens, die den Worten des Herrn der ganzen Menschheit entströmen 160:2
- der Weisheit 66:3, 114:14

Wortführer
vergangener Religionen 34:8

Wortstreitereien 139:4

Wunder
von Gottes grenzenloser Huld 26:3
- dieser Offenbarung 15:2
- altehrwürdiger Weisheit 125:8

Wunderwerk
der Welt 82:7

Wunsch
der Geistlichen 67:3
- seiner eigenen Wünsche ledig und befreit 163:4
- selbstische, böse, verderbte u. dgl. 9, 27:3, 93:3, 100:1, 113:23, 115:13, 126:4, 128:5, 137:3, 155:2
- sinnliche Wünsche 141:1
- grämt euch nicht, wenn Gott Dinge verordnet, die eueren Wünschen zuwiderlaufen 153:9

wünscht
niemandem, was ihr euch selbst nicht wünscht 66:8

Würde
Demütigung ist der Stolz und der Ruhm aller zeitlichen Ehre und weltlichen Würde 140:2
- des Menschen 109:2

Würdenträger
kamen Uns vor wie Kinder 66:3

Wüste 62:1

Zá (Zanján) 69:1, S. 316

Zahlen
übersteigt alle Begrenzungen durch Zahlen 84:3

Zärtlichkeit 145:1

Zauberei
wenn Wir euch kundtun, was Gott Uns verliehen, sagt ihr: Zauberei 113:17

Zauberer
wahrlich, das ist ein Zauberer 67:1

Zaudernde
gehöre nicht zu den Zaudernden 76:10

Zeichen 7:1, 11:3, 14:3, 18:5, 22:4, 23:2, 24, 26:3, 31, 35:2, 39, 64:1, 82:2, 90:1, 129:5
- sind offenbart 16:2
- Band der Dienstbarkeit, Zeichen Seiner gütigen Huld 94:4
- jedes erschaffene Ding ein Zeichen der Offenbarung Gottes 93:1
- in jedem erschaffenen Ding ein Zeichen der Offenbarung der Ewigen Wahrheit erkennen 93:13
- alle erschaffenen Dinge Zeichen der Offenbarung Gottes 93:7
- Seiner Gnade 93:15
- drohender Erschütterungen 110
- des Gedenkens 57:1
- Gottes 75:3, 81, 83:3
- Gottes in euch selbst 90:1
- die die Zeichen Gottes als Tand und Zeitvertreib betrachten 135:4
- sobald Wir die Zeichen Gottes auf Wunsch offenbarten, wurde Gottes Wahrheit zurückgewiesen 67:5
- wird so lange bestehen, wie es der Herr wünscht 73
- der Manifestation 13:4
- von den Menschen ersonnen 13:4
- der Offenbarung Gottes 93:9
- Schlaf, das geheimnisvollste Zeichen Gottes 79
- jeder Seele hat Er die Fähigkeit verliehen, Gottes Zeichen zu erkennen 52:2
- Seele ein Zeichen Gottes 82:1, 82:6
- des Universums 138:2
- den Völkern der Erde Gottes Zeichen offenbaren 139:8
- des Zornes 17:3

Zeit s. auch Stunde/Tag Gottes 50
- erfüllt 58:2
- euch zu erheben 85:2
- die festgesetzte Zeit 60:2, 89:3, 100:8
- neues Leben durchpulst in dieser Zeit alle Völker der Erde 96:2
- befaßt euch gründlich mit den Nöten der Zeit 106:1
- jede Zeit hat ihr eigenes Problem 106:1
- die festgesetzte Zeit der Verborgenheit 31
- die den Völkern und Geschlechtern der Erde vorherbestimmte Zeit ist gekommen 10:1

Zeitalter 25, 26:3, 27:4, 27:5, 29:4, 34:5, 34:7, 39, 74, 91:1, 125:11
- vergangene 11:1
- wechselnde Anforderungen und Bedürfnisse der Zeitalter 111
- Erfordernis der Zeitalter verschieden 106:1, 132:1
- Mittel, die seinen Erfordernissen entsprechen 34:6
- Neugestaltung dieses Zeitalters 110
- liefen ab, bis sie Vollendung fanden an diesem 76:3

- war je ein Zeitalter Zeuge so
  folgenschweren Geschehens 91:5
- vergangene Zeitalter und Zyklen 35:2

Zeiten
  vergangene Zeiten 86:5
- von dem nichtigen Gerede früherer
  Zeiten läutern 86:6
- Lauf der Zeiten und Jahrhunderte 81

zeitgemäß
  nicht alles, was ein Mensch enthüllen
  kann, kann als zeitgemäß angesehen
  werden 89:3

Zeitvertreib
  siehe, wie diese Toren Seine Sache als
  Spiel und Zeitvertreib
  behandeln 115:11

Zepter 13:3

Zeuge
  Gott genügt als Zeuge zwischen euch
  und Mir 121:3

Zeugnis 35:1, 76:6, 91:3, 91:4
- des Allbarmherzigen ist erbracht 67:3
- Gottes 13:2, 14:11, 14:18, 76:4,
  129:5
- das Gott selbst für sich
  ausspricht 94:2
- stellen Sein Zeugnis als Lüge hin 76:7
- Märtyrertum, das Zeugnis für die
  Wahrheit dieser Offenbarung 91:6
- das Seine Wahrheit beweist, ist Sein
  eigenes Selbst 52:2

Ziel 2, 14:15, 19:3, 153:2
- der Anbetung für alle Welten 115:11
- aller Erkenntnis 98:4
- jeden Menschen in den Mantel eines
  geheiligten Charakters zu
  kleiden 137:4
- der Offenbarung 132:1
- die Schätze, die ihr sammelt, lenken
  euch weit von eurem letzten Ziel
  ab 105:2
- Triumph Unseres Glaubens als Sein
  höchstes Ziel 157:2
- Ursprung und Ziel alles
  Wissens 100:9
- einziges Ziel dessen, was der Vorläufer
  Meiner Schönheit offenbarte, Meine
  Offenbarung 115:11
- alles Wissens 89:4
- Ziele der Gläubigen 86:1, 86:7

Zierrat
  die Tand und Zierrat
  angehäuft 103:5

Zion 11:4, 105:3
- aus Zion ist Gottes Gesetz
  hervorgegangen 10:1

Zittern 86:4

Zivilisation
  wird, wenn man ihr gestattet, die
  Grenzen der Mäßigung zu
  überschreiten 163:2
- ins Übermaß gesteigert, wird
  verderblich 110

Zorn 29:6
- euer grimmer Zorn gegen Mich lasse
  euch zuschanden werden 121:1
- des Allmächtigen grimmer
  Zorn 103:3
- Seine Barmherzigkeit hat den Grimm
  Seines Zornes zurückgehalten 100:8
- -- Gottes 17:2, 48, 127:4, 153:4
- Gottes grimmiger Zorn 121:5
- die Größe Seines Erbarmens übertrifft
  den Grimm Seines Zornes 66:13

Züchtigung 108, 118:6
- Stürme Seiner Züchtigung 103:5
- nach euerem eigenen Willen 103:6

Zügel
  in den Angelegenheiten deines Staates
  die Zügel nicht den Händen anderer
  überlässest 114:4
- Gott hat eueren Händen die Zügel der
  Herrschaft über die Menschen
  anvertraut 116:3
- bald werden die Zügel der Macht in
  die Hände des Volkes übergehen 56:3

Zuflucht 55:3, 100:7
- es gibt keine Zuflucht 121:5

Zufriedenheit 101
- seid zufrieden mit dem, was Gott für
  euch gewünscht hat 50

Zukunft 4:2, 17:7, 24, 26:1, 63:1, 66:11,
  66:13, 70:2, 83:4
- in künftigen Tagen werdet ihr wahrlich
  Dinge sehen, von denen ihr nie zuvor
  gehört habt 74
- in der Vergangenheit oder Zukunft
  erschaffen 129:7

Zuneigung
  eins und ungeteilt 114:15

Zunge
  der Ewigkeit 129:11
- ein schwelendes Feuer 125:2
- der Größe 111
- der Macht 14:3
- freundliche Zunge ist ein Magnet für
  die Menschenherzen 132:5
- verkünde Meine Sache mit deiner Feder
  wie mit deiner Zunge 142:5
- veredelt euere Zunge durch
  Wahrhaftigkeit 136:6

zurückkehren
  ihr werdet ganz gewiß zu Gott
  zurückkehren und für euere Taten zur
  Rechenschaft gezogen 116:1

Zurückweisung 40:1

Zustand 82:4
- sie werden ihren Zustand
  beklagen 86:3
- über Zustand und Lage der anderen
  unterrichtet 86:2
- der Welt 3:2, 61, 120:2
- Zustände 56:3

Zuversicht 101, 113:24, 127:4, 129:2

zuversichtlich
  im Glauben 115:11

Zweck
    höchster und letzter Zweck aller
    Gelehrsamkeit 98:4
— wahrer Gläubiger ursächlicher Zweck
    aller Schöpfung 73
— Hauptzweck des Glaubens Gottes und
    Seiner Religion 110
— der Offenbarung erkennen 109:2
— der Offenbarung ist, alle Menschen zu
    erziehen 81
— Propheten wurden zu dem einzigen
    Zweck herabgesandt, die Menschheit
    auf den geraden Pfad der Wahrheit zu
    führen 81
— der Schöpfung 27:2
— Sinn und Zweck der Offenbarung 88

Zweig
    ihr seid die Früchte eines Baumes, die
    Blätter eines Zweiges 112

Zweifel 37:3, 82:2, 97, 125:6
— über Gott? 18:7

Zweifler
    Dinge, mit denen Er die Herzen der
    Zweifler prüft 103:6

Zweiheit 84:3

Zwiespalt 112

Zwiesprache
    mit Gott 105:3, 129:2
— Reinheit des Herzens in der
    Zwiesprache mit Gott 134:2

Zwietracht 5:5, 66:1, 100:6, 100:11, 110, 111, 113:7
— abgeschafft 43:6
— getilgt 156
— heilt die Zwietracht 118:2
— hütet euch, daß nicht Fleischeslust und
    böse Neigung Zwietracht
    entfachen 72:4
— die Hand göttlicher Macht die
    Flammen der Zwietracht
    gelöscht 162:2
— laßt Religion nicht zur Quelle der
    Zwietracht, des Hasses werden 110
— säet nicht die Saat der
    Zwietracht 136:4, 139:5
— hütet euch, sie zur Ursache der
    Zwietracht unter euch zu
    machen 70:3

Zyklus 26:3
— der prophetische Zyklus ist
    beendet 25
— vergangene Zeitalter und Zyklen 35:2